रंग कितने संग मेरे

रंग कितने संग मेरे

(अपने-अपने पिंजरे-३)

मोहनदास नैमिशराय

वाणी प्रकाशन

वाणी प्रकाशन
4695, 21-ए, दरियागंज, नयी दिल्ली 110 002
फ़ोन : +91 11 23273167 फ़ैक्स : +91 11 23275710
शाखाएँ
अशोक राजपथ, पटना 800 004, बिहार
कॉफ़ी हाउस कैम्पस, महात्मा गांधी मार्ग, इलाहाबाद 211 001, उत्तर प्रदेश
महात्मा गांधी अन्तरराष्ट्रीय हिन्दी विश्वविद्यालय, वर्धा 442 001, महाराष्ट्र
www.vaniprakashan.in
marketing@vaniprakashan.in
sales@vaniprakashan.in

RANG KITNE SANG MERE
(Apne-Apne Pinjare-3)
by Mohandas Naimisharay

ISBN : 978-93-88434-49-2
Autobiography

प्रथम संस्करण 2019

मूल्य : ₹ 395

सिटी प्रेस, दिल्ली-110 095 में मुद्रित

वाणी प्रकाशन का लोगो मक़बूल फ़िदा हुसेन की कूची से

"जो साथी जल रहे हैं, मर रहे हैं, पिघल रहे हैं,
बावजूद इन सबके संघर्ष कर रहे हैं,
उन सभी को समर्पित।"

मैं और मेरे शब्द

अस्सी के दशक के मध्य में जब मैंने पहली बार आत्मकथा लिखने का मन बनाया था तब उत्तरी भारत में दूर-दूर तक आत्मकथा लिखने की बात तो अलग रही, आत्मकथा पढ़ने की मानसिकता भी पूरी तरह से बन नहीं पायी थी। हालाँकि दलितों की नयी पीढ़ी शिक्षा ले रही थी और जाग्रत भी हो रही थी लेकिन उन पर आर्य समाज और गाँधी का प्रभाव अधिक था। एक सीमा तक बाबा साहेब डॉ. अम्बेडकर का नाम और उनका दर्शन भी साथियों के बीच पहुँचने लगा था। मान्यवर कांशीराम और मायावती जी के नेतृत्व में बामसेफ संस्था के तहत कुछ साथी अवश्य ही हिन्दी क्षेत्रों में बहुजन समाज को एकजुट करने में लगे थे। बामसेफ के बाद डीएस फोर और फिर बहुजन समाज पार्टी, उत्तरी भारत में नये आन्दोलन के ये तीन ऐतिहासिक चरण थे।

1980 में राधाकृष्ण प्रकाशन, नयी दिल्ली से दया पवार (बम्बई) की (मराठी में बलूत) 'अछूत' आत्मकथा सर्वप्रथम छपकर हिन्दी भाषियों के बीच आयी। कहना न होगा कि हिन्दी दलित साहित्यकारों के भीतर और बाहर जैसे विस्फोट की गूँज हुई थी। फिर 1983 में राधाकृष्ण प्रकाशन से ही प्र.ई. सोनकाम्बले (औरंगाबाद) की मराठी दलित आत्मकथा 'आठ वणीचे पक्षी' का हिन्दी अनुवाद प्रकाशित हुआ था। उसके बाद 1987 में नेशनल पब्लिशिंग हाउस, नयी दिल्ली से शंकरराव खरात (पुणे) की आत्मकथा 'तराल-अन्तराल' छपी थी। शंकरराव खरात की 'तराल-अन्तराल' में दलितों की बस्ती में जन्म लेकर 1975 में उनकी मराठवाड़ा विश्वविद्यालय के कुलगुरु पद पर नियुक्ति के काल तक के जीवनानुभवों का सटीक और पीड़ा का सत्यान्वेषी यथार्थ दस्तावेज़ है। स्वयं लेखक ने अपनी आत्मकथा को 'ए स्टोरी ऑफ़ द अनटचेबल' कहा है। बक़ौल दुर्गा दीक्षित (तब हिन्दी विभाग, पुणे विद्यापीठ में अध्यक्ष रहे) हिन्दी में अनूदित और प्रकाशित होकर इस महान उद्देश्य का सफल बिन्दु यह आत्मकथा है।

शंकरराव खरात के शब्दों में, मेरे साथ मेरे समाज की यह कथा है। एक व्यक्ति, एक समाज, एक गाँव की मानसिक, वैचारिक, चिन्तनात्मक एवं सामाजिक जीवन में घटित हो रही विकास की गाथा है। अब उषःकाल हुआ है...पर कहा नहीं जा सकता कि सूरज कब उदित होगा?

पर हम कहें तो हमारे लिए सूरज कभी का बाबा साहेब डॉ. अम्बेडकर के रूप में उदय हो चुका था। वह बात अलग है कि उसी सूरज का प्रकाश हिन्दी राज्यों में देरी से आया। बावजूद इसके दलित समाज के कुछ लोगों में जागरूकता भी आयी। इसके बाद 1991 में जब शरणकुमार लिम्बाले की आत्मकथा ग्रन्थ अकादमी, नयी दिल्ली से प्रकाशित हुई तो दलित साहित्य के पाठकों में जैसे हड़कम्प मच गया था। उन सभी के बीच सवाल-दर-सवाल उभरने लगे थे। क्या ऐसा भी होता है? ऐसे सवाल सवर्ण बुद्धिजीवियों के भीतर भी खदबदाये थे। जाति और उपजातियों के खानों में विभाजित अकेले दलित समाज के करोड़ों की संख्या में लोग अभिशप्त जीवन जीने के लिए बाध्य थे। उनमें एक अदद अक्करमाशी यानी हरामज़ादा यानी शरणकुमार लिम्बाले ने अपने को नंगा कर, अपनी माँ को नंगा कर, अपने तथाकथित बाप के चरित्र को उधेड़ने के साथ जैसे हज़ारों वर्षों से चली आ रही बेशर्म हिन्दू परम्परा को ही सार्वजनिक कर दिया था, यह क्या कम बात थी।

सही मानें तो शरणकुमार लिम्बाले एक प्रतीक था देश में जार कर्म का, दलित महिलाओं को रखैल के रूप में रखने की परम्परा का, तथाकथित श्रेष्ठ संस्कृति रखने वाले सवर्ण-सामन्तों का, मन्दिरों में देवी-देवताओं की मूर्तियों के सामने ही दलित समाज की कुँवारी लड़कियों के साथ सम्भोग करने का। बेशक शरण ने हिन्दू धर्म और उसकी इस व्यभिचारी परम्परा के ख़िलाफ़ विद्रोह किया। न सिर्फ़ विद्रोह किया बल्कि उसे आन्दोलन भी बनाया। और उसी साहित्यिक आन्दोलन को साथियों ने दस्तावेज़ भी बना दिया। इतिहास से जोड़ दिया।

आत्मकथा लिखना अपनी ही भावनाओं को उद्वेलित करना है। अपने ही ज़ख़्मों को कुरेदने जैसा है। जीवन के खुरदरे यथार्थ से रू-ब-रू होना है। ऐसे खुरदरे यथार्थ से, जिसे हममें से अधिकांश याद करना नहीं चाहते। इसलिए कि हमारे अतीत में बेचैनी और अभावों का हिसाब-किताब होता है। हम पीड़ित और शोषित समाज से रहे हैं। उत्पीड़न सहते-सहते बचपन से जवान होते हैं। जैसे गाँव-क़स्बों से नगरों-महानगरों की तरफ़ आते हैं। हमें लगता है कि अब हम जवान हो गये हैं। हम घेटोनुमा गाँव से छुटकारा पाकर शहरों में आ गये

हैं। हम उत्पीड़न से बच जायेंगे। ऐसा बहुत-से दलित साथियों का भी मानना रहा है, लेकिन जल्द ही उनका यह भ्रम टूट जाता है और वे आहत हो जाते हैं। उनके सपने टूट जाते हैं। बावजूद इन सबके वे अपने-आपको और अधिक टूटने-बिखरने से बचाते हैं। कहना न होगा कि फिर भी वे संघर्ष-पथ पर आगे बढ़ते हैं। क्योंकि संघर्ष उनके ख़ून में जज़्ब होता है। जब-जब भी तेज़ी के साथ साथियों के भीतर ख़ून का दौरा होता है, दलितों का आक्रोश संघर्ष में तब्दील हो जाता है। संघर्ष ठहरता नहीं बल्कि गतिमान रहता है। उसकी तीव्रता और भी बढ़ती है। कोई भी मौसम हो, कोई भी दशक हो, दलितों के भीतर का संघर्ष बदलता नहीं है। हालाँकि नयी शताब्दी में उत्पीड़न करने वालों का स्वभाव बदल गया है। विशेष रूप से दलित महिलाओं को परेशान करने के लिए सवर्ण वर्ग के लोगों ने समय को देखकर अपने तौर-तरीक़ों में परिवर्तन कर लिया है। उन्होंने अपने औज़ार बदल लिए हैं। परम्परागत हथियारों के स्थान पर आधुनिक हथियारों का इस्तेमाल होने लगा है। दलित-उत्पीड़न तो होता ही है। कल भी होता था और आज भी होता है। शुरुआत में दलितों को पता नहीं चलता। सवर्ण वर्ग के बदले हुए स्वभाव से हम भ्रमित हो जाते हैं। पता जब चलता है, तब सिर तक पानी आने को होता है। ऐसी स्थिति में टूटकर बिखर जाना ही दलितों की नियति होती है। टूटकर बिखर जाने वाले ऐसे लोगों में कुछ को उनकी नौकरी से टर्मिनेट कर दिया जाता है या फिर वे सस्पेण्ड हो जाते हैं। कुछ परेशान होकर स्वयं नौकरी से इस्तीफ़ा दे देते हैं। उनमें ऐसे दलितों की संख्या भी कम नहीं है जिन पर हमले कराये जाते हैं तो कुछ गम्भीर रूप से ज़ख़्मी होकर चार-पाँच वर्षों के लिए बिस्तर पर आ जाते हैं। शारीरिक रूप से ज़ख़्मी होने पर बहुत कम ही ठीक हो पाते हैं या फिर वे अपनी पत्नी, भाई, पिता, मामा, चाचा पर बोझ बनकर रह जाते हैं। उनमें से कुछ किसी पर बोझ नहीं बनना चाहते और आत्महत्या कर लेते हैं।

सामाजिक कार्यकर्ताओं और आन्दोलनकारियों से लेखक बने ऐसे साथियों की संख्या बढ़ गयी है, जो अपनी पत्नियों पर आश्रित हो जाते हैं। ऐसी पत्नियाँ जो नौकरी में होती हैं। जिस घर की छत के नीचे बारोज़गार पत्नी होती है, उसी छत के नीचे पति बेरोज़गा़र स्थिति में होता है। वह भले ही कितना भी प्रसिद्ध लेखक क्यों न हो जाये, परिवार में वह बेकार का आदमी साबित होता है या कर दिया जाता है। हालात से मजबूर लेखकों, पत्रकारों, समीक्षकों, चिन्तकों की लगभग ऐसी ही स्थिति होती है। ऐसी स्थिति आने का सबसे बड़ा कारण होता है दलित

समाज की महिलाओं में चेतना के अंकुरों का धीमी गति से उभरना और उनका (दलित महिलाओं का) हिन्दू धर्म, परम्परा तथा अन्धविश्वास से चिपके होना।

इससे भी भयानक बात यह होती है कि ऐसे लेखकों में कुछ न इधर के रहते हैं और न उधर के यानी सवर्ण बुद्धिजीवियों की जमात में तो अप्रिय हो ही जाते हैं, स्वयं दलित नेताओं, सामाजिक कार्यकर्ताओं के भी दुश्मन बन जाते हैं। क्योंकि स्वयं बाबा साहेब डॉ. अम्बेडकर के अनुसार वे 'वाल्टेयर' बनने की कोशिश करते हैं और लेखक बिरादरी का जीव जब अपने ही परिवार, समूह, जाति में वाल्टेयर बनता है तो किसी को स्वीकार नहीं होता। ऐसी व्यथा की कथा बहुत-से साथियों की रही है। मेरी भी कथा उनसे भिन्न नहीं है। मैं भी उसी किश्ती में सवार रहा हूँ।

आत्मकथा का तीसरा भाग यानी **'रंग कितने संग मेरे'** के अधिकांश पृष्ठ मेरठ, ग़ाज़ियाबाद, आगरा, लेंसडाउन, नागपुर, पुणे, बम्बई, शिमला, जोधपुर, कोलकाता, शान्तिनिकेतन, चण्डीगढ़, पाण्डिचेरी, गोवा आदि शहरों के प्रवास में लिखे गये थे। कभी-कभी तो रेलगाड़ी और बस में यात्रा के दौरान ही मैं लिख लेता था। बीस-पचीस बरस जब दिल्ली की आर्यनगर बस्ती में मैं रहता था तो बहुत-से पृष्ठ वहाँ लिखे गये। लिखे नहीं गये बल्कि ख़ून से रंगे गये। जिस घर में मैं रहता था, वह मेरे ससुर का घर था और मैं लगभग बेरोज़गार था। ऐसे ही लेखक की बारोज़गार पत्नी शकुन्तला देवी थी, जो मेरे बच्चों का पालन-पोषण करने के साथ मेरा भी पालन-पोषण करती थी। पश्चिम विहार में जब-जब रहा, वहाँ भी मैंने कुछ पृष्ठ लिखे। इसके अलावा इन्दिरापुरम (ग़ाज़ियाबाद) में बड़े बेटे के ख़ाली पड़े घर पर भी लिखे। आत्मकथा पृष्ठ-दर-पृष्ठ लिख गयी, लेकिन कार्य पूरा नहीं हुआ। कारण मेरा मन उद्विग्न रहा। इस बीच अन्य कामों में भी उलझा रहा। इस तरह लम्बा समय बीतता चला गया। जो काग़ज़ मैंने ख़ून से रंगे थे या जिन पृष्ठों को लिखते हुए मैं धुआँ-धुआँ हुआ था वह सभी मैटर किताबों, फ़ाइलों आदि के नीचे दबते चले गये थे। सही बात तो यह थी कि मैं स्वयं अपनी यादों के कफ़न में लिपटता और दबता गया। आत्मकथा लिखने का कार्य नियमित नहीं हो सका। इसलिए प्रकाशक को दे नहीं पाया। सच कहा जाये तो मैं भी अधूरा था और आत्मकथा का तीसरा भाग भी अधूरा। बाद के दौर मुझे जिसे पूरा करने का वक़्त मिल नहीं पा रहा था। क्योंकि कहानी या उपन्यास कम समय में लिखा जा सकता है, लेकिन आत्मकथा लिखते हुए स्मृतियों को खँगालना पड़ता है। इतिहास से राजनीति तक के परिदृश्यों के आर-पार जाना होता है।

यातनाओं को काग़ज़ पर उतारते हुए गर्म सलाखों की तरह सुर्ख़ होना पड़ता है। बरस-दर-बरस अपने सुख-चैन को आक्रोश की ज्वाला में झोंकना पड़ता है। तब जाकर कोई दलित आत्मवृत्त या आत्मकथा लिख सकता है। यह सब जोख़िम पहले भी उठाये और फिर से जोख़िम उठाने के लिए कमर कसनी पड़ती है।

आत्मकथा छपने के बाद साहित्य की दुनिया के सवर्ण खिलन्दर भी ताने मारते हैं और दलित साहित्यकार भी खिलन्दरी करने से बाज़ नहीं आते। दलित साहित्यकारों तथा समीक्षकों के चरित्र का यह विरोधाभास भी है। सवाल वही उठता है हम ऐसी आत्मकथा क्यों लिखते हैं, क्यों अपने ज़ख़्मों को कुरेदते हैं। कोई ऐसा ही सवाल किसी औरत से भी कर सकता है कि वह एक बार बच्चे को जन्म देकर फिर से प्रसव की उस पीड़ा को क्यों झेलती है, जिससे नौ माह गर्भ में रहने के बाद कोई शिशु गर्भ के बाहर आता है। इसलिए कि निर्माण करना उसका धर्म रहा है, उसकी प्रवृत्ति रही है। निर्माण से जननी का अटूट रिश्ता रहा है। हज़ार तरह की तकलीफ़ सहन करने के बाद भी वह अपना धर्म निभाती है, सृजन करती है। समाज को कुछ देती है। दलित लेखक भी कुछ नया सृजन करना चाहता है। सामाजिक न्याय के परिप्रेक्ष्य में वह स्वस्थ समाज बनाना चाहता है। इतिहास तथा संस्कृति के परिप्रेक्ष्य में मैंने भी आत्मकथा के इस तीसरे भाग में सृजन करने का प्रयास किया है। मेरी रचनाधर्मिता में स्वयं दलितों के बीच पल रहे, चल रहे सकारात्मक और नकारात्मक पक्ष भी उजागर हुए हैं।

इन्हीं सब सामाजिक और जातिगत कशमकश में जूझते हुए मेरी पहली आत्मकथा 'अपने-अपने पिंजरे' 1995 में और दूसरा भाग 2000 में प्रकाशित हुआ। तब से लेकर गंगा, जमुना में बहुत पानी बह चुका होगा। ख़ून भी बहुत बहा होगा नदियों में, नहरों में, नालों में, जोहड़ों में। हिन्दू धर्म और विचार के अनुसार पानी पवित्र होता है। पर दलित समाज के लेखकों व चिन्तकों ने बार-बार लिखा है या कहिए कि उन्हें लिखना पड़ा है। पानी में ख़ून भी बहा है और सदियों के बीत जाने के बाद भी दलितों का ख़ून बहता रहा है। चाहे वह ख़ून बाबा साहेब डॉ. अम्बेडकर के द्वारा शुरू किये गये महाड़ आन्दोलन के दौरान बहा हो। या आज़ादी के बाद साठ के दशक में दलित समाज के जुझारू कार्यकर्ताओं की भूमि आन्दोलन में भागीदारी के तहत या बाबा साहेब डॉ. अम्बेडकर विश्वविद्यालय के लिए नामान्तरण आन्दोलन के दौरान। फिर बेलछी, कफल्टा, कुंभेर, भोपा के अलावा छोटी-बड़ी दलित-उत्पीड़न की हज़ारों घटनाओं, दुर्घटनाओं में।

कहना न होगा कि जो सभी के साथ होता रहा है, मेरे साथ भी वैसा ही

घटित हुआ है। आख़िर हज़ारों बरसों से अनवरत रूप से चले आ रहे आर्य हमलावरों के ज़ुल्म और अत्याचारों से कौन बचा होगा? किसी ने कहा, किसी ने नहीं कहा। कोई मौन रहा तो कोई मुखर हुआ। किसी ने कम लिखा, किसी ने ज़्यादा लिखा। घटनाओं और दुर्घटनाओं के दृश्यचक्र में मैं बार-बार फँसा हूँ। उन्हीं का लेखा-जोखा है यह मेरे जीवन की संघर्ष कथा। घात-प्रतिघात के ब्योरे भी इसी आत्मकथा में हैं। दलित राजनीति के तहत विश्वासघात भी उभरे हैं। पाठकों को कैसा लगेगा यह सब पढ़कर। यह तो वे ही जानें। मैं तथाकथित सवर्णों के आदर्शवाद पर झाड़ू मारता हूँ। न ही मैं आदर्शवान बनना चाहता हूँ। जो भी स्याह और सफ़ेद जीवन के टुकड़े हैं, उन्हें सिर्फ़ सँजोया है मैंने। पर इतना ज़रूर है कि यह सब पढ़ते हुए जहाँ सवर्णों को गुस्सा आयेगा, वहीं दलित समाज के कुछ साथी भी आग-बबूला होंगे। होने दीजिए। मैं तो लम्बे समय से आग में जलता रहा हूँ। ज़ुल्म को झेलता रहा हूँ। उत्पीड़न की मार खाता रहा हूँ। मुखर हुआ, इसीलिए यह सब सहना हुआ। गाँधीवादी नीति अपना लेता (यानी कोई गाल पर थप्पड़ मारे तो दूसरा गाल आगे कर देना चाहिए।) तो मुझे कोई दिक्क़त न होती और न ही मेरे परिवार को। मेरी पत्नी भी मुझसे नाराज़ न होती। बेटे, बेटियाँ भी ख़ुश होते कि उन्हें एक आदर्श पिता मिला। पर मैं न आदर्श पति रहा और न आदर्श पिता। तभी तो जीवन के इसी मोड़ तक आते-आते सत्रह नौकरी करने के बाद छोड़ चुका था। छोड़ना, मुक्त होना और फिर आगे बढ़ना, यही तो मुक्ति का दर्शन रहा है। चाहे वह बाबा साहेब डॉ. अम्बेडकर का दर्शन रहा हो या राहुल सांकृत्यायन का। मुझे अच्छा लगता है। मुझे भाता है वह दर्शन। विराम नहीं था, न जीवन में और न ही कार्यशैली में। संघर्ष तो मुझे करना ही था। वह सब मैंने बाबा साहेब से बचपन में सीखा था। बाबा साहेब मेरठ आये थे। और मैं मेरठ से ही रहा हूँ। संघर्ष के बिना जीवन का कोई मूल्य नहीं। संघर्ष की इसी प्रक्रिया के चलते आत्मकथा का तीसरा भाग साथियों के बीच प्रकाशित हुआ है। कुछ टीका करेंगे, कुछ टिप्पणी लिखेंगे। लिखने दीजिए। उनमें कुछ मुझसे सहमत होंगे। कुछ मेरे आलोचक होंगे। कुछ गालियाँ भी दे सकते हैं। वह भी चलेगा। कुछ महिलाएँ भी अवश्य ही बिफरेंगी। वे लाल-पीली होंगी। होने दीजिए। हो सकता है एक दलित लेखक के ख़िलाफ़ मोर्चाबन्दी के लिए गुलाबी गैंग बना लें। बनाने दीजिए। मेरी तरफ़ से उन सभी का स्वागत है।

मेरी जीवन-यात्रा में बहुत-से साथी आये। कुछ अधबीच में ही छोड़कर चले गये। कुछ बाद तक भी रहे। उनमें रूपचन्द गौतम शीर्ष पर हैं। कुछ मुलाक़ात

करते रहे तो कुछ पत्र लिखते रहे। दो या दो से अधिक पत्र लिखने वाले साथियों में ओमप्रकाश वाल्मीकि, डॉ. डी.आर. जाटव, सन्तोष कुमारी, रमेशचन्द परमार, डॉ. विमल कीर्ति, आनन्द प्रकाश नैमिशराय, आत्मा राम, डॉ. एन. सिंह, श्यौराज सिंह बेचैन आदि हैं, जिन्होंने मेरे संघर्ष के दिनों में साथ भी दिया। उनसे हुई मुलाक़ातों के विवरण के साथ उनके पत्र भी दिये गये हैं। सामाजिक और साहित्यिक कार्यों में मेरी हिस्सेदारी की अधिकता के कारण तथा दलित आन्दोलन में साथियों की सहभागिता की वजह से हर दूसरे-तीसरे दिन मुझे पत्र मिलते थे। उनमें से अधिकांश का मैं जवाब भी देता था। वर्ष 1995 तक मुझे दो हज़ार के लगभग पत्र मिल चुके थे, जिनमें बहुत-सारे ख़राब भी हो गये हैं। वैसे पत्रों पर अलग से एक पुस्तक हेतु तैयारी चल रही है। कुछ साथी ऐसे भी हैं, जिन्होंने मुझे एक ही पत्र लिखा। फ़िलहाल पाठकों से लेकर शोधार्थी इन पत्रों में दी गयी इबारत से लेकर इबादत को पढ़ेंगे या फिर महसूस करेंगे।

अन्ततः आत्मकथा के इस तीसरे भाग को प्रकाशित करने के लिए अरुण माहेश्वरी जी तथा उनके सहकर्मियों का मैं आभारी रहूँगा, जिन्होंने पहले की तरह इस बार भी आत्मकथा छापकर सहयोग किया।

अप्रैल 2018 **मोहनदास नैमिशराय**

संघर्ष ने हमेशा मुझे भट्‌ठी में झोंका है, जहाँ मैं बेतहाशा जला हूँ पर मरा नहीं हूँ। मर जाता जो जीवन की स्लेट पर संघर्ष की इबारत कहाँ लिख पाता? कैसा जीवट जीवन रहा मेरा? बार-बार दुत्कारे जाने पर भी मैं फिर से संघर्ष-पथ पर लौट आता हूँ। कितना बेशर्म रहा मैं जो बार-बार मरने या घर छोड़ने की बात कहकर, दोहराकर भी न आत्महत्या कर सका और न कहीं नया आशियाना ही ढूँढ़ सका। हज़ार तरह की दुर्घटना झेलता हूँ। हज़ार तरह का अपमान झेलने के बाद फिर वही संघर्ष, फिर वही आन्दोलन। घर के लोग ताने मारते-मारते परेशान हो जाते हैं, मैं उनके ताने सुनते-सुनते परेशान नहीं होता, रिश्तेदार पागल कहते रहे, पड़ोसी अजीब-सी नज़रों से देखते रहे, यार-दोस्तों ने सनकी कहा। कुछ ने मिलना छोड़ दिया। कुछ मिलने से कतराते रहे, बहाने बनाते रहे। कहना न होगा कि मैं जीवन के सुखद स्रोतों से महरूम होता गया। सुविधाओं के स्थान पर अभावों को ओढ़ता-बिछाता रहा। बावजूद इन सबके मैं वहीं रहा, अपने सिद्धान्तों के साथ। आख़िर मैं ठहरा एक अदद सिद्धान्तकार, एक अदद पत्नी के साथ रहने वाला, एक अदद घर की छत के नीचे रात बिताने वाला। उसमें भी टुकड़े-टुकड़े होकर मैं जीता और टुकड़ों को जोड़ने का प्रयास करता, फिर मैं स्वयं ही टुकड़े-टुकड़े हो जाता। लोग मेरी खिल्ली उड़ाते गये, मुझे बेशर्म कहते रहे, मुझे भगोड़ा कहते रहे। जितने लोग उतनी ही उनकी परिभाषाएँ, उतने ही उनके विश्लेषण। कुछ गालियाँ भी देते। पर मैं उन सबके द्वारा फेंकी गयी और उछाली गयी कीचड़ में डूबना नहीं चाहता था। भूलता रहा उनके व्यवहार को, उबरता रहा मझधार से। जीवन का रास्ता बनाने का प्रयास करता रहा। जीवन मेरे लिए सुख-सुविधाओं की दलदल तो वैसे ही नहीं था और न मैंने वैसा बनने

दिया। कोई ऐसा द्वीप भी नहीं था, जहाँ एकान्त में बैठकर मैं कोकशास्त्र लिख सकता। और किन्हीं महिलाओं के साथ सम्भोग करते हुए नये 'आसनों' का आविष्कार कर सकता। फिर रंगीन रातों का हिसाब-किताब रख, उनका विस्तार करना। कुछ ऐसी किताबें ही लिख लेता, जिन्हें लोग टॉयलेट में बैठकर पढ़ते हैं या रात में सोने से पहले। सेक्सी लिटरेचर लिखने के बदले पैसा तो मिलता ही, साथ में आसनों को व्यावहारिक रूप में आजमाने के अवसर भी मिलते। महिलाओं के गुदाज जिस्म मिलते। उनसे चाहे जितने समय मैं खेलता। उन्हें इस खेल में कोई एतराज़ न था, ऐसा उस समय तक होने लगा था यानी एक अदद कैमरा और स्त्री-पुरुष के कामोत्तेजक शरीर। पर मुझे तो एतराज़ था। वे शतरंज की रानी बनने को तैयार थीं, लेकिन मैं अश्वमेध का घोड़ा बनने को राज़ी नहीं था। जब कुछ ऐसा किया ही नहीं तो क्या खाक मिलता वह सब। सच कहा जाये तो सम्भोग के नये और पुराने आसनों के मोह में पड़कर मैं जीवन के संघर्ष से भागना नहीं चाहता था, झूठ से नाता नहीं रखना चाहता था। मेरा जीवन सिर्फ़ मेरा नहीं था, वह तो उस समाज के जुझारू और स्वाभिमानी योद्धाओं का था, जिन्हें आर्य हमलावरों ने छल-कपट से हाशिए पर डाल दिया था। जिन बर्बर आर्यों ने मूल निवासियों के घरों को जलाकर खाक बना दिया था। जिन बलात्कारी आर्यों ने हमारी माँ, बहन, बेटियों के साथ सामूहिक रूप से व्यभिचार किये थे। मैं उन्हीं का एक अंश था। अन्ततः खोये हुए की तलाश करने वाला, इतिहास को तलाश करने वाला, अपनी अस्मिता के नज़दीक पहुँचने वाला। जीवन को जीवट बनकर जीने वाला।

मैं रामास्वामी नायकर का भी प्रतिनिधि था जो तमिल भूमि से आर्यों को नेस्तनाबूद करने के लिए द्रविड़ों के नायक बने थे। और ज्योतिबा फुले की विरासत को भी आगे बढ़ाने में सक्षम था मैं। मेरे भीतर सावित्री बाई का ममत्व भी था और बाबा साहेब डॉ. अम्बेडकर के सम्मान के लिए उद्घोष भी। आज़ादी के बाद कहा जाये तो मेरे भीतर कांशीराम जी का नया दर्शन भी था। उनके जिस दर्शन ने दलितों के भीतर अस्मिता-बोध जगाया था। मैं इतिहास से राजनीति तक की यात्रा करने वाला ऐसा पथिक था, जिसके भीतर और बाहर उत्पीड़न के ख़िलाफ़ आह्वान था। जो उस संघर्ष की आग में समय-समय पर भड़कता और तड़कता भी था। पर शीशा नहीं था, मैं जो एक बार तड़कने के बाद बदल दिया जाता और किसी कबाड़खाने में फेंक दिया जाता। राजनीतिक भड़वा भी नहीं था कि किसी केन्द्रीय मन्त्री के तलवे चाटकर कहीं विधायक या सांसद बन जाता या फिर चोर दरवाज़े से राज्यसभा में जाकर ठलुओं की संगत कर बैठता। ऐसा भी

नहीं था कि कहीं सरकारी और अर्ध-सरकारी संस्थान में कोई पद लेकर सुविधाओं से सम्भोग करने लगता और किसी कुत्ते की तरह जीभ लपलपाते हुए आजीवन सुख-सम्पदा को चाटता रहता। न मेरी ऐसी फ़ितरत थी और न ही मजबूरी। आरम्भ से ही मेरे साथ ऐसा कुछ भी नहीं रहा। हालाँकि परिस्थितियाँ ज़रूर मुझे बदलने के लिए मजबूर कर रही थीं। वे मुझ पर दबाव डाल रही थीं। मुझे तोड़ने पर आमादा थीं। पर मैं जूझ रहा था उन परिस्थितियों से भी, जो कष्टमय जीवन से उबारने के लिए प्रेरित भी कर रही थीं। आदमी नायक बने या फिर खलनायक, परिस्थितियाँ ही तो उसके भीतर वह सब निर्माण करती हैं। पर बाबा साहेब डॉ. अम्बेडकर ने तो परिस्थितियों के प्रतिकूल चलते हुए रास्ता बनाया था।

सत्तर के दशक में मेरा बेटा मनीष, जो देखते-देखते चल बसा था जिसे ठीक तरह से दवा भी मयस्सर नहीं हो पायी थी। न उसके लिए मेरे पास पैसे थे और न समय। समय था संघर्ष के लिए, समय था आन्दोलन के लिए, समय था बामसेफ के साथियों के साथ गाँव, क़स्बों और शहरों की बस्तियों में जाने का। समय था 'बहुजन संघटक' अख़बार के लिए मैटर जुटाने के लिए, समय था आलेख लिखने का, समय था साहित्य और पत्रकारिता के माध्यम से दलित समाज में चेतना जगाने का। वह समय भूचाल जैसा था, वह समय किसी 'ज़लज़ला' जैसा था। हर रोज़ सूरज उगता, मेरे भीतर भी चेतना उगती। मैं अपने भीतर उगती चेतना को स्वयं के संघर्ष से खाद-पानी देता। वही चेतना उपजाऊ बनती और मेरे भीतर पेड़ बनने की प्रक्रिया तेज़ी से होती। बीज का रोपण तो बाबा साहेब डॉ. अम्बेडकर ने बहुत पहले ही मेरे भीतर कर दिया था, उगने में तथा बड़ा होने में मदद की कांशीराम जी ने। कितने सूत्रधार मेरे भीतर थे, कितने महापुरुषों का दर्शन मैंने स्वीकार किया था। कितने क्रान्तिकारियों ने मेरे भीतर सामाजिक न्याय का दीपक प्रज्वलित किया था। दीपक में तेल नहीं था, लहू था। बाती उनकी थी, दशक-दर-दशक जो ख़त्म ही नहीं होती थी। आह्वान उनका था, संघर्ष मेरा था। दर्शन उनका था, जीवन मेरा था। आदर्श उनके थे, चुनौती मेरी थी। ऊर्जा उनकी थी, सिद्धान्त मेरे थे।

सब कुछ तो था मेरे पास। आख़िर क्या नहीं था मेरे पास। फिर भी पत्नी कहती, "हमारे पास परिवार का पालन-पोषण करने के लिए धन नहीं है।"

मैं जवाब में कहता, "हमारे पास स्वाभिमान है।"

वह फिर मेरी दुखती रग छेड़तीं, "स्वाभिमान से क्या होता है?"

मैं फिर वैसा ही जवाब देता, "स्वाभिमान से बहुत कुछ होता है। वही तो आदमी की ताक़त होती है। घर की दीवार पर लगे बाबा साहेब के चित्र को

देखो। अगर उनके भीतर स्वाभिमान नहीं होता तो आज कौन उन्हें जानता, कौन उन्हें याद करता, कौन उन्हें सलाम मारता, कौन उनके जन्मदिवस मनाता?''

फिर भी शकुन तर्क करती, ''व्यक्ति को अपने परिवार को भी जानना चाहिए।''

मेरा भी तर्क उभरता, ''कितने ऐसे परिवार हैं और उन परिवारों में बेहिसाब के सदस्य। आदमी किस-किस और किन-किन को जानेगा?''

मेरा दर्शन उनको हज़म नहीं होता। वह फिर तुरन्त नया तर्क देतीं, ''जिस घर की छत के नीचे आदमी रहता है, उसे तो परिवार के लोगों के बारे में जानना ज़रूरी है।''

मैं उसकी बात सुनकर थोड़ा मौन हो जाता। मैं उनके तर्क के आगे जैसे परास्त होने की स्थिति में होता। कुछ पल मौन हो जाता, परास्त सैनिक की तरह। तभी मेरे मुँह से निकलता, ''शायद तुम ठीक कहती हो एक गृहिणी के रूप में। क्योंकि हर गृहिणी यही चाहती है।''

मेरे थोड़ा सहमति जैसे उभरते स्वर से तभी उसका स्वर बदल-सा जाता। वह कह उठतीं, ''तुमने यह नहीं जाना और महसूस भी नहीं किया। इसीलिए हमने अपना प्यारा-सा बेटा खो दिया।''

उनकी बात सुनकर मेरे भीतर से दर्द का सैलाब उभरता। साथ ही और बहुत कुछ उभरे बिना नहीं रह पाता। ऐसे समय मैं तथाकथित आदर्श को सामने रखकर कहता, ''न जाने कितनों ने अपने कितने प्रिय खो दिये। उन्हें भी तो दुख हुआ होगा। उन्हें भी तो उनके जाने पर ग़म हुआ होगा। उन्हें भी तो जुदा होने की पीड़ा सालती होगी?''

पत्नी पुनः कहती, ''खोया होगा कितनों ने अपनों को। हमने भी तो खोया।'' कहकर वह थोड़ा ठहरी। फिर उनका गम्भीर स्वर उभरा, ''हमारा घर तो सूना हो गया।''

मैं अभी वहीं था, अपने सिद्धान्तों के साथ। कुछ पलों के बाद मेरे शब्द कुछ और तर्क लेकर बाहर आते, ''घर लुट गये, बस्तियाँ खाक हो गयीं। गाँव और शहर तूफ़ान ने लील लिये। तुम सिर्फ़ अपने...।''

तत्काल ही बीच में ही वह बोल पड़ीं, ''हाँ मैं सिर्फ़ अपने लिए, अपने मासूम बेटे के लिए।''

मैंने महसूस किया। कहते हुए उनका गला रुँधने लगा था। आवाज़ उनके गले में भरभराने लगी थी। उनका भरभराता स्वर मुझे उद्वेलित किये बिना न रह सका। मैंने ढाढस बँधाते हुए कहा, ''देखो शकुन।''

उन्होंने मेरी तरफ़ देखा था। आँखों में झिलमिलाते आँसुओं को बाहर आने

से रोकने का प्रयास किया था उनने। पर भावना के समन्दर को कौन रोक पाया है आज तक। लाख कोशिश करने के बाद थोड़ा-बहुत तो आँसू छलकते ही हैं।

मेरा स्वर पुनः उभरा, "बाबा साहेब के घर में भी तो अभाव था। उनके बच्चे की दवा के लिए पैसे कहाँ से आते? पहले यशवन्त राव चल बसा। फिर गंगाधर। मृत बच्चे के शरीर को ढकने के लिए नया कपड़ा भी नहीं था। ऐसी दुखद घड़ी में रमाबाई ने अपनी साड़ी में से टुकड़ा फाड़कर बच्चे को ओढ़ाया। कफ़न तक नसीब नहीं हुआ था। लोग उसे श्मशान ले गये और दफ़ना दिया। यह सब अम्बेडकर देखते रहे। सुबकते रहे। हिचकियाँ और वेदना का समन्दर लेकर रोते रहे। फिर तीसरे बेटे राजरत्न की बारी थी। उसे भी कहाँ बचाया जा सकता था और वह भी छोड़कर चला गया। परिवार का सब कुछ जैसे ख़त्म हो गया था। तबाह हो गया था। महानायक के घर की छत के नीचे थीं तो सिर्फ़ सिसकियाँ और आहटें। पर महानायक के उस घर की छत के नीचे बहुत कुछ था। जैसे दुनिया के दलितों और उत्पीड़ितों के लिए वह छोटा-सा घर पनाहगार हो।"

मेरे कहने-बताने के दौरान उन्होंने सिर्फ़ 'हूँ' कहा था। तत्पश्चात मैंने पूछा, "सो गयीं क्या?"

पत्नी कुछ भी बोली नहीं। मैंने फिर पूछा, "नींद आ गयी।"

हल्के से मैंने उन्हें स्पर्श करना चाहा। छूने की हिम्मत तक नहीं हुई थी मेरी। अनायास वह सुबक उठीं। सिसकियों की आवाज़ मुझे झकझोरते हुए कमरे के ठहरे हुए परिवेश में गूँज गयी, जैसे कोई घायल पक्षी पंख फड़फड़ाते हुए उड़ने की कोशिश करता है। अपने वजूद से लड़ता है। गिरता है फिर उठता है। लेकिन इस गिरने और उठने की प्रक्रिया में संघर्ष करना नहीं छोड़ता। मेरे भीतर विचार उभरा। उनका भी तो संघर्ष था। टूटते-बिखरते घर को बचाना। मैं भी संघर्ष करना कहाँ छोड़ना चाहता था?

इसी जद्दोजहद में, उद्वेलित होती भावनाओं में, सिसकियों में रात के बारह बज गये थे। घर में सिर्फ़ हम दोनों थे। न उन्होंने कुछ खाया, न मेरा मन किया। मनीष की अनायास मृत्यु ने हमें ज़ख़्म दे दिये थे। वे ज़ख़्म कभी अड़ोसी-पड़ोसी कुरेदते तो कभी रिश्तेदार, जैसे उनके पास और कोई काम हो ही नहीं था। वे सान्त्वना नहीं देते, मेरे ज़ख़्मों को हरा करते। तरह-तरह से मुझे उलाहना देते। पत्नी तो बीच-बीच में याद दिलाती ही। इस बहाने वह यह भी जतलाने का प्रयास करतीं कि मैं कितना लापरवाह हूँ। जीवन में मैंने कुछ सीखा नहीं। कभी-कभी वह मेरी किताबों को अपनी सौत भी बतला देतीं। मनीष के हमसे जुदा होने के महीनों तक यह सिलसिला चलता रहा। कई बरस मेरे भीतर और बाहर के ज़ख़्म

भरने में लगे, पर ज़ख़्म भरे कहाँ? ज़ख़्म तो कभी भी हरे हो जाते। उनके हरे होने का कोई मौसम नहीं होता, न कोई महीना और न ही तारीख़। तारीख़ पर तारीख़ निकल जाती। दिन बीत जाते, रातें ऐसे ही निकल जातीं। घर में बस दो जने, वे भी एक-दूसरे से अलग-थलग। हम सोचते कि अब हमें अपने ज़ख़्मों से छुटकारा मिल गया। फिर कुछ दिनों, सप्ताहों, पखवाड़ों के बाद कहीं यादों के बादल घिर आते। जितना वे बरसते, उतना ही मेरी आँखों में आँसू आ जाते। कभी वे समन्दर बनकर उमड़ते तो कभी नदी बनकर। झील और तालाब तो बनते ही रहते। कभी आँखों में आँसुओं का सैलाब इतना उमड़ पड़ता कि ऐसे समय मैं अपने आँसुओं को रोक नहीं पाता। तब कोई मुझे समझाता, "तुम तो मर्द हो नैमिशराय! और मर्द भी कभी रोते हैं भला!"

जैसे रोने-धोने का काम सिर्फ़ महिलाओं का ही था। क्या किसी मर्द को कभी रोना नहीं चाहिए? मर्द पत्थर तो नहीं होता। हाँ, मर्द पत्थर ही होता है। शकुन तो बार-बार यही साबित करने का प्रयास करतीं। ऐसे समय मैं सोचता कि शायद वह ठीक है और मैं ग़लत हूँ। माँ बच्चे को जन्म देती है। उसके चले जाने के बाद सबसे अधिक दुख उसे ही होता है पर दुख तो मुझे भी था। कई-कई दिनों तक अपने बच्चे की याद में श्मशान-भूमि में पड़ा रहता था मैं। दिन के उजाले में तो श्मशान में रहता ही था। कभी-कभी अँधेरा घिर आने और रात में भी वहीं रहता। जहाँ मनीष को मेरे वहाँ पहुँचने से पहले ही दफ़ना दिया गया था, वहाँ की मिट्टी को बार-बार हाथ में लेता था। श्मशान में ही अपने-अपने शव के अन्तिम संस्कार करने आये लोग मुझे देखते और चले जाते। कुछ नज़दीक आकर मुझसे कुछ पूछते। मैं जवाब न दे पाता। बस मौन ही रहता। उनमें से कुछ मेरी बेचारगी पर अफ़सोस जताते। एक-दो बार श्मशान में ही अन्तिम क्रिया करने वाले से दो-चार लोगों ने मेरे बारे में पूछा भी। कोई जवाब देता। मेरे कानों में हल्के से आवाज़ आती, "कोई पागल लगता है। रोज़ आता है, चला जाता है। आता और जाता है। बस ऐसई हिंया बैठा रहता है। कभी लेट जाता है। कभी अपने आप बड़बड़ाने लगता है।" उनकी बातें सुनकर मुझे दुख होता है। दुख तो मुझे पहले से ही बहुत था। सबसे बड़ा दुख यही कि बेटे को दफ़नाने से पूर्व या दफ़नाते हुए मेरी पत्नी ने मेरा इन्तज़ार तक न किया था। जबकि मैं दिल्ली में ही था। पहाड़ गंज से तुरता-फुरती में बेटे के शरीर को मेरी ससुराल वाले पश्चिम विहार ले आये थे। रिश्तेदार कहते, नैमिशराय जी पागल हो गये हैं। पत्नी भी उनका समर्थन करतीं बल्कि वह बहुत कुछ और जोड़ देतीं। पागल तो पहले से ही थे। अब ज़्यादा हो गये हैं। वह और भी बहुत कुछ कहतीं। मेरी

दुखती रग पर हाथ रख जितना हो सकता था, उसे दबातीं। मैं उफ़ भी न कर पाता। रोने और चीख़ने का मन होता पर सिर्फ़ बिलबिलाता। अपनी पीड़ा को सिर्फ़ मैं ही गहरे तक महसूस करता।

मैं पहाड़ गंज से ही दस-बारह किलोमीटर की दूरी तय कर पश्चिम विहार के श्मशान चला जाता था। बहुत दूर पड़ता था। पर बेटे की घायल यादें मुझे मेरे वजूद के साथ खींचकर ले जाती थीं। इसी कशमकश में मैं स्वयं भी तो घायल हो गया था। उन दिनों पहाड़ गंज से 952 नं. की बस चलती थी जो जनता फ्लैट पश्चिमपुरी तक जाती थी। वहाँ से पैदल श्मशान भूमि तक जाता था मैं।

तब तक मैं पहाड़ गंज ही रहता था। पत्नी मुझे छोड़कर जा चुकी थी। मेरे प्रति उनके भीतर बेहद नाराज़गी थी, मुझे सिर्फ़ अफ़सोस था। दुख भी था। बड़े बेटे को पत्नी ने मुझसे बिना पूछे करनाल के किसी बोर्डिंग में भर्ती करा दिया था। छोटा बेटा अपनी नानी के पास चला गया। उसे गये पहले दिन बीते, फिर सप्ताह, फिर पखवाड़े और फिर माह। मैं अकेला अभी पहाड़ गंज में ही रहता था। कभी मन करता तो एक-दो दिनों के लिए मेरठ या मुरादनगर चला जाता। ऐसे में कुछ बदलाव हो जाता पर, फिर वही ढाक के तीन पात। दिल्ली लौटने के बाद वैसे ही दिन और वैसे ही रातें जिससे तनाव बढ़ता था। ऊपर से किसी तूफ़ान की तरह बरपा गयी बेटे की मृत्यु की दुर्घटना जिसने हम दोनों को ही झकझोरकर रख दिया था। पर हम दोनों अलग-अलग उस पीड़ा को झेल रहे थे। मैं अलग-थलग था। पत्नी के साथ उनका परिवार था। पर मेरे साथ कौन था? पत्नी ने यह अहम फ़ैसला लिया था। ख़ैर उसने फ़ैसला लिया। यह उन तक सीमित था। मैं फ़ैसला नहीं ले सकता था। इसलिए कि मैं फ़ैसला लेने की स्थिति में नहीं था।

मेरा दर्द, मेरी परेशानी और इनसे मेरे भीतर होती जद्दोजहद। आख़िर किसको बतलाता यह सब? कौन सुनता मेरे आँसुओं की दास्तान, रोने और सुबकने की कहानियाँ? शरीर पर ज़ख़्म होता है तो डॉक्टर ठीक कर देता है? लेकिन ज़ख़्म जब भीतर हों तो उसे कौन ठीक करता? ऐसी स्थिति में मैं लेखन का ही सहारा लेता हूँ। अपने आपसे क़वायद करने की शुरुआत जीवन के इसी मोड़ से होती है। हालाँकि लेखन मैं पहले से ही करता रहा हूँ, सुखद घड़ियों में या दुखद परिस्थितियों में। सुखद पल तो बहुत कम ही रहे। दुखों की छाया से ही मैं ज़्यादा घिरा रहा। बचपन से जवानी आते-आते गुलशन नन्दा, प्यारेलाल आवारा, ओमप्रकाश शर्मा, प्रेमचन्द, रवीन्द्रनाथ टैगोर, मैथिलीशरण गुप्त, वृन्दावनलाल वर्मा, निराला आदि को पढ़ा था। कुछ लेखकों को स्कूल में पढ़ा तो कुछ की रचनाओं को स्कूल के बाहर। मेरठ शहर इस बारे में बहुत आगे था। राजेन्द्र यादव के शब्दों में कहूँ तो

पढ़ने-लिखने की यह लत मेरठ से ही लगी। जिसकी गलियों, बस्तियों तथा पार्कों, मैदानों में नौटंकी, ढोला तथा सांस्कृतिक कार्यक्रम होते ही रहते थे। उत्सवप्रिय लोगों का शहर था मेरठ। हालाँकि बाद के दौर में इसी उत्सव ने साम्प्रदायिक ख़ून-ख़राबे का रूप भी ले लिया था। हर वर्ष यहाँ लाशें बिछने लगी थीं। पहले रामपुरी चाकू रखते थे मेरठ के वाशिन्दे, अब रिवॉल्वर उनके हाथों में आ गये थे। ज़रा-सा कुछ हो जाता, बारूद की तरह फट पड़ते थे।

1978-79 में देश भर में ज़ोर-शोर से International anti-apartheid year मनाया गया। तब के विदेश मन्त्री अटल बिहारी वाजपेयी भारत से प्रतिनिधि के रूप में शामिल हुए और यू.एन. जनरल एसेम्बली में हिन्दी में भाषण दिया जिसमें यू.एस.ए., यू.के., साउथ अफ्रीका के साथ अन्य अफ्रीकी देशों में नस्लीय भेदभाव पर उन्होंने जमकर टीका-टिप्पणी की। और भारत में जातीय भेदभाव पर मौन रहे। यह स्थिति उनसे पहले भी रही और बाद में भी। विशेष रूप से राजनीतिज्ञों की, चाहे वे विदेश मन्त्री रहे हों या प्रधानमन्त्री, उनकी मानसिकता रही कि अपने देश के भीतर पल रही और बढ़ रही कमियों को छुपाना तथा अन्य देशों की कमियों, खामियों को उजागर करना।

छुपाना ही तो राजनीति था और कूटनीति भी। इतिहास का दुखद अध्याय तो यह था कि तब देश में जनता सरकार थी।

14 अप्रैल, 1978 को ही इस हत्याकाण्ड की शुरुआत हो गयी थी बाबा साहेब की हाथी पर रखी प्रतिमा के ऊपर अपमान करने की नीयत से रावतपाड़ा पीपल मण्डी में रात के समय सवर्णों ने पथराव किया। बाद में 15 अप्रैल, 23 अप्रैल और 1 मई को आक्रोशमय दलितों पर पी.ए.सी. ने गोलियाँ बरसाना शुरू किया। जाटव बस्तियों में रह रहे दलितों के घरों में घुसकर तोड़-फोड़ की गयी। उस समय दलितों के पास स्वाभिमान था और पुलिस फोर्स के पास गोला बारूद। औलिया रोड की एक अध्यापिका श्रीमती रामश्री को उस समय अपने प्राण गँवाने पड़े जबकि वह अपने घर में बैठकर परीक्षा की कापियाँ जाँच रही थीं। श्रीमती गोमती देवी को उसके घर में घुसकर पुलिस के जवानों ने तब तक मारा, जब तक कि उसके प्राण-पखेरू न उड़ गये। 18 वर्षीय छात्र अशोक बाबू के ऊपर उस समय गोलियाँ चलाई गयीं जबकि वह हाईस्कूल की परीक्षा देकर लौट रहा था। उसकी मृत्यु हो जाने के बाद भी कुछ हत्यारे उसको जीवित समझते हुए उसके शरीर को गोलियों से छलनी बना रहे थे। नत्थी लाल को उस समय गोलियों से मारा गया जबकि वह अपने घर पर हत्यारों के सामने खड़ा होकर जीवनदान की भीख माँग रहा था, नेकराम को भी उसके घर पर ही मारा

गया, तलैंया काजीपाड़ा निवासिन श्रीमती रामश्री का केवल यही दोष था कि वह अपने नाती को उठा रही थी कि हत्यारों ने उसे गोली का निशाना बना दिया, जगदीशपुरा के रूपसिंह को गोली मार दी गयी। जबकि वह डॉक्टर से अपनी दवा लेने जा रहे थे। रविनन्दन व गणेश 18 वर्षीय नौजवानों को उनकी छत पर पुलिस द्वारा गोली मारी गयी और इनको उठाकर जब नीचे लाया गया तब तक वह जीवित थे, लेकिन पुलिस और पी.ए.सी. के भेष में इन सवर्ण एवं जाटों ने फिर नीचे गली में लाकर गोली मारी। एटा के बुज़ुर्ग श्री प्रीतम सिंह की उस समय जान ली गयी, जब वे अपनी लड़की के यहाँ आये हुए थे। गढ़ी भदोरिया के रामस्वरूप को पुलिस ने गोली मार दी और उन्हें मौत के मुँह में ढकेल दिया गया। इन जाँबाज़ दलितों की पुलिस और आर.एस.एस. के कुछ भेड़ियों से मुठभेड़ होने के कारण आगरा की सड़कों, बस्तियों, बाज़ारों में दलितों का जो ख़ून बहा, उस पर बहुत-सी कविताएँ लिखी गयीं। आगरा हत्याकाण्ड पर ओमप्रकाश गौतम की लम्बी कविता की चार पंक्तियाँ—

बाबा जयन्ती पर आगरे में उमंग दिलों में भारी,
बनी भीम की मतवाली थी, दलित जनता सारी,
जुलूस निकला ज़ोर-शोर से, नहीं कोई शुमारी,
रस्ते में बैठे पुलिसये, घात लगाये शिकारी।

शैलेन्द्र श्रीवास्तव की बेलछी हत्याकाण्ड पर कविता—

कोई नहीं चाहता बोलना
मेरे ऊपर हो रहे
अत्याचार पर
एक पूरी-की-पूरी जमात मौन है
सूर्य
अपनी यात्रा पूरी कर
चुपचाप डूब जाने की
प्रतीक्षा में है
और सूर्य की ओर उड़ने वाला
पक्षी
पंखविहीन होकर
निर्णय लेने से कतरा रहा है!
वादी-प्रतिवादी
सबका मसाला बन गया है

दलित हत्याकाण्ड पर
कोई नहीं
करना चाहता
वक्त से जिरह!

(जुलाई-सितम्बर 1978 के धम्म-दर्पण में प्रकाशित)

मुझे याद आता है, भारत में चल रहे जातिभेद और आज़ादी के बाद भी दलितों की दयनीय स्थिति को बेबाकी से सबसे पहले भगवान दास जी ने संयुक्त राष्ट्र संघ की एक विशेष बैठक में उठाया था, जिसकी गूँज सरकारी अमलों और गमलों में भी हुई थी। बावजूद इसके जिसे सरकारी गुमाश्तों के द्वारा अनसुना कर दिया गया था। भगवान दास जी दलित समाज के जागरूक व्यक्ति थे।

उसी दौरान मराठवाड़ा विश्वविद्यालय नामान्तरण के विरोध में महाराष्ट्र के शिक्षा संस्थानों तथा मठों में आसीन द्रोणाचार्य के प्रतिनिधि जातीय द्वेष से सुलग उठे थे। न सिर्फ़ वे स्वयं सुलगे थे बल्कि सारे महाराष्ट्र में उन्होंने जैसे मरखने हिन्दुत्व को भड़का दिया था। दलितों में भी आक्रोश उभरने लगा था। भले ही हममें से कितनों को बलिदान देना पड़े किन्तु मराठवाड़ा विश्वविद्यालय को बाबा साहेब के नाम पर करना ही पड़ेगा। महाराष्ट्र विधानसभा और विधान परिषद् के सर्वसम्मत प्रस्ताव को कार्यरूप नहीं दिया गया। शरद पवार की सरकार नाकामयाब रही। किन्तु अब तो राष्ट्रपति शासन है, इस समय क्या अड़चन है। यह सवाल बाबा साहेब के अनुयायियों के भीतर खदबदाने लगा था।

प्रो. कवाड़े लांग मार्च के रूप में 11 नवम्बर, 1979 को हज़ारों भीम सैनिकों के साथ दीक्षा-भूमि नागपुर से 470 कि.मी. पैदल चलकर औरंगाबाद पहुँचे। साथी 30 कि.मी. प्रतिदिन चलते थे। भूखे-प्यासे बाबा साहेब की जय-जयकार करते हुए आगे बढ़ते रहे। औरंगाबाद से 100 कि.मी. दूर उन्हें रोका गया और पुलिस ने लाठीचार्ज किया। हज़ारों आन्दोलनकारियों को जेल में ठूँस दिया गया।

विरोधियों ने दूसरे विश्वविद्यालय का सुझाव दिया। यह बात दलितों के लिए कोई नयी बात नहीं थी। कालाराम मन्दिर प्रवेश के समय भी गाँधी ने हमारे लिए दूसरा मन्दिर बनाने को कहा था। कुएँ से पानी लेने के लिए भी ऐसा ही कहा जाता रहा कि दलित अलग कुएँ बना लें। सरकार उनकी मदद करेगी। जब हमें अलग ही रखा जाता है तो हमें अलग राष्ट्र ही क्यों नहीं दे दिया जाये?

दिल्ली के दलितों में भी आक्रोश था। जबकि सवर्ण बाबा साहेब को क्या राष्ट्रीय नेता भी मानते हैं? तो फिर यह दुरंगी चाल चलने वाली नहीं है। जनमत के लिए हमारा कहना है कि देश के दलित इस देश में रहें या अलग देश माँगें,

इस पर जनमत कराया जाना चाहिए। मात्र विश्वविद्यालय के लिए जनमत हमें मान्य नहीं है। देश के दलितों का आह्वान करते हुए प्रो. कवाड़े ने कहा है कि भेड़-बकरियों की भाँति 100 दिन जीने से अच्छा है कि स्वाभिमानपूर्वक 10 दिन जियें। दलितों पर यदि अत्याचार जारी रहा, उन्हें ग़ुलाम बनाने की कोशिश की गयी तो इस देश का दलित जातिवादी लोगों की आज़ादी को आग लगा देगा, चाहे हमें देशद्रोही ही कहा जाये। किन्तु जिनका देश ही नहीं उन्हें दूसरों को देशद्रोही कहने का अधिकार नहीं। यह देश बाबा साहेब अम्बेडकर का है। इस देश का हर नागरिक बाबा साहेब का ऋणी है जिससे वह पूरे जीवन भर उऋण नहीं हो सकता। 33 वर्ष की आज़ादी के बाद भी व्यवस्था नहीं बदली है। दलितों के पास अलग देश की माँग के अतिरिक्त कोई विकल्प नहीं रह गया। जिसके लिए मराठवाड़ा विश्वविद्यालय नामान्तरण एक 'टेस्ट केस' (Test Case) है, ऐसा ही कुछ प्रतीत होता है।

बुद्ध विहारों में 'बुद्धा एण्ड हिज़ धम्मा' तथा 'धम्मपद' का पाठ किया गया। तड़के ही अम्बेडकर भवन से लांग मार्च में सम्मिलित भीम सैनिकों ने मार्च किया। 'भगवान बुद्ध की जय', 'बाबा साहेब अमर रहे', 'हम न्याय चाहते हैं', 'मराठवाड़ा विश्वविद्यालय का नाम बाबा साहेब के नाम पर होना ही चाहिए', 'भारत के दलित–स्वाभिमान का जीवन चाहते हैं' आदि नारे लगाते हुए भीम सैनिक संसद भवन पहुँचे, जहाँ पर बाबा साहेब की प्रतिमा पर उन्होंने माल्यार्पण किया। भारत की प्रधानमन्त्री श्रीमती इन्दिरा गाँधी, केन्द्रीय मन्त्री श्री बी. शंकरानन्द, जगन्नाथ पहाड़िया, लांग मार्च के संयोजक प्रो. जोगेन्द्र कवाड़े आदि विशिष्ट लोगों ने माल्यार्पण समारोह में भाग लिया।

प्रो. जोगेन्द्र कवाड़े ने बाबा साहेब को श्रद्धा-सुमन अर्पित करते हुए मराठवाड़ा विश्वविद्यालय नामान्तरण को शीघ्र कार्यान्वित करने की माँग की किन्तु प्रधानमन्त्री ने इस सम्बन्ध में कोई सन्तोषजनक आश्वासन नहीं दिया। इस गम्भीर समस्या पर श्रीमती गाँधी इसके पक्ष में नहीं थीं जबकि लोकसभा चुनावों के दौरान 'लांग मार्च' के संयोजक की इस माँग का समर्थन करते हुए श्रीमती गाँधी ने कहा था कि यदि वे सत्ता में आयीं तो मराठवाड़ा विश्वविद्यालय का नाम बाबा साहेब के नाम पर रखा जायेगा। दलितों के सम्मान के साथ यह कितना बड़ा खिलवाड़ है?

दोपहर को वोट क्लब पर 'लांग मार्च' के भीम सैनिकों की रैली हुई। प्रो. जोगेन्द्र कवाड़े के नेतृत्व में प्रतिनिधि मण्डल राष्ट्रपति भवन गया, जहाँ राष्ट्रपति श्री नीलम संजीव रेड्डी को माँगपत्र प्रस्तुत किया गया। किन्तु खेद है कि राष्ट्रपति महोदय ने भी कोई सन्तोषजनक आश्वासन नहीं दिया। मुझे याद है। हम निराशा

भाव से लौटे थे। दिल्ली, आगरा, मेरठ, अलीगढ़, ग़ाज़ियाबाद, नागपुर आदि शहरों के साथी समझ नहीं पा रहे थे कि अब वे क्या करें?

संसद और राज्य सरकारों की विधान मण्डल में कभी-कभी हल्ला मचता। केन्द्र सरकार, राज्य सरकारें सचेत होतीं। उन्हें दलितों की सुध आयी। विशेष अदालतों की स्थापना : सिविल अधिकार संरक्षण अधिनियम, 1955 की धारा 15-क (1) के उपबन्धों में विशेष अदालतें स्थापित करने की परिकल्पना संविधान में इस उद्देश्य से की गयी थी कि छुआछूत के कारण पीड़ित लोगों को अस्पृश्यता के निवारण के तहत सुरक्षा के अधिकार उपलब्ध कराये जायें। बाबा साहेब डॉ. अम्बेडकर की संविधान निर्माण में इसे उपलब्धि कहा जा सकता है। लेकिन आज़ादी मिलने पर हिन्दूवादी सरकार ने यह सब भुला दिया था। ख़ास तबके को आम आदमी की परवाह कितनी थी। टोपियाँ बदल जाती थीं, लेकिन नेताओं के मुखड़े वही रहते थे।

स्वतन्त्रता दिवस की 30वीं वर्षगाँठ को 'दूसरी आज़ादी के प्रथम वर्ष' के रूप में मनाया गया था। आपात् स्थिति और उसमें हुए ज़ुल्मों की जो दर्दनाक घटनाएँ जनता के सामने आयीं, निश्चित ही आम चुनाव के बाद जनता ने राहत की साँस ली। जन-सेवकों को जेलों में बन्द कर न केवल उन पर दारुण अत्याचार किये गये, अपितु दूसरे पक्ष के कुछ तथाकथित जन-सेवकों ने ही जिस प्रकार करोड़ों रुपये बनाये, जिस प्रकार निरीह जनता को पिसते और पिटते हुए भी मुँह बन्द कर आँसू तक न बहाने को मजबूर कर दिया, क्या उस स्थिति से मुक्ति ग़ुलाम जीवन की मुक्ति थी?

कहना न होगा कि सत्तर का दशक प्रयोग का रहा। वह तो दलितों के लिए ख़ौफ़नाक इतिहास साबित हुआ। जयप्रकाश नारायण की सम्पूर्ण क्रान्ति की गूँज जितनी तेज़ी के साथ उभरी थी, उतनी ही तेज़ी के साथ ग़ायब हो गयी। इन्दिरा गाँधी फिर सत्ता में आ गयीं। बेलछी नरसंहार पर राजनीतिक पिकनिक मनाने के लिए वे बिहार के बेलछी गाँव में हाथी पर चढ़कर पहुँची थीं। उस हाथी का नाम मोती था। बेलछी में कुर्मी जाति के ज़मींदारों ने 27 मई, 1977 को 11 दलितों की नृशंस हत्या कर दी थी, जिसमें एक मासूम बच्चा भी था। बेलछी गाँव पटना ज़िले की सीमा पर बसा है। आजकल यह नालन्दा ज़िले में आता है।

इन्दिरा गाँधी ने वह जगह देखने की इच्छा ज़ाहिर की, जहाँ एक साथ सबको जलाया गया था। वह जगह गाँव के किनारे मक्के के खेतों के बीच थी। बाँसों से घिरी उस जगह तक पहुँचने के लिए हाथी को खेतों में ही घुसाकर ले जाया गया। वहाँ उस समय तक मृतकों की अधजली हड्डियाँ पड़ी हुई थीं। हमलावरों

ने उनकी हत्या से पहले वहाँ चिताएँ तैयार कीं और फिर दलितों को लाइन में खड़ा कर गोली मारी। उनमें से एक को हवा में उछाल दिया गया। यह भी सुनने में आया कि महतो महिलाएँ भी इन हत्याओं में साझेदार रहीं। एक मृतक की रिश्तेदार जानकी पासवान इन्दिरा गाँधी के उतरने से पहले ही जल्दी-जल्दी सफ़ाई करने लगी ताकि उन्हें बैठाया जा सके। इन्दिरा गाँधी उतरी नहीं।

लोगों ने सलाह दी कि उन्हें उस बस्ती में भी जाना चाहिए, जहाँ हरिजन रहते हैं। लेकिन उन्होंने मना कर दिया। उन्होंने साथ चल रहीं राज्यसभा सांसद सरोज खापर्डे से अंग्रेज़ी में कहा कि "नहीं, देखो अँधेरा हो रहा है, हमें यहाँ से चलना चाहिए।" वह थोड़ी ही दूर चली थीं कि उनके हाथी के सामने आकर एक महिला चिल्लाने लगी कि "उन लोगों ने पहले हमारे बेटों को मारा और अब हमें धमकी दे रहे हैं।" इन्दिरा ने पूछा, "ये कौन है?" फिर उन्होंने सरोज को निर्देश दिया कि मृतकों के परिजनों का नाम नोट कर लें। आगे एक और महिला हाथी के रास्ते में आकर खड़ी हो गयी। वह सिंघेश्वर पासवान उर्फ़ सिन्हा की पत्नी थी। सिन्हा इस क़त्लेआम में महतो लोगों के ख़ास निशाने पर थे। उस महिला ने इन्दिरा गाँधी से कहा, "यहाँ बेलछी में रहना मुश्किल हो गया है। महावीर हमें जेल से ही धमका रहा है।" (इस क़त्लेआम का मुख्य आरोपी महावीर जेल में था)

गाँव के लोग-लुगाई सवाल करते रहे। मोती चलता रहा। मोती पर बैठी इन्दिरा गाँधी उनकी फ़रियाद सुनती रहीं। मोती आगे बढ़ता गया। फ़रियादी पीछे छूटते गये। इन्दिरा भी गाँव के लोगों से दूर होती गयीं। शायद दलितों की संवेदना सुनने की ज़िम्मेदारी पूरी हो गयी थी।

अख़बारनवीसों की मानें तो बेलछी में दलितों का नरसंहार बिहार में कोई पहली घटना नहीं थी। जनवरी से सितम्बर 1977 तक दलित व अन्य दलित जातियों पर हमले की 1100 घटनाएँ दर्ज की गयीं, जिनमें 57 लोग मारे गये। आपातकाल के दौरान बिहार में 148 दलितों की हत्या हुई। ज़ाहिर है कि उस समय इन्दिरा गाँधी किसी भी मृतक के परिवार के पास संवेदना जताने नहीं पहुँची थीं।

कोई भी कल्पना कर सकता है कि उस समय किस तरह का तमाशा हुआ होगा। अगर ये सब कुछ 1977 की बजाय आज होता तो टी.वी. पत्रकारों का दल कवरेज के लिए आपस में धक्का-मुक्की कर रहा होता। तब तमाशा और भी बढ़ जाता।

हरनौत से बेलछी होते हुए सकसोहरा जाने वाली सड़क अब राष्ट्रीय राजमार्ग 30ए में बदल चुकी है। लेकिन अब भी यह सड़क बहुत ऊबड़-खाबड़ है। बेलछी तब पंचायत थी अब प्रखण्ड है, लेकिन सुविधाएँ कुछ भी नहीं हैं। गाँववाले अब

भी बारिश के दिनों में पानी से घिर जाते हैं। यहाँ तक़रीबन 400 घर हैं, जिनमें ज़्यादातर दलित हैं, कुछ कुर्मी व यादव जातियाँ भी हैं। अब यहाँ एक प्रखण्ड दफ़्तर है, एक स्कूल, प्राथमिक स्वास्थ्य केन्द्र और बिजलीघर भी है।

बेलछी मामले में जून 1977 में आरोप-पत्र दाख़िल हुआ लेकिन जनता पार्टी की सरकार रहते सुनवाई शुरू नहीं हो पायी थी। फ़रवरी 1980 में सुनवाई शुरू हुई और मई 1980 में फ़ैसला आ गया। दो अभियुक्तों जिसमें से एक महावीर महतो भी था, उसको फाँसी की सज़ा हुई और 15 को आजीवन कारावास। एक अभियुक्त इन्द्रदेव चौधरी निर्दलीय विधायक भी रहा और पेरोल पर रिहा रहते हुए मरा। बाक़ी ने आजीवन कारावास पूरा किया।

9 वर्गमीटर बाँस से घेरी गयी जो जगह इन्दिरा के आगमन के दौरान थी, वह 1979-80 तक नहीं जोती गयी थी। वहाँ घास उग आयी थी। यह जगह चारों तरफ़ बायें खेतों के बीच थी। वह जगह मई 1977 की उस डरावनी याद को ताज़ा कर देती है, तब प्रदेश में राष्ट्रपति शासन था। मृतकों के परिजन अभी भी लगातार मिल रही धमकियों के बीच डरे हुए थे। धमकियाँ उन लोगों से मिल रही थीं जो जेल जाने से बच गये थे और उनसे भी जो जेल में थे और ज़मानत पर रिहा हुए थे। जीवन और मौत के बीच झूल रहे उन लोगों की क्या स्थिति रही होगी?

इस पूरे भयानक घटनाक्रम के बारे में अनगिनत दुखद कहानियाँ हैं। अनुसूचित जाति के लोगों का नेता सिंघा और उसके साथ 10 और लोगों की हत्या को कम-से-कम 3 गैंगों ने मिलकर अंजाम दिया। इनमें से एक गैंग की अगुवाई बिहार विधानसभा का सदस्य और कुर्मी जाति का इन्द्रदेव चौधरी कर रहा था। यह दलितों के ख़िलाफ़ सबसे ज़्यादा ताक़तवर होने का प्रदर्शन भर नहीं था बल्कि इसका मक़सद कुर्मी वर्चस्व को भी स्थापित करना था।

इस घटना के बाद दलित व कुर्मी लोगों के बीच 10 पुलिसवालों का कैम्प बना दिया गया। जब तक अपराधी जेल में रहे, वहाँ कैम्प लगा रहा। अपराधियों को यह कहकर बेगुनाह साबित करने की कोशिश की गयी कि यह पूरा वाकया सामाजिक डकैती का है। अपराधी जेल से और ज़मानत पर रहते हुए दलितों को लगातार इस घटना की याद दिलाते रहे। ज़्यादातर दलित फिर किसी विपत्ति की आशंका से डरे रहते थे। इसलिए उनमें से ज़्यादातर गाँव छोड़कर चले गये।

वहाँ की ज़मीनी सच्चाई और आशंकाओं के उलट केन्द्रीय गृहमन्त्री चरण सिंह ने कुर्मी जाति का पक्ष लिया। संसद में बेलछी प्रकरण पर सवालों का जवाब देते हुए उन्होंने इसे "दो आपराधिक गुटों के बीच का झगड़ा बताया।" कई ग़ैर-पार्टी पर्यवेक्षकों व नागरिक अधिकार संगठनों के लोगों ने इसका तीखा

विरोध किया। बिहार विधानसभा में जनता पार्टी के विजय कुमार चौधरी की अध्यक्षता में गठित जाँच समिति ने इसे दमित और दमनकारी शक्तियों के बीच का झगड़ा बताया।

केन्द्रीय गृह मन्त्रालय (उस समय बिहार में राष्ट्रपति शासन था) ने अपने एक प्रेस नोट में कहा कि 27 मई को पटना ज़िले के बेलछी गाँव में हुई 11 लोगों की हत्या दो विरोधी आपराधिक गुटों के बीच टकराहट का नतीजा है। राज्य सरकार से मिली रिपोर्ट के हवाले से गृह मन्त्रालय ने कहा कि यह घटना किसी जाति, सामुदायिक, खेतिहर या राजनीतिक वजह से नहीं हुई है और 'इसका समाज के कमज़ोर तबकों पर उत्पीड़न से कोई लेना-देना नहीं है।'

हालाँकि इस पर काफ़ी विवाद रहा और श्री रामधन की अध्यक्षता वाली 9 सदस्यीय संसदीय समिति घटना की जाँच के बाद इस नतीजे पर पहुँची कि बिहार सरकार की रिपोर्ट जिसमें कहा गया कि 'वहाँ दो आपराधिक गुटों के बीच लम्बे समय से विवाद चला आ रहा था', यह बात पूरी तरह से ग़लत है। समिति के अनुसार यह घटना सुनियोजित थी और कुर्मी जाति के ताक़तवर ज़मींदारों द्वारा अनुसूचित जाति के लोगों का योजनाबद्ध तरीक़े से जनसंहार किया गया। कुर्मी जाति के लोग यहाँ के धनी किसान हैं और वह स्थानीय नेताओं के प्रभाव का इस्तेमाल कर हथियार भी हासिल किये हुए हैं।

अनुसूचित जाति व जनजाति के आयुक्त ने पाया कि "इस बात के पर्याप्त सुबूत हैं कि यह घटना अनुसूचित जातियों का जातिगत उत्पीड़न है। कहना न होगा कि इस घटना के पीछे अलग-अलग राजनीतिक उद्देश्य थे जो राजनीतिज्ञों की जातिवादी भावना को ही रेखांकित करता है। सम्पन्न कुर्मी वर्ग चाहता है कि उसका आर्थिक व सामाजिक वर्चस्व क़ायम रहे। अनुसूचित जाति के लोगों से उनकी सर्वोच्चता को ख़तरा हो सकता था इसलिए वह उनसे क्रूर व्यवहार करते थे। 11 लोगों की दिनदहाड़े हत्या महज़ निर्दयी अपराधियों द्वारा नहीं की जा सकती है, न ही इस अपराध को यह कहकर जातिगत उत्पीड़न की श्रेणी से बाहर किया जा सकता है कि ये अपराधी तो अपनी जाति के लोगों पर भी ज़ुल्म करते थे। महज़ इसी वजह से इसे क्या आपराधिक संघर्ष करार दिया जा सकता है?" दलित हत्याकाण्ड का इससे बढ़कर और क्या दस्तावेज़ हो सकता है जिसे पढ़ते हुए कुछ की आँखें नम हुई होंगी तो कुछ ने अट्टहास किया होगा।

लेकिन शासन और जनता के स्थानों में जो दूरी थी, वह कम नहीं हुई। स्वयं जनता पार्टी के अध्यक्ष श्री चन्द्रशेखर ने कहा था—"केवल शासन में परिवर्तन

हो जाने से क्रान्ति नहीं हो जाती। समाज का जीवन-दर्शन और अर्थव्यवस्था के परिवर्तन से ही क्रान्ति आती है। शासन जनता के लिए है, जब तक कमज़ोर-से-कमज़ोर व्यक्ति में यह प्रतीति नहीं उभर आती, तब तक लोकतन्त्र को आज़ादी की सफलता फलित हुई नहीं मानी जा सकती।''

शासन में परिवर्तन का अहसास आम नागरिक को कितने पल, कितने मिनट, कितने घण्टे, कितने दिन होता है? जन-सेवा के नाम पर असीम सुख-सुविधाओं का भोग करने और उनको सदा-सदा के लिए बटोरने के प्रयत्न की दौड़ लोकतन्त्र में क्या ख़त्म हुई? राष्ट्रपति द्वारा प्रतिमास अपने वेतन के 70,000 रुपये और भव्य राष्ट्रपति भवन छोड़ने की घोषणा हुई? प्रधानमन्त्री द्वारा बहुत-से ताम-झाम छोड़ देना क्या स्वयं सम्भव हुआ? 'कथालोक' के सम्पादकीय में इस तरह के सवाल उठाये गये। सत्तर के दशक में आत्मकथाकार उसी पत्रिका में कार्यरत था।

भारत सरकार ने अनुसूचित जातियों और अनुसूचित जनजातियों पर सिविल अधिकार संरक्षण अधिनियम के अन्तर्गत राज्य सरकारों और संघ राज्य क्षेत्रों को छुआछूत से पीड़ित लोगों को न्याय दिलाने और अपराधियों को शीघ्र दण्ड दिलवाने को सुनिश्चित करने के लिए निवारक उपाय करने की सलाह दी। पहले चरण में आन्ध्र प्रदेश, राजस्थान, तमिलनाडु, बिहार, मध्य प्रदेश और उड़ीसा में विशेष अदालतों का गठन किया गया। सितम्बर 1981 में गृह मन्त्रालय में स्थिति की समीक्षा की गयी और इस सम्बन्ध में राज्य क्षेत्रों में प्रशासन को पत्र भेजे गये। उत्तर प्रदेश में इस प्रकरण पर सक्रिय रूप से विचार किया जा रहा है। ऐसी ख़बर आयी। कर्नाटक, केरल, महाराष्ट्र और पश्चिम बंगाल में आरम्भ में कहा था कि न्यायालयों में चल रहे मामलों की संख्या को देखते हुए विशेष अदालतों का गठन करने का कोई औचित्य दिखायी नहीं देता परन्तु अब वे पुनः अपने पिछले निर्णय की समीक्षा कर रहे हैं।

असल में शासन से लेकर प्रशासन और प्रशासन से लेकर दलितोद्धार के कार्यक्रमों की स्थिति यह है कि एक ओर दलितों की बेहतरी के लिए विज्ञापनबाज़ी, तो दूसरी तरफ़ गाँव-क़स्बों में उनकी ठुकाई, सब कुछ से विरोधाभास उभरता है। उसी विरोधाभास में अपने ही देश में देश के बीस करोड़ से अधिक दलित जीवन बिताने को अभिशप्त हो गये हैं।

मराठी दलित आत्मकथाएँ आने लगी थीं। हम हिन्दी वालों को देरी से पता चला। इसका कारण मराठी भाषा का न जानना था। ये सभी आत्मकथाएँ मराठी में ही छप रही थीं। 1977 में राम नागरकर की आत्मकथा 'रामनगरी' प्रकाशित

हो गयी थी। इसकी जानकारी अस्सी के दशक में मिली। उससे पहले दया पवार की 'अछूत' (बलूत) और प्र.ई. सोनकाम्बले की 'यादों के पक्षी' (आठ वणीचे पक्षी) थी। फिर 1981 में कुमुद पावड़े की अन्तस्फोंट, 1982 में मुक्ता सर्वगोड़ की 'बन्द दरवाज़ा' (मिटलेली कवाड़ं) की जानकारी मिली। इसका कारण था 'रामनगरी' आत्मकथा की चर्चा उस तरह से न हुई। ऐसे ही आत्मकथाओं के छपने का सिलसिला शुरू हो गया जो बाद तक चलता रहा।

मेरी पहली कहानी 'सुहाग' जो दिल्ली की ही एक मासिक पत्रिका 'कथालोक' के सितम्बर 1977 के अंक में प्रकाशित हुई थी। कहानी में महिलाओं के सवाल उठाये गये थे।

सम्भवतः पहली बार नागपुर जाना हुआ था। मन के भीतर नागपुर के बारे में बहुत पहले से ही जिज्ञासा थी। नागपुर में बाबा साहेब डॉ. अम्बेडकर ने बौद्ध धर्म स्वीकार किया था। दूसरे अक्तूबर माह में कई लाख की संख्या में अनुयायी दीक्षाभूमि को देखने आते थे। मेरे लिए सबसे आकर्षण का विषय था यहाँ लगने वाले पुस्तकों के स्टॉल तथा कलाकारों, लेखकों, पत्रकारों, संगीतज्ञों, सामाजिक कार्यकर्ताओं आदि के साथ संवाद।

1980 में मैंने साथियों के साथ बौद्ध धर्म अपनाया था जिसे नवभारत टाइम्स ने प्रकाशित किया था।

दलित साहित्य के महत्त्वपूर्ण हस्ताक्षर और दलित पैन्थर हाईपावर कमेटी के जुझारू सदस्य रमेशचन्द्र परमार मेरे मित्र रहे हैं। उनसे मेरी पहली मुलाक़ात दिल्ली में बापूराव पाखिड्डे के साथ हुई थी। बापूराव जी ने परिचय कराया था। नैमिशराय जी उत्तरी भारत के जुझारू लेखक और पत्रकार हैं। दो-तीन दिन वे दिल्ली में रहे। बाद में कविता-संग्रह के बारे में अहमदाबाद से उनका मुझे पत्र मिला। मुझसे कविता माँगी थी। तब तक मैंने लगभग सात-आठ कविताएँ लिखी थीं। बस समझ लीजिए, मैं तुकबन्दी करने लगा था।

'आक्रोश' गुजरात के दलित पैन्थर की कविताओं के रूप में दलितों एवं अन्य सहानुभूति रखने वालों में जानी-मानी त्रैमासिक पत्रिका थी। 13 अप्रैल, 1981 को निकाले गये अंक में 9 कविताओं का संग्रह था जिनमें से दो-दो कविताएँ मनीषी जानी और नीरव पटेल की, एक-एक कविता ए. जानी, बिपिन मसीहा, एम. बोलोली तथा एम. के. परमार की, एक कविता तमिल से अनूदित चेराबुन्दा राहु की तथा एक कविता हिन्दी में मुक्तिबोध की थी। कविता संग्रह के सम्पादक रमेशचन्द्र परमार थे। इस अंक के मुखपृष्ठ की सज्जा पन्नाचन्द लुनेचिया द्वारा की गयी तथा इसके कवर पृष्ठ पर सम्पादक का नाम और पता छापा गया था।

पत्रकार नैमिषराय सहित ४४७ हिन्दुओं का बौद्ध धर्म में प्रवेश

■ कार्यालय संवाददाता ■

नागपुर, २६ अक्तूबर. पीपल्स डेमोक्रेटिक मूवमेंट आफ इंडिया की ओर से स्थानीय धनवटे, रंगमंदिर में धर्मांतरण समारोह का आयोजन किया गया. इसमे हरियाणा, उत्तरप्रदेश, बिहार, तमिलनाडु, केरल, महाराष्ट्र आदि प्रांतों के ४४७ हिंदुओं ने बौद्ध धर्म की दीक्षा ली. भंते चंद्रबोधी ने उन्हें बौद्ध धर्म की दीक्षा दी.

कार्यक्रम की अध्यक्षता विधायक उपेंद्र शेंडे ने की. विशेष अतिथि के रूप में पी. चंद्रमोहन (मद्रास), डा. पी.सी. राय (बोधगया), मोहनदास नैमिषराय (दिल्ली), एडवोकेट सुलेखाताई कुंभारे, डा. रूपाताई कुलकर्णी तथा प्रा. प्रभाकर पावडे आदि उपस्थित थे. डा. राय 'महाबोधि विहार बौद्धों का है' सहित कई पुस्तकों के रचनाकार है. उन्होने १९८० में बौद्ध धर्म अपनाया.

पत्रकार नैमिषराय

दिल्ली के प्रसिद्ध पत्रकार और लेखक मोहनदास नैमिषराय ने हिंदू धर्म का त्याग कर आज बौद्ध धर्म में प्रवेश किया.

कार्यक्रम का प्रास्ताविक पूरण मेश्राम ने किया. कतिपय कारणों से इस कार्यक्रम में बिहार के आई.जी. मैकूराय शामिल नहीं हो सके.

पत्रिका के मुखपृष्ठ पर दंगा करने वालों के द्वारा दलित के एक मकान पर पत्थर आदि फेंकते हुए दिखाया गया तथा पुलिसवाले मकान से अपनी पीठ फेरे और बन्दूक़ नीचे की ओर झुकाये दिखाये गये थे। पत्रिका की भूमिका से मुखपृष्ठ पर छपे चित्र का उद्देश्य स्वतः ही स्पष्ट हो जाता है। प्रस्तावना में स्पष्ट किया गया कि प्रकाशित 9 में से 7 कविताएँ दलित युवा शंकर भाई को समर्पित हैं। शंकर भाई को अहमदाबाद से 15 किलोमीटर दूर जेतलपुर गाँव के पंचायतघर में जात्याभिमानी हिन्दुओं ने 26 दिसम्बर, 1980 को ज़िन्दा ही जला डाला था। दलितों पर इन बर्बर, अमानुषिक अत्याचारों की गाथा का तथा पुलिस की निष्क्रियता का इन कविताओं में मार्मिक वर्णन था। जब पुलिस ही रक्षक के स्थान पर भक्षक का रूप धारण कर ले, तब सवर्णों के सताये दलित लेखनी के माध्यम से अपने दुख और अनुभूति को व्यक्त न करें, इन सबके ख़िलाफ़ आक्रोश तो उभरना ही था।

पत्रिका का प्रकाशन सामान्य एवं वैधानिक होने पर भी पुलिस ने पत्रिका के सम्पादक रमेशचन्द्र परमार तथा कविता के रचयिता मनीषी जानी, अश्विनी

जानी एवं नीरव पटेल के विरुद्ध साम्प्रदायिक उपद्रव भड़काने के आरोप में केस बना डाला। न्यायालय में मुक़दमा डालने से पूर्व पुलिस ने उपर्युक्त चारों कवियों

|| रमेशचंद्र परमार ||

मनहरनगर, राजपुर,
अहमदाबाद, ३८००२१.
दिनांक : १७/८/८१.

भाईश्री मोहनदास

नागपुर- चंद्रपुरसे प्रसिद्ध होनेवाले नागसेन से पता चला कि दलित कविताओंका अेक संचार शीघ्र ही आप लोग प्रकाशित कर रहे हैं. धन्यवाद पहले ही दे देता हूँ.

गुजरातीभाषामें 'आक्रोश' नामका कविता ऋतुपत्र दलित पेंथर-गुजरात के युवा कवियों द्वारा दो सालसे चलाया जा रहा है. हाल हीमें गुजरातकी सरकारने क्रिमीनल प्रोसीजर कोड 153, 153 A के मातहत केस दाखिल किया है और पत्रिकाओं जब्त की गई है. केस चल रहा है.

आक्रोश का नया अंक हमलोग प्रसिद्ध करने जा रहे हैं आप और आपके साथियोंकी रचनाएँ अगर हमें मिलती है तो गुजराती कविताओंके साथ हिन्दी दलित कविताओंको भी प्रतिनिधित्व मिलेगा.

अगर रचनाएँ भेजेंगे तो आनंद होगा. महाराष्ट्र के दलित युवाओंकी कविताओंको भी हमलोग शामिल कर रहे हैं.

शीघ्र आपको और परिवारजनोंकी कुशलता चाहता हूँ.

पुनश्च जयभीम.

आपका

[signature]

रमेशचंद्र परमार
अध्यक्ष दलित पेंथर-गुजरात

To:
Shri Mohandas
Nemishrai
8380. Arya Nagar
Pahad Ganj.
New Delhi.

के घरों की बिना किसी सर्च वारण्ट के तलाशी ली तथा बिना कोई रसीद दिये अनेक पुस्तकें, पत्रिकाएँ, हैण्डबिल आदि अपने क़ब्ज़े में कर लिए। बहुत उदासीनता के साथ पुलिस ने घर के सदस्यों को यह बतलाया कि परमार और जानी को भारतीय दण्ड संहिता की धारा 153 (ए) और (बी) के अधीन गिरफ़्तार किया गया है। अश्विनी जानी को ज़मानत पर रिहा करने से पूर्व पुलिस ने उन्हें अपने पास 22 घण्टे तक क़ैद करके रखा। पुलिस के अधिकारियों ने मनीषी जानी तथा अश्विनी जानी के माता-पिता को यह भी सलाह दी कि ब्राह्मण होते हुए आपके लड़के 'हरिजनों' का साथ दे रहे हैं। क्या पुलिस इस प्रकार भारतीय संविधान का खुला उल्लंघन करने के लिए स्वतन्त्र है? इसी प्रकार जब दलितों के प्रति सहानुभूति रखने वाली रूपा मेहता ने 25 अप्रैल, 1981 को अहमदाबाद में गुजराती-उर्दू साहित्यिक सम्मेलन का उद्‌घाटन करते हुए गुजरात के मुख्यमन्त्री सोलंकी के विरुद्ध प्रदर्शन किया, तब भी पुलिस अधिकारी ने इस ग़ैर-दलित बाला के माता-पिता को डाँटा कि आपकी लड़की को ग़ैर-सामाजिक दलितों से दूर रहना चाहिए। क्या ऐसी परिस्थिति में पुलिस कमिश्नर से दलित संरक्षण की आशा कर सकते हैं? स्वतन्त्र भारत में क्या यही पुलिस अधिकारियों का चरित्र था?

पत्रकारिता की समझ मुझे बचपन से ही होने लगी थी। मैं जिस शहर यानी मेरठ से था, उसकी ऊर्जावान ज़मीन ने मुझे प्रेरित किया। शहर में होने वाली साहित्य सभाओं में भी मैं जाने लगा था। शहर में जली कोठी के पास हिन्दी भवन, टाउन हॉल, प्यारेलाल शर्मा स्मारक और स्वयं हमारी बस्ती में बाबा साहेब डॉ. अम्बेडकर पुस्तकालय एवं वाचनालय में समय-समय पर सभा-सम्मेलनों का आयोजन होता रहता था। मेरे भीतर सवाल-दर-सवाल उभरते थे। दलित आन्दोलन के गर्भ से अख़बार का उभरना इन्हीं सबका परिणाम था।

'बहुजन अधिकार' पाक्षिक की शुरुआत मेरठ से ही की गयी। कुछ समय मैं दिल्ली रहा, पर न दिल्ली का पानी रास आया और न ही दिल्ली के लोग। कहना न होगा कि मैं वापस मेरठ लौट आया। अक्तूबर 1981 से मई 1982 तक डॉ. अम्बेडकर प्रिंटिंग प्रेस, सराय बहलीम, मेरठ से 'बहुजन अधिकार' छपता रहा। 1985 तक अख़बार की 50 पैसे सहयोग राशि थी। पंजीकृत सं. R.M. 39264181, बाद में सहयोग राशि एक रुपया हुई।

अख़बारी दुनिया का कोई भी दौर रहा हो, पत्र-पत्रिका चलाने के लिए विज्ञापन जुटाना मुश्किल रहा है। उन दिनों मुझे अन्य स्रोत से जो सहयोग मिला, मैंने उसे विज्ञापन के रूप में नहीं लिया और न ही विज्ञापन देने वालों ने ऐसा

सोचकर मेरी आर्थिक मदद की। कुछ साथी चाहते थे कि बहुजन समाज, जो मूक था और बाबा साहेब डॉ. अम्बेडकर ने जिन्हें मूकनायक बनाया, वे अब आज़ादी के परिवेश में और भी मुखर हों। उनकी गूँज परिवेश में उभरे। उनका आक्रोश बाहर आये। मेरे छोटे भाई आनन्द प्रकाश नैमिशराय तथा देशराज भारती के साथ कुछ साथियों ने इस बारे में पहल की। मेरठ से ही चौधरी वॉच हाउस, अल्का चप्पल, शंकर मार्केट, आबू लेन, कमल शू स्टोर, अनिल टूरिस्ट बस सर्विस, फ़िल्मी मुसाफ़िर, सराय बहलीम, सुपर शू, घण्टाघर, बाद में मोदीनगर तथा दिल्ली से भी विज्ञापन मिलने की शुरुआत हुई। जिनमें अजन्ता टेलर्स, पश्चिमी पुरी, नयी दिल्ली। सम्राट मेटल इंडस्ट्रीज, मलकागंज मार्किट, अमर टेलर्स, न्यू मार्किट, मोदी नगर त्याग चिट फण्ड दिल्ली, आशा पुष्प विहार सहकारी आवास समिति, भोवापुर, ग़ाज़ियाबाद आदि विशेष थे।

सहयोगी आधार पर ही सुन्दरलाल सागर की पुस्तकों का विज्ञापन 223, दरीबा, मैनपुरी (उ.प्र.) कभी-कभी 'बहुजन अधिकार' में छपता था। साथ ही डॉ. सुमनाक्षर के द्वारा लिखित पुस्तकें 233, टैगोर पार्क मॉडल टाउन, दिल्ली, यह भी सहयोगी आधार पर विज्ञापन प्रकाशित किया गया। सुन्दरलाल सागर जी का पत्र भी आया। उन्होंने बहुजन अधिकार के शुरू करने पर मुझे बधाई भी दी।

अख़बार क्या शुरू किया, बहुत सारी समस्याओं तथा सवालों के साथ पत्र आने लगे। व्यक्तिगत रूप में कुछ साथी मिलने के लिए घर भी आते थे। उन दिनों न मेरे घर मेरठ में टेलीफ़ोन था और न ही आज की तरह हाथ या जेब में मोबाइल होता था। पहला गम्भीर पत्र स्वयं मेरे मित्र देशराज भारती ने लिखा था। पत्र मार्मिक था—

दलितों पर अत्याचार कब तक?

आदरणीय मुख्यमन्त्री
उत्तर प्रदेश शासन
महोदय,

उत्तर प्रदेश के ज़िला मैनपुरी में एक गाँव में दिनांक 18 नवम्बर, 1981 की सायं 24 जाटवों की सामूहिक निर्मम हत्याएँ कर दी गयी हैं। इस हमले में जो गम्भीर रूप से घायल हुए हैं, उनमें दो लोग ज़िन्दगी व मौत के बीच लटक रहे हैं। आप इस विभत्स घटना से तो भली-भाँति परिचित होंगे ही क्योंकि भारत के सभी समाचार-पत्रों में यह आजकल चर्चा का विषय है। इसके अतिरिक्त आप

तो स्वयं भी अपनी आँखों से उन कराहते परिवारों को देख आये हैं। इस विषय में आपसे केवल एक बात जानना चाहता हूँ कि आपने अपने कथन से यह स्पष्ट करना चाहा है कि देवली काण्ड जाति संघर्ष का परिणाम नहीं है। यह केवल बदला लेने की भावना से किया गया है।

जैसा कि कहा जा रहा है कि गाँव के 3-4 दलितों ने अगस्त 1980 में राधे व सन्तोष के विरुद्ध हथियार रखने के सिलसिले में गवाही दी थी। तो क्या गवाही देना कोई जुर्म है या उन्होंने यह कोई संगीन अपराध कर दिया था जो अवैध हथियार (स्वचालित राइफल) रखता है। क्या यह ख़तरनाक क़िस्म का आदमी नहीं है या फिर पुलिस की तेज़ निगाह से ओझल रह सकता है?

गाँव के इन असहाय मृतक जाटवों ने काफ़ी पहले ही परिवार की सुरक्षा की माँग सरकार से की थी, क्योंकि सम्बन्धित थाने की पुलिस इन ज़ालिमों से साँठ-गाँठ किये बैठी थी इसलिए कोई ध्यान नहीं दिया गया। ध्यान कब दिया जा रहा है—जब 8 मासूम (जिनमें 8 माह का भी शामिल है) 9 परिवारों के ज़िम्मेदार जाटव को मौत के घाट उन दुष्टों द्वारा उतार दिये गये और 6 जाटव ऐसे हैं, जो गम्भीर रूप से घायल हैं तथा मौत और ज़िन्दगी के बीच संघर्ष कर रहे हैं। वाह! पुलिस तेरा चमत्कार क्या कहने।

मुख्यमन्त्री जी आप कहते हैं कि यह केवल बदला लेने की भावना से किया गया है। जाति संघर्ष नहीं है क्या—8 माह के बच्चे व अस्सी वर्ष की वृद्धा ने भी इन दुष्टों व हत्यारों के विरुद्ध गवाही दी थी, छीः-छीः शेम-शेम, आपका यह बहाना ख़ूब जमा—आपकी कुर्सी सलामत रहे।

जैसा कि आपको चाहिए था कि जसराना के थाना इंचार्ज व तैनात पुलिसकर्मियों के विरुद्ध 302 भारतीय दण्ड संहिता के अन्तर्गत तुरन्त मुक़दमा दायर कराकर उन्हें जेल भिजवाया जाये और उनके विरुद्ध कठोर-से-कठोर दण्ड की व्यवस्था की जाये। क्योंकि इस दुर्घटना में सबसे बड़ी ढील पुलिस की रही है लेकिन आपके द्वारा सारा दोष अपने ऊपर लेने से ऐसा प्रतीत होता है कि आप सरकार की निष्क्रियता व पुलिस की हत्यारों के साथ साँठ-गाँठ पर पर्दा डालना चाहते हैं।

आज आपको दोष स्वीकार करने या किसी के भी कहने से त्यागपत्र देने की आवश्यकता नहीं है। बस आप इतना करते रहिए रु. 5000/- की दर से एक-एक दलित को गोलियों से भुनवा डालिए और कोई ज़्यादा परेशानी हो तो रु. 5000/- केन्द्र से भी दिलवाते रहिए।

आपके इस सहयोग के लिए भारत का दलित समाज सदैव आभारी रहेगा।

आपका शुभचिन्तक

–देशराज भारती

उपाध्यक्ष

डॉ. अम्बेडकर समाज सुधार समिति

मोदीनगर (ग़ाज़ियाबाद)

(2 दिसम्बर, 1981 के अंक में प्रकाशित)

मेरठ में ही रह रहे झग्गड़ सिंह राजनीति में आने से पूर्व से ही मेरे मित्र रहे हैं। कभी-कभी उनसे मिलना भी होता था। बहुजन अधिकार के लिए उन्होंने एक पत्र लिखा जो 16 दिसम्बर, 1981 के अंक में छपा।

आरक्षण : कुछ बुनियादी बातें

कुछ निहित स्वार्थ के लोगों ने देश में आरक्षण-विरोधी नारा देकर युवकों को भ्रमित किया है। युवकों की ताक़त को बेहतर तरीक़े से इस्तेमाल न कर वे नकारात्मकता से उन्हें जोड़ रहे हैं। आज स्थिति यह है कि त्यागी स्कूलों में त्यागी अध्यापक रखे गये, जाट स्कूल में जाट रखे गये तथा बनियों के स्कूल में बनिये। इस पर सवर्ण नेता चुप रहते हैं। दलितों को कौन-से स्कूल-कालिजों में नौकरी मिलती है। उस पर भी हाय-हल्ला। ऐसे में सवर्ण नेताओं को चाहिए कि वे कम-से-कम गाँधी की बात को तो मानें। जिन्होंने कहा था, "हम हरिजन उद्धार कर उन पर अहसान नहीं कर रहे हैं बल्कि अपने पापों का प्रायश्चित्त कर रहे हैं।"

झग्गड़ सिंह

एम.एल.ए. मेरठ

फिर शाहदरा से मूलचन्द गौतम का पत्र बहुजन अधिकार, कार्यालय 8380, आर्य नगर, पहाड़ गंज, दिल्ली के पते पर प्राप्त हुआ जिसमें यमुना पार, लोनी रोड के चौराहे पर स्थित बाबा साहेब डॉ. अम्बेडकर की प्रतिमा को कुछ असामाजिक तत्त्वों के द्वारा खण्डित करने के बारे में लिखा गया था। इसी पत्र में उत्तर प्रदेश के एक गाँव शिकारपुर में भी बाबा साहेब की प्रतिमा का सिर तोड़कर उसे गन्दे नाले में फेंकने का विवरण था।

वाल्मीकि जी ने उन्हीं दिनों जन चेतना मंच बनाया था। उसी के लैटर हैड है पर उन्होंने पत्र लिखा।

दिनांक : 21.11.1981

ओमप्रकाश वाल्मीकि
4 डी/टाइप-3,
सेक्टर-4, ऑर्डिनेंस फैक्टरी, चन्द्रपुर,
'महाराष्ट्र'-442501

भाई मोहन,

काफ़ी प्रतीक्षा के पश्चात् बहुजन अधिकार 'अंक-3' मिला। सामग्री का चयन उत्साहवर्धक है। अंक सुन्दर बना। मैंने भीतर का मैटर पढ़ा है। सफलता की कामना करता हूँ।

आज के विषमतापूर्ण समय में पत्रकारिता काफ़ी जोखिम भरा काम है। समय एवं संघर्ष की परीक्षा में सन्तुलन बनाये रखना काफ़ी कठिन है।

फिर भी कुछ साहसी एवं दृढ़ निश्चयी लोग अपने संकल्प में खरे उतरते हैं। आपके इस क़दम की जितनी सराहना की जाये कम है।

एक रचना भेज रहा हूँ। अभी कुछ दिन पहले शंकराचार्य का वक्तव्य विवादास्पद रहा। मध्य भारत के पत्रों ने बड़ी-बड़ी सुर्ख़ियों में छापा।

1. छुआछूत हिन्दू धर्म का आवश्यक अंग है, वर्ण व्यवस्था सही है।
2. बालविवाह, सती-प्रथा हिन्दू धर्म में ज़रूरी है।
3. सवर्णों को अछूतों पर होने वाले अत्याचारों में अछूतों की रक्षा करनी चाहिए।
4. धर्म-परिवर्तन लालच में किया जा रहा है आदि...।

इसी सन्दर्भ में यह रचना लिखी गयी है। आशा है कविता पसन्द आयेगी। प्रतिक्रिया जानना चाहूँगा।

बस शेष कुशल, पत्र की प्रतीक्षा में।

आपका ही
ओमप्रकाश वाल्मीकि

दिल्ली के ही साथी जयभगवान जाटव जी का पत्र मिला। 27.4.1982 का कलकत्ता से महावीर सिंह मधुर द्वारा लिखा हुआ पत्र प्राप्त हुआ। संस्था के लैटर हैड पर पत्र था जिसमें 59-बी, चौरंगी रोड, कलकत्ता का पता था। मधुर जी हरिजन सेवक संघ के महामन्त्री थे। तहसील कासगंज के अन्तर्गत गाँव परमोर के 150 वाल्मीकि (हरिजन) परिवारों के पुनर्वास के सम्बन्ध में पत्र था।

प्रतिलिपि सूचनार्थ एवं उचित कार्यवाही हेतु प्रेषित :

1. आदरणीय श्री विश्वनाथ प्रताप सिंह, मुख्यमन्त्री, लखनऊ, उ.प्र.

2. श्री गुलाब सेहरा, मन्त्री हरिजन कल्याण समाज, लखनऊ, उ.प्र.

3. तहसीलदार, कासगंज, एटा

4. श्री असरार अहमद, सांसद, क्षेत्र-तहसील कासगंज, एटा

5. श्री मानपाल सिंह, विधायक, क्षेत्र-तहसील कासगंज, एटा

इसके बाद सबसे नीचे लिखा था मोहनदास नैमिशराय सम्पादक 'बहुजन अधिकार' तीसरी पंक्ति में पूरा पता था। पहले पत्र की इबारत ऐसी ही होती थी। अपनी तसल्ली के लिए सांसदों, मन्त्रियों, ज़िलाधीशों, पटवारियों, सम्पादकों को पत्र लिखे जाते थे। कुछ की समस्या हल हो जाती थी और शेष के पत्र रद्दी की टोकरी में फेंक दिये जाते थे। मधुर जी के द्वारा लिखा गया दो-तीन पृष्ठों का पत्र मैंने धैर्य से पढ़ा था। मन के भीतर उद्वेलन हुआ। उनकी समस्या को मैं दूर कर सकता हूँ या नहीं, कम-से-कम एक पत्र तो लिख ही सकता था। वही मैंने किया भी। अगले माह ही उनका पत्र आ गया। उन्होंने दूसरे पत्र में आभार व्यक्त किया।

जितने उनके पत्र, उतने ही उनके विचार और अलग तरह के दर्शन। शायद कोई ऐसा दिन नहीं जाता होगा जब मुझे पाठकों, शोधार्थियों के साथ शुभचिन्तकों और आलोचकों के पत्र नहीं मिलते होंगे। उत्तर प्रदेश से शम्सुद्दीन अहमद के साथ मेरठ से अज़ीम अहमद का भी पत्र मिला। अज़ीम अहमद पूर्व में मेरठ की हमारी बस्ती का व्यक्ति था, जिसे बादल कहते थे।

कभी-कभी दुश्मनों के पत्र भी मिलते थे। दुश्मन शब्द इसलिए मैंने प्रयोग किया कि वे स्वयं मुझे दुश्मन मानकर ही पत्र की शुरुआत करते थे। किसी को ज़्यादा ही अगर खुन्नस निकालने की जल्दी होती तो वह अन्तर्देशीय पत्र में टट्टी भी रख देता। साथ ही चुनौती भी लिख देता। अगर ऐसा-वैसा लिखना बन्द नहीं किया तो तेरी सारी पत्रकारिता एक तरफ़ और तू एक तरफ़। अपनी जान की खैर मना कि इस बार तुझे छोड़ दिया। आगे नहीं छोड़ेंगे। पत्र के साथ ऐसे लोगों के धमकी भरे दो-चार बार फ़ोन भी आते। मैंने उन दिनों हिन्दू धर्म के मठाधीशों से लेकर शंकराचार्यों तक की दलित-विरोधी गतिविधियों और बयानों के सन्दर्भ में उनकी ख़ूब ख़बर ली थी। दलितों के मन्दिर में प्रवेश के निषेध को वे जायज़ ठहराते थे और इसे हिन्दू धर्म के अनुसार सही सिद्ध करते हुए अख़बारों में बयान देते थे। देवदासी समस्या पर भी मैंने लिखा था। कैसे आज़ाद भारत में मन्दिरों, मठों तथा आश्रमों में लड़कियों को नचाया जाता है, कैसे पुरोहितों और ज़मींदारों के द्वारा धर्म के नाम पर उनसे व्यभिचार किया जाता रहा है? आलेख आदि में भाषा कठोर होने के कारण तिलमिलाहट तो होती थी।

इन्हीं दिनों इन्द्रगढ़ी गाँव (ग़ाज़ियाबाद) में जयप्रकाश कर्दम का आलेख मिला।

वे उस समय गाँव में ही रहते थे और वहीं से दिल्ली आना-जाना करते थे। जहाँ अपने आलेख 'भारतीय समाजवाद : एक अनुत्तरदायी एवं बेबुनियादी विचार' को उन्होंने 'बहुजन अधिकार' में छापने की गुज़ारिश की थी, वहीं उसी आलेख के मैटर को लेकर भी वे असमंजस की स्थिति में थे। हालाँकि उसमें स्वयं उन्होंने काट-छाँट कर दी थी। अपने पत्र में उन्होंने यह भी आशंका जाहिर की थी कि उनका आलेख छपने से उनके भविष्य पर आँच आ सकती है।

PHILOSOPHY ASSOCIATION

M. M. H. COLLEGE,
GHAZIABAD (U. P.)
INDIA-201001

Secratery :
Prakash Kardam

REF ....

Dated 9/XI/81

आदरणीय बन्धुवर

सादर अभिवादन!

बन्धु श्री गिरधारीलाल सागर द्वारा आपके विषय में ज्ञात हुआ वैसे मैं पूर्व से आपके नाम से परिचित हूँ। धम्म-दर्पण में आपका एक लेख पढ़ा था – अच्छा लगा। किन्तु हम परस्पर इतने निकट होंगे इसकी आशा भी न थी कभी! – आज ही सागर जी का पत्र मिला है, ज्ञात हुआ उन्होंने आपसे मेरे विषय में बातचीत की है – अनुगृहीत हूँ। सागर जी ने मुझसे लेख प्रेषित करने को लिखा है तो मैं एक लेख 'भारतीय समाजवाद – एक अनुत्तरदायी एवं बेबुनियादी विचार' आपकी सेवा में प्रकाशनार्थ प्रेषित कर रहा हूँ। बहुजन अधिकार के अनुकूल समझें तो प्रकाशित करने का निर्णय करेंगे। यह लेख मैंने महीनों पहले लिखकर तैयार कर लिया था किन्तु इसमें कुछ बातें ऐसी थीं जो हिन्दू समाज पर सीधे आघात करती थीं। और आप जानते ही हैं कि विद्यालय-महाविद्यालय एवं [illegible] में हिन्दू लोग ही बहुसंख्यक हैं और मैं एक नौकरीपेशा युवक हूँ। अपने वर्ग की आर्थिक परिस्थितियाँ [illegible] हों नौकरी अनिवार्य है अतः इसी वजह से आज इस लेख से अनेकों प्रसंग निकाल देने को बाध्य होना पड़ा ही उनको प्रकाशित करने का साहस जुटा नहीं हूँ कि कुछ दिन भी बाद हो [illegible] दें बरखास्त कीजिये!

बहरहाल आप इस लेख को इसी रूप में प्रकाशित

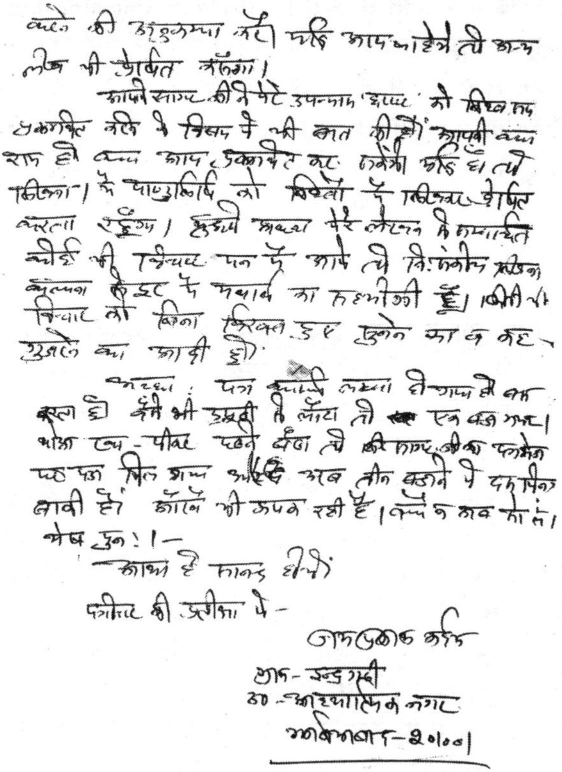

दलितों की रचनाधर्मिता आरम्भ से आज तक बेचैनी और तड़प की रही है इसलिए कि उन्हें जीवन के हर मोड़ पर अभाव और सामाजिक विषमता का शिकार होना पड़ा है। बचपन से ही उन्हें अभिशप्त जीवन जीना पड़ा। वे गाँव में रहे या शहर में, रास्ते तो बदल गये, लेकिन उनके जीवन की यात्राओं की परिस्थितियाँ वैसी ही रहीं। उनकी ज़िन्दगी के ख़्वाब वैसे ही टूटते रहे। बावजूद इसके दलित कथाकार अधूरे ख़्वाबों को पूरा करने की प्रक्रिया से जूझते रहे। जिस देश में वे रहे, उस देश का राष्ट्रीय ध्वज वैसे ही फहराया जाता रहा, लेकिन उनकी अस्मिता तार-तार होती रही। उन्होंने गाँव बदला, शहर बदला, राज्य बदला, यहाँ तक कि देश बदला, धर्म बदला, पर वेदों, स्मृतियों, पुराणों में पुरोहितों तथा शंकराचार्यों के द्वारा लिखी गयी और बनायी गयी पहचान से दलित मुक्त न हो सके। हालाँकि मुक्ति के प्रयास उनके रहे। लेकिन जैसे ही वे मुक्त होते, उन्हें नये तरीक़े से किन्हीं नयी बेड़ियों में जकड़ दिया जाता।

इन्हीं दिनों चन्द्रपुर से ओमप्रकाश वाल्मीकि का दूसरा पत्र मिला।

ओमप्रकाश वाल्मीकि
4 सी/टाइप-3, सेक्टर-5
ऑर्डिनेंस फैक्टरी, इस्टेट चन्द्रपुर
महाराष्ट्र 44250।

प्रिय भाई मोहन, दिनांक : 9.9.82

पिछला पत्र आपको मिला होगा। उसमें मैंने सफ़दरजंग मेडिकल इंस्टीट्यूट के विषय में लिखा था। मेरी पत्नी का स्वास्थ्य ठीक नहीं चल रहा है। पिछले वर्ष मेडिकल कॉलेज, मेरठ में डॉ. उषा शर्मा को दिखाया था। उनका इलाज काफ़ी लम्बा चला किन्तु कोई सुधार नहीं हुआ है। यदि दिल्ली में कोई जान-पहचान हो तो किसी विशेषज्ञ को दिखाना चाहता हूँ। आशा है खोज-बीन करके शीघ्र ही सूचित करोगे।

'बहुजन अधिकार' के लिए एक रचना भेज रहा हूँ, शायद पसन्द आये। यदि 'बहुजन अधिकार' के लिए अनुपयोगी समझें तो निःसंकोच वापस कर दें। लेख के विषय में अपने विचारों से अवगत करायें।

मैंने कुछ व्यंग्य-लेख भी लिखे हैं जिनकी विषय-वस्तु 'साहित्यकारों' के इर्द-गिर्द ही है। साहित्यकारों की विसंगतियों, गुटबन्दियों आदि का पर्दाफ़ाश करने का प्रयास किया है, उनमें से कुछ लेख 'नवभारत' में प्रकाशित हो चुके हैं, प्रशंसित भी हुए हैं।

बस शेष कुशल,

आपका ही
ओमप्रकाश वाल्मीकि

शम्बूक काण्ड की पुनरावृत्ति

सम्पादक महोदय,

कुछ दिन पूर्व मैंने समाचार-पत्रों में एक समाचार पढ़ा था। 'बहुजन अधिकार' के 2 मार्च, 1982 के अंक में एक पत्र प्रकाशित किया गया था—'पूजा के लिए मृत्यु'। शिवपुरी ज़िले के धोरिया गाँव के हरिजनों को भगवान शिव के लिंग पर पवित्र गंगाजल चढ़ाने के लिए मन्दिर की ओर जाते समय सवर्ण हिन्दुओं के निर्देश पर गोलियों से भून दिया गया। इस हत्याकाण्ड में तीन हरिजन मारे गये और दो घायल हुए।

कितने हज़ार वर्ष बाद शम्बूक काण्ड की पुनरावृत्ति हुई। पुनरावृत्ति कहाँ हुई? सहस्रों वर्षों से इस देश में धर्म के नाम पर पलने वाली इसी जघन्य मनोवृत्ति पर पलने वाली इस जघन्य मनोवृत्ति का एक और प्रदर्शन इसलिए हुआ कि कहीं इस देश का आधुनिक और प्रगतिशील समाज यह न सोच बैठे कि वह बदल गया है, धर्म-संस्कृति और परम्परा के नाम पर सदियों से जो अमानवीय व्यवहार वह अपने ही समाज के एक वर्ग के साथ करता आया है, वह आज भी बरक़रार है, आज भी असमानता और असहिष्णुता इस समाज का सर्वाधिक महत्त्वपूर्ण गुण है।

हिन्दी में साहित्य-सृजन की बागडोर 'सवर्ण वर्ग' और मानसिकता वाले लेखकों के हाथ में रही। दलित वर्ग से आये इक्का-दुक्का लेखकों ने जहाँ तक हुआ, अपनी पहचान को छिपाए रखा। पहचान ज़ाहिर होने पर उन्हें उसका फल भी भुगतना पड़ा। क्या सवर्ण समाज के लोग अपने उसी परम्परागत खेल में दलितों को ऐसे ही निशाना बनाते रहेंगे? आख़िर शम्बूक काण्ड की पुनरावृत्ति कब तक?

—महीप सिंह
सम्पादक
संचेतना (त्रैमासिक)
एच-108, शिवाजी पार्क
नयी दिल्ली-110026

'बहुजन अधिकार' उन दिनों मेरठ से ही छपता था और जिस प्रेस में प्रकाशित होता था, उसमें साम्प्रदायिक तत्त्वों ने आग लगा दी थी। मेरे मित्र सेवाराम केन, 'डॉ. अम्बेडकर प्रिंटिंग प्रेस' चलाते थे। ख़ैर नुक़सान कम ही हुआ लेकिन पेपर्स काफ़ी जल गये थे।

मेरठ में शाहघासा स्थित मन्दिर व मज़ार के प्रश्न को लेकर लम्बे समय से चले आ रहे विवाद ने दलितों को अपना निशाना बना लिया। ऐसा जान पड़ता है कि अब यह झगड़ा हिन्दू-मुस्लिम न होकर दलित-मुस्लिम हो गया है। हर प्रकार से कमज़ोर एवं सताया हुआ यह दलित समाज ही बार-बार शिकार होता रहा है। इस दंगे में मुस्लिम असामाजिक तत्त्वों ने गौतम नगर, गणेशपुरी की जाटव व वाल्मीकियों की झोंपड़ियों में आग लगा दी तथा जो आवश्यक सामान था, उसे ले भागे। इन दंगाइयों के भय से मेरठ नगर के अनेक स्थानों के दलित, शोषित लोग अपने घर छोड़कर आसपास के अपने रिश्तेदारों के यहाँ शरण लेने लगे थे।

दंगाइयों ने 27 सितम्बर, 1982 की रात्रि को क़रीब 10 बजे सराय बहलीम स्थित-जाटव बस्ती को घेर लिया और दलितों पर हमला किया। महिलाओं को भी चोटें आयीं। तभी प्रशासनिक अधिकारी की गाड़ियाँ आ पहुँचीं। उन्हें देखकर

हमलावर भाग गये। यह समाचार 'बहुजन अधिकार' के 16 अक्तूबर, 1982 के अंक में भी छापा गया था।

दो दिनों के लिए लखनऊ आना हुआ। आचार्य दीपांकर जी ने ही मेरठ से लखनऊ का टिकट बुक कराया था। जहाँ कम्युनिस्ट नेता अमृतपाद डांगे की बेटी रोजा देशपाण्डे आयी हुई थी। उनके साथ दो-तीन साथी और भी थे। वे बम्बई से आये थे। 'रोजा' ने नयी पार्टी का गठन किया था। उसी बारे में हज़रतगंज में कार्यक्रम रखा गया था। वहाँ से मैं कानपुर आया, जहाँ मेरे चचेरे भाई टी.सी. राय 'म्योर कॉटन मिल' में मैनेजर थे। दो-तीन दिन उनके पास रहकर मैं वापस लौटा। लौटने से पहले घर पर शकुन को पत्र लिखा।

सम्भवतः पहली बार मेरा कानपुर आना हुआ था। कानपुर यानी मैनचेस्टर ऑफ इण्डिया। कानपुर की उद्योग नगरी पूरे देश में प्रसिद्ध थी।

☎ 711807

कथालोक मानवतापरक सांस्कृतिक कथा मासिक

KATHALOK LEADING MONTHLY OF HUMANISTIC STORIES

119, स्टेट बैंक कालोनी
दिल्ली-110009

ता0 18-12-82

प्रिय बन्धु,

आपका 15-12-82 का पत्र अभी डाक से मिला, पढ़कर अत्यन्त दुख हुआ कि बड़ा पुत्र च[illegible] गया है। जीवन में इस प्रकार की अनहोनी घटनाएँ व्यक्ति को अन्दर तक कुरेद-कुरेद कर हिला देती हैं। लेकिन इस सृष्टि में इस परमात्मा के सामने मनुष्य का कोई वश भी नहीं है। जाने वाला व्यक्ति चला गया लेकिन पीछे रहने वालों को तो यह सब सहने के लिए रहना ही होता है। आपके असीम दुख को मैं अपने गहरे हृदय में अनुभव कर रहा हूं और भगवान से प्रार्थना करता हूं कि वह आपको और हम सबको यह दुख सहने की क्षमता प्रदान करें।

दिवंगत उस प्यारे पुत्र की पवित्र आत्मा को शांति प्रदान हो। इन दुखद क्षणों में हम लोग केवल यही प्रार्थना कर सकते हैं।

सूचना आपने बहुत विलम्ब से दी। तुरन्त मिलने को आने के लिए मन किया पर यह सोचकर पत्र दे रहा हूं कि पता नहीं आप कहाँ हों और घर पर मिलें अथवा नहीं।

कृपया हमारी हार्दिक संवेदना स्वीकार करें।

आपका
([illegible])
सम्पादक

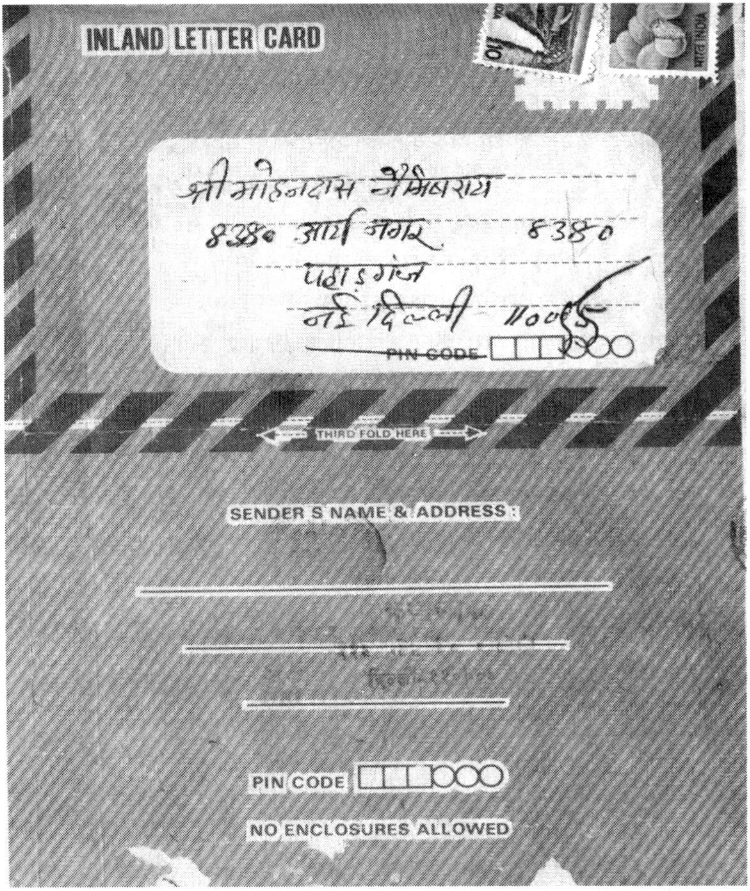

मनीष बेटे को बहुत ही कम उम्र में हमने खो दिया था। अभी भी कभी-कभी साथियों के पत्र आ जाते थे।

पश्चिम विहार में घर (डी.डी.ए. का मासिक किश्तों पर फ्लैट) मिल गया, श्वसुर के पुराने घर से शिफ्ट किया। साथ में सिर्फ़ किताबें थीं। अस्सी रुपये वाला पुराना तख़्त, जो तुर्कमान गेट से ख़रीदा था। शरीर पर पहनने के लिए दो जोड़ी कपड़े और एक पुरानी टूटे हुए धागों वाली रज़ाई तथा गद्दा। चिमटा, तवा, परात, थाली, गिलास, कटोरी, चकला, बेलन आदि यही गृहस्थी का थोड़ा-सा सामान था। ग़नीमत थी कि तब मौसम ठण्डा न था, गर्मी के दिन थे, वरना नयी रज़ाई-गद्दे बनवाने में भी नानी याद आ जाती। उन दिनों एक साधारण रज़ाई

डा. सोहनपाल सुमनाक्षर

एम.ए.पी.एच.डी. विद्यावाचस्पति

भूतपूर्व निगम पार्षद

महामंत्री–भारतीय दलित जन-समाचार पत्र

सम्पादक समिति

अध्यक्ष

दिल्ली विश्व विद्यापीठ

नर्सरी टीचर ट्रेनिंग इन्स्टीट्यूट

सेनेटरी इन्स्पेक्टर ट्रेनिंग इन्स्टीट्यूट

अमीर खुसरो साहित्य अकादमी

सन्त साहित्य अकादमी

राष्ट्रीय प्रकाशन समिति

मुख्य सम्पादक

'हिमायती हिन्दी पाक्षिक

दिल्ली समाचार समिति

दिनांक 30/12/82

क्रमांक SPS/82

दूरभाष :

कार्यालय 711700

आवास 801326

233 टैगोर पार्क, माडल टाउन, दिल्ली-110009

प्रिय भाई नेमिशराय जी,

आपका 4/12/82 का पत्र मिला । जिसे पढ़कर ज्ञात हुआ कि अकस्मात् आपके 6 वर्षीय पुत्र का देहावसान हो गया है । मैं अभी ही विदेश यात्रा से लौटा हूँ और आपके इस पत्र को पढ़कर मुझे भी अत्यंत दुख पहुँचा है । लेकिन इस देवइच्छा के सम्मुख नतमस्तक हुए बिना हम लोग और कर भी क्या सकते हैं । आपकी परेशानी को मैं स्वयं समझता हूँ । लेकिन फिर भी अपने सम्मुख पूर्ण समाज को देखते हुए आपको कुछ सांत्वना रखनी ही होगी । आशा है इस संकट के क्षणों में आप धैर्य को नहीं छोड़ेंगे और वीरता के साथ अपने लक्ष्य की ओर बढ़ते रहेंगे । मैं शीघ्र ही आपसे किसी दिन मिलने आऊँगा ।

आपका

(डा० सोहनपाल सुमनाक्षर)

सेवा में,

मोहन दास नेमिशराय

पहाड़ गंज

नई दिल्ली

और गद्दा बनवाने के लिए एक सौ रुपये ख़र्च होते थे। पचास रुपये का गद्दा और पचास रुपये की रज़ाई। पश्चिम विहार आने के बाद पहले मौसम में एक रज़ाई और गद्दा सिर्फ़। मैं, पत्नी और बेटी नमिता जिसकी बहुत ही कम उम्र थी।

घर में कोई मेहमान आ जाता तो ससुराल से ओढ़ने-बिछाने के कपड़े लाने पड़ते थे। ऐसा मेरठ में भी होता था। पड़ोस से या फिर चाचा के घर से रज़ाई गद्दा लाते थे। मेरठ में अकसर मेहमान घर पर आते रहते थे। थोड़ी-बहुत परेशानी तो होती थी। लेकिन आस-पड़ोस के लोग सहयोग करते थे और वह परेशानी दूर हो जाती थी। पश्चिम विहार नये घर में आने के बाद पत्नी ज़रूरी सामान जुटाने लगी थी। मैं भी प्रयास करता।

पत्नी को सजाये या घर को, घर को अगर सजाया और सँवारा जाता तो वह बोलता है वरना चुप रहता है। नहीं तो उदासी की चादर में लिपटा जैसे, वैसे ही पत्नी भी। उसे सजाओ तो महकती है, चहकती है वरना गुमसुम, लम्बी चुप्पी, कभी बोलेगी भी तो काटने जैसा। दोनों का स्वभाव एक जैसा है और दोनों के परस्पर सम्बन्ध भी हैं। घर और घरवाली दोनों को एक-साथ ठीक-ठाक रखना बहुत ही मशक़्क़त का काम है। इन दोनों को कब क्या ज़रूरत पड़ जाये, इस बारे में कुछ नहीं कहा जा सकता था। पर ज़रूरत पड़ने पर पूर्ति करनी ही पड़ती थी।

घर ससुराल के नज़दीक था। पत्नी तथा बच्चों के लिए यह अच्छा था। मेरे लिए वैसा नहीं। मुझे फिर से बड़े-बूढ़ों की कहावतें याद आ गयी थीं। दो-तीन दिनों तक मैं इसी पर विचार करता रहा। विचार तो पहले भी किया था, पर बड़े-बूढ़ों के कहे पर अमल नहीं कर सका था। इसलिए जीवन में ख़मियाज़ा उठाया था। अब आगे भी ख़मियाज़ा उठाने की बारी थी। पहले तो मेरे पास विकल्प भी था। अब कोई विकल्प न था। सब कुछ परिस्थितियों पर छोड़ दिया था। इसके अलावा मैं कर भी क्या सकता था। पहाड़ गंज के घर में मैं अकेला। एक दिन, दो दिन, तीन दिन। तन्हा दिन और तन्हा रातें। इसी बीच माँ की याद आयी। अगले दिन फिर बस से मेरठ चला गया। मुल्ला की दौड़ मस्जिद तक। मेरठ ही मेरा क़ाबा था और वही मदीना।

कभी-कभी बीते दिनों की यादें मानस पटल पर उभर आती थीं। ऐसे समय यादों की कशमकश से उलझे बिना नहीं रह पाता था। माँ घर पर ही थीं। घर के बाहर बैठी कली पी रही थीं। बा कहीं गये हुए थे। एक कारीगर ज़रूर सिल पर रापी से चमड़ा छील रहा था। माँ ने मुझे देखा। कली का घूँट भरा। फिर कली को एक तरफ़ रख बोलीं? "कैसा है मौनदास तू?"

मेरे मुँह से निकला, "ठीक ही हूँ।"

दोपहर का समय था। माँ ने पूछा।

"रोटी खायेगा?"

जवाब में कहा मैंने, "हाँ।"

"चल हाथ धो ले।"

कहते हुए माँ ने चूल्हे के पास जाकर तवा, चिमटा, फूँकनी, परात को बारी-बारी से यथास्थान रखा। चूल्हे में आग थोड़ी पहले से ही थी। माँ ने लकड़ी के छोटे-छोटे टुकड़ों को तोड़कर पहले से सुलगती आग के ऊपर डाला। फिर फूँकनी लेकर फूँक मारी। आग और सुलगने लगी थी। माँ हमेशा ऐसे ही करती थीं। चूल्हे की आग पानी के छींटे मारकर बुझाती नहीं थीं। कौन जाने कब आग की ज़रूरत पड़ जाये। बस्ती में घर-घर में यही परम्परा थी। मिट्टी के चूल्हे और उनमें सुलगती आग।

जल्दी ही माँ ने रोटियाँ बनानी शुरू कर दी थीं। सुबह की बनायी हुई आलू की पानी वाली सब्ज़ी रखी थी। पहले उसने वही गर्म की। चूल्हे की आग में सिंकी माँ के हाथ की मिस्सी रोटियाँ बहुत दिनों बाद खाना नसीब हुआ था।

तभी बा आ गये थे। उन्होंने मुझे देखा और पूछा, "कब आया तू?"

मैं जवाब में कुछ कहता, माँ ने बतलाया, "बस अभी थोड़ी देर पहले।"

उन्होंने फिर पूछा, "ख़ैर सल्लाह तो हैं सब।"

मेरे मुँह से निकला, "हाँ।"

बा ने घड़े से लेकर पानी पिया और फिर दुकान में अपने ठीये पर बैठ गये। बाहर से बा जब भी आते, वह गिलास में घड़े से पानी उँडेलकर पीते थे। तब तक हमारे घर में ही क्या बस्ती में भी किसी के घर में फ्रिज नहीं था। घर-घर में वही मिट्टी के घड़े थे जिनका पानी ठण्डा भी होता था और मीठा भी। खाना खाकर मैं बक्खल (गली) से बाहर आ गया। पहले के दोस्त कहाँ थे अब? कुछ जल्दी ही मर खप गये थे और कुछ रोज़ी-रोटी की तलाश में शहर छोड़कर चले गये थे। यहाँ तक कि बस्ती का भूगोल भी बदल गया था।

रात में खाना खाकर मैं सोने की तैयारी ही कर रहा था कि माँ मेरे पास आकर बोलीं, "क्या बात है मौनदास, तू कुछ बता नई रा है?"

मैंने माँ की ओर देखा। वह फिर बोलीं, "दिन भर तू चुपचाप रहा।"

माँ जैसे-जैसे मुझे कुरेदती रही, मैं बताता रहा। अन्त में उन्होंने कहा, "अब कुछ नईं होने वाला। जैसा भी समय है, उसी के हिसाब से चल।"

माँ ने एक ही वाक्य में जीवन का गणित मुझे बतला दिया था। इसलिए कि उनके पास दुनियादारी का हिसाब-किताब था जो मेरे पास नहीं था। इतना कहकर

वह चली गयीं। मैंने महसूस किया। कहते-कहते उनका गला भारी हो गया था। अपनी वेदना के साथ माँ की वेदना भी मैं भली-भाँति समझता था। महसूस किया था वह सब। वही सब जानते-परखते हुए तो मैं बड़ा हुआ था। पर कितना बड़ा हुआ था...? बड़े होते हुए आख़िर क्या सीखा था? रात में बहुत देर तक मैं अपने ही सवालों से घिरा रहा। करवटें बदलता रहा। बहुत देर बाद मुझे नींद आयी।

अगले दिन सुबह चाय के साथ रस लेकर और तीन रोटियाँ जेब में रख मैं गली के बाहर आ गया था। माँ पीछे-पीछे मेरे साथ थीं। मैं जब भी दिल्ली आता तो वह ऐसे ही करती थीं। मुझे छोड़ने के लिए बाहर सड़क तक आतीं और सावधानी बरतने की सलाह दिये बिना नहीं रहतीं। आज भी उन्होंने कहा, "ठीक से रैना मौनदास! अब लड़ने-झगड़ने का बखत नई है।" मैंने माँ की बात सुनी और बस्ती पार करते हुए पुलिस चौकी तक आ गया। बस्ती के किनारे पर पुलिस चौकी थी और उसी के सामने मन्दिर। नज़दीक ही पीर अपनी मज़ार में सोया हुआ था। पुलिस चौकी, पीर और मन्दिर इन तीनों का ही हमारे दलित जीवन में बड़ा दख़ल था। कोई दिन शायद ऐसा जाता होगा जब जाटव गेट पुलिस चौकी के रोज़नामचे में कोई रिपोर्ट दर्ज न होती होगी या मज़ार पर कोई माँ अपने बेटे की सलामती के लिए बताशों के साथ कपड़े का टुकड़ा न चढ़ाती होगी या फिर मन्दिर के सामने से आते-जाते बस्ती में रहने वाला किसी का बाप, किसी का चाचा, किसी का भाई अपनों की रक्षा के लिए मूर्तियों के सामने खड़ा होकर प्रार्थना न करता होगा। बस्ती के लोग-लुगाई इन तीनों की मेहरबानियों को अच्छी तरह से महसूस करते थे। यहीं चौराहे पर रिक्शा स्टैण्ड भी था। हम यहीं से बस अड्डा या रेलवे स्टेशन जाने के लिए रिक्शा लेते थे। बैली बाज़ार और घण्टाघर होते हुए ही हमें जाना होता था। तब तक रिक्शा में एक रुपया लगता था। ताँगे से जाओ तो पचास पैसे। ताँगे की इन्तज़ार करना पड़ता था। वह पीछे से सवारी लेते हुए आता था। जबकि रिक्शा तुरन्त मिल जाता था।

बस अड्डे से दस मिनट बाद ही दिल्ली जाने वाली बस मिल गयी थी। दिल्ली के बस अड्डा कश्मीरी गेट आते-आते जिसे दो घण्टा लगे। दोपहर के बारह बज गये थे। वहाँ से पहाड़ गंज आते-आते एक बज गया था। तब मैं पहाड़ गंज ही रहता था। बस्ती के बाहर दुकान से एक रुपये के छोले लिये। माँ के द्वारा दी गयी रोटियाँ उन्हीं के साथ खानी थीं।

पहाड़ गंज की आर्य नगर बस्ती में वैसी ही चहल-पहल थी। वैसे ही एक-दूसरे से बतियाती औरतें और गली में खेलते बच्चे। जबकि दो-तीन बुज़ुर्ग अख़बार पढ़ने में तल्लीन थे। गली का कुत्ता मुझे पहचानकर कुछ दूर तक मेरे पीछे-पीछे

आया था। फिर सीढ़ियों से पहले के दरवाज़े तक आते-आते ठहर गया था। एक-दो औरतों ने मुझे देख कहा था, ''आ गये मेरठ से।''

उनकी बात सुनकर सहमति में अपनी गरदन हिलाते हुए मैं सीढ़ियों से ऊपर आ गया था। दरवाज़े पर लटके ताले को जेब से ताली निकालकर मैंने खोला। फिर भिड़े दरवाज़ों को ठेलकर भीतर प्रवेश किया। भीतर यानी एक अदद कमरा। कमरे में पहले जैसा ही तैरता परिवेश। उसी परिवेश में डूबता एक अदद लेखक।

सम्भवतः नवम्बर का माह था। पर इस ख़बर ने दलितों के भीतर अच्छी-ख़ासी गर्मी ला दी थी। सिर्फ़ ख़बर ही नहीं थी। सीधे-सीधे कहा जाये तो दलित समाज की अस्मिता पर चोट थी। के.के. तिवारी, जो उस समय केन्द्र में मन्त्री थे, उन्होंने सरेआम रामधन को चमार का बच्चा कहकर बेइज़्ज़त किया था। संचेतना में जब स्वयं रामधन का साक्षात्कार छपा तो उन्होंने उसे बेचारा ही कहा। ख़बर बाद में यह भी बनी कि के.के. तिवारी का मन्त्री पद छीन लिया गया। हाँ, रामधन का आक्रोश कांग्रेस पर फूटा, वह भी सधी हुई भाषा में। मैं कई सप्ताह तक सोचता रहा कि बेचारा रामधन थे या के.के. तिवारी।

दिल्ली और उत्तरी भारत के गाँव, क़स्बों तथा शहरों में दलित उत्पीड़न की घटनाओं में बढ़ोतरी होने लगी थी। परिणामस्वरूप धर्म-परिवर्तन की घटनाओं में भी अच्छी-ख़ासी वृद्धि होने लगी थी। हिन्दूजन घटने लगा था और मुसलमानों का कुनबा, कबीला बढ़ने लगा था। हालाँकि कुछ बौद्ध, ईसाई तथा सिख भी बन रहे थे। इन्हीं दिनों दलित-मुस्लिम मुक्ति संगठन के आर.एस. विद्यार्थी की ओर से पत्र मिला जिसमें उन्होंने इन व्यक्तियों के धर्मान्तर की ख़बर 'बहुजन अधिकार' में प्रकाशित करने का अनुरोध किया था। धर्म-परिवर्तन के विषय पर ही याद मौहम्मद याद का भी पत्र मिला। वे पहले याद करन याद के नाम से जाने जाते थे। बाद में मुस्लिम बनने पर याद मौहम्मद याद हो गये। जबकि विद्यार्थी जी ने भी बाद में इस्लाम धर्म स्वीकार कर लिया था। दोनों ही मेरे साथी थे। वे दलित समाज से थे।

संघर्षशील कविता का जुझारू कवि अवतार सिंह पाश देखते-देखते संकीर्ण राजनीतिक सोच की बलि चढ़ गया। जीवन के चालीस वर्ष उसने लोहा खाकर ही तो व्यतीत किये थे। और लोहे की कविता लिखी थी। चाहे वह लोहा किसान के हल का फल था, घसियारे की दराँती, मोची का सुआ, लोहार का हथौड़ा या फिर विद्रोही की बन्दूक का घोड़ा। देशद्रोही के नाम पर उसे जेल भी जाना पड़ा।

जून का माह भीषण गर्मी का होता है। उस पर बिहार में भीषण उत्पात मचा। 16-17 जून की काली रात, जो नोनही नगवा के दलित टोले के दलितों

के जीवन को कुछ ही घण्टों में काला कर गयी और देखते-देखते 19 लोगों की लाशें बिछा दी गयीं। जहानाबाद ज़िले में यह सब हुआ।

बिहार की विधानसभा से संसद तक में सवाल उठाये गये। सवालों का जवाब किसी के भी पास न था। दलित हत्याकाण्ड होते हैं तो होते रहें। हमें क्या? सामन्ती मानसिकता यही थी। दलित सिर क्यों उठाते हैं, दलित ऊँचा क्यों बोलते हैं, दलित सवाल करना क्यों सीखते हैं?

मुझे रामविलास पासवान का साक्षात्कार लेना था। उनसे समय लिया। अगले दिन उनके निवास पर बातचीत हुई। जो 'संचेतना' में छपा। इसी अंक के लिए नेल्सन मण्डेला पर भी आलेख तैयार किया। इसी अंक में बाबूराव बागुल की कहानी 'जब मैंने जाति छिपायी थी' प्रकाशित हुई। मैं इन दिनों 'संचेतना' में बतौर उप-सम्पादक कार्य करता था।

इलाहाबाद उप-चुनाव के लिए बहुजन समाज पार्टी के अध्यक्ष कांशीराम ने नामांकन पत्र दाखिल किया। उनका बहुप्रचारित नारा था—ठाकुर, ब्राह्मण, बनिया, चोर, इन्हें छोड़ सब डी.एस. फोर। राजनीति के बाज़ार में उनके इस नारे की काफ़ी चर्चा हुई। इसी तरह मायावती का दिया गया नारा—'मैं चमारी हूँ, कुँवारी हूँ, तुम्हारी हूँ।' कहना न होगा कि राजनीति के बाज़ार में नये-नये ऐसे नारे, जिनसे मतदाताओं की भावनाएँ उद्वेलित हों, उनका आविष्कार करना सभी सीख गये थे। वैसे भी बीएसपी का ग्राफ़ बढ़ने लगा था।

अमिताभ बच्चन ने बोफोर्स तोपों में दलाली के मुद्दे पर ही इस सीट से इस्तीफ़ा दिया था। दोबारा वे क्षेत्र में लौटकर नहीं आये। अलबत्ता विश्वनाथ प्रताप सिंह मैदान में आये। स्वयं राजीव गाँधी असमंजस में थे। असमंजस में तो हर वह शख़्स था जो देश और समाज की बेहतरी के लिए सोचता था।

पुरी के शंकराचार्य निरंजन देव ने अपने जातिवादी बयानों से पूरे देश का वातावरण दूषित बना दिया था। ऐसे में मैंने "आदमी-आदमी के बीच भेद की दीवारें कब तक खड़ी होती रहेंगी?" नाम से आलेख तैयार किया, जो 'संचेतना' के जुलाई 1988 के अंक में छपा था। उसी अंक के लिए मैंने आर.एस. गवई (महाराष्ट्र विधान परिषद में विपक्ष के नेता), प्रकाश अम्बेडकर (अध्यक्ष रिपब्लिकन पार्टी ऑफ इण्डिया), बापूराव पखिड्डे (दलित पैन्थर की हाई पावर कमेटी के सदस्य तथा भट्ठा यूनियन के अध्यक्ष) से साक्षात्कार लिया था।

नरसिंह देव गुजराती राजस्थान के दलित लेखक थे। एक-दो बार उनसे मेरी मुलाक़ात जोधपुर में ही हुई थी। यह मुलाक़ात बाबूलाल चाँवरिया ने कराई थी। चाँवरिया जी सामाजिक कार्यकर्ता के साथ लेखन भी करते थे। जब-जब भी मैं

गुजराती जी से मिलता, वे राजस्थान में फैले घोर जातिवाद के बारे में मुझसे बतलाते। अपनी पुस्तक 'समर्पित सेवा' में स्वयं गुजराती ने शंकराचार्य के जातिवादी स्वभाव को उभारा है। उस घटना का टाइटल इस तरह था। नरसिंह स्वयं वाल्मीकि थे और गाँधीवादी थे। बाद में विश्वास टूटने पर वे डॉ. अम्बेडकर के अनुयायी बने।

शंकराचार्य जी महाराज और नरसिंह देव हरिजन का विवरण

स्वामी जी निरंजन देव तीर्थ जगतगुरु शंकराचार्य जी महाराज जोधपुर में पधारे हुए थे। वे शहर के सरदारपुरा क्षेत्र के सत्संग भवन में विराजमान थे। नगर के हज़ारों स्त्री-पुरुष महाराज के दर्शन के लिए जा रहे थे। मेरा भी मन हुआ। उनके दर्शन करूँ और पाँव छूऊँ। अगर स्वामी जी आज्ञा देंगे तो कुछ प्रश्न भी करूँगा। सत्संग भवन के नीचे की मंज़िल पर मन्दिर है और ऊपर बड़ा हॉल। मैंने एक पर्ची में अपना नाम लिखकर वह ऊपर भिजवा दी, जहाँ शंकराचार्य ठहरे थे। कुछ समय बाद स्वयं शंकराचार्य ने नीचे की ओर झाँका और पूछा, "कौन हरिजन है, जो मिलना चाहता है?"

सुनकर मैं बोला, "मैं ही हूँ महाराज।"

"क्या चाहता है तू बोल?"

साथियो, शंकराचार्य की तू-तड़ाक की यह भाषा थी। इसके आगे और क्या हुआ होगा, पाठक स्वयं समझ गये होंगे।

अस्सी के दशक का मध्य था। मेरे भीतर समाज में चल रहे पाखण्ड के ख़िलाफ़ आक्रोश उभरने लगा था। दलित उत्पीड़न के विरोध में मैं आह्वान करता। गोष्ठियों और सभाओं में शामिल होता। ज्वलन्त समस्या और सवालों पर बहस होती। कभी-कभी कॉफी हाउस भी जाना होता था। वहाँ सभी तरह के लोग मिलते थे। यह मेरे संघर्ष का चरम दौर था। ऐसे समय व्यक्ति जब अभावों से घिरा हो तो संघर्ष का रुख़ और भी कड़ा हो जाया करता है। देश में नयी राजनीतिक परिस्थितियों का निर्माण हो रहा था, जो मेरे भीतर संघर्ष की आग को प्रज्वलित कर रही थीं। हर रोज़ मेरे भीतर कुछ न कुछ जुड़ता। पुरानों को ठेलकर, धकियाकर नये चेहरे दस्तक दे रहे थे। बहुजन संगठक पीछे छूट गया था। 'बहुजन अधिकार' आगे आ गया था। उन्हीं दिनों डॉ. अम्बेडकर भवन से 'धम्म-दर्पण' हिन्दी त्रैमासिक पत्रिका छपती थी। देश में हो रहे दलित समाज के बीच पुनर्जागरण में प्रगति हेतु अच्छा-ख़ासा योगदान था पत्रिका का। एन.आर. सागर की कई कविताएँ मैंने इसी पत्रिका में पढ़ी थीं। बाद के दौर में उन्होंने नाटक भी लिखे थे। कभी-कभी मैं भी 'धम्म-दर्पण' में कविता भेजता था। अप्रैल 1981 के अंक में मेरी दो कविताएँ छपीं।

'कब तक गुलाम बनाते रहेंगे मुझे
वेद-शास्त्र और स्मृति
इस धर्म-भँवर में
कब तक भुलावा देते रहेंगे मुझे?...'

शान्तस्वरूप शान्त इसके सम्पादक थे। बाद में उन्होंने बौद्ध सरनेम लगाया।

लोकतन्त्र की छाँह को धर्म और जाति की प्रचण्ड धूप निगलने लगी थी। आम आदमी त्रस्त था। उसे मज़हबी रंगों में रँगा जा रहा था। नवम्बर 1984 में सिखों पर ख़ूब कहर बरसा। सिख विधवाएँ चीख़-चीख़कर कह रही थीं कि क़ातिलों को सज़ा दो, लेकिन धर्मान्ध हिन्दू जन बेफ़िक्र था। यहाँ तक कि पुलिस अमला भी उनके साथ था। उधर कश्मीर में हिन्दू औरतों को नंगा किया जा रहा था। वे भी चीख़ रही थीं। लेकिन ख़ुदा के ख़िदमतगार हँस रहे थे। घर-परिवार टूट रहे थे। बिखर रहे थे। देश भर में धर्मों के ध्वज फहराये जा रहे थे और महिलाओं के कपड़े उतारे जा रहे थे। अल्लाह-ओ-अकबर तथा हर-हर महादेव के नारे परिवेश में गूँज रहे थे। तिहाड़ जेल में बन्दी नटवर लाल ठग गीता पढ़ते हुए तथाकथित भगवान कृष्ण की उपासना कर रहा था। उधर मन्दिरों में महिलाओं पर बलात्कार हो रहे थे। उन्हीं दिनों कमला दास ने कहा था, "अच्छा होता अगर मैं अपनी युवावस्था में एक कुत्ता पाल लेती। इसमें बहुत-से दुखद प्रेम-प्रसंगों से बच जाती।" पर दुखद स्थितियाँ तो बढ़ने लगी थीं। बावजूद इसके देश में मन्दिर बनने की बाढ़ आ गयी थी। देवी-देवताओं की संख्या में तेज़ी से बढ़ोतरी होती जा रही थी।

उसी दौर में मैंने मण्डी हाउस जाना शुरू किया। शाम होते-होते जहाँ साथी जुटने लगते। उनके बीच चर्चा होती फ़िल्म पर, नाटक पर और समाज में हो रही घटनाओं तथा दुर्घटनाओं पर। मुझे जैसे जीवन में कोई नया सिला मिला था। मेरे भीतर कुछ जुड़ने का, कुछ क़दम ही सही, आगे बढ़ने का जैसे अवसर था। सभी जाति, सभी वर्ग तथा सभी उम्र के साथी वहाँ आते। परस्पर हँसी-मज़ाक़ करते, क़हक़हे लगाते। कुछ अपनी कहते तो कुछ दूसरों की सुनते। कलाकारों और नाटककारों के उस समूह में महिलाएँ भी होतीं। कम उम्र की लड़कियाँ भी कभी-कभी किनारे पर खड़े होकर सुनतीं जिन्हें मज़ाक़ या दिल्लगी से कोई गुरेज़ नहीं होती। वैसे उन सभी में से कुछ घण्टों-घण्टों साथियों से घिरी होकर बातों का लुत्फ़ उठातीं। बातचीत के दौरान कुछ शब्दों का आविष्कार वे स्वयं कर लेतीं तथा कुछ शब्द साथियों से उधार ले लेतीं।

एक फ़िल्म के तथाकथित संघर्षशील प्रोड्यूसर, नाम अब याद नहीं। लिखते हुए याद आ रहा है। शायद श्याम वर्मा था। हम उन्हें केवल श्याम कहते थे।

एक दिन मण्डी हाउस में हम दोनों मिले। वहाँ हमने चाय पी। बाद में हम शंकर मार्किट (सुपर बाज़ार के नज़दीक) गये। जहाँ किसी नाटक की रिहर्सल थी। शंकर मार्किट में फ़र्नीचर की एक शॉप थी जिसके ऊपर पहली मंज़िल में दो-तीन कमरों में रंगकर्मी रिहर्सल किया करते थे। शाम होने पर लम्बी-चौड़ी छत पर भी साथी अपने-अपने नाटक की रिहर्सल करते। दिल्ली के बीच यह एक अच्छी जगह थी। कनॉट प्लेस तो बिल्कुल नज़दीक था ही। मण्डी हाउस जाने के लिए पीछे का रास्ता तय करें तो मुश्किल से पैदल जाने में पन्द्रह मिनट लगते थे। दिनेश अहलावत और वीरेन्द्र वर्मा अपने नाटक की रिहर्सल में आये हुए थे। उनके साथ उनकी टीम भी थी। लगभग आधा घण्टा बाद श्याम ने कमरे से बाहर आने की बात की। वे कुछ हल्का होना चाहते थे। इसलिए मुझसे जी.बी. रोड चलने को कहा। तब मैंने मना किया, उन्होंने ज़िद की। मैंने पूछा, मुझे क्यों ले जा रहे हो? उनका जवाब था। बस ऐसे ही। मैंने सोचा। रेड लाइट एरिया में जाने पर समस्या खड़ी हो सकती थी। वैसे मेरे भीतर उस बाज़ार के प्रति जिज्ञासा भी थी। जैसे कोई बच्चा सतरंगी फ़िज़ाँ को देखना चाहता है। मेरे भीतर भी कुछ वैसा ही उभरने तथा उमड़ने लगा था। मुझे द्वन्द्व में फँसे देख वह बोला, "नैमिशराय जी! किस असमंजस में पड़ गये?" मेरे मुँह से हाँ या ना, कुछ भी तो नहीं निकल पाया था। कुछ समय बाद उसने फिर कहा, "चलो न।" कुछ देर बाद उनके साथ में मुझे जाना पड़ा।

शायद उनकी पहले से ही तयशुदा कोई वेश्या रही होगी। ऐसा अकसर होता है। आदतन जो वेश्यागामी होते हैं, वे ऐसा ही करते हैं। पत्नी के अलावा कोई रखैल रखते हैं या फिर वेश्यालय जाते हैं। इसलिए हमें एक से अधिक कोठों के चक्कर काटने नहीं पड़े। पहले से निश्चित कोठे पर गये तो सामने उनकी परिचित वेश्या खड़ी थी जिससे पहले उन्होंने हाथ मिलाया। लगभग चालीस वर्षीय उस वेश्या ने भी तत्परता से मुस्कराते हुए अपना हाथ आगे बढ़ाया जिसके साथ जल्दी ही वे अँधेरी कोठरी में गुम हो गये। मैं बाहर अकेला आँगन में पड़ी कुर्सी पर बैठ गया। गर्मी के दिन थे। परिवेश में उमस भी थी। थोड़ी देर में कैम्पा-कोला लेकर कम उम्र की कोई लड़की आयी। मेरी तरफ़ पहले मुस्कराते हुए देखा, फिर मेरे हाथ में बोतल थमाकर चली गयी।

यूँ आँगन में मुझे देख एक-दो वेश्याएँ आ गयी थीं जिनमें कुछ बनाव-शृंगार में व्यस्त थीं, तो कुछ ग्राहक पटाने में, दो वेश्याएँ दरवाज़े के पास फेरी वाले से सामान ख़रीदने में लगी थीं जो सीढ़ियों के ऊपर आँगन के कोने में अपनी गठिया खोले बैठा था। पहली बार मुझे महसूस हुआ कि मैं किसी कोठे पर नहीं

बल्कि एक ऐसे घर में बैठा हूँ, जहाँ पुरुषों से महिलाओं की संख्या अधिक थी। उनमें कुछ घरेलू आवश्यकताओं की पूर्ति में लगी थीं। यह सब देखकर मेरे मन में किसी भी तरह का कोई भय नहीं रहा, बल्कि वहाँ अपनापन महसूस हुआ। उस परिवेश में अलग-अलग चित्र उभर रहे थे। फेरी वाले से आवश्यक चीज़ें ख़रीदते हुए मोलभाव करने की व्यंग्यात्मक शैली, उनकी अश्लील बातें, उनकी हँसी, उनके द्वारा बीच-बीच में मर्दों को दी जाने वाली गालियाँ। सब कुछ मैं कुछ देर तक सुनता रहा। मुझे उनसे किसी भी तरह का गिला-शिकवा न था। वे हँस रही थीं, खिलखिला रही थीं। उनमें कुछ बाहर से आने वाले एक-दो ग्राहकों को पटा रही थीं जो सीढ़ियों से ऊपर आकर उन्हें पास आने के इशारे करते थे। एक बूढ़ी औरत सिल-बट्टे पर मसाला पीस रही थी। मैं उन सबके बीच ही था। पर उन्हें जैसे मेरी बिल्कुल भी परवाह नहीं थी। वे बेबाकी से हँस-बोल रही थीं। उनके बीच मर्दानी और जनानी गालियाँ तो जैसे तकिया कलाम थीं। जैसे उनके बीच मैं कोई मर्द न होकर बच्चा रहा हूँ।

कुछ देर बाद वही मेरे प्रोड्यूसर मित्र हँसते हुए बाहर आये। मित्र ने मेरी ओर देखा। कहा कुछ भी नहीं। सिर्फ़ संकेत किया। फिर उसी वेश्या ने मुझे अन्दर चलने को कहा, मैं जानता था कि किसी वेश्या के साथ भीतर जाने का क्या मतलब होता है। उत्तेजित परिवेश में भी ऐसी कोई इच्छा जाग्रत नहीं हुई थी। असल में मेरे भीतर रम गये संघर्ष और पुस्तकों के सान्निध्य के कारण सम्भोग-सुख लगभग ख़त्म-सा हो चला था। अतः मैंने तुरन्त अस्वीकार कर दिया। उस वेश्या को शायद बुरा लगा पर बाद में मैंने महसूस किया कि बुरा लगने से अधिक उसे अच्छा महसूस हुआ। इसलिए भी कि शायद कोठे की सीढ़ियाँ चढ़ने वाले किसी भी पुरुष से वेश्या को ऐसी उम्मीद नहीं होती कि कोई यहाँ से ख़ाली लौटकर जाये।

मैं उस वेश्या की नज़रों में शायद पहला पुरुष था, जो ख़ाली जा रहा था। वह पहले से बिस्तर पर बिछने को तैयार थी। पर मेरी उनके सरीर को भोगने की इच्छा नहीं थी। अजीबोग़रीब ग्राहक तो था मैं उसके लिए। हालाँकि उसमें उसका आर्थिक नुक़सान भी था। देह-बाज़ार में कोई नहीं चाहती कि यहाँ पुरुष आये और बिना कुछ किये चला जाये। बावजूद इन सबके उसने संजीदगी से कहा था, "बाबूजी, आप पहले आदमी हैं जो इस कोठे से ऐसे ही जा रहे हैं वरना यहाँ तो लोग अपनी माँ-बहन... ।"

उसके मुँह से निकले उदगार यथार्थ के कड़वे सच को उभारने वाले थे जैसे कोई पत्थर से टकराता है और आवाज़ उभरती है। बिल्कुल वैसी ही आवाज़ की गूँज परिवेश में हुई थी। मैं न कोई लँगोटधारी साधु था और न ही महात्मा।

हाड़-मांस का ऐसा व्यक्ति, जिसके भीतर कामवासना का ज्वार होता है। वैसा ही सब कुछ मेरे भीतर भी था। पर मेरा मन न था। सम्भोग करने की मेरी इच्छा भी न थी। वैसे भी मैं तब तक अलग-अलग राज्यों से आ-आकर यहाँ देश की राजधानी में बसकर रह जाने वाली कोठेवालियों से परिचित न था। लेखक ज़रूर था और पत्रकार होने के नाते जी.बी. रोड के बारे में सुना भी था। सम्भवतः एक-दो अख़बारों के लिए उन कोठेवालियों से साक्षात्कार भी किये थे। लेकिन शराब और शबाब में डूबकर मैं लिखने वाला नहीं था। मैं जो कुछ भी लिखता था, उसमें आन्दोलन की ऊर्जा होती थी। उससे पाठकों के भीतर संघर्ष का विस्तार होता था। उस लेखन के सामाजिक सरोकार होते थे। फिर मैं ग़लत राह पर क्यों मुड़ता? आदमी स्वयं न भटके तो उसकी सोहबत में रहने वाले भटकने से बच जाते हैं। कोई आज ऐसे ही एक अदद वियोगी लेखक को आमन्त्रण दे रही थी।

हम दोनों सीढ़ियाँ उतरकर नीचे आ गये थे। अन्तिम सीढ़ी उतरने के बाद मैंने ऊपर उसी वेश्या को खड़े देखा था। उसकी आँखों में अजीब-सी चमक थी और होंठों पर मुस्कान। पल भर मैंने उसे देखा। कशिश थी उसकी मुस्कान में। सड़क पर आकर अजीब-से अन्दाज़ में मेरा साथी बोला था, "तुम तो यार गौतम बुद्ध हो गये।"

मेरा जवाब था, "मैं तो तथागत बुद्ध के पाँवों की धूल भी नहीं हूँ।"

तत्काल उसका सवाल उभरा, "फिर क्या हो?"

मेरे मुँह से निकला, "सिर्फ़ एक आदमी।"

उसने हँसते हुए कहा, "आदमी हो तो आदमी जैसा काम क्यों नहीं किया?"

मेरा जवाब था, "क्या एक आदमी को अपनी पत्नी को छोड़कर किसी वेश्या के पास जाना चाहिए?"

सुनकर वह चुप ही रहा। कुछ कहना चाहता था। पर कहा नहीं। शायद उसे भी मुझसे ऐसी उम्मीद न थी। सड़क पर चलते हुए उसने लापरवाही से पूछा था, "कुछ खाना है।"

मैंने इनकार किया। कुछ दूर आगे चलने पर वहीं से हम दोनों ने अपनी-अपनी राह पकड़ी। एक राह पूर्व को जाती थी तो दूसरी पश्चिम को। वह पूर्व की तरफ़ चला गया और मैं पश्चिम की ओर। उस दिन के बाद हम एक-दूसरे से नहीं मिले। अजमेरी गेट से पहाड़ गंज नज़दीक ही था। बीच में नयी दिल्ली रेलवे स्टेशन का पुल पड़ता था। ऊपर से रेलगाड़ियों की आवाजाही साफ़ दिखलाई पड़ती थी। सड़क के एक तरफ़ फ़ुटपाथ, उस पर पैदल चलते लोग और उनके बीच मैं भी। पुल से उतरते हुए ही बस्ती थी। बस्ती में जाने के लिए गलियाँ।

उन्हीं गलियों में से पाँच मिनट पैदल घूमते हुए मैं घर आ गया। यही मेरा ठिकाना था। घर में कोई नहीं था। सिर्फ़ मेरे और मेरी किताबों के अलावा। वे ही तो मेरी हमसफ़र थीं और संघर्ष की यात्रा में अच्छी साथी भी। बाबा साहेब डॉ. अम्बेडकर ने तो कहा भी है, ''जीवन में पुस्तकें मेरी सबसे प्रिय रहीं।'' मुझे भी पुस्तकें प्रिय थीं। वे ही मेरा सब कुछ थीं। पहले मैंने चौखट के ऊपर लगी साँकल कुण्डे से निकाली। फिर दरवाज़ा खोलकर अन्दर कमरे में प्रवेश किया। पहाड़ गंज के उस घर में मैंने कभी ताला नहीं लगाया था। वही बैडरूम था, वही बाथरूम और वही ड्राइंग रूम, वही स्टडी रूम। सब कुछ एक कमरे में ही होता था। पेट में भूख दस्तक देने लगी थी। वह भूख शान्त करने के लिए तो कुछ करना ही होगा। यही सोचकर एक-दो डिब्बों में कुछ तलाश किया। एक में थोड़े चावल पड़े मिल गये। घर में थोड़ा घी था, नमक और मिर्च भी उपलब्ध थे। स्टोव चलाकर वही चावल बनाने शुरू किये। मेरठ में माँ ऐसे ही करती थीं कभी-कभी। भूख लगने पर जब मैं शोर मचाता था, वह जल्दी से नमक-मिर्च के चावल बनाकर मुझे दे देतीं। अमूमन मेरठ की बस्ती के घरों में इतना कुछ तो होता ही था उन दिनों। और कुछ मिले या न मिले। मैं माँ के साथ वहीं चूल्हे के सामने बैठकर नमक-मिर्च के चावल खाता था। माँ धीरे-धीरे ही चावल खाती थीं। कहीं कम न पड़ जायें। माँ इस बात का बराबर ध्यान रखती थीं।

दिल्ली में मेरे पास माँ नहीं थीं। सिर्फ़ उनकी यादें थीं। वैसे दिल्ली कभी आती थीं और दो-तीन दिन रहकर चली जाती थीं। मैं उनसे दो दिन और ठहरने के लिए कहता। जवाब में वह कह उठतीं, ''अपनी घरवाली को ले आ ससुराल जाकर।'' मैं माँ की बात सुनकर चुप रह जाता। वह भी आगे कुछ न बोलतीं। जानती थीं वह। समझदार के लिए इशारा ही बहुत होता है। पर मैं समझदार कहाँ था? कमरे में बन्द एक अदद लेखक और सूनी दीवारें। काफ़ी रात हो गयी थी। रेड लाइट एरिया के कोठे की याद हो आयी। उस कोठे वाली का चित्र अभी भी ज़ेहन में था। उसके बात करने का तरीक़ा। पलकें झपकाने का अलग ही अन्दाज़। उसकी घायल कर देने वाली मुस्कान से मैं अभी भी आहत था। वह सब मैं भुलाने की कोशिश करता हूँ। और एक अदद कमरे को गुफा मानकर उसमें उतरते हुए सोने का प्रयास करने लगता हूँ। वही छोटा-सा कमरा मेरे लिए सचमुच गुफा बन जाता था। जिसके आगे कोई रास्ता न था। सिर्फ़ प्रवेश होता था। नींद आने तक घण्टा भर मैं ऐसे ही सोचता रहता हूँ। वही जिस्म बेचने वालियों के कामुक चित्र मेरी आँखों के सामने पुनः तैर उठते हैं। वे चित्र दिखायी न दें इसलिए आँखें खोल लेता हूँ। फिर मेरे भीतर सवाल-दर-सवाल उभरते रहते

हैं। लोग तो टेढ़े-मेढ़े रास्ते पर चलने से पहले ही पहचान लेते हैं और सीधे रास्ते को पकड़ लेते हैं। मैं क्यों परेशान होता हूँ। तथागत बुद्ध भी कितने बेचैन हुए होंगे। और बाबा साहेब ने तो अपने चरित्र को अन्त तक बचाकर रखा था। फिर मैं क्यों परेशान होता हूँ। अधिक परेशान होने पर मैं इन दोनों महापुरुषों को याद कर लेता था। आज भी मैंने ऐसा ही किया।

जैसे सत्तर का दशक देश और समाज के जीवन में उथल-पुथल लेकर आया था, वैसे ही अस्सी का दशक भी था। मेरा जीवन भी कहाँ बचकर रह पाता फिर? जीवन में आँधी थी, तूफ़ान था जिसे मैंने आन्दोलन में बदल दिया था। आन्दोलनरत रहना मेरी नियति थी। आन्दोलन में रहना आगे बढ़ने के लिए ज़रूरी था। पीछे लौटना कभी मैंने गवारा नहीं किया था। यह मेरे जीवन की शर्त थी जिसे मैंने स्वीकार किया था। आन्दोलन मेरे लिए विकल्प नहीं था बल्कि जीवन का ज़रूरी हिस्सा बन गया था जिससे मैं जुड़े रहना चाहता था। हालाँकि बहुत-से साथी आन्दोलन से अलग-थलग हो रहे थे। आन्दोलन मर रहा था। लोग जी रहे थे। कुछ लोगों ने अम्बेडकर के नाम को राजनीति की सीढ़ियाँ चढ़ते हुए सत्ता तक पहुँचने का माध्यम बना लिया था। ऐसे समय पर दिल्ली में ही 11 से 14 जून, 1979 को बामसेफ द्वारा 'विल अम्बेडकरिज़्म रिवाइव एण्ड सरवाइव?' विषय पर सेमिनार का आयोजन हुआ। उससे पहले भोपाल, बम्बई, चण्डीगढ़, अहमदाबाद, मेरठ, ग़ाज़ियाबाद, लखनऊ और नागपुर में ऐसे ही आयोजन हुए थे। अम्बेडकरवादियों को फिर से जोड़ने का संकल्प था उनके भीतर। हालाँकि आयोजनकर्ता साथियों के बीच विरोधाभास भी था। बावजूद बिगड़ी परिस्थितियों में भी आन्दोलन से लोग जुड़ भी रहे थे। बामसेफ द्वारा समता-समानता के लिए छेड़ा गया आन्दोलन 1980-81 में उत्कर्ष पर था। कांशीराम जी दलितों के भीतर राजनीतिक भूख जगाने लगे थे। इसलिए उन्होंने सबसे पहले 1981 में दलित शोषित संघर्ष समिति (डी.एस.फोर) और उसके बाद अप्रैल 1984 में बहुजन समाज पार्टी की स्थापना की। डी.एस.फोर का सबसे बड़ा कार्यक्रम कन्याकुमारी से शुरू किया गया। उनका साइकिल मार्च ऐतिहासिक था। लाखों की संख्या में साथी उनसे जुड़े थे। उन्होंने एकजुट होना सीखा था। दिल्ली में सामाजिक और राजनीतिक परिवर्तन हो रहे थे। कुछ लोग परिवर्तन चाहते थे, कुछ नहीं। दोनों धाराएँ समानान्तर रूप से चलती थीं। दोनों धाराओं के लोग जलसे करते थे और जुलूस भी निकालते थे। देश की राजधानी में राजनीतिक प्रपंच अलग होते थे।

फिर वही यादें, अतीत की गूँज, उन्हीं की कसमसाहट में एक अदद लेखक। पहाड़ गंज बस्ती में मेरी भयंकर तनहाई, यादें कहाँ पीछा छोड़ती हैं। शकुन एक-दो

दिनों के लिए आयी थीं, फिर चली गयीं। मैंने ठहरने के लिए कहा। उन्होंने एक कान से सुनकर दूसरे से मेरी रिक्वेस्ट निकाल दी। महीनों से अपने घर पश्चिम विहार रहती थीं। उन्हीं के साथ बच्चे भी थे। ऐसे में मैं अधिकांश दिनों में घर पर रहकर नवभारत टाइम्स तथा अन्य पत्र-पत्रिकाओं के लिए लिखता था। सप्ताह में एक-दो दिन पुस्तकालय भी जाता था। इस समय मैं रेडियो स्क्रिप्ट भी लिखने लगा। स्क्रिप्ट लिखने के शुरुआती दौर में ही थोड़ी दिक़्क़तें आयी थीं पर उन्हीं सब परेशानियों को झेलते हुए मुझे आगे तो बढ़ना ही था। कुछ सीखना भी चाहता था मैं। मेरे लिए रेडियो लेखन नयी तकनीक से लिखने की शुरुआत थी। असल में रेडियो या फ़िल्म के लिए ड्रामा लिखने की एक अलग तकनीक होती है। उसी को समझना पड़ता था। इसके लिए मैं दरियागंज, मोतीबाग स्थित आनन्द निकेतन और कनॉट प्लेस आदि में रिकॉर्डिंग स्टूडियो भी जाता था। रिकॉर्डिंग फाइनल करते हुए कभी-कभी कुछ छूट जाता तो मुझे प्रोड्यूसर फ़ोन कर बुलाते थे।

मैं इन दिनों संसद मार्ग की पी.टी.आई. बिल्डिंग स्थित डीएवीपी में 'ड्रेमोंस्ट्रेटर' के रूप में कार्य करता था। इस दौर में बहुत सारे कामों में उलझे रहना पड़ता था। मसलन बहुजन अधिकार के सम्पादन से प्रकाशन तक। इसके अलावा रेडियो स्क्रिप्ट लिखने से लेकर बम्बई जाने तक। फिर नवभारत टाइम्स के लिए लेखन से कहानी-कविता तक। समय-समय पर सामाजिक कार्यक्रमों में भी जाना पड़ता था। मेरठ और दिल्ली आना-जाना तो होता ही था। अस्सी के दशक के शुरुआती दिनों में मेरे चाचा जी सीताराम खोड़ावाल जी ने मुझे यह कॉन्ट्रेक्ट दिलाया था। परिवार नियोजन एवं स्वास्थ्य कल्याण विभाग का एक कार्यक्रम था। 'नया सवेरा' हर सप्ताह रविवार के दिन बारह बजे के क़रीब 30 मिनट के लिए रेडियो पर आने वाला कार्यक्रम था जिसका मूलभूत उद्देश्य था परिवार नियोजन की योजना का प्रचार-प्रसार करना यानी छोटा परिवार-सुखी परिवार। उसी के तहत कार्यक्रम बनाया जाता था।

यह कार्यक्रम दिल्ली में गाँधी प्रोड्यूस करते थे। वे प्राइवेट स्तर पर निर्माता थे और डीएवीपी के पैनल पर थे। इस कार्यक्रम के ज़रिये श्रोताओं में से चुनाव कर महीने में एक हज़ार के लगभग इनाम देने होते थे। इनाम नक़द रुपयों में होता था। उन्हें प्राप्त करने वालों के नाम बाक़ायदा रेडियो से प्रसारित होते थे। उस समय का यह पॉपुलर रेडियो कार्यक्रम था।

ढेर सारी चिट्ठियाँ मेरे पास आती थीं, जिन्हें मैं पढ़ता था और पढ़ने के बाद ही निश्चित करना होता था कि किसे इनाम देना है। कुछ नाम फाइनल करने के बाद शास्त्री भवन में तीन-चार अधिकारियों के साथ बैठक होती थी। मुझे

बारी-बारी से इनाम पाने वालों के नाम तथा पतों के साथ उनके द्वारा लिखे गये स्लोगन को भी पढ़ना होता था। जब मैं स्लोगन पढ़ता तो वे सभी ध्यान से सुनते। कभी-कभी वे सुझाव भी देते। कुछ नये नाम भी जोड़े जाते। सुविधा के लिए मैं पहले से ही ऐसे समय के लिए लगभग बीस से तीस तक की संख्या में पोस्ट कार्ड्स छाँटकर रखता, उनमें से भी कुछ पोस्ट कार्ड्स पर लिखे स्लोगन मैं पढ़कर सुनाता जिन पर बैठक में फाइनल फ़ैसला होना होता था। सभी की सन्तुष्टि के बाद अन्तिम रूप दिया जाता था। उसी दिन और उसी समय हमें फाइनल लिस्ट टाइप करनी होती थी जिस पर मेरे अलावा सभी के हस्ताक्षर होते थे। इस कार्य में लगभग दो से तीन घण्टे लग जाते थे।

कुल मिलाकर एक अच्छा कार्यक्रम था जो समाज के हित में भी था। उस समय तक दलित समाज के पढ़े-लिखे तथाकथित जागरूक साथियों के बीच कम ही को यह मालूम था कि बाबा साहेब ने स्वयं एक समय परिवार नियोजन के लिए पहल की थी। और बम्बई विधानसभा में बर्थ कण्ट्रोल के सम्बन्ध में प्रस्ताव भी रखा था। तब सुखद बात यह भी कि यह रेडियो कार्यक्रम बारह स्टेशन से एक साथ प्रसारित होता था। कार्यक्रम का थोड़ा-बहुत प्रभाव भी होता था। हालाँकि जनसंख्या भी बढ़ रही थी। भारत में अधिकांश लोग विशेष रूप से महिलाएँ बच्चों का होना भगवान की देन मानते थे। चाहे कुछ भी हो। एक अच्छा प्रयास तो था ही। कुछ लोग परिवार नियोजन का पालन भी करते थे। वैसे कुछ भगवान का नाम लेकर बच्चों की फ़ौज तैयार करते थे।

मुझे याद है पिछले दशक में आपातकाल के दौरान नसबन्दी की योजना का आरम्भ सकारात्मक रूप में हुआ था, जिसका अन्त राजनीतिक रूप में नकारात्मक तरह से लोगों के सामने आया। और उसके साथ बहुत-से अन्य सवालों तथा समस्याओं के कारण इन्दिरा सरकार को जाना पड़ा। कुछ कमी रह गयी थी। गलतियाँ भी हुई थीं। कुछ अधिकारियों ने अपने नम्बर बढ़वाने के लिए मनमानी भी की थी। ग़लत फ़ैसले लिये थे। आम आदमी की ज़बरदस्ती नसबन्दी हुई थी। देश में वह प्रजातन्त्र के विरोधाभास का दौर था, कुल मिलाकर कहा जाये तो शासन और प्रशासन के भीतर तानाशाही के स्वभाव के कारण काला अध्याय जुड़ गया था जिसकी स्याही तक पोंछनी मुश्किल हो गयी थी। आम आदमी की बिसात ही क्या, ख़ास वर्ग के लोग भी बच नहीं पाये थे। बच वे गये थे, जिन्होंने सत्ता के सामने घुटने टेक दिये थे।

10 फ़रवरी, 1985 को गिरधारी लाल सागर ने पत्र लिखा। 'बहुजन अधिकार' के पिछले अंकों को वे पढ़ना चाहते थे। इसके लिए उन्होंने कुछ अंक उपलब्ध कराने की बात की थी। पत्र 'धम्म दर्पण' के अनुक्रम वाले पृष्ठ पर ही उन्होंने

लिख दिया। मुझे बुरा लगा। पर वह एक अच्छा साथी था। नयी दिल्ली रेलवे स्टेशन के पास सम्भवतः नेहरू नगर में परिवार के साथ रहता था। कभी-कभी मैं रजनी स्वराज के साथ उसके घर मिलने जाता था। बाद में रजनी ने स्वराज के स्थान पर 'तिलक' कर लिया था। वैसे ही रजत रानी आर्य से रजत रानी मीनू हो गयी थी। अच्छी बात थी महिलाओं में चेतना आ रही थी। वे नाम ही नहीं अपने संस्कार भी बदल रही थीं।

31 अक्तूबर, 1985 को बेअन्त सिंह ने गोली चलाकर खुफ़िया विभाग की सीवनें उधेड़कर नंगा कर दिया था। उसके बाद हिन्दू-सिखों के बीच हुए साम्प्रदायिक दंगों ने हिन्दू-सिख एकता की खोखली बात को नंगा कर दिया था। फिर पोप की भारत यात्रा पर कितने पोंगे पण्डितों ने ज़हर उगला। उस पर भी सारे जहाँ से अच्छा हिन्दुस्तान हमारा...। मेरे देश को मेरे ही लोग आख़िर कहाँ ले जाना चाहते थे? जिन्हें स्वर्ग देखने की चाहत थी, वे नर्क देखने के लिए अभिशप्त हो गये थे।

जनवरी-मार्च 1987 में रमणिका गुप्ता के सम्पादन में 'आम आदमी' का प्रवेशांक प्रकाशित हुआ। उस समय सम्पादकीय कार्यालय मेन रोड, हज़ारीबाग में था। पहला अंक 'आम आदमी' के नाम से ही छपा था। सम्पादकीय में गद्य में कुछ न लिखकर पद्य में रमणिका जी ने कविता दी। मेरे लिए यह नयी बात थी। पहली बार किसी पत्रिका में सम्पादकीय के तहत कविता पढ़ी। सम्पादकीय का टाइटल था—क्यों ज़रूरत पड़ी आम आदमी की?

"आम आदमियों को,
आम आदमी की जमात का रूप देने
सोचों की दिशा
क़लम की चोट
आवाज़ को बुलन्दी
क़दमों को गति देने के लिए ज़रूरत पड़ी है
इस आम आदमी की..."

जहाँ तक 'बहुजन अधिकार' की बात है, उसमें न्यूज़ और व्यूज़ हुआ करते थे। लेकिन बाद में 'सुलगते सवाल' नाम से कॉलम की भी शुरुआत की थी। कुछ साथी बिना पारिश्रमिक के रिपोर्टिंग भी किया करते थे। कुछ पत्र लिखते थे जिनके भीतर जोश और उत्साह के साथ आक्रोश भी होता था। अख़बार ठीक-ठाक ही चल रहा था। साथी ख़बरें तैयार कर देते थे।

आज भी मन्दिर और पुलिस थानों में बलात्कार होते हैं

इस देश में प्राचीनकाल से ही अत्याचार और बलात्कार की परम्परा रही है। और

यह परम्परा आज़ाद भारत में भी ज्यों-की-त्यों है। हिन्दुस्तान और पाकिस्तान का बँटवारा जब हुआ यानी आज़ादी मिलने के तुरन्त बाद तो हज़ारों महिलाओं के साथ हिन्दू और मुस्लिम दो शब्दों की कशमकश के बीच बलात्कार हुआ तथा लाखों पुरुषों के साथ अत्याचार।

देश में एक वर्ग सदियों से ही बलात्कार और अत्याचार का शिकार रहा है। वह वर्ग है अनुसूचित जाति एवं अनुसूचित जनजाति। हिन्दू संस्कृति का एक अविभाज्य अंग। फिर भी उसकी हालत जानवरों से भी बदतर है।

इसी वर्ष के प्रथम मास में मेरठ में थाना सदर बाज़ार की पुलिस के द्वारा एक मन्दिर के युवा पुजारी त्रिलोकमणि को गिरफ़्तार किया गया। उत्तेजित भीड़ ने उसके मुँह पर काला रंग पोत दिया और सिर के बाल काट दिये। अब देखिए, सरकार उसे क्या दण्ड देती है? इस घटना के क़रीब एक सप्ताह बाद ही राजधानी में श्रीमती प्रेम देवी (सफ़ाई कर्मचारी) के साथ पुलिसवालों ने बलात्कार किया। उत्तेजित लोगों में से उन बलात्कारियों का न किसी ने मुँह पोता और न ही बाल काटे, इसलिए कि वे पुलिसवाले थे तो क्या पुलिसवालों को सरकार ने ग़रीब महिलाओं पर बलात्कार करने के अधिकार भी दिये हुए हैं। ये बलात्कार की घटना कोई नयी तो नहीं। बलात्कार मन्दिरों में भी होते रहे हैं और थानों में भी। लेकिन कब तक?

(16 मार्च, 2 अप्रैल, 1986)

प्रतिनिधि द्वारा

अगला पत्र प्रकाशन विभाग से था।

बाबा साहेब को किसी एक जाति के खूँटे से बाँधना उचित नहीं

प्रिय बन्धु,

सादर अभिवादन

आपके 'बहुजन अधिकार' का आद्योपान्त पारायण किया। आकार-प्रकार में बहुत आकर्षक न होने पर भी गुणवत्ता और विचार-स्फूर्ति के जो आयाम आपने इसके ज़रिये स्थापित किये हैं, जैसी बेलाग और सटीक बातें कही हैं। शायद आज भारतीय समाज, विशेष रूप से हिन्दू समाज की अन्तःचेतना को ठोकर मारकर जगाने और अपनी गरिमा और महिमा को पहचानने के लिए प्रेरित करने वाले इससे अधिक सुविचारित और स्पष्ट सम्पादकीय मैंने कम ही देखे हैं। हिन्दू समाज की बुराइयों पर कठोर आघात समय-समय पर जिन महापुरुषों ने किया है, सुधार की उनकी जंग को जिस निष्ठा और आस्था के साथ आपने आगे बढ़ाने का काम अपने ऊपर लिया है, उसमें मेरा यह छोटा पत्र भी सम्मिलित मानें।

आपके सम्पादकीय की इन पंक्तियों ने आपकी दृष्टि-व्यापकता बहुत उजागर की है—**'बाबा साहेब को किसी एक जाति के खूँटे से बाँधना उचित नहीं है।'** ज़ुल्म और अन्याय के विरुद्ध इस लड़ाई में अपना सहभागी बनाने की कृपा करें।

आपका,

—रमेश नारायण तिवारी
संयुक्त निदेशक
प्रकाशन विभाग
सूचना और प्रसारण मन्त्रालय
भारत सरकार-पटियाला हाउस
नयी दिल्ली-110001

(यह पत्र जुलाई 1987 के अंक में प्रकाशित हुआ था।)

हरिजन बनाम अनुसूचित जाति

आज अछूत जाति का कोई भी पढ़ा-लिखा युवक अपने को हरिजन कहे जाने की सबसे बड़ी गाली मानता है। इसके अलावा समाज में भी अब हरिजन शब्द सहानुभूति का द्योतक नहीं रहा, बल्कि घृणा एवं तिरस्कार का पर्यायवाची बन चुका है। ऐसी स्थिति में राष्ट्रपिता महात्मा गाँधी द्वारा प्रदत्त इस 'मैले भरे टोकरे' को समाज में अछूत लोग कब तक अपने कन्धों पर ढोते रहेंगे? जब आज हरिजन शब्द उनको स्वयं ही खलने लगा है और वे इसे उतार फेंकने के लिए तैयार हो गये हैं, तो ऐसी स्थिति में अछूत समाज के कुछ लोग उसे अभी भी लादे रखने के पक्ष में क्यों हैं?

मुझे लगता है कि उन लोगों को 'हरिजन' शब्द से बहुत प्यार है। इसलिए उन लोगों के लिए मेरा सुझाव है कि वे इस 'हरिजन' शब्द से बहुत प्यार करते हैं तो इस आचरण को स्वयं ओढ़ना प्रारम्भ करें और कुछ दिन अपने नाम के साथ 'हरिजन' शब्द लिखकर इसकी प्रतिक्रिया तथा इससे मिलने वाले सम्मान का आभास लें। कुछ लोग कहते हैं कि 'हरिजन' शब्द 'भगवान' के बन्दों का सूचक है तो ऐसी स्थिति में उनसे पूछना चाहूँगा कि वे हरिजनों के अतिरिक्त दूसरे लोगों को 'दुर्जन' कहलाना पसन्द करेंगे?

पिछले 50 वर्षों से प्रयोग किये जा रहे इस हरिजन शब्द पर अगर कोई विद्वान शोध करे तो वह इस उद्देश्य पर पहुँच सकेगा कि अकेले इस शब्द ने अछूत जाति के लोगों को ऊँचा उठाने की अपेक्षा उन्हें सैकड़ों वर्ष और पीछे धकेल दिया है। उन्हें सामाजिक प्रतिष्ठा और जो समानता आज़ादी के 34 वर्षों में मिलनी चाहिए

थी उल्टे इस हरिजन शब्द ने संकुचित दायरे में घेरकर सदा के लिए पीछे धकेल दिया है। **सुन्दर लाल सागर जी ने इसी विषय पर आलेख के साथ पुस्तिका भी लिखी थी।** वे 'सिंहभूमि' नाम से अख़बार भी निकालते थे। इसी बीच मेरठ से पत्र आया।

यदि सभी शक्तियाँ एकत्रित होती चली जायें

भाई मोहनदास नैमिशराय जी,

आनन्द रहो।

लम्बे अन्तराल में आपसे मिलने का समय प्राप्त नहीं हो सका। आप जैसे कर्मठ साथी जहाँ भी रहते हैं, वहीं शोषण के विरुद्ध अपना संघर्ष प्रारम्भ रखते हैं। आपने न तो किन्हीं परिस्थितियों से घबराना और न ही विषमताओं से समझौता करना सीखा है अपितु उन्हें बदलने का अदम्य साहस प्राप्त किया है। आप जैसे साथियों से प्रेरणा प्राप्त करके शोषित समाज में जगह-जगह ज्योतिपुंज प्रकाशमान हो रहे हैं। यदि यह सभी शक्तियाँ एकत्रित होती चली जायें तो निःसन्देह वह एक परमाणु शक्ति का अभ्युदय हो जायेगा।

हम अपने एक प्रिय कर्मठ साथी भगवानदास गौतम को खो चुके। समाजसेवा में बहुत तीव्र गति थी उसकी, और शोषण के विरुद्ध अनुराग भी। ऐसा लगता था कि जैसे वह कोई तूफ़ान हो, जो अवसर पाते ही सब कुछ उड़ा देगा। बहुत प्यारा हृदय था उसका, किन्तु शोषण के विरुद्ध उसके अन्तर में ज्वाला दहक रही थी, जो विस्फोट होना चाहती थी। वह एक दुर्घटना का शिकार बनकर हम सभी साथियों को छोड़कर चला गया। मुझे तो अब विश्वास नहीं होता है कि भगवानदास गौतम अब नहीं रहे। जिसे इतिहास का रथ हाँकना चाहिए था, वह केवल एक घटना बनकर किस प्रकार रह सकते हैं? किन्तु सत्य को नकारना अनावश्यक है। बस उसके संस्मरण ही हमारी चिर स्मृति में हमारे मन की धरोहर है, जिसे हम सँजोये हुए हैं और कभी विस्मृत नहीं कर पायेंगे।

आपसे बार-बार मिलने को मन चाहता है, बहुत बार आपके मोहल्ले में जाकर आपके बारे में मालूम किया है। तब बस्ती के लोगों ने यही बतलाया कि नैमिशराय जी कब आते हैं और कब जाते हैं। कुछ पता नहीं। वैसे आपकी व्यस्तता क़ाबिले-तारीफ़ है। विवश होकर यह पत्र लिख रहा हूँ और आशा करता हूँ कि आप कोई समय के बारे में दिल्ली अथवा मेरठ मिलने के लिए मुझे पत्र प्रेषित करेंगे।

'शुभकामनाओं सहित प्रेषित'

आपका शुभेच्छु

—के. के. दास

ट्रैफ़िक इंस्पेक्टर, नंगला ताशी, मेरठ
(जुलाई 1987 में प्रकाशित)

बाद के दो पत्र उन दिनों के हैं जब 'लोकायन' में कार्यरत था।

नैमिशराय जी हिन्दू धर्मशास्त्र का गहन अध्ययन करें

प्रिय सम्पादक,

'लोकायन' समीक्षा में प्रकाशित सभी लेख पढ़ने के बाद मैं इस नतीजे पर पहुँचा कि सारे लेख पठनीय, विचारणीय और श्लाघनीय हैं।

मोहनदास नैमिशराय का लेख 'दलित चेतना का राजनीतिक स्वरूप' विशेष रुचि से दो बार पढ़ा। क्योंकि जिस समस्या पर लेखक ने प्रकाश डाला है, उस समस्या का न केवल भारतीय दलितों से सम्बन्ध है वरन् उसका सम्बन्ध तो पूरे भारतीय समाज और जनता से है। कन्याकुमारी से लेकर असम और कश्मीर तक अछूतों के साथ सामाजिक, राजनीतिक, आर्थिक और शैक्षिक आधार पर जो अन्याय और अनाचार शताब्दियों से हिन्दू धर्म और शास्त्रों ने मिलकर किया, उसका उदाहरण संसार भर के किसी भी देश, जाति या धर्म में ढूँढ़ने से भी नहीं मिलता। इस भयानक समस्या ने विश्व में भारत और भारतीय संस्कृति का मुँह काला किया है। मुझे नैमिशराय को बधाई देनी होगी कि उन्होंने इस प्रज्वलित समस्या पर लिखा। मोहनदास नैमिशराय ने अछूतों में वर्तमान जागृति का एकमात्र मुकुट बाबा साहेब डॉ. अम्बेडकर के सिर पर रखा है जो यथार्थ है। पर ऐसा ज्ञात होता है कि नैमिशराय ने हिन्दू धर्मशास्त्रों का गहन अध्ययन नहीं किया। यदि ऐसा होता है तो वह अछूतरूपी पापगढ़ के दुर्ग में लगी एक-एक ईंट को हिन्दू धर्मशास्त्रों की करतूत बतलाने में संकोच न करते। किन्तु वे इस लेख के लिए बधाई के पात्र हैं इसलिए इस अति अनिवार्य समस्या पर क़लम उठाई। मुझे कांग्रेस और अन्य समाजवादी पार्टियों से बँधे लेखक-साहित्यकारों पर तरस आता है जो हज़ारों वर्षों से भारत के माथे पर कलंक का टीका उन्हें दिखाई क्यों नहीं देता और जिसे धोने के लिए वे तत्पर क्यों नहीं हैं? मेरी नैमिशराय जी से पुनः कामना है कि वे इसी भयानक महारोग को दूर करने हेतु साहित्यिक क्षेत्र में सतत प्रयास करते रहें।

सोहनलाल शास्त्री
7/54, साउथ पटेल नगर, नयी दिल्ली
'लोकायन' समीक्षा, अगस्त 1989 में प्रकाशित

कांशीराम जी के बारे में सवाल

भाई विजय प्रताप जी,

'लोकायन' समीक्षा के अप्रैल-जून 1989 (प्रथम अंक) में प्रकाशित समूची सामग्री विभिन्न रूपों में बहुआयामी है, जो समस्याओं पर विश्लेषणात्मक ढंग से विवेचना करने में सक्षम है। हिन्दी में इस प्रकार की सामग्री एक साथ पढ़कर नया अनुभव हुआ। आप सब सम्पादक मण्डल के सदस्य तथा लेखक बन्धु बधाई के पात्र हैं।

मोहनदास नैमिशराय जी के लेख, **'दलित चेतना का राजनीतिक स्वरूप'** के विषय में कुछ कहना चाहता हूँ। आलोच्य लेख में नैमिशराय ने दलित आन्दोलन पर विस्तृत रूप से दृष्टिपात किया है, उन्होंने दलितों के मन में विद्यमान पीड़ाओं, शंकाओं, राजनीतिक सोच को बेहद सटीक ढंग से प्रस्तुत किया है। उन्होंने कांशीराम का ज़िक्र करते हुए कहा है—"कांशीराम का दलित राजनीति में प्रभुत्व बढ़ा जिसने एक दशक में ही अपनी पहचान बना ली। न केवल पहचान बनायी बल्कि सत्ता-पक्ष को जहाँ-तहाँ हुए चुनाव में करारी हार भी दी।"

क्या वर्तमान लोकतान्त्रिक ढाँचे में जातीय आधार पर खड़ा कोई भी दल भारतीय राजनीति में परिवर्तन ला सकता है या केवल कुछ दलों को कुर्सी तक पहुँचाने में ही अपने कार्य की इतिश्री समझ लेता है। गत वर्षों में कांशीराम की बहुजन पार्टी ने जितने वोट बटोरे उनसे सत्ता-पक्ष अवश्य हारा, लेकिन लाभ कांशीराम को नहीं मिला। ये प्रश्न घूम-फिरकर वहीं आ जाते हैं, जहाँ आर.पी. आई. (विभिन्न गुट) खड़े हैं। कहने का तात्पर्य सिर्फ़ इतना है कि दलित आन्दोलन सत्ता में भागीदारी उस वक़्त तक नहीं कर सकता, जब तक उसका कोई राष्ट्रीय मंच न बने वरना कांशीराम दिल्ली और उससे जुड़े प्रान्तों की परिधि में घूमकर किसी रोज़ बी.पी. मौर्य की कार्बन कापी सिद्ध हो सकते हैं।

आप 'लोकायन' के माध्यम से जनमानस में राजनीतिक सोच जाग्रत कर रहे हो, निःसन्देह स्तुत्य है। बधाई।

शुभकामनाओं सहित,

आपका साथी

—ओमप्रकाश वाल्मीकि

4 न्यू रोड स्ट्रीट, कलालों वाली गली, देहरादून-248001

'लोकायन' समीक्षा, अगस्त 1989 में प्रकाशित

सोहनलाल शास्त्री जी का स्नेह मुझे लम्बे समय तक मिला। जब वे पटेल नगर में रहते थे, अकसर मैं उनके घर पर भी जाता था। 'दलित पैन्थर' रमेशचन्द्र

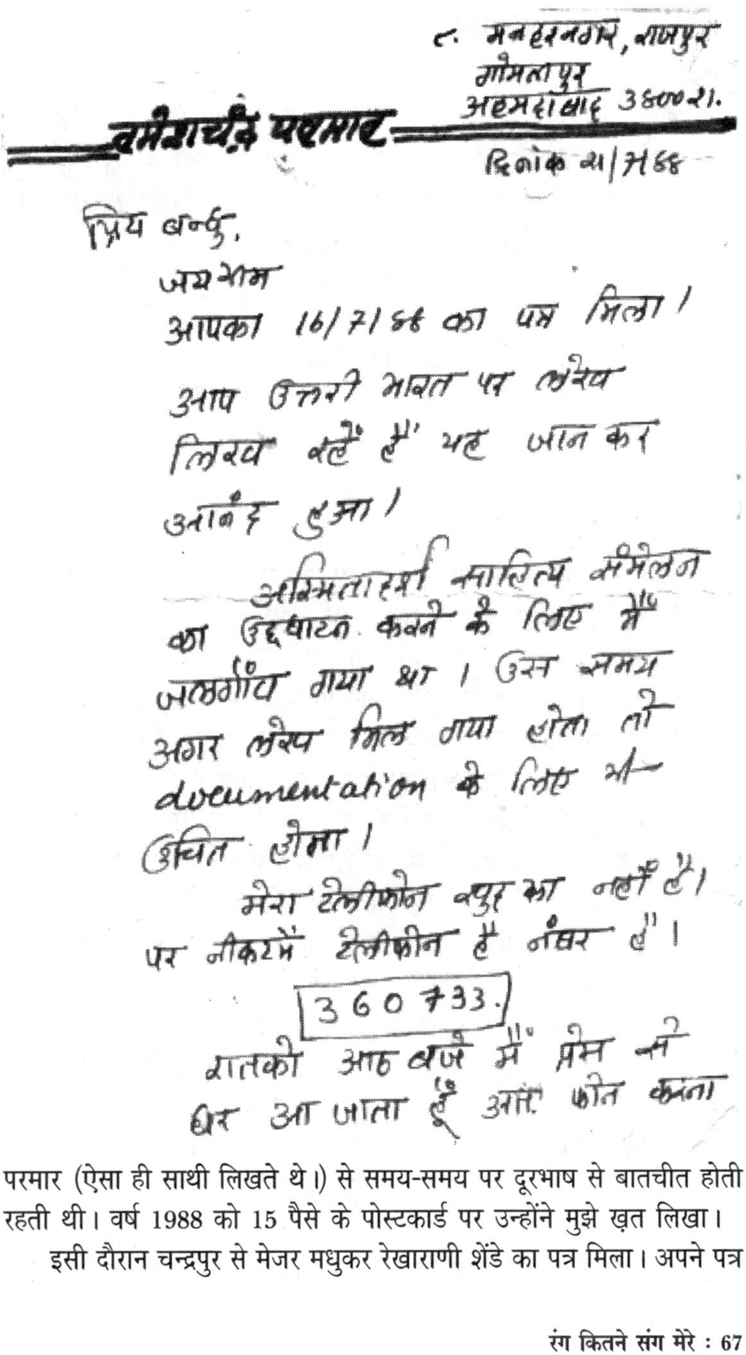

परमार (ऐसा ही साथी लिखते थे।) से समय-समय पर दूरभाष से बातचीत होती रहती थी। वर्ष 1988 को 15 पैसे के पोस्टकार्ड पर उन्होंने मुझे ख़त लिखा।

इसी दौरान चन्द्रपुर से मेजर मधुकर रेखाराणी शेंडे का पत्र मिला। अपने पत्र

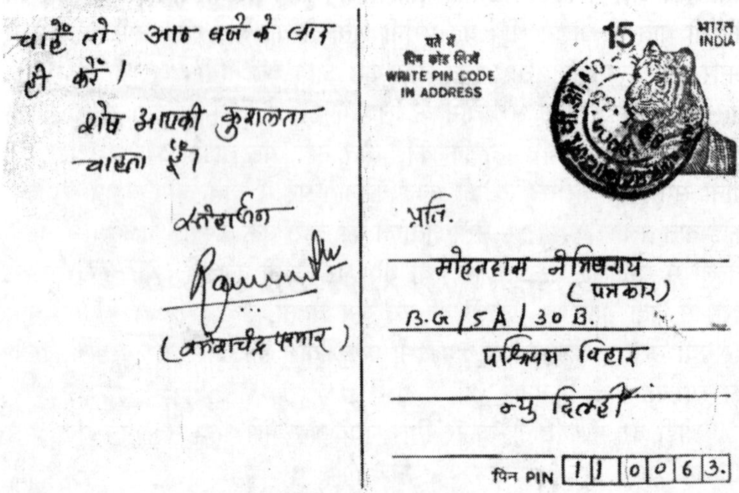

चाहें तो आज बजे के बाद टी करें।
शेष आपकी कुशलता चाहता हूँ।
स्नेहाधीन
Ramnath
(रामचंद्र पवार)

पते में पिन कोड लिखें
WRITE PIN CODE IN ADDRESS
15 भारत INDIA

प्रति.
मोहनदास नैमिशराय
(पत्रकार)
B.G/5A/30B.
पश्चिम विहार
न्यु दिल्ली
पिन PIN 110063.

में उन्होंने मरहूम सफ़दर हाशमी पर अग्रलेख लिखने की बात की थी।

निश्चित कार्यक्रम के अनुसार मुझे बम्बई जाना था। इन्हीं दिनों मैंने फ़िल्म और टीवी सीरियल लिखना शुरू कर दिया था। मेरे लिए यह किसी ख़ूबसूरत सपने से कम न था। सुबह ट्रेन सही समय पर पहुँच गयी थी।

बम्बई सेण्ट्रल उतरकर, अँधेरी के लिए लोकल ट्रेन पकड़ता हूँ। अँधेरी आते-आते बारिश होने लगती है। स्टेशन से बाहर आता हूँ तो बारिश और भी ज़ोरों से शुरू होने लगती है। मजबूरी में सड़क पर ही खड़े हो बारिश रुकने का इन्तज़ार करता हूँ। पर बम्बई की बारिश का कोई भरोसा नहीं होता। बहुत देर इन्तज़ार के बाद ऑटो लेने के लिए दूसरी साइड में जाने को ही होता हूँ। वहाँ लम्बी लाइन लगी थी। बारिश अभी भी हो रही थी और मैं पानी में भीग रहा था। अचानक एक लड़की ने मुझे अपने छाते के नीचे सिर ढकने के लिए पुकारा, ''अरे आप बारिश में क्यों भीग रहे हैं? इधर आ जाओ ना।''

सुनकर मैंने उसकी ओर देखा। एक हाथ में छाता पकड़े वह प्यार से मेरी ओर ही देख रही थी। उसके आग्रह को मैं टाल नहीं सका। बारिश से कुछ बचाव हुआ और लाइन आगे बढ़ती गयी। जब बारिश थोड़ा तेज़ होती तो हम एक-दूसरे के नज़दीक आ जाते, हल्की होती तो थोड़ा फ़ासला बढ़ जाता। बारिश में छाते के नीचे मुझे आश्रय देने वाली वह कौन थी, कहाँ से आयी थी? मुझे कुछ पता नहीं था। बस इतना जानता हूँ कि वह एक शरीफ़ लड़की थी। न उसने मेरा

पता पूछा और न ही मैंने उसका पता लिया। फ़ोन नं. या मोबाइल नं. लेने-देने की तो बात ही अलग थी। यह पुरानी शताब्दी की बात थी। नयी शताब्दी में अगर यह घटना होती तो शायद बात कुछ आगे बढ़ पाती। यह भी हो सकता था कि बारिश में छाते से बचाने के लिए मैं उसका धन्यवाद देने उससे अगली मुलाक़ात करता। वह कहती कि कोई बात नहीं, यह तो उसका धर्म था। धर्म यानी समय पर ज़रूरतमन्द की मदद करना। पर मैं बात आगे बढ़ाने के लिए कोई बात तलाश करता। मैं उसी शताब्दी का ठहरा एक क़स्बाई आदमी। हालाँकि दिल्ली में रहने की शुरुआत हो गयी थी। पर दिल्ली का रंग अभी मुझ पर पूरी तरह से चढ़ा नहीं था। दिल्ली का रंग जब चढ़ता, तब मेरठ का रंग उतरता। पर क्या मेरठ का रंग उतरता? यह भी एक सवाल है। और दूसरा सवाल दिल्ली का रंग चढ़ता तो कितना?

थोड़ी देर में उसे भी स्कूटर मिल गया और मुझे भी। मैं अपने एक मित्र यादराम व्यास (जिनकी एक फ़िल्म 'दृष्टिकोण' बाद में टीवी पर भी आयी थी।) के पास गया। पर वे नहीं मिले। दुख तो होना ही था। इतनी बारिश में भीगते हुए उनके घर गया और मुलाक़ात न हो सकी। पर यह बम्बई थी। बम्बई शहर ही ऐसा था और शहर में रहने वाले भी ऐसे ही बड़ी-बड़ी बातें करते थे। समय देकर भी फ़िल्मी लोग मिलते नहीं थे। उन्होंने भी तो मुझे समय दिया था। कुछ पैसे की भी मुझे ज़रूरत थी। उन्होंने मदद करने के लिए भी कहा था। पर जब वे स्वयं ही न मिले तो मदद कहाँ से मिल पाती। हालाँकि बिना पैसे के बम्बई में दो दिन से ज़्यादा मैं नहीं गुज़ार सकता था। ख़ैर वैसी स्थिति में मैं क्या करता? तभी मुझे मेरे मित्र की याद आ गयी जो कुर्ला में रहते थे। वापसी में अँधेरी से कुर्ला के लिए फिर से मैंने बस ली। शुक्र था कि वे घर पर ही थे। तनाव कुछ कम हुआ। दो दिन से अपने मित्र के घर पर ही रहकर 'धर्मयुग' के लिए एक लेख लिखता रहा। लेख काफ़ी लम्बा हो गया है। किया भी क्या जाये, आने वाले आम चुनाव में दलित राजनीति का विश्लेषण देना था। परसों ही गणेश मन्त्री जी से बातचीत हुई थी। उन्होंने एक लेख के लिए मुझसे कहा था। साथ ही आलेख को विस्तार से लिखने और गम्भीरता बनाये रखने की बात भी की थी। मेरे लिए 'धर्मयुग' में लिखने का यह पहला अवसर था। असल में यह कोई साधारण आलेख नहीं था। बल्कि इसी विषय पर 'धर्मयुग' की कवर स्टोरी बनानी थी। कवर स्टोरी में चार-पाँच हस्तियों के साक्षात्कार लेने के लिए भी उन्होंने कहा था। उनमें बी.पी. मौर्य और कांशीराम जी के साथ आर.एस. गवई, प्रकाश अम्बेडकर, प्रो. जोगेन्द्र कवाड़े, हाजी मस्तान, अरुण काम्बले तथा मैकूराम थे। पन्द्रह पृष्ठ

की इस कवर स्टोरी में प्रकाश दुबे, कुमुद संघवी तथा रमेश निर्मल आदि के द्वारा साक्षात्कार लेने से लेआउट बनाने में सहयोग रहा। जो स्टोरी बाद में यानी धर्मयुग में 10 सितम्बर, 1989 को प्रकाशित हुई थी। मुख पृष्ठ पर बाबा साहेब डॉ. अम्बेडकर की प्रतिमा के साथ प्रदर्शन करते हुए दलित समाज के साथियों को दिखाया गया था। **कवर स्टोरी की मुख्य कैप्शन चुनावी हवा, क्या करवट लेगी दलित राजनीति? नीचे सब टाइटल थे–कैसा रहेगा दलित-मुस्लिम गठबन्धन? क्या कांशीराम अपना असर दिखायेंगे? क्या हाजी मस्तान की राजनीति चमकेगी?** भीतर के पृष्ठों पर दलित शख़्सियतों के रंगीन चित्र छापे गये थे। पृष्ठ 6 और 7 पर पुस्तक के टाइटल के साथ दलित प्रदर्शनकारियों को दिखाया गया था। इस पुस्तक के टाइटल पेज पर जो कुछ लिखा था, वह इस तरह से था– Dr. Baba Saheb Ambedkar Writings and speeches Vol-4, unpublished writing, Riddles in Hinduism. धर्मयुग के इस अंक में राजनीति, समाज तथा आन्दोलन को समाहित करना था। विशेष रूप से महाराष्ट्र में डॉ. अम्बेडकर के बाद की धर्मयुग के इस अंक में राजनीति का भी विश्लेषण करना था। साथ ही हिन्दी राज्यों के राजनीतिक घटनाचक्र पर भी लिखना था। कुछ लोगों को फ़ोन किया। कुछ से मुलाक़ात करने का भी प्रयास किया। मुलाक़ात के लिए मैंने कुछ की सूची तैयार की। जैसा मैं अकसर करता भी था। कुल मिलाकर मेरा यह प्रयास सफल रहा जिसकी एक बड़ी उपलब्धि तो 'धर्मयुग' जैसी प्रतिष्ठित पत्रिका में छपना था।

इस बार बम्बई आये हुए क़रीब बारह दिन हो गये थे। यहाँ कुर्ला में एक महिला बार-बार आती थी। मैं कुर्ला में ही अपने दोस्त अशोक पण्डित के यहाँ रहता था। नज़दीक ही वह डॉक्टर के यहाँ अटेण्डेण्ट के रूप में कार्य करती थी। उसका पति बेरोज़गारी की स्थिति में था। नाम था उसका रमेश। एक-दो दिन उसने मेरे लिए भोजन भी बनाया।

उस दिन दोपहर की बात, वह आयी। मैं अकेला ही था। घर में मेरे अलावा कोई नहीं। अकेले घर में एक अदद पुरुष हो। पराये शहर में परायी महिला। मेरे मित्र अशोक पण्डित ने कहा था औरत कैसी भी हो, वह हाड़मांस की औरत ही होती है। उसके पास आग से भरा शरीर होता है। मथुरा जाते हुए वह मेरे हवाले कुर्ला स्थित अपना घर और कामवाली छोड़ गया था। घर से निकलते हुए मेरे दोस्त ने बाई की मौजूदगी में मज़ाक़ करते हुए कहा था, "फूलवती, ध्यान रखना हमारे यार का। सेवा करना उनकी।" शरीर तपने से पहले मैं थोड़ा जाग्रत हो जाता, हालाँकि उत्तेजना कुछ और ही कहती, पर मैं अपने आपको

नियन्त्रण में रखता। यही सोचकर कि बम्बई में पहले से ही वह परेशान थी। कभी-कभी वह अपनी आपबीती मुझे अपना समझकर बतलाती थी। और थोड़े-से सम्भोग-सुख के लिए मैं उसे और भी परेशान करूँ। उसकी कोई मजबूरी होगी। कुछ आर्थिक संकट होगा। उसके साथ कुछ करना ठीक नहीं है। लोग तो अपने घर की नौकरानी या दूसरे घर में कामवाली को मुफ्त का माल ही समझते हैं। बम्बई में रहते हुए इतने दिन बीत गये थे। मैं मुश्किल से अपने आपको सँभाल पाया था। कभी-कभी बेचैनी महसूस होती। तब रात में ख़ाली सड़क पर घूमने निकल जाता और बम्बई के यथार्थ में डूब जाता।

रात के क़रीब ग्यारह बजे होंगे। नींद नहीं आ रही थी। तभी अशोक जोशी आ गया। वह बम्बई से मराठी अख़बार 'युवा शक्ति' निकालता था। मेरा पुराना बम्बइया मित्र था। रात में घूमने का कार्यक्रम बना और हम दोनों निकल पड़े। कुछ दूर पैदल, फिर अँधेरी के लिए बस ली और अँधेरी उपनगरीय रेलवे स्टेशन से जुहू बीच के लिए लोकल ट्रेन पकड़ी। जुहू बीच तक आते-आते पूरा एक बज गया।

चारों तरफ़ वातावरण सुनसान हो चला था। हम दोनों अकेले समन्दर में उतर गये, सामने अथाह पानी-ही-पानी, समन्दर के गर्भ से लहरें शोर मचाती हुई आतीं और किनारे तक आते-आते शान्त हो जातीं। उस पार समन्दर, इस पार रेत और बीच में हम दोनों। काफ़ी देर तक हम दोनों पानी में चलते रहे। परिवेश में अँधेरा अधिक और उजाला बहुत कम था। कोई अन्य शहर होता तो वहाँ सन्नाटा होता। लेकिन बम्बई में कभी भी सन्नाटा नहीं होता। हलचल होती है। सड़कों पर, पार्कों में जीवन्तता होती है। बहुत रात बीत गयी थी चलते-चलते। वापसी में बस स्टैण्ड पर कुछ देर खड़े रहे। हालाँकि जुहू बीच मैं पहले भी आया था। पर ऐसा दृश्य नहीं देखा था। हर चार-पाँच मिनट के बाद एक लड़की ऑटो रिक्शा पर आती। ग्राहक की तलाश में बस स्टैण्ड के आसपास खड़े लोगों पर आँखें गड़ाती। कुछ फुसफुसाती, इशारे करती, कोई ग्राहक मिला तो ठीक वरना ऑटो आगे बढ़ जाता। फिर दूसरी लड़की आती। वह भी ऐसा ही करती। हम दोनों आधे घण्टे तक यह सिलसिला देखते रहे। मेरी जेब में केवल कुर्ला तक स्कूटर से जाने का किराया था। मेरे दोस्त की जेब में शायद पचास-साठ रुपये ही होंगे। हमारी जेब भारी भी होती तो हम वैसा न कर पाते। वैसे भी मेरे संघर्ष के दिन थे। हम कोई नवाबज़ादे नहीं थे, न ही किसी रियासत के राजकुमार। बाद में वहीं से हमने ऑटो रिक्शा पकड़ा। थोड़ा आगे देखा। रास्ते में इधर-उधर अनगिनत लड़कियाँ, उनके साथ अपनी-अपनी जिस्मानी भूख मिटाने को आतुर पुरुष। कहीं-कहीं पेड़ के नीचे या दीवार के पास अँधेरे में आलिंगनबद्ध थे।

इस शहर का यही अपना मिज़ाज था। उसकी अपनी ख़ासियत भी थी। समन्दर का किनारा पीछे छूट रहा था। जैसे और भी बहुत कुछ पीछे छूट रहा था। हम आगे बढ़ रहे थे, पर कितना आगे? पीछे बहुत कुछ था जो छूट रहा था। पर आगे क्या था? सिर्फ़ विचार या दर्शन। दर्शन से क्या कभी किसी का पेट भरा है, किसी की भूख शान्त हुई है? फिर दर्शन क्या देता है आदमी को? एक मित्र कुर्ला छोड़कर चला गया था। दूसरा मित्र घर पर न था। वह मथुरा से अभी लौटा ही न था। मैं अकेला ही था। पर मैं अकेला कहाँ था? घर में बहुत कुछ था। परिवेश में भले ही सन्नाटा तैरने लगा था। दिल्ली से चला था तो दो-तीन किताबें मेरे पास थीं। यहाँ भी किसी ने मराठी की एक किताब दी थी। किताबें व्यक्ति की अच्छी साथी होती हैं। मेरे पास भी वे अच्छी साथी के रूप में थीं। रात के तीन बज गये थे। मैंने बैग से एक पुस्तक निकाली और बम्बई का मोह मेरे भीतर और बाहर था। मैं उससे मुक्त नहीं हो पा रहा था। जितनी बार शहर में आता, उतनी ही बार मेरे भीतर कुछ नया जुड़ता। हर बार नये लोग, उनके नये विचार, उनका नया चिन्तन। नया संघर्ष। कुछ मैं उनसे लेता, कुछ सीमा तक वे मुझसे प्रभावित होते। यायावरी के दिनों में मैंने बहुत कुछ सीखा था। सम्यक जीवन से मुझे प्रेरणा भी मिलती थी।

अगले दो-तीन दिन बाद मैं दिल्ली में था। जूली की कहानी भी अजीबोग़रीब थी। मुझे उम्मीद नहीं थी, वह ऐसे मिलेगी। मैं उन दिनों 'संचेतना' पत्रिका में था। दोपहर का समय होगा। मैं लंच के लिए बाहर गया। वापस लौटा था तो मैं अकेला न था। मेरे साथ वह भी थी। मेरे पीछे-पीछे, मुझे आश्चर्य हुआ। थोड़ा अच्छा भी लगा। इसलिए कि वह सुन्दर थी, रंग उसका बिल्कुल बुर्राक सफ़ेद था। पतली कमर, आँखों में अजीब-सा आकर्षण। ऑफ़िस में आकर मैं अपने कार्य में व्यस्त हो गया। मैंने सोचा वह चली गयी होगी। पर आश्चर्य की बात थी कि वह अभी नहीं गयी थी।

शाम को घर लौटने को हुआ तो जैसे उसे मेरा इन्तज़ार था। लगता था वह मेरे साथ घर जाना चाहती थी। उसकी आँखें बहुत कुछ कह रही थीं। ख़ैर बाहर आकर मैंने ऑटो पकड़ा और उसे गोद में उठाकर अपने नज़दीक बैठा लिया। पश्चिम विहार आने पर ड्राइवर को भाड़ा दिया और जूली को लेकर सीढ़ियाँ चढ़ते हुए पहली मंज़िल वाले अपने घर में दाख़िल हुआ। बच्चों ने देखा तो वे खुश हुए। बच्चों के लिए कोई अच्छा खिलौना कभी नहीं ला सका तो क्या हुआ, वह भी तो एक सुन्दर खिलौने की तरह ही थी। पर पत्नी को नागवार गुज़रा।

जूली मेरे घर पर क़रीब दो सप्ताह रही। इस बीच अजीब तरह का खिंचाव

पैदा हुआ मेरे मन में उसके लिए। शाम को मैं थका-हारा लौटता तो वह मेरे सीने पर आ जाती। मुझे प्यार करती, स्वयं भी चाहती कि मैं उसे प्यार करूँ। बाद में उसे मैंने डॉक्टर को दिखलाया, जिसने उसे इन्जेक्शन लगाया। वापसी में उसके लिए पाउडर का एक डिब्बा भी बाज़ार से लिया। मुझे महसूस हुआ उसके पेट में गर्भ था। घर में श्रीमती को बुरा लगता था। कभी-कभी वह मेरे बिस्तर पर आ जाती थी। रात में मेरे साथ सोती थी। इन दो सप्ताह में मैंने महसूस किया कि जूली की मौजूदगी के कारण मेरे और पत्नी के बीच तनाव बढ़ता जा रहा था। मेरे और अपने बीच वह कुछ भी बर्दाश्त करने को तैयार न थी। मैं उसे छोड़ना नहीं चाहता था। लेकिन अन्ततः छोड़ना ही पड़ा। हुआ एक दिन यूँ कि मेरठ से मेरे छोटे भाई कार से आये जिनके साथ जूली चली गयी। जूली यानी एक अदद कुतिया। जो मुझे चाहती थी और मैं भी। एक अजीब तरह का सम्मोहन उसके और मेरे बीच हो गया था।

उस रात मुझे नींद नहीं आयी। उसकी अनुपस्थिति न जाने क्यों बार-बार...? दो-तीन बार पत्नी ने मज़ाक़ भी किया, ''जूली की इतनी याद आ रही है तो चले क्यों नहीं गये साथ में मेरठ? वहीं अपने साथ सुला लेते। कम-से-कम तनहाई में वह तुम्हारे पास तो होगी।'' मैं चाहते हुए भी कुछ बोल नहीं पाता हूँ। कहूँ भी तो क्या? कुछ समझ नहीं पाता हूँ। जूली से इतना अधिक स्नेह क्यों हुआ? कौन बताएगा? ससुराल से भी कोई आता तो वह भी मज़ाक़ में बहुत कुछ कहता। मैं सिर्फ़ सुनता। वे ख़ूब मज़ाक़ करते। मैं उनके मज़ाक़ को झेलता। मेरे पास कहने को कुछ था ही नहीं। जूली भी अब मेरे साथ नहीं थी। होती भी तो वह क्या कहती। वह तो बस प्यार की भाषा का इज़हार करती। पर मेरे अलावा कौन समझता उसकी प्यार की भाषा को। मैंने तो कुछ दिनों में ही समझ लिया था। वह मेरठ चली गयी थी। वह होती तो कुछ कहती। और किससे कहती? मैं अकेला भला किस-किस को क्या-क्या जवाब देता। ख़ैर छोड़िए, ख़ुदा ने उसे आदमी की जुबान नहीं दी वरना और भी मुश्किल हो जाती।

चिट्ठियों की इबारत पढ़ना जैसे मुझे अच्छी तरह से आ गया था। घर में भी चिट्ठी आतीं और ऑफ़िस में भी। उनके जवाब भी लिखने होते थे। जैसे प्यार का इज़हार करना ज़रूरी होता है, वैसे ही पत्र के जवाब में पत्र लिखना भी ज़रूरी होता है। उन दिनों फ़ोन कम इस्तेमाल होते थे। एक-दूसरे को पत्र लिख-लिखकर भेजना अच्छा लगता था। पत्र लिखते हुए अजीब तरह की जैसे रूमानियत भी होती थी। पर यह रिश्तों पर निर्भर था। मेरी साली सन्तोष कुमारी कैथल में रहती थी। वह मुझे पत्र लिखती। अगर मुझे उसे पत्र का जवाब देने में

देरी हो जाये तो रूठ जातीं। साथियों में सबसे अधिक पत्र ओमप्रकाश वाल्मीकि के आते। उनके पत्र का जवाब समय पर नहीं दे पाता तो वे भी नाराज़ हो जाते।

इसी दौरान मेरठ से बड़े भाई मोतीलाल का पत्र आता। उनके पत्र में कुछ घर की बातें होतीं तो कुछ बाहर की। पत्र में हिदायतें देना भी नहीं भूलते। दूसरे बड़े भाई मदन गोपाल के पत्र में समस्याएँ होतीं। उनका ट्रांसफर मेरठ से मुरादनगर ऑर्डिनेंस फैक्टरी में हो गया था। वे सी.डी.ए. में नौकरी करते थे। पहले भाभी जी की नौकरी के बारे में, फिर जब अध्यापक की नौकरी लग गयी तो जातीय आधार पर भेदभाव की समस्या के बारे में। मैं कई बार मुरादनगर भी गया। सभी भाइयों में आनन्द प्रकाश नैमिशराय बात करते। मैं क्या लिख रहा हूँ। इस पर पूछते। मेरठ में दलित समाज के बीच गतिविधियों के बारे में बतलाते। एक बार 'बा' ने भी ख़त लिखा।

दिनांक : 04.11.1992

भैया मोहनदास ख़ुश रहो!

यहाँ पर बंटी हमारे पास आया था, उसने बताया कि पापा बम्बई गये थे। वहाँ से वापस आ गये लेकिन बंटी ने यह भी बताया कि पापा की तबीयत अच्छी नहीं है। अब कैसी तबीयत है, उसका पता जल्दी दो। जब ठीक हो जाओ तो मेरठ भी मेरे पास ज़रूर आना। जब तक आपका पत्र नहीं मिलेगा, तब तक हमें बहुत परेशानी बनी रहेगी। इधर सब कुशलपूर्वक हैं। अपनी राजी-खुशी जल्दी भेजें। छोटे व बड़ों को प्यार।

राम प्रसाद

173, कला निकेतन,
जाटव गेट, मेरठ

8, 9, 10 अक्तूबर, 1987 को हैदराबाद में पहला अखिल भारतीय साहित्य सम्मेलन हुआ। दिल्ली से भगवान दास तथा डी.सी. अहीर ने इस सम्मेलन में सहभागिता की थी अन्य शख़्सियतों में से वी.टी. राजशेखर, अरुण काम्बले, दया पवार, बी.के. विश्वास, वोज्जा तारकम, यशवन्त मनोहर, अविनाश डोलस आदि थे। सम्मेलन में महाराष्ट्र के दलित साहित्यकारों का बहुमत था तथा उत्तरी भारत से दिल्ली को छोड़कर कोई प्रतिनिधि नहीं था। कुल मिलाकर कामयाब कार्यक्रम रहा। दलित स्वर हिन्दी और मराठी के साथ अन्य भाषाओं में भी उभरने लगे थे।

इधर उत्तर प्रदेश के शिक्षामन्त्री संकटा प्रसाद शास्त्री द्वारा अपने एक भाषण में यह कहने पर कि 'रामायण बकवास है', हिन्दू समाज के रूढ़िवादी, धर्मान्ध, पोंगा-पन्थियों, धर्मगुरुओं और तथाकथित धार्मिक नेताओं की तीव्र प्रतिक्रिया हुई

और हमें हिन्दू धर्म का अपमान बताते हुए उनसे अपने शब्द वापस लेने को कहा। यही नहीं, अखिल भारतीय कांग्रेस कमेटी के कार्यवाहक अध्यक्ष पं. कमलापति त्रिपाठी ने जवाब तलब करते हुए संकटा प्रसाद शास्त्री से 'रामायण को बकवास' कहने के विषय में इस तरह अपने स्वतन्त्र विचारों की अभिव्यक्ति के मौलिक अधिकारों का गला घोंटना और उन्हें अपने शब्द वापस लेने के लिए सवर्णों द्वारा बाध्य करना संवैधानिक अधिकार की अवहेलना है।

संकटा प्रसाद शास्त्री ने साहस के साथ सच्चाई को उजागर किया है। धार्मिक विचारों से ऊपर उठकर जो भी व्यक्ति 'रामचरित' का अध्ययन करेगा, उसे साफ़ लगेगा कि 'रामचरितमानस' धार्मिक ग्रन्थ है ही नहीं। जो देश के 75 प्रतिशत शूद्रों की भावनाओं को ठेस पहुँचाने वाला हो, जो भारतीय नारी का अपमान करने वाला हो, जो मानव जाति में ऊँच-नीच, भेदभाव की भावना पैदा करने वाला हो, वह कभी भी धार्मिक ग्रन्थ नहीं हो सकता।

रामचरितमानस एक साम्प्रदायिक ग्रन्थ है यह देश-विरोधी, समाज-विरोधी है। रामचरितमानस की शिक्षा पर हिन्दुओं के द्वारा रावण के पुतले जलाये जाते हैं और इसकी प्रतिक्रियास्वरूप दक्षिण भारत में राम के पुतले जलाये जाने की शुरुआत हो गयी थी। यही नहीं बाद में तो उत्तर प्रदेश, मध्य प्रदेश तथा छत्तीसगढ़ के कुछ गाँवों, क़स्बों, शहरों तथा अंचलों में भी रामदहन शुरू हो गया था जिस पर काफ़ी हो-हल्ला मचा।

मेरा एक आलेख 'रावण के पुतले को हर वर्ष दहन करने का क्या औचित्य है?' राष्ट्रीय सहारा दैनिक में छपा था। जिस पर सवर्णों की तीखी प्रतिक्रिया हुई थी। डॉ. सुमनाक्षर का आलेख 'बहुजन अधिकार' के अंक में प्रकाशित किया गया था।

डीएवीपी से मेरा कॉन्ट्रैक्ट ख़त्म हो गया था। लगभग 6 बरस (1982 से 1988 तक) मैंने वहाँ कार्य किया था। जैसे समय भाग रहा था और मैं समय को पकड़ने की कोशिश कर रहा था। पर समय को आख़िर कौन पकड़ सका है। शाम होते-होते मैं मण्डी हाउस चला जाता। कॉफ़ी हाउस आठ बजे बन्द हो जाता। मजबूरन वहाँ से उठना पड़ता। फिर हम साथियों के साथ बाहर सड़क पर आ जाते। जहाँ साथी छोटे-बड़े समूह में होकर परस्पर बातचीत करने लगते। उन समूहों में कोई-न-कोई लड़की ज़रूर होती। कुछ को रात में वहाँ देर तक बने रहने का सिला मिल जाता। ऐसे में चाय का दूसरा दौर शुरू हो जाता। कभी-कभी तीसरा भी। नीचे सड़क पर ही सुरजा चाय बनाता था। बिहार से ही था वह। वहाँ घण्टों-घण्टों हम एक-दूसरे से बतियाते। कुछ लोग इधर-उधर की फेंकने में ही अपना तथा दूसरों का भी समय गँवाते। कुछ दूसरों को धोखा देते तो कुछ दूसरों से

धोखा खाते। अजीब खेल था उन सबके बीच। पर जीवन में लगभग सभी के बीच यह खेल जाने-अनजाने हो ही जाता। यह बात अलग है कि किसी का यह खेल जीवन भर चलता रहता तो किसी के जीवन में कुछ दिन और कुछ माह ही रहता।

मई 1988 के 'संचेतना' अंक में स्वामी अग्निवेश का साक्षात्कार प्रकाशित हुआ। उनसे स्वयं महीप सिंह ने बात की थी। स्वामी अग्निवेश का कहना था, हिन्दू धर्म को पुराणपन्थियों के चंगुल से निकालकर वैज्ञानिक आधार प्रदान करें। पर यह कार्य कौन करे? इसी अंक में कमलेश सचदेव का आलेख संवेदनशील लड़की क्या करें! अपमान झेलें या आत्महत्या करें। गम्भीर मुद्दे को उन्होंने उठाया था।

हिमांशु राय दलित समाज के लेखक और विचारक थे। आपका पत्र मिला। पाठकों को गफलत न हो, दूसरे हिमांशु राय दैनिक हिन्दुस्तान में कार्यरत थे। उनसे तो बाद में मुलाक़ात हुई थी। जिसमें उन्होंने मुझे उप-सम्पादक 'संचेतना' के रूप में बधाई के लिए लिखा था। खानपुर के पास आनन्द मित्र बुद्ध विहार में उन्होंने गोष्ठी रखी थी। उसमें आमन्त्रित किया था मुझे। साथ ही डॉ. अम्बेडकर पर आलेख भी भेजा था।

'संचेतना' के ऑफ़िस में कभी-कभी सरोज वशिष्ठ आती थीं। हाथ से लिखा हुआ आलेख वे कमलेश जी को दे जाती थीं और कमलेश जी मुझे वह कहते हुए उनका आलेख देती थीं, नैमिशराय जी थोड़ा ठीक कर देना। पर सरोज जी के आलेख में थोड़ा नहीं बहुत कुछ ठीक करना होता था।

डॉ. महीप सिंह जी से कभी-कभी दलित विषयों पर चर्चा होती थी। वे मेरी बात सुनकर अपनी राय देते थे। 'संचेतना' के मुखपृष्ठ पर एक बार छपा था—'अब दिल्ली दूर नहीं।' उन्होंने इसी टाइटल से कवर स्टोरी बनायी थी। वैसे कमलेश जी ही पत्रिका के टाइटल से लेकर भीतर के पृष्ठों को फाइनल करती थीं।

कुछ साथी मण्डी हाउस में देरी से आते। उनमें सरकारी कर्मचारी और कुछ अर्ध-सरकारी कर्मचारी भी होते। रंगकर्म उनके ख़ून में शामिल हो गया था। इसलिए रंगकर्मी होने की छवि से अपने आपको जुदा न कर पा रहे थे। सच कहा जाये तो कुछ साथियों में रंगमंच नशे की तरह था। उस नशे का आलम यह था कि अधिकांश साथी तो आधी रात को अपने घर पहुँचते। उनमें से मैं भी एक था। फिर मैं घर जल्दी जाकर भी क्या करता? घर पर मेरा इन्तज़ार करने वाला कोई न था। इन्तज़ार भी कौन करता? मेरे अलावा कोई होता ही नहीं था। ऐसी परिस्थितियों में रंगमंच मेरे भीतर भी पूरी तरह रच-बस गया था। सच कहा जाये तो मेरी दुनिया ही रंगमंच में तब्दील हो गयी थी। मैं घर में स्वयं के द्वारा लिखे हुए भी डायलॉग बोलता और किसी नाटक की रिहर्सल के दौरान

भी। मेरे डायलॉग जीवन के यथार्थ से होते, मुफलिसी के आसपास के होते, पीड़ा के होते, संघर्ष में दबे-बसे होते, आन्दोलन के गर्भ से वे उमड़े होते। एक-एक डायलॉग लबों पर आते, जैसे एक-एक क़तरा ख़ून बहता और बहुत समय तक उनसे मेरा रिश्ता बना रहता। ऐसे समय पर मैं अपने ही ज़ख़्मों को कुरेदता, फिर उन्हें चाटता। ज़ख़्मों को चाटना कैसा लगता होगा। जो पहले स्वयं अपने ज़ख़्मों को कुरेदते हैं और फिर चाटते हैं, सिर्फ़ वे ही जानते हैं। यह शोध का विषय हो सकता है, लेकिन महसूस करने का भी। पर जो भी शोध करेगा, उसे हिम्मत चाहिए। मैंने कई बार बस्ती में, पार्क में, स्कूल में कुत्तों को अपने ज़ख़्मों को चाटते हुए देखा है, न जाने क्यों ऐसे समय पर मुझे बड़ी राहत मिलती थी।

इस बीच औरंगाबाद जाना हुआ। यहीं बाबा साहेब डॉ. अम्बेडकर मराठवाड़ा विश्वविद्यालय था। यहीं पर दलित साहित्यकार गंगाधर पानतावणे रहते थे। वहीं पर अविनाश डोलस और गंगाधर गाड़े भी रहते थे। वास्तव में ही औरंगाबाद का बाबा साहेब के द्वारा शुरू किये गये आन्दोलन में महत्त्वपूर्ण स्थान था। यहीं पर डॉ. क्षीर सागर और रस्तुम अचलखाँ भी रहते थे। डॉ. क्षीर सागर जी ने 'भगवान पर मुक़दमा' नाटक लिखा था। दो-तीन दिनों के प्रवास में साथियों से मुलाक़ात हुई। बाद में गंगाधर गाड़े का पत्र भी आया।

22 जून, 1988 को नागपुर के मैमो अस्पताल में भदन्त आनन्द कौसल्यायन चल बसे। उनकी एक पुस्तक का नाम तो मुझे अभी भी याद है। 'अगर बाबा साहेब न होते'। नब्बे का दशक आते-आते बल्कि उससे पूर्व ही देश में एक घटना ऐसी हुई, जिसने देश की लोकतान्त्रिक व्यवस्था पर कुठाराघात ही नहीं बाबा साहेब डॉ. अम्बेडकर के समता, स्वतन्त्रता तथा बन्धुता पर आधारित संविधान के ख़िलाफ़ भी कार्य किया। बाबा साहेब ने मनुस्मृति जलाते हुए सपने में भी यह नहीं सोचा होगा कि एक दिन आजाद भारत में उसी मनुस्मृति को पुनः जीवित कर दिया जायेगा।

24 जून, 1989 को राजस्थान उच्च न्यायालय के ठीक सामने जबरन मनु की मूर्ति स्थापित की गयी। इस काम में जयपुर के प्रथम श्रेणी न्यायाधीश डॉ. पद्‌मकुमार जैन ने प्रतिमा स्थापित करने का प्रस्ताव उस वक़्त के जयपुर उच्च न्यायालय के प्रभारी मुख्य न्यायाधीश नरेन्द्र मोहन कासलीवाल के समक्ष प्रस्तुत किया और उन्हीं की सहमति से मूर्ति की स्थापना की गयी।

इससे पूर्व कुछ दलितों ने उच्च न्यायालय के सामने बाबा साहेब अम्बेडकर की मूर्ति स्थापित करने की माँग की थी। उनकी इस माँग को ख़ारिज कर दिया गया। मनु की मूर्ति का अनावरण 24 जून, 1989 को विधिवत होना था। परन्तु अम्बेडकरवादियों ने इस अनावरण के विरोध में आन्दोलन, प्रदर्शन किये। परिणामतः

गंगाधर गाडे जी का पत्र

President
National Convention for Dalit Unity and
Member of the Bharatiya Dalit Panther
High Power Committee

NATIONAL CONVENTION FOR DALIT UNITY

Sri Mohandasji

You are aware that communal forces in India are callously at work which threatens not only the life of innocent people but the very existence of India, Atrocities on the dalits are ever on increase and if not checked in time will continue unabated.

Indian Dalit Panther is geared to the action of putting an end to it. But it wants to play a pivotal role in bringing about the unity of the followers of Dr. Ambedkar, working in different walks of life. It has been conscientiously trying to bring followers of Republican Party and identical political parties and different dalit social organisations together. Such an attempt was recently made in Pune and it paid dividends immediately for a mammoth morcha was taken out in its wake in Bombay with such a great impact that the nerve-racking problem of the riddles was solved promptly. Kudos for the Dalit Unity Convention held at Pune.

There are many problems facing dalit communities today, viz. continuation of reservations, reservations for converted Buddhists, implementation of Mandal Commission, increase in scholarship, atrocities on Dalits, renaming Marathwada University after Dr. Ambedkar, Jharkand problem etc.. 1991 is the centenary year of Dr. Babasaheb Ambedkar and if leaders of different dalit and minorities come together the atmosphere for sorting out the problems could be created and new strategy could be framed for a line of action to be taken.

The convention will be inaugurated at the hands of Mrs.Dr.Maisaheb Ambedkar, wife of late Dr. Babasaheb Ambedkar. Your presence would be fruitful. Many other leaders working on national level are also being invited. Kindly send your consent at your earliest. The convention is on April 3, 1988, at Aurangabad on the ground of Milind Mahavidyalaya, Aurangabad, Maharashtra.

Aurangabad is a historical city and in its vicinity are the world famous caves of Ajanta and Ellora. It is also the place where Dr. Ambedkar started pioneering work in the field of education, in Marathwada.

Thanking you, Sir,

Yours

ADDRESS FOR COMMUNICATION:

7/41, KOTLA COLONY,
AURANGABAD - 431 001 (M.S.)
PHONE NO : 4487

DALIT PANTHER OF INDIA

(GANGADHAR GADE)

उस पर विचार करने के लिए 28 जून, 1989 को राजस्थान उच्च न्यायालय के कुछ न्यायाधीशों ने यह प्रस्ताव पारित किया कि मूर्ति वहाँ से हटाई जाये। न्यायधीशों के इस प्रस्ताव के ख़िलाफ़ राजस्थान विश्व हिन्दू परिषद एवं बजरंग दल के अध्यक्ष आचार्य धर्मेन्द्र महाराज एवं सोमेन्द्र शर्मा ने याचिका दायर की और न्यायाधीशों के प्रस्ताव के ख़िलाफ़ स्थगन आदेश प्राप्त किया। स्थगन आदेश्न देने वाले न्यायाधीश, सुरेशचन्द अग्रवाल ने मनु व्यवस्था को खुले रूप में समर्थन देते हुए कहा कि आज की समाज व्यवस्था गणतन्त्र के तत्त्व पर चल रही है। यह था एक द्विज न्यायाधीश का कथन। दलित लेखकों तथा चिन्तकों का आरम्भ से ही यह कहना रहा है कि मनुमत और मानवीय अधिकार परस्पर विरोधी हैं। मनु विचार और न्यायपालिका एक साथ नहीं रह सकते। क्योंकि मनु न्याय प्रणाली के लिए कलंक है।

कहना न होगा कि लोकतन्त्र या फिर प्रजातन्त्र को एक खूँटे से बाँध दिया गया। सवर्ण न्यायाधीशों ने मनु को तरजीह दी और डॉ. अम्बेडकर के संविधान को उठाकर एक तरफ़ रख दिया। बावजूद इसके कि दलित समाज के सामाजिक कार्यकर्ताओं, शिक्षाविदों, लेखकों/तथा पत्रकारों ने अपने-अपने तरीक़े से हज़ार कोशिशें कीं। दुखद बात तो यह रही कि अधिकांश दलित नेता इस मुद्दे पर मौन ही रहे। राजनीतिक गलियारों में इस पर बहुत कम कहा-सुना गया। संसद और राजस्थान की विधानसभा में भी कोई गूँज सुनाई नहीं दी।

दिल्ली में हाजी मस्तान आये थे। वे पाँच सितारा होटल कनिष्का में ठहरे थे। उनसे मेरी मुलाक़ात हुई। लगभग आधा घण्टा। दस मिनट चाय आने से पहले और बीस मिनट चाय के दौरान कुछ मैंने उनसे सवाल किये, कुछ उन्होंने मुझसे सवाल पूछे। मेरे सवाल उनके द्वारा राजनीति में प्रवेश के बारे में थे। उनके सवाल दलित मुस्लिमों के साथ रहने और टकराव को लेकर थे। उन्होंने विशेष रूप से बतलाया कि दलितों और मुसलमानों को एक साथ रहना चाहिए। बाद में मुझे नवभारत टाइम्स के लिए रिपब्लिकन पार्टी के उम्मीदवार सुरेन्द्र वर्मा के बारे में दो-तीन स्थानों पर घूमकर और अन्य लोगों से बात करके लगभग आधे पृष्ठ के लिए रिपोर्टिंग करनी थी। संक्षिप्त में चार-पाँच लोगों के साक्षात्कार भी लेने थे। सुरेन्द्र वर्मा पहाड़ गंज में ही रहते थे। वे मेरे मित्र थे। होटल कनिष्का से मैंने स्कूटर पकड़ा, और अजमेरी गेट के चौराहे पर छोड़ दिया। नज़दीक जी. बी. रोड के कोठा नम्बर 51-52 पर वेश्याओं के नेता भोलाराम से मिलने गया। वहाँ एक कमरे में उनकी पतिता सुधार समिति नाम से संस्था थी। वे वहाँ न थे। नीचे सीढ़ियों पर ग्राहक के इन्तज़ार में तीन-चार वेश्याएँ खड़ी थीं। भोलाराम के

न होने पर मैंने उनसे ही बातें करना चाहा। और पूछ बैठा, "आप किसे वोट देंगी?" उनमें से एक तपाक से बोली, "पहले आप यह बतलाइये कि आप हममें से किसकी लोगे?" उनके सवाल का मेरे पास कोई जवाब न था। वे हँस रही थीं और मैं पानी-पानी हो रहा था। फिर दूसरी बोली, "अरे कुछ तो बोल रात के रिपोर्टर।" अब मैं क्या बोलता? निरुत्तर हो वहाँ से लौटा। कितना बेबाक सवाल था। रास्ते भर मैं सोचता रहा। क्यों उनमें से एक ने ऐसा कहा? मेरे भीतर से जैसे जवाब उभरा था, "यह उनका व्यवसाय है और व्यवसाय से उभरा बेबाकी से भरा संवाद भी।" उनकी दिनचर्या में ऐसे ही शब्द इस्तेमाल होते हैं। उनके व्यवसाय की यह सब डिमाण्ड भी है। घरेलू महिला नहीं थी कि पुरुष का मन हुआ और वह तुरन्त उसके नीचे बिछ जाये। हालाँकि पुरुष के नीचे बिछने के लिए ही तो यह सब उन्हें भी करना पड़ता है। अपने ही दड़बे में खटना पड़ता है। नहीं बिछेंगी तो खायेंगी क्या, फिर पुलिस को कमीशन कहाँ से देंगी? पर वे समय लेती थीं ग्राहक का। उसे तोलती और जाँचती थीं। उनका अपना जीवन था। और जीवन जीने का अलग तरीक़ा भी। उनकी अपनी समस्याएँ थीं। माना कि वे बेशर्म थीं, बेहया थीं, पर किसने बनाया?

16 नवम्बर था। चुनाव का वैसे ही दौर था, सुबह मेरठ से पहले एक मेरे परिचित सरदार जी मेरे घर पर आये। उनका नाम ज्ञान सिंह था। उन्हीं की मौजूदगी में अशोक वानखेडे भी थे। जब-जब भी हाजी मस्तान दिल्ली में आते हैं, अशोक वानखेडे मेरे घर पर होता है। मैंने दस-पन्द्रह मिनट पहले सरदार जी से बात की। वे जब चले गये तो वानखेडे ने बतलाया कि आपको मस्तान साहब ने बुलाया है। साथ में प्रो. कवाडे भी हैं। मैं इन दिनों नवभारत टाइम्स के लिए चुनाव पर रिपोर्टिंग कर रहा था। ख़ैर मैं होटल कनिष्का गया।

हालाँकि इससे पूर्व भी एक-दो बार हाजी मस्तान से मुलाक़ात हो चुकी थी। कल भी बातचीत हुई थी, लेकिन आज पहली बार मैं हाजी मस्तान और प्रो. कवाडे के सामने खुलकर बोला। दलितों की अनगिनत समस्याओं पर विमर्श हुआ। मुसलमानों के सवाल भी उठाये। दलित और मुसलमानों के बीच लड़ाई-दंगों के साथ जो तनाव की स्थितियाँ पैदा होती हैं, वे सिर्फ़ चुनावी सरगर्मियों से दूर नहीं होंगी। दोनों ने सुना या कहिये सुनना पड़ा। उनके द्वारा कुछ माह पूर्व मुस्लिम दलित मुस्लिम महासंघ बनाया गया था।

माँ का गाँव था बेगमाबाद, ताई माँ का गाँव था सिसौला और नयी माँ का गाँव था अमरगढ़। कभी मन करता तो इन तीनों गाँवों में मैं अकेला ही चला जाता। बस से उतरकर गाँव में प्रवेश घर आते-आते जोहड़, कुआँ, पनचक्की,

नहर या फिर सैनियों का बाग, गूजरों का पंचायतघर, जाटों का गाँव यानी गाँव के भीतर गाँव। जातियों की बुनावट में फँसी बस्तियाँ। मैं पूछते-पूछते गाँव में दाख़िल हो जाता। बताने वाला जाति के बारे में पहले पूछता, फिर नाम। गाँव में जाति ही सबसे बड़ी पहचान थी। हालाँकि गाँव के भीतर और बाहर घरों, खलियानों, बैठकों, कुओं, दगड़ों, बटिया, बिरोड़ों के रंग-रूप बदल गये थे। पर मानसिकता वैसी ही थी। व्यक्ति की जाति से जुड़ी पहचान के साथ एक और पहचान थी। किसी की टाँग ख़राब हुई, किसी का हाथ, किसी की आँख, किसी के सिर पर बाल नहीं तो उसे लँगड़ा, टुण्डा, काना, गंजा कहा जाता था।

गाँव के जाने पर बपचन की यादें उभर आती थीं। नाना के साथ मामा, मामियों की बातें। सब कुछ जीवन्त हो उठता था। फूटा घर, आँगन में नीम का पेड़, कीचड़ से भरा दगड़ा, नहर, बम्बा, खेत और खेतों में उपजा अन्न। यही तो जीवन था।

मेरे और पत्नी के बीच पाँच-छह दिनों से चली आ रही चुप्पी टूटी। वह घर पर ही थीं। मुझे लगा, आज अच्छा दिन है। मौसम भी ख़ुशगवार था। नवम्बर माह का अन्तिम सप्ताह था। लोग उसे गुलाबी मौसम कहते हैं। पर मेरे लिए गुलाबी मौसम का कोई अर्थ न था। जीवन में पतझर था। मौसम कोई भी हो। मैंने उन्हें मनाया भी, अन्ततः मुझे मनाना ही था। उसी घर की छत के नीचे तनाव दूर होने के आसार कम होते या टूटते-से महसूस हुए। पर यह मेरा वहम ही था। हर आने वाले तूफ़ान से पहले जो चुप्पी होती है, वैसा ही मौन उसके भीतर था। मौन टूटा तो किसी विस्फोट से कहीं अधिक गूँज उनके स्वर से हुई थी। पत्नी ने बताया, "मैंने तुम्हें वकील के माध्यम से तलाक़ के काग़ज़ात भिजवाए हैं।" सुनकर सन्न रह गया मैं। जैसे नज़दीक, बिल्कुल नज़दीक ही विस्फोट हुआ हो और मुझे किसी ने उठाकर ज्वालामुखी के बिल्कुल नज़दीक फेंक दिया हो। उसकी भमक, उसकी तासीर जिस फ़र्श पर मेरे पाँव थे, वह हिलता-सा महसूस हुआ। बात यहाँ तक पहुँच गयी क्या? मैंने अपने आपसे पूछा। आख़िर शकुन ने ऐसा क्यों कहा, आख़िर मेरी पत्नी ने ऐसा निर्णय क्यों लिया कि वह मुझसे तलाक़ लेने पर आमादा हो गयी। क्या यह उनकी निष्ठुरता थी या फिर भावुकता या इसके अलावा कुछ और? वह सप्ताह भर से मुझसे नाराज़ थीं, पर मैं उनसे नाराज़ नहीं था। उनकी आँखों में मेरे लिए प्यार नहीं था, पर मेरे भीतर उनके लिए प्यार था। प्यार भी जब एकतरफ़ा हो जाये तो क्या करेंगे। मुझे मालूम था वह मुझसे नाराज़ थीं और दिनों से नहीं, सप्ताहों से नहीं, पखवाड़ों से नहीं, महीनों से नहीं बल्कि बरसों से। मैं उनकी नाराज़गी को ख़त्म करना चाहता था।

कैसे नाराज़गी ख़त्म करूँ, कुछ सुझाई न दे रहा था। बड़ी समस्या थी मेरे सामने और उसी समस्या को सुलझाते-सुलझाते मैं उलझ रहा था। धीरे-से मैंने उनसे पूछा, "तुमने ऐसा क्यों कहा?"

वह बोलीं, "इसलिए कि मुझे ऐसा करना ही था।"

मेरा स्वर उभरा, "पर क्यों?"

इस बार उनका स्वर नाराज़गी से भरा था। उन्होंने कहा, "मुझे जो निर्णय बहुत पहले ले लेना चाहिए था, मैं अब ले रही हूँ।"

इसके बाद मेरे पास कोई सवाल न बचा था। रात बहुत हो गयी थी। थोड़ी देर बाद उन्होंने पहले की तरह ही भोजन तैयार किया। उन्होंने पहले की तरह ही मुझे भोजन भी परोसा। मेरा मन खाने को न हुआ। असल में पत्नी की तलाक़ की बात ने मेरे भीतर संजीदगी भर दी थी। तभी शकुन ने कहा, "अभी तो मैं समाज के सामने आपकी पत्नी ही हूँ। खाना ले लो। भूखे रहना ठीक नहीं है। फिर तुम्हें नींद भी नहीं आयेगी।"

मेरे मुँह से निकला, "नींद तो मुझे वैसे ही नहीं आती है।"

तत्काल ही उनका जवाब उभरा, "वह तो तुम्हारी आदत है। तुम न ख़ुद सोते हो, न मुझे सोने देते हो। आख़िर कब तक चलेगा यह सब?"

मेरे होठों से निकला, "मुझे नींद नहीं आती है तो मैं क्या करूँ?"

फिर वह बोलीं, "मैंने निर्णय ले लिया है। मैं अब और तुम्हें बर्दाश्त नहीं कर सकती।"

मैंने पूछा, "मैं क्या करूँ?"

"कुछ मत करो। सिर्फ़ वकील के काग़ज़ात पर अपने हस्ताक्षर करो।"

"यह मुझसे नहीं होगा।"

"मेरे पास दूसरा रास्ता भी है।"

उन्होंने कहते हुए संवाद बन्द कर दिया था। मैं इसके आगे कुछ नहीं बोल सका। यह भी नहीं पूछा कि दूसरा रास्ता क्या है?

उस दौर में तेज़ी के साथ आचार्य रजनीश का नाम उभरा था। नाम ही नहीं बल्कि उनके विचार और दर्शन पर भी बुद्धिजीवियों के बीच मन्थन होने लगा था। मैं स्वयं भी उनसे प्रभावित होने लगा था। मैंने उन्हें पत्र लिखा जिसके जवाब में पुणे के रजनीश आश्रम से जवाब आया।

दिल्ली में काफ़ी भागदौड़ होती है। दिन-प्रतिदिन महानगर में दबाव बढ़ता ही जा रहा था। परिवहन की स्थिति भी ठीक-ठाक नहीं थी। लम्बे समय से मैं बस से ही आना-जाना करता था। बहुत समय से सोच रहा था कि एक स्कूटर

Ma Yoga Neelam

Personal Secretary to Bhagwan Shree Rajneesh for India

श्री मोहनदास नैमिशराय
उप संपादक : संचेतना
एच 108, शिवाजी पार्क,
नयी दिल्ली 110026

4.9.88

मित्र,

का पत्र मिला।
प्रसन्नता की बात है कि आप भगवान श्री के प्रति प्रेम तथा अहोभाव से भरे हैं, और यहां आने के लिए
ुक हैं। भगवान श्री से व्यक्तिगत रूप से मिलना संभव नहीं है।
सुविधानुसार यहां होने वाले ध्यान शिविर व प्रवचनों में सम्मिलित होने के लिए अवश्य आएं।
वान श्री के दर्शन संध्या प्रवचन में ही होते हैं। उनकी उपस्थिति में हजारों हृदय आनंदित हो रहे हैं।
और डूबें भगवान श्री के सान्निध्य में घट रही आनंद, उत्सव और प्रेम की ऊर्जा में।
जिस तरह की पुस्तक लिख रहे हैं, उस संबंध में भगवान श्री द्वारा किसी तरह का मार्गदर्शन संभव नहीं
ा। क्योंकि भगवान श्री किसी भी धर्म के पक्षपाती नहीं हैं।
र्म नहीं धार्मिकता की बात करते हैं — यही उनकी देशना है।
समय आ गया है कि मनुष्य धर्म और देश की संकीर्णताओं की दीवारें तोड़कर बाहर आये इतिहास में होने
युद्ध,रक्तपात और विध्वंस के लिए, मनुष्य को मनुष्य से लड़वाने के लिए धर्म और देशों की राजनीति
ब कारण हैं।
वान श्री के जीवन-दर्शन का प्रमुख आधार प्रेम है। वे जिस नये मनुष्य की आधारशिला यहां रख रहे हैं —
पुरानी रूढ़िवादी परंपराओं और धर्मों का हिस्सा नहीं होगा, वरन् सारी मनुष्यजाति के प्रति प्रेमपूर्ण होगा।
विरोधी धर्म के लोगों के गले काटने में नहीं, वरन् प्रेम और आनंद के गीतों में उत्सुक होगा।
श होगा कि आप भगवान श्री के जीवन-दर्शन को समझने के लिए उनके साहित्य का अध्ययन करें।
के साहित्य से शायद जीवन को देखने की एक नयी समझ का आर्विभाव आपके हृदय में हो सके।
आनंद।

सिकोड़ो मत अपने प्रेम को, फैलने दो; इतना फैल जाए कि सारा अस्तित्व तुम्हारे प्रेम का आंगन बन जाए। इतना फैल जाए कि तुम बचो ही न। तुम धड़को जगत के प्राणों में, बहो वृक्षों की हरियाली में, खिलो फूलों में, चांद-तारों में, पहाड़ों में, पर्वतों में।

भगवान श्री के आशीष!

Neelam

लिया जाये। भले ही पुराना हो। पर स्कूटर ख़रीदा कैसे जाये, यह एक समस्या थी। तभी मेरे ज़ेहन में मेरठ की बात आयी। मेरठ में मेरी जड़ें अभी भी थीं। एक दिन मेरठ जाने पर माँ से बातचीत की। अमूमन ऐसे समय पर पहले मैं

माँ से बात करता था। वह कली पीते हुए कुछ देर तक मेरी बात सुनतीं। इस बीच कभी कली में घूँट मारतीं और धुआँ छोड़तीं। फिर मेरी तरफ़ देखतीं। थोड़ी देर बाद आराम से पूछतीं, "पैसा कां (कहाँ) से आवेगा?" तत्काल मैं जवाब में कहता, "आ ही जावेगा।" सुनकर फिर वह मेरी ओर देखतीं। जैसे मेरे शब्दों को अपने अनुभव की तराजू में तौलतीं, वह फिर कहतीं, "फिर तो ठीक है।" माँ के जवाब से मुझे तसल्ली हुई थी। बाद में मैंने बा को भी बतलाया। मेरी बात सुनकर बा स्कूटर चलाने सम्बन्धी हिदायत देते। पेट्रोल के ख़र्च के बारे में बतलाते। मैं चुपचाप बा की हिदायतें सुनता। सुनता ही नहीं उन पर ग़ौर भी करता। बा की बात पर अगर मैं ध्यान न देता तो कहाँ जाता। उन्होंने ही तो मुझे बचपन से अँगुली पकड़कर चलना सिखाया था। वह तसल्ली होने पर हरी झण्डी देते। मुझे अच्छा लगता।

उस समय कुछ भी ख़रीदने से पूर्व घर से स्वीकृति लेनी पड़ती थी। स्वीकृति लेने की परम्परा लगभग सभी परिवारों में थी। सवाल पैसे का नहीं था, बात संस्कारों की थी। जो अच्छी बात ही थी। हरी झण्डी मिलने पर मैंने चचेरे भाई कमलेश से इस बारे में बात की। उसने मेरा लिहाज़ किया और अपना स्कूटर दे दिया था। पर पैसा उस समय मैं न दे पाया था। बाद में देने के लिए उसने स्वयं ही कह दिया था। बाद में यानी थोड़ा-थोड़ा कर एक बरस में पूरा पैसा देने की बात तय हुई। वह मान गया। मेरा वह सम्मान करता था। मेरे लिए यह राहत थी। उसे महसूस होता था कि मैं कुछ अच्छा काम कर रहा हूँ। दूसरा भाई रमेश भी कभी-कभी मेरी मदद कर देता था। वे सब मुझे एक लेखक के साथ सजग आन्दोलनकारी मानते थे। बरसों से उन्होंने मुझे देखा और परखा था। इस तरह के व्यवहार से मन को सन्तुष्टि मिलती थी। यह सोचकर अच्छा भी लगता था कि चलो परिवार में कुछ सदस्य तो ऐसे हैं, जो मुझे समझते हैं, महसूस करते हैं और मेरी मदद कर मेरा साथ भी देते हैं वरना मेरी स्थिति देखकर ही कुछ रिश्तेदार तो किनारा कर लेते थे।

मैंने अपने घर से ही जयभीम प्रकाशन आरम्भ किया। बाबा साहेब डॉ. अम्बेडकर पर बच्चों के लिए पहली पुस्तक छापी जिसकी एक हज़ार प्रतियाँ हिन्दी अकादेमी ने ख़रीद लीं। बाद में कुछ और किताबें बिकीं। यह सिलसिला आगे बढ़ा।

कुछ किताबें मैं साथियों से लेकर बेचता भी था। इस कार्य से थोड़ा बहुत आर्थिक मदद मुझे हो जाती थी। पर उससे अधिक बाबा साहेब तथा अन्य महापुरुषों के साथ दलित साहित्य तथा आन्दोलन पर उन पुस्तकों को पढ़ने का

मैं समय भी निकाल लेता था। जिन लेखकों की मैं पुस्तकें बेचता था, उनमें आर. एल. विद्रोही की दलित दस्तावेज़ के साथ सुन्दर लाल सागर, स्वामी अछूतानन्द, डॉ. डी. आर. जाटव, धर्मवीर और मधु लिमये द्वारा लिखित पुस्तकें अधिक होती थीं। दिल्ली तथा आसपास के शहरों, कस्बों, गाँवों में जब-जब भी 14 अप्रैल के साथ अन्य कार्यक्रम होते थे, तब-तब मैं उन दिशाओं में बैग में किताबें भर कन्धे पर लटकाकर चल देता था। किताबें बेचने के लिए साथियों के घर पर भी जाता था। कभी-कभी लोग किताब तो ले लेते, लेकिन पैसा बाद में देने के लिए कहते। बाद में ऐसे लोगों के घर पर जाकर मैं बार-बार चक्कर लगाता। उनमें कुछ तो समय देकर भी मिलते ही नहीं, जो मिलते उनके सामने मैं झिझकते हुए उनसे पैसों की बातें करता। वे बड़ी ख़ूबसूरती से टाल जाते। उनके बहानों के आगे मैं स्वयं भी नतमस्तक हो जाता। ऐसी स्थिति में उदास मन के साथ वापस घर की ओर लौटता। कभी-कभी तो ऐसा भी होता कि लोग चाय-पानी तक को भी नहीं पूछते। वापसी में घर के नज़दीक आते-आते मैं दुकान से चने लेता और उन्हें खाते हुए गलियों में से होते हुए घर पहुँचता। घर पर पानी तो मिलता ही जिसे पीकर सन्तोष कर लेता। आज भी ऐसा ही हुआ बल्कि आज एक गिलास की अपेक्षा दो गिलास पानी पिया। कभी-कभी थोड़ी भूख रह जाती तो मैं ऐसा ही करता था।

अगले सप्ताह दोपहर बाद 'लोकायन' के नज़दीक ही सी.एस.डी.एस. में बाबा साहेब डॉ. अम्बेडकर के राजनीतिक और सामाजिक दर्शन से सम्बन्धित मीटिंग थी। धीरूभाई शेठ तथा हर्ष शर्मा उपस्थित थे। विजय प्रताप तथा राजेन्द्र रवि भी समय से आ गये थे। वहीं हरियाणा से एक सेशन जज मिलने आये, वे एक अरसे से हाईकोर्ट में अपनी पदोन्नति चाहते थे। उन्हीं के साथ चाँदराम जी से मेरी पहली बार मुलाक़ात हुई। मैंने उनके बारे में बहुत कुछ सुना था। दलित समाज में उनका मान-सम्मान था। वे शिक्षित और प्रभावपूर्ण दलित नेता थे। मीटिंग की समाप्ति पर फिर हरियाणा भवन हम साथ ही गये। दलित राजनीति और आन्दोलन से सम्बन्धित उनसे बातचीत हुई। मैं लम्बे समय से दलित उत्पीड़न की घटनाओं तथा दुघर्टनाओं पर कार्य कर रहा था। उन्हीं दिनों मेरे द्वारा गम्भीरता से रिसर्च वर्क भी चल रहा था। इस कार्य को करते हुए मुझे दो दशक से अधिक हो गये थे और उत्पीड़न से उद्वेलित भावनाओं की बात करूँ तो मेरठ में विद्यार्थी जीवन से ही मैं इस तरह के शोधकार्य में लग गया था। शहर के नज़दीक के गाँवों में भी सप्ताह में एक बार अवश्य ही जाता था। वहाँ सामाजिक कार्यकर्ताओं से मुलाक़ात भी होती थी। उनके सवालों और समस्याओं को मैं डायरी में दर्ज भी कर लेता था।

'लोकायन' में रहते हुए विजय प्रताप तथा स्मितु कोठारी आदि साथियों से मैंने बहुत कुछ सीखा। लोकायन संस्था को विचार और आन्दोलन समन्वय का केन्द्र कहा जाये तो ठीक रहेगा। बहुत-से साथी जो अलग धर्म, जाति, नस्ल, वर्ग से होते, लेकिन सामाजिक न्याय के सम्बन्ध में होने वाली बैठकों में एक होने की कोशिश करते। यहाँ कभी-कभी रूपचन्द गौतम भी आते। यहीं कार्य करते हुए मैंने दलित-उत्पीड़न पर किताब पूरी की जो 'लोकायन समीक्षा' के जनवरी-मार्च 1990 (वर्ष 1989-90) में प्रकाशित हुई। देश में ऐसा कौन-सा पल नहीं गुज़रता, जब दलितों पर अत्याचार नहीं होता। हर रात के बाद सवेरा होता है। पर हर एक दिन नया सवेरा अनगिनत दलितों के जीवन की साँझ बनकर गुमनामी के अँधेरे में डूब जाता है। दर्दनाक चीख़ें उभरती हैं। परिवारों में मातम छा जाता है। ऐसी ही कुछ घटनाओं का ब्योरा सरकारी फ़ाइलों में दर्ज हो जाता है बस।

तारीख़ों और तथ्यों के आधार पर लिखा जाये तो 4 जनवरी, 1989 से 31 दिसम्बर, 1989 तक की दलित-उत्पीड़न की घटनाओं को इस दस्तावेज़ में दर्ज किया गया था। गाँधी शान्ति प्रतिष्ठान में मेरे द्वारा सम्पादित एवं संकलित-दलित उत्पीड़न विशेषांक का विमोचन रामधन जी के हाथों हुआ। वे उस समय अनुसूचित जाति एवं अनुसूचित जनजाति राष्ट्रीय आयोग के चेयरमैन थे। दलित-उत्पीड़न पर मेरी सम्भवतः यह पहली पुस्तक थी। इस अवसर पर प्रसिद्ध कथाकार महीप सिंह भी आये थे, साथ में कमलेश सचदेव जी भी थीं। दलित सवालों और समस्याओं में उनकी रुचि थी। अब तक उनके साथ मेरे अच्छे सम्बन्ध हो गये थे। विजय प्रताप और राजेन्द्र रवि जी तो पहले से ही मौजूद थे बल्कि मैं कहूँ तो उन्हीं के द्वारा इस कार्यक्रम का आयोजन किया गया था। मेरे साथियों की सूची में इसी दिन एक और नाम जुड़ा। यह नाम था श्यामा भारती का, जो डेसू (दिल्ली इलेक्ट्रिक सप्लाई अण्डरटेकिंग) में पर्सनल अधिकारी के रूप में कार्यरत थीं। वे एक उच्च अधिकारी के साथ-साथ जागरूक सोशल वर्कर भी रही हैं। वे दलित समाज से थीं और बाबा साहेब डॉ. अम्बेडकर की अनुयायी भी। विजय प्रताप की पत्नी रितु जी सोशल वर्कर थीं, आदिवासी युवा वीर सिंह, वे 'लोकायन' में कार्य करते थे। पूरा नाम उनका वीर सिंह सिंकू था। जे.एन.यू. के प्रो. नन्दूराम और मेरे प्रिय साथी रूपचन्द गौतम आदि भी इस गोष्ठी में सम्मिलित हुए थे। बाद में 'इण्डिया टुडे' में मेरी इस पुस्तक पर समीक्षा भी छपी जो दिलीप मण्डल ने लिखी थी। दिलीप मण्डल बिहार की पृष्ठभूमि से थे। वे इण्डिया टुडे में बतौर सहायक सम्पादक कार्यरत थे। इण्डिया टुडे में समीक्षा छपने से पुस्तक के साथ मुझे भी अच्छा-ख़ासा रिस्पांस मिला और चार-पाँच माह में एक हज़ार प्रतियाँ

बिक गयीं। दलित समाज की ओर से व्यक्तिगत और संस्थागत स्तर पर सम्भवतः यह पहली पुस्तक थी।

दलित-उत्पीड़न पर मेरे द्वारा तैयार किया गया यह गम्भीर शोध था। पुस्तक के रूप में छपने पर जिसके बारे में चर्चा होना लाज़िमी बात थी। अंग्रेज़ी में चन्द्रभान प्रसाद, रजनी कोठारी, स्मितु कोठारी, आशिस नन्दी, धीरूभाई शेठ, अभय कुमार दुबे आदि ने लिखा। साथियों ने पत्रों के माध्यम से मेरा साहस बढ़ाया।

दलित उत्पीड़न विशेषांक के अलावा लोकायन ने मेरी दूसरी पुस्तक 'आत्मदाह संस्कृति : उद्‌भव और विकास' भी प्रकाशित की थी। इसके साथ मण्डल आयोग को कैसे समझें?, आरक्षण के पक्षधर क्या कहते हैं? तथा जाति तोड़ो और सर्वोदय की विरासत आदि पुस्तकें भी लोकायन संवाद एवं समीक्षा के तहत प्रकाशित हुई थीं। जिनके सम्पादक विजय प्रताप थे और मेरे साथ सह-सम्पादक रितु प्रिया, अजीत झा थे। सलाहकार मण्डल में धीरूभाई शेठ, पुरुषोत्तम अग्रवाल, हर्ष सेठी, सुरेश शर्मा, स्मितु कोठारी, शिव विश्वनाथन थे। प्रबन्ध एवं प्रसार में वीर सिंह सिंक और राजेन्द्र रवि थे। रूपचन्द गौतम लोकायन में आते तो मुझे सहयोग करते। अच्छा लगता था। वैसे सत्या भी लोकायन में ही आती थी कभी-कभी। कुछ टाइपिंग आदि का कार्य करती थीं। एक दिन उसने कहा, "नैमिशराय जी, आप तो दिल्ली के बाहर जाते रहते हैं। कभी मुझे भी साथ ले चलो।" बात आयी गयी हो गयी। मैं भूल गया पर वह नहीं भूली। उसने दो-तीन दिन बाद फिर याद दिलाया। मैंने कोई जवाब नहीं दिया।

मैंने कुछ समय पूर्व एक नाटक लिखा था। मण्डी हाउस जाने का सिलसिला तो शुरू हो ही गया था। 'क्या मुझे ख़रीदोगे' नाटक का प्यारेलाल भवन, आईटीओ में मंचन भी किया। सच कहा जाये तो फ़िल्मी अन्दाज़ में यह नाटक लिखा गया था और महिला समस्या पर केन्द्रित था। एक वर्ष बाद उपन्यास के रूप में स्क्रिप्ट

महिलाओं की समस्याओं पर आधारित फीचर फिल्म के मुहूर्त के अवसर पर जारी किया गया निमंत्रण पत्र

लिखी। उसी दौरान दिल्ली के ही मेरे कुछ साथी उस पर फ़िल्म बनाना चाहते थे। उपन्यास का टाइटल 'क्या मुझे ख़रीदोगे, ही रखा गया था। मुझसे मिलने वे आये। उनमें बंसल नाम के भी एक युवक थे जिनके पिता मेरे श्वसुर केदारनाथ चौधरी के मित्र थे। मोरीगेट पर उनका ऑफ़िस था। उनसे मेरी बातचीत हुई। मैंने उन्हें फ़िल्म बनाने के लिए अपनी स्वीकृति दे दी। मेरे लिए यह एक अच्छी बात थी। मैं स्वयं भी फ़िल्मों से जुड़ना चाहता था। मन में फ़िल्म के प्रति मोह तो बहुत पहले से ही था। जीवन के सोलहवें वर्ष में पहली बार बम्बई भी हो आया था। तब से लेकर दिल में कुछ-कुछ होने लगा था।

सरकारी अधिकारियों के प्रति जीवन में यह मेरा कड़वा अनुभव था। उन दलित प्रतिनिधियों के प्रति भी आक्रोश था, जिन पर दलितों की बेहतरी के लिए योजनाओं का भार सौंपा जाता है। उनसे कुछ उम्मीदें की जाती थीं। वे कुछ अच्छा करेंगे। पर कैसे अच्छा करते हैं, यह सब मैंने अपनी आँखों से देखा और कानों से सुना था। योजना आयोग के कमरा न. 122 में 10:20 पर मीटिंग हुई। मैं भी उस मीटिंग में बुलाया गया था, विशेषकर रजनी कोठारी के द्वारा। लगभग सभी पूरा दिन सरकारी मशीनरी की असमर्थता पर अफ़सोस ज़ाहिर करते रहे। बीच-बीच में चाय-कॉफ़ी आती, बिस्किट आते जिन्हें पीते-खाते वे परस्पर हँसी-मज़ाक़ भी करते। कभी टायलेट चले जाते, वहाँ से झूमते हुए लौटते। मुझे लगता कि वे सब अपना समय ही गँवाते और दूसरों का भी।

मैं वहीं उनके बीच अपने भीतर उग्र होते आक्रोश को दबाता रहा। कभी स्थिति नियन्त्रण के बाहर हो जाती। एक-दो बार कुछ कहने का प्रयास भी किया, लेकिन चुप रह जाना पड़ा। उसका कारण था कि ऑफ़िशियली मुझे आमन्त्रित नहीं किया गया था। व्यक्तिगत रूप से रजनी कोठारी मुझे अपने साथ ले गये थे। वे मुझे स्नेह करते थे, साथ में मेरा सम्मान भी। वे चाहते थे कि अपने विचार प्रस्तुत करने से पहले मैं कुछ सीखूँ और अनुभव प्राप्त करूँ। पहले उच्च अधिकारियों की मानसिकता के बारे में नज़दीक से जानूँ। उनके चरित्र के समाजशास्त्र का अध्ययन करूँ। रजनी कोठारी स्वयं भी समाजशास्त्री थे। आलेख आदि के साथ चार-पाँच पुस्तकें भी अंग्रेज़ी में लिख चुके थे।

दो दिन से हिन्दी अकादेमी द्वारा प्रकाशित संकल्प के लिए बाबा साहेब डॉ. अम्बेडकर पर एक लेख लिखने में व्यस्त रहा। लेख बहुत विस्तार में हो गया। इससे पूर्व भी एक लेख हिन्दी अकादेमी के लिए लिखा था, जो क़रीब 24-25 पृष्ठ का था। विषय था—**'शाहजहानाबाद के एक सौ वर्ष'**। चूँकि आलेख इतिहास से सम्बन्धित था इसलिए दो-तीन पुस्तकालय में जाकर अध्ययन करना पड़ा।

लिखने के बाद तिथियों के साथ वर्षों की भी बार-बार जाँच कर लेता। फिर भी मन में संशय बना रहता। कहीं कुछ ग़लत न चला जाये। हिन्दी अकादेमी में ही कोई गोयल नाम के अधिकारी थे, बेहद मिलनसार और मृदुभाषी भी। जब-जब भी उनसे मुलाक़ात होती, तब-तब मुझे अच्छा लगता। बीच-बीच में वे आलेख से सम्बन्धित सुझाव देते। उन दिनों हिन्दी अकादेमी का कार्यालय अजमेरी गेट के पास हुआ करता था जो सम्भवतः किराये की बिल्डिंग में था। भीड़-भाड़ वाला इलाक़ा था। पालीवाल जी वहीं बैठते थे। वे अकादेमी के सचिव थे।

इस बार तीन दिन आगरा में प्रवास रहा। उद्देश्य था पनवारी काण्ड की रपट नवभारत टाइम्स के लिए तैयार करना। दलितों पर ताबड़तोड़ अत्याचार होने लगे थे। पहले भी नवभारत टाइम्स के लिए इस तरह की दुर्घटनाओं के बारे में लिखा था या यूँ कहा जाये कि मुझे लिखना पड़ा था।

बातचीत करते हुए शाम हो गयी। चक्की पाट बौद्ध विहार में एक मीटिंग का आयोजन था जिसमें मैं भी शरीक होता हूँ। मीटिंग में वही बातें, दलितों को संगठित करने का आह्वान। पर समाज को संगठित करने का जोश अधिकांश साथियों के भीतर से घर आते-आते ग़ायब हो जाता था। यही उनके संगठन का विरोधाभास था। वहाँ से अपने एक मित्र द्विवेदी के यहाँ रात में आराम करता हूँ। सुनील द्विवेदी दलित युवक ही था। न जाने क्यों वह सरनेम द्विवेदी प्रयोग करता था। एक-दो बार उससे इस बारे में चर्चा भी हुई कि आख़िर दलित होने के नाते वह सवर्णों का सरनेम द्विवेदी क्यों प्रयोग करता है? पर कोई सन्तोषजनक उत्तर नहीं दे सका था वह। अगले दिन ऑटो लेकर आगरा की विभिन्न बस्तियों में घूमता हूँ। शाम होते-होते थक जाता हूँ। रात में अनल मधु के यहाँ पर ठहरा। अनल मधु दलित समाज से नहीं थे, लेकिन दलितों की समस्या और सवालों पर गम्भीरता से विचार-विमर्श करते थे। पत्र-पत्रिकाओं में आलेख भी लिखते थे। एक बड़ी विशेषता उनमें थी। वे सरनेम की जगह अपनी पत्नी का नाम प्रयोग करते थे। मधु उनकी पत्नी का नाम था। मेरी उनसे पिछले वर्ष दिल्ली में पहली मुलाक़ात हुई थी। तब उन्होंने आगरा का अपना पता भी दिया था। उनके साथ उनकी पत्नी भी थी। वे भी लिखती थीं। एक आम महिला, हँसमुख उनका स्वभाव। दोनों के एक ही तरह के विचार, जीवन का दर्शन भी एक ही। जीवन जीने का व्यावहारिक पहलू भी एक जैसा ही। न कोई उनमें परस्पर द्वन्द्व, न कोई टकराव। सच में देखा जाये तो ऐसे कितने पति-पत्नी होंगे, जो सहज होकर गम्भीर मसलों को मिलकर हल करते होंगे। मैं उन्हें सलाम करता हूँ। पनवारी काण्ड से सम्बन्धित शहर में मेरी मुलाक़ात बहुत लोगों से होती है।

उनमें विशेष थे पूर्व मन्त्री गुलाब सेहरा, पूर्व विधायक वीरेन्द्र सोनकर तथा पूर्व सांसद छत्रपति अम्बेश आदि।

अनल मधु के स्कूल में एक मीटिंग में भी जाना था जिसमें मैं भी सम्मिलित होता हूँ। लौटने से पूर्व अम्बेश जी का पुनः सान्निध्य प्राप्त होता है। वे अच्छी समझ रखने वाले प्रतिबद्ध अम्बेडकरवादी थे। अन्य दलित नेताओं की तरह शोर कम मचाते थे। पढ़ने-लिखने वाले गम्भीर व्यक्ति थे। तब तक राष्ट्रीय अख़बारों में मेरे लगभग पचास से अधिक आलेख छप चुके थे। आगरा के इतिहास के बारे में वे मुझे बतलाते। बाबा साहेब कब-कब आगरा आये, इन सबका गम्भीरता से विवरण देते और मैं धैर्य से सुनता। पूर्वोदय बुद्ध विहार के बारे में भी उन्होंने मुझे अच्छी-ख़ासी जानकारी दी थी। साथ ही उनके द्वारा यह भी बतलाना नहीं भूलते कि आगरा के लोग फिर से हिन्दुत्व की तरफ़ लौटने लगे थे और बाबा साहेब के क्रान्तिकारी दर्शन को भूलते जा रहे थे। उनके द्वारा बाबा साहेब डॉ. अम्बेडकर के बारे में इतनी सूचनाएँ सुनकर मुझे सुखद अनुभव हुआ था। ख़ुशी की बात थी कि वे उदार प्रवृत्ति के सजग नेता थे। दलित और गैर-दलितों में वे संवाद का प्रयास भी कर रहे थे। शाम को ताज एक्सप्रेस से असीम अनुभवों के साथ मैं दिल्ली लौट आता हूँ।

घर लौटकर सबसे पहले मैंने डाक देखी। एक पत्र बरेली से, दूसरा मेरठ से और तीसरा जयपुर से था। मुझे अगले दिन ही जयपुर जाना था। इसलिए घर से पहले ऑफ़िस आता हूँ। फिर लंच के बाद जयपुर के लिए कश्मीरी गेट से बस लेता हूँ। कोठपुतली के बाद पहाड़ियों की शृंखला आ जाती है। बीच में घुमावदार रास्ते भी शुरू हो जाते हैं। घनी हरियाली मन को लुभाने लगती है। राजस्थान में तो हरियाली का एक टुकड़ा भी मिल जाये तो अच्छा लगता है।

बस के सफ़र में पहली बार मुझे एक बात ने प्रभावित किया। कण्डक्टर ने ड्राइवर के नज़दीक नीचे की तरफ़ एक बड़ा घड़ा रखा हुआ था और वह यात्रियों को बस में ही पानी पिला दिया करता था। मेरे लिए यह पहला सुखद अनुभव था। सुखद अनुभव क्यों न हो भला गर्मी का मौसभ था। ऐसे में बस के भीतर ही ठण्डा पानी सुलभ हो जाना। यह कुछ के लिए साधारण बात हो सकती है लेकिन मेरे लिए महत्त्वपूर्ण थी। पानी और पानी के साथ जुड़ी सेवा-भावना। पर ऐसा व्यावहारिक रूप में कम ही देखने को मिलता है।

शाम के लगभग साढ़े छह बजे बस जयपुर पहुँची। मैं रिक्शा से डॉ. डी.आर. जाटव के निवास इमलीवाला फाटक के पास मीना कॉलोनी गया। उन्हें देखकर मैंने जयभीम की। उत्तर में उन्होंने भी जयभीम कहा। उनकी बैठक में प्रवेश

किया तो बेटे से उन्होंने परिचय कराया और पत्नी से भी। हालाँकि उनका बेटा मुझे पहले से ही जानता था। मुझसे पूछने लगे कि मैं इन दिनों क्या लिख रहा हूँ? मेरे जवाब देने से ही पहले फिर उन्होंने कहा। यह अच्छी बात है। आप ख़ूब लिख रहे हैं और निकम्मे दलितों को हथौड़ा मारकर जगाने का भी प्रयास कर रहे हैं। इस बीच चाय आ गयी। चाय पीते हुए उन्होंने राजस्थान के दलितों के बारे में बतलाया। जो अभी तक हुकुम सरकार के संस्कार से ही मुक्त नहीं हुए थे। उसी समय हुकुम सरकार का उच्चारण उन्होंने दो-तीन बार किया। ऐसा करते हुए वे मुस्कराते भी थे। उनकी मुस्कराहट में भी जैसे कोई रहस्य था। दूसरों की तरह ठट्ठा मारकर नहीं हँसते थे वे। भोजन के दौरान और बाद में भी दलित आन्दोलन पर चर्चा होती रही। वे कम बोलते थे और धीरे-धीरे भी। जैसे एक-एक शब्द नापतोल कर बाहर निकालते हों। बातचीत के दौरान मैं जब कुछ कहता तो ध्यान से सुनते। फिर उस पर अपनी राय देते और मुझे सजग रहने की सलाह देते। रात में उनके घर पर ही विश्राम किया।

अगले दिन पूरनचन्द तथा रत्न कुमार साम्भरिया से उनके घर मुलाक़ात हुई। उन्होंने बहुत आवभगत की। मुझे भी बहुत अच्छा लगा। उस दिन और भी कुछ साथियों से जयपुर में मिलना हुआ जिनमें लेखक भी थे और सामाजिक कार्यकर्ता भी। एक-दो कार्यकर्ताओं के साथ जयपुर का क़िला देखा। सुबह उठकर मीणा जी के घर पर गया। जो समाज कल्याण अधिकारी थे, उनसे मिला। वहीं रोहिताश जी, जो उन दिनों राजस्थान में पुलिस अधीक्षक थे, उन्होंने शाम को घर पर भोजन के लिए भी निमन्त्रण दे डाला। वहाँ बहुत-से लोगों से मुलाक़ात हुई। शाम को जयपुर में ही कार्यक्रम था। लोग कम आये थे, लेकिन मुझे बहुत अच्छा लगा। बहुत सारी बातें राजस्थान में रहने वाले दलितों के बारे में पता चलीं। वहाँ से उभरते दलित साहित्य और आन्दोलन की जानकारी भी मिली। अम्बेडकर अकादेमी की ओर से कार्यक्रम की शुरुआत में ही मुझे एक शाल और पैन भेंट किया गया। शाल तो अब नहीं रहा, लेकिन पैन अभी भी मेरे पास मौजूद है जो राजस्थान के साथियों की याद दिलाता है। रात में रोहिताश जी के यहाँ खाना खाया। मैं अपने मित्र साम्भरिया जी के यहाँ ही रुका हुआ था।

जयपुर का मेरा कार्यक्रम निश्चित ही बहुत अच्छा रहा। इसी दौरान डॉ. वरठे से दूरदर्शन में मुलाक़ात हुई। यदा-कदा उनसे भेंट होती रहती थी। बेहद पियक्कड़ क़िस्म के व्यक्ति थे वे लेकिन लिखते पढ़ते भी ख़ूब थे। बाबा साहेब डॉ. अम्बेडकर और दलित साहित्य तथा आन्दोलन पर उनकी गहरी पकड़ थी। कुछ वर्षों तक वे दिल्ली में ही थे। बहुत-सी जानकारी, बहुत-से तथ्य जिनसे मैं तब

तक महरूम था। मुझे उनसे प्राप्त हुए। कभी-कभी दिल्ली में भी उनसे मुलाक़ात होती थी। गोल मार्किट में रहते थे। जयपुर में ही गाँधी नाम का एक युवक था जिससे मैं उनके कार्यालय बैंक में मिला। साम्भरिया जी ने परिचय कराया था। वे यदा-कदा पत्र-पत्रिकाओं में लिखते भी थे। दलित समाज से ही थे। सब कुछ लगभग ठीक-ठाक था, लेकिन वे गाँधी से आवश्यकता से अधिक प्रभावित थे। वैसे उनका सरनेम भी गाँधी ही था। यही गड़बड़ी थी उसमें। अम्बेडकर के बारे में कहना और सुनना पसन्द नहीं करते थे। बाबा साहेब डॉ. अम्बेडकर से एलर्जी करते थे, पर कम्युनिस्टों के क़रीब थे। वहीं उनसे पहली और अन्तिम मुलाक़ात थी। जयपुर प्रवास में अन्य लोगों से भी मुलाक़ात होती रही। डॉ. परिहार के घर पर भी गया। सरकारी विभाग में डॉक्टर होने के साथ वे सामाजिक कार्यकर्ता भी थे। इसी दौर में गोपाल पचेरवाल को जयपुर में आमन्त्रित किया गया था। वे जनता दल में महासचिव बनाये गये थे। मुझे भी बुलाया गया था। पचेरवाल जी आये नहीं थे। कोई मन्त्री, विधायक, राजनीतिक कार्यकर्ता आदि भी आये थे। यह कार्यक्रम बागड़ी जी ने आयोजित किया था। बागड़ी जी जयपुर कचहरी में वकील थे। साथ ही सामाजिक कार्यों में भी रुचि लेते थे। जयपुर का कार्यक्रम कुल मिलाकर अच्छा ही रहा। जितने साथी, उतने ही उनके विचार। जयपुर में रियासती मिज़ाज अभी भी था। उन्हीं राजपूती रियासतों में किसी ने अपना बचपन बिताया था तो किसी ने अपनी जवानी। पर सभी दलित उत्पीड़न के चश्मदीद गवाह रहे थे। बस से लौटते हुए डॉ. जाटव की याद हो आयी और होंठों पर उनके द्वारा कहे गये शब्द उभर आये, "हुकुम सरकार।"

इस बार मई माह में चार-पाँच किताबें पढ़ डालीं। इनमें अंग्रेज़ी में **K. Veeramani** की **The History of The Struggle For Social and Communal Justice in Tamilnadu, Mulkraj Anand** की **Untouchable,** शरण कुमार लिम्बाले की मराठी में **दलित पैन्थर,** रामविलास शर्मा की **भारत में अंग्रेज़ी राज और मार्क्सवाद** (दो भागों में) और बाबा साहेब पर डॉ. जाटव की लिखी पुस्तक के साथ विष्णु प्रभाकर तथा भदन्त आनन्द कौसल्यायन की कुछ कहानियाँ। इस बहाने नये विचार, नये दर्शन और नयी भाषा, शैली को आत्मसात करने का अवसर मिला। कहानियों पर काम शुरू किया। गर्मी बहुत थी। घर पर अधिकांश समय बिताता हूँ। अपनी पुरानी कहानियों का सम्पादन भी आजकल करता हूँ। कुछ कहानियाँ अधूरी थीं, जिन्हें पूरा करना था। एक नयी पुस्तक आरम्भ की है—बहुजन समाज पार्टी क्यों? या यूँ कहा जाये कि इस तरह का कुछ लिखने के लिए मैं बाध्य हुआ। लिखना ज़रूरी भी

है। जिस उद्देश्य से बामसेफ संगठन की शुरुआत हुई थी, वह बसपा बनते-बनते बिखर गया। साथी बिखर गये। किसी शायर ने कहा भी कि इस दिल के टुकड़े हज़ार हुए। कोई कहीं गिरा, कोई कहीं गिरा। सब कुछ बिखर गया था। न उस तरह का आन्दोलन रहा और न साथियों के बीच सकारात्मक विमर्श। सच कहा जाये तो कार्यकर्ताओं के बीच निराशा आ गयी और कटुता भी। वे एक-दूसरे पर ही आरोप-प्रत्यारोप करने में लग गये थे। पहले जैसा परिवेश नहीं रहा था। दम घुटने जैसी स्थिति होती थी उनके बीच। एक-दूसरे के प्रति ईर्ष्या से भरे सवाल उभरने शुरू हो गये थे। कहना न होगा कि वे आपस में ही लड़ने और भिड़ने को आतुर हो गये थे। एक-दूसरे की कमियों को रेखांकित करना और आन्दोलन को कमज़ोर करना उनका शगल बन गया। स्वयं दलितों के भीतर घात-प्रतिघात की राजनीति उभरने लगी थी।

यह दौर संघर्ष का था और अपने आपसे जद्दोजहद करने का भी। लेखक को तो जद्दोजहद करनी ही पड़ती है। अपने आपसे और बाहरी लोगों, संस्थाओं, मठों से भी। शास्त्री भवन में मेरे हरित नामक एक मित्र थे, वे दलित समाज से थे। लिखते-पढ़ते थे। एक-दो मुलाक़ातों में अच्छा लगा। वे स्वयं ही लंच में नीचे आ जाते थे। चाय पर चर्चा होती थी। एक दिन उन्होंने मुझसे कहा कि वे अगर चाहें तो हिन्दी निदेशालय के लिए पुस्तक लिख सकते हैं। सरकारी तौर पर कुछ मदद मिल जायेगी। उन्होंने यह भी बतलाया कि वे स्वयं वहाँ से आर्थिक मदद ले चुके हैं। मेरे यह कहने पर कि वे तो सरकारी कर्मचारी हैं, उन्हें कैसे मदद मिल गयी। तब उन्होंने हँसते हुए कहा। अरे नैमिशराय जी! सब चलता है। मैं कुछ समझ नहीं सका। लेकिन उनके होंठों पर आयी मुस्कान मुझे अजीब ज़रूर लगी। उसमें जैसे रहस्य की गन्ध थी। मैं रहस्य की गुत्थी सुलझाना ही चाहता था कि वे तभी कह उठे। नैमिशराय जी ध्यान नहीं रहा मुझे। अभी एक ज़रूरी काम है। ऐसा करो, तुम कल इसी समय यहीं पर मिलो।

मैं वहाँ से लौटकर सीधे अपने घर आ गया। लेकिन रात में वही बात मुझे परेशान करती रही।

अगले दिन वहीं लंच के समय शास्त्री भवन के सामने चाय की दुकान पर गया। हालाँकि मेरे मन में किताब के लिए सरकार की ओर से आर्थिक मदद लेने का भाव नहीं था, लेकिन एक जिज्ञासा ज़रूर थी। लेखकों को मदद कौन देता है, कैसे मिलती है, लेखक को क्या लिखना पड़ता है? आदि-आदि सवाल ज़ेहन में थे। हरित जी भी सही समय पर आ गये। आते ही चाय का ऑर्डर दिया। जल्दी ही चाय बन गयी और चाय वाले ने हमारे हाथों में चाय के प्याले पकड़ा

दिये। चाय का पहला घूँट भरते हुए उन्होंने पूछा, "और क्या लिख रहे हो?"

मेरा जवाब उभरा, "यही आलेख आदि।"

सुनकर वे बोले, "यार नैमिशराय! दलित राजनीति, दलित आन्दोलन तो बहुत हो गया। कुछ और लिखो।"

"कुछ और यानी...।"

"यार! कुछ पुस्तक आदि, जिससे मोटा पैसा मिले।"

अब वे नैमिशराय जी न कहकर यार नैमिशराय पर आ गये थे। उनके बोलने के तौर-तरीक़े भी बदलने लगे थे। फिर उन्होंने मेरे हाथ में अपनी पुस्तक रख दी। मैंने टाइटल पढ़ा। महापुरुषों का जीवन चरित्र। 200 पृष्ठों की पुस्तक थी। पुनः उन्होंने कहा, "तुम भी चाहो तो ऐसी पुस्तक लिख सकते हो। आर्थिक मदद दिलाना मेरी ज़िम्मेदारी।"

मेरे मुँह से तत्काल निकला, "हरित जी मैं इस झमेले में नहीं पड़ता।"

"भई झमेला कहाँ है यह। सीधे-सीधे आप जैसे लेखक को सरकारी मदद है।"

"पर मैं तो सरकारी मदद लेता नहीं।"

थोड़ा नाराज़गी में वे कह उठे, "यही तो कमी है यार दलितों में। ज़रा-सी बात पर बिदक जाते हैं। अरे भई, तुम अगर नहीं लोगे तो कोई और लेगा। लाइन लगी हुई है वहाँ।"

इस बीच मैं चुप ही रहा। उनकी बात ख़त्म हुई नहीं कि वे फिर बोले, "किसी धर्म, जाति और सरकार की नीतियों की आलोचना किये बिना महापुरुषों के जीवन पर किताब का एक रिसर्च प्रोजेक्ट बनाकर दे दो।"

अनायास मेरे मुँह से निकला, "फिर।"

"फिर क्या? पचास हज़ार रुपया तुम्हें मिल जायेगा।" पचास हज़ार सुनकर मुझे आश्चर्य भी हुआ और मन में द्वन्द्व भी शुरू हो गया। तभी उन्होंने पुनः चाय मँगायी। चाय पीते हुए उन्होंने पचास हज़ार का गणित भी बता दिया। मैं उनकी बात सुनता रहा। वे कहते और समझाते रहे। चार-पाँच दिन पुस्तकालय में बैठो। पढ़ो और नोट्स बनाओ। टाइप भी मैं करा दूँगा। पचास हज़ार में चालीस हज़ार तुम्हें मिल जायेंगे। दस हज़ार तो सैंक्शन करने वालों को देना पड़ेगा न।

उनकी बात सुनकर मैंने पूछा, "हरित जी! आपको कितना मिला था किताब पर?"

उन्होंने बिना हिचकते हुए कहा, "एक लाख।"

मेरी प्रतिक्रिया सुनने से पहले वे बोले, "एक लाख में पचास हज़ार तो बेटी की शादी में काम आ गये। शेष...।"

मेरे मुँह से उभरा, "क्या!"

उस दिन के बाद मेरी उनसे मुलाक़ात नहीं हुई। इस बीच मैंने एक-दो साथियों को इस बारे में बतलाया। वे भी दलित ही थे। उनका कहना था कि दलितों में से चलो दो-चार को मिल गया थोड़ा-बहुत। सारा पैसा तो सवर्ण ही हड़प जाते हैं। बेटी की शादी ही नहीं मकान बनवाने में भी साहित्य के नाम पर मिले पैसे को लगा देते हैं। शिक्षा विभाग और बाद में बने मानव संसाधन मन्त्रालय में यही हेरा-फेरी ख़ुलेआम होती रही है। अक्लमन्द लोग संस्थाओं के नाम पर दस-दस लाख रुपये ले लेते हैं जिसमें मन्त्री से लेकर चपरासी तक के बीच बन्दर-बाँट होती है। मुझे अभी भी याद है एक साथी ने कहा था, "नैमिशराय जी! कौन-सी दुनिया में हो? तुम्हारी जगह कोई और होता तो पाँच-दस लाख तो अब तक ले ही लेता और दो-तीन बार विदेश की सैर भी कर आता।"

मेरे जीवन का भी यह विरोधाभास था। इन दिनों पत्नी से बहुत कम बातचीत होती है। क़रीब एक पखवाड़ा बीत चुका। घर के ही एक कोने में अपनी किताबों के साथ सिमटा रहता हूँ जो मेरा अपना संसार है। मेरी अपनी दुनिया है। घर और उसकी दुनिया से तालमेल रख नहीं पा रहा हूँ। यह सच है कि हम दोनों के अलग-अलग संसार थे। अलग विचार थे। अपना-अपना जीवन जीते थे हम अपनी तरह से। कहीं कुछ ज़रूरी हुआ तो बोल-बतिया लिया वरना चुप्पी ही रहती। वैसे दिल्ली में कुछ साथी ज़रूर थे, जिनसे बोल-बतिया लेता था। उनमें रूपचन्द गौतम, डॉ. सुमनाक्षर, रजनी तिलक, सुजाता, विजय प्रताप आदि थे। सोहनलाल शास्त्री के घर भी कभी-कभी चला जाता था। वे पटेल नगर रहते थे। मुझे बहुत स्नेह करते थे।

दलित आन्दोलन का मेरे भीतर सूत्र वही है। वह सूत्र तो मुझे पकड़े रहना है। संवाद कहाँ तक ख़त्म किया जा सकता है। साहित्य और आन्दोलन ही मेरा जीवन रहा है। वही छूट गया तो कैसे जीवित रह पाऊँगा। हालाँकि ऐसे साथी तेज़ी के साथ घटते चले जा रहे थे। वे जहाँ-तहाँ समझौता कर एडजस्ट होने लगे थे। कहीं भी एडजस्ट होने की उनकी आकांक्षाएँ और वरीयताएँ बन गयीं। किसी पर किसी का बस नहीं है। कोई कहीं भी जाये। उनकी अपनी-अपनी राह और उस राह को चुनने वाले वे पथिक। वैसे दलित समाज के अधिकांश साथी अपने आपको बाबा साहेब का सिपाही बतलाते थे। मैं भी तो एक पथिक ही तो था जो दो-तीन दशकों से उसी एक राह पर चल रहा था। संघर्ष-पथ पर चलते-चलते कितने दोराहे आये, कितने तिराहे आये, कितने चौराहे आये। पर राह बदलने का विचार कभी भी मेरे भीतर नहीं आया। आज मैं सोचता हूँ। अच्छा ही हुआ

स्वार्थ और लालच के वशीभूत होकर मैंने किसी अँधेरी गुफा में प्रवेश नहीं किया वरना वहाँ से लौटना भी मुश्किल हो जाता। कितने साथी कितनी गुफाओं में गये। भला वहाँ से कभी कोई लौटा है।

बहुत बार मेरे अपने ही परिवार में ऐसा हुआ है। आज भी बिल्कुल वैसा ही अनुभव था। पिछले पाँच-छह वर्षों में अगर किसी ने मुझे मानसिक रूप से आघात पहुँचाया है तो वह मेरे अपने बड़े बेटे ने। बहुत दिनों तक उसका व्यवहार मुझे सालता रहा। मैं जैसे अपने आपको ही मथता रहा। जाने दीजिए, अब क्या लिखूँ। घर-परिवार की परत-दर-परत कहाँ तक खोलूँ। कुछ तो ढका रहने दीजिए। बस यही सोचकर सन्तोष कर लेता था कि मेरे जैसे व्यक्ति के साथ अपने परिवार में ऐसा ही होता है। कितने लोग आये और चले गये। मुझे भी कभी इस दुनिया से जाना ही है। अब उदाहरण भी कितने दूँ, कैसे उदाहरण दूँ? सभी जानते हैं। एक लेखक की घर के बाहर जितनी वाह-वाह होती है, घर के भीतर उतनी ही फ़ज़ीहत होती है। लाख टके का आदमी अपने घर में दो कौड़ी का भी नहीं रह पाता। ऐसा पहले से होता रहा है और आज भी होता है। और शायद आगे भी होता रहेगा। सामाजिक सरोकार की बातें किताबों में बन्द होती रहेंगी। खुलती हैं तो सिर्फ़ पढ़ने के लिए और पढ़ने के बाद फिर से बन्द कर दी जाती हैं। समाजसेवा का विचार व्यावहारिक रूप से घर-घर से ख़त्म होता रहेगा। सामंजस्य के स्थान पर परिवारों में विघटन बढ़ेगा। तलाक़नामों पर दस्तख़त करने वालों की संख्या में बढ़ोतरी होगी। पतियों के ख़िलाफ़ पत्नियों का वर्चस्व बढ़ेगा। वह दौर बच्चों के लिए उच्छृंखलता का होगा। तब उनके बीच आस्थाएँ चरमरायेंगी और तब नयी पीढ़ी उद्दण्ड होकर अपने ही घर-परिवार की अस्मिता से खिलवाड़ करेंगी।

नयी पीढ़ी का नया निज़ाम और उनकी नयी घोषणाएँ, उनके भीतर से उभरती सतरंगी इच्छाएँ, अपने ही घर में, अपनों के ही बीच गैर बनता एक स्वाभिमानी पिता या पति। मेरी किताबें मुझे कुछ करने से पहले रोक लेती हैं। मेरे भीतर बाबा साहेब डॉ. अम्बेडकर का रचा-बसा आन्दोलन जैसे मुझे समझाता हो। ज़माने की ऊँच-नीच बताता हो। ऐसे समय बाबा साहेब मेरी माँ नहीं बल्कि बाप के भी बाप बन जाते हैं। जैसे मेरे आसपास उनका स्वर उभरता, "दुखी मत हो मेरे बच्चे। मैंने भी बहुत कुछ सहा है, झेला है। तू इतने से ही घबरा गया।"

अब तक पत्नी का व्यवहार सालता था, अब बेटे का भी। पता नहीं कितने लोगों से यह सब कह चुका हूँ। बतला चुका हूँ। पत्रों के द्वारा लिख-लिखकर

अपने मन का बोझ हल्का कर चुका हूँ। पर समस्या का कोई निदान नहीं हैं। समस्या अपने आपमें उलझती जाती है। उसमें उलझकर मैं कभी-कभी उतना व्यथित हो जाता हूँ कि आत्महत्या करने को मन करता है।

आज मुझे वास्तव में ही सोचने को मजबूर होना पड़ा कि मुझे अब इस घर की छत के नीचे रहना चाहिए या नहीं। अकेला होने पर घर की दीवारों को ताकता रहता हूँ। लगता है, वे भी मुझसे सवाल-दर-सवाल करने लगी हैं। वे मूक हैं। लेकिन उनकी भाषा भी मुझे समझ आने लगी है। सब कुछ तो समझ आती है। फिर भी नासमझ बना हूँ। ऐसा क्यों? मैं जानता हूँ कि ऐसे सवाल बार-बार उठेंगे। अगर आत्महत्या कर बैठा, तब ज़्यादा सवाल उठेंगे। लोग अपनी-अपनी राय देंगे। एक हारे हुए लेखक के बारे में लिखेंगे। संघर्ष से भागने वाला बुज़दिल कहेंगे। साथियों से बातचीत के दौरान कहेंगे, "यार! नैमिशराय तो बड़ा बुज़दिल निकला। लेखन में बढ़चढ़कर रहा और स्वयं अपने जीवन में क्या कर बैठा?"

घर के अलावा कभी-कभी राजधानी की ही उस राह पर चलता जाता हूँ, जहाँ पीड़ा थी और चीत्कार भी। प्रशान्त विहार जाना हुआ। परसों वहाँ 1200 के क़रीब झुग्गियाँ पुलिस के द्वारा तोड़ दी गयी थीं। वहाँ पहुँचते-पहुँचते शाम हो गयी थी, अँधेरे में झुग्गियों के आसपास बिखरा सामान, इधर-उधर बेजान से मँडराते लोग, मिट्टी के तेल से जलने वाली ढिबरियों के उजाले में यहाँ-वहाँ रोटियाँ बनाने की महिलाओं की प्रक्रिया। सड़क पर मिट्टी में सने हुए बच्चों के नंगे शरीर। सभी के पास चारपाई नहीं, अधिकांश नीचे ही सो रहे होते हैं। जो नहीं सो पाये, वे जैसे सोने का प्रयास करते हैं। उनकी आँखों में बेचैनी भरी थी जो उन्हें सोने नहीं देती है। यह सब हृदय विदारक जीवन्त दृश्य देखकर मेरी भावनाएँ उद्वेलित हुए बिना नहीं रह पातीं। दिल्ली में कोई बरस शायद ही ऐसा जाता होगा जब झोंपड़ियों में आग न लगती हो। जब परिवार उजड़ते न हों। हर वर्ष आग में झुलसते लोग। घर से बेघर! आँसुओं में भीगी उनकी आँखें।

यह सब पढ़ते और देखते हुए भी देश के प्रतिनिधियों की आँखों में आँसू नहीं आते। कभी-कभी साहित्य की तरफ़ लौटना चाहता हूँ। लेखन तो पहले भी बहुत किया है लेकिन पत्रकारिता बीच में आ गयी। लम्बे-लम्बे आलेख लिखना, रिपोर्टिंग करना और साक्षात्कार लेना। यह सब करने में समय बहुत चला जाता है। वैसे भी वह सब मुझे अब रास नहीं आता। मेरा मन नहीं लगता, इस सब पत्रकारिता के जंजाल में। उलझाव दिन-पर-दिन बढ़ते ही जाते हैं। मैं इससे मुक्त होकर अपनी अनुभूति, संवेदनाओं का इतिहास लिखना चाहता हूँ। दलित समाज के सुख-दुख को कहानी, कविताओं में उकेरना चाहता हूँ। उन्हें उनका

इतिहास मिले। वे अपनी अस्मिता से रू-ब-रू हों। वे अपनी जड़ों की ओर लौटें। अपने आपको महसूस करें। अपने अतीत को जानें, अपनी पहचान बनायें। वे मुझसे संवाद करें। इस तरह कुछ पात्र जीवन्त हो जायें। जो मेरे पास आयें, उनसे नज़दीकी से संवाद हो। उनकी अनुभूतियों को गहराई से समझूँ। उनके जीवन के कुएँ में उतरकर उनके व्यक्तित्व से परिचित हो सकूँ। उन्हें गहराई में जाकर महसूस करूँ।

आज शास्त्री भवन में मीटिंग रखी गयी थी। क़रीब चार दिन पूर्व मुझे पता चला कि मेरा नाम 'लैण्ड रिफॉर्म कमेटी' में रखा गया है। बाबा साहेब डॉ. अम्बेडकर जन्मशताब्दी समारोह के तहत यह कमेटी बनायी गयी थी। तीन बजे मीटिंग आरम्भ हुई। मीटिंग की अध्यक्षता सुरेन्द्र मोहन जी ने की थी। दिल्ली से जय भगवान जाटव, वीरसैन तथा पंजाब से एक-दो साथी आये थे। ज़मीन से सम्बन्धित बहुत-सारे मुद्दे उठाये गये। उन मुद्दों में प्रमुख सवाल था दलित-उत्पीड़न का। दलितों के पास ज़मीन का न होना उन पर उत्पीड़न होने का एक बड़ा कारण था। वे दूसरों पर आधारित रहने को विवश होते थे। लगभग तीन घण्टे विमर्श हुआ। कुछ सदस्यों ने सुझाव भी दिये। हम सभी के सुझाव सावन्त ज़ी लिख लेते थे। वे समाज कल्याण मन्त्रालय में उप-सचिव थे। थॉमस मैथ्यू के मित्र थे। बाद में मेरे भी मित्र बन गये थे। शाम को मैं घर लौटा। पत्नी घर पर नहीं थी। बन्द दरवाज़ों को मैंने खोलना चाहा। चौखट के नीचे एक बड़ा पैकेट पड़ा था। झट से उसे खोलकर देखा। करनाल से सन्तोष ने मेरे द्वारा बाबा साहेब पर लिखित पुस्तक का संस्कृत में अनुवाद करके भेजा था। साथ ही मेरे जन्मदिन पर एक ख़ूबसूरत पैन भी था। सचमुच मुझे स्वयं भी अपने जन्मदिन के बारे में मालूम न था। छोटा-सा पत्र था। मुश्किल से जिसमें सात-आठ पंक्तियाँ ही थीं, पर रिश्तों की मिठास से भरपूर। बहुत देर तक मैं उस छोटे-से ही पत्र को पढ़ता रहा।

पत्र की शुरुआत में शिकायत थी। तुम शायद भूल गये होंगे। पर मैं नहीं, तुम्हारी बहुत याद आती है। कभी समय मिले तो दिल्ली से दूर रह रही अपनी इस साली को याद कर लेना।

तुम्हारी सन्तोष।

करनाल (हरियाणा)

दिल्ली से दूर ही तो करनाल में रहती थी वह। मीलों के हिसाब से देखें तो दूर थी, लेकिन इस पत्र से नज़दीक हो गयी थी। उसके मन, उसके विचार, उसकी भावनाओं ने नज़दीकी बढ़ाई थी। मुझे अच्छा लगा। कभी-कभी इस तरह

के पत्र से महसूस होता है कि चलो, कोई तो मुझे अपना समझने वाला है। जैसे मेरे ज़ख़्मों पर किसी ने मरहम लगा दिया हो। अजीब-सा सुकून मिलता है। रात होने लगी थी। पश्चिम विहार के तीन कमरे के फ्लैट में एक अदद लेखक। काफ़ी देर तक कमरे की छत को ताकता रहता हूँ। फिर नंगी दीवारों को। पत्नी की नाइट ड्यूटी थी। थोड़ी देर में रसोई में चला जाता हूँ। पेट की भूख जो मिटानी थी। आख़िर कब तक अपने ही द्वन्द्वों में फँसा रहता?

रामधन जी को मोदीनगर में हुई दलित-उत्पीड़न की घटनाओं की जाँच करने जाना था। सुबह उन्होंने स्वयं फ़ोन किया, नैमिशराय जी आपको मेरे साथ मोदी नगर चलना है। आइये, बस इतना ही कहा था उन्होंने। मोदीनगर में दलित-उत्पीड़न के बारे में मुझे पहले से ही मालूम था। दो दिन अख़बारों की सुर्खियों में घटना का ब्योरा छपा था। लगातार शासन तथा प्रशासन की मीडिया में जमकर खिंचाई की गयी थी। चूँकि वे राष्ट्रीय अनुसूचित जाति-जनजाति आयोग के चेयरमैन थे। इसलिए राजेन्द्र प्रसाद रोड पर बँगला मिला हुआ था। मैं ठीक सुबह के आठ बजे बस से उनके निवास पर पहुँच जाता हूँ। थोड़ी देर में वे सम्बन्धित फ़ाइल लेकर कार में बैठते हैं। उनके साथ मैं पिछली सीट पर बैठ गया था। दूसरी तरफ़ उनके बराबर में कोई अधिकारी थे। सम्भवतः ओएसडी होंगे। आगे की सीट पर सिक्योरिटी ऑफ़िसर था। कार आगे बढ़ी तो वे बोले, "नैमिशराय जी, यह सब क्या हो रहा है?" सुनकर मैं चुप ही रहा। उन्होंने फिर कहा, "आपने कुछ कहा नहीं।" जवाब में मेरे मुँह से कुछ शब्द निकलना ही चाहते थे। उससे पूर्व वे फिर बोले, "कुछ लिखो इस पर।" मैंने कहा, "लिखा है रामधन जी मैंने इस घटना पर।" वे तत्काल बोले, "मैंने पढ़ा है। आप नियमित लिखते हैं और तर्कसंगत भी। पर मैं चाहता हूँ कि और लिखो।" थोड़ी देर बाद उन्होंने फिर कहा, दलितों में कितने ऐसे लेखक और पत्रकार हैं जो नियमित रूप से लिखते हैं? उनका सवाल वाज़िब था। पर सवाल यह भी था कि दलितों के बीच से ही आख़िर कितने साथी ऐसे हैं, जो उत्पीड़न की घटनाओं, दुर्घटनाओं से बेचैन हो जाते होंगे? क्या उन्हें कुछ ऐसा महसूस होता होगा?

ग़ाज़ियाबाद मोहन मीकिन ब्रेवरी के पास पहुँचने पर सुरक्षा के लिए उ.प्र. पुलिस की ओर से इंस्पेक्टर के साथ दो सिपाही सड़क पर मिलते हैं। इंस्पेक्टर ने सड़क पर खड़े होकर पहले हाथ का संकेत किया। हमारी कार थोड़ा रुकने पर उसने सेल्यूट मारा। कार के आगे-आगे इंस्पेक्टर मोटर साइकिल पर होता है। दस बजे के आसपास गन्तव्य पर पहुँचना हुआ। वहाँ पहुँचते ही डीएसपी के साथ चार-पाँच सिपाही और मिले जो सड़क पर खड़े हुए हमारा इन्तज़ार कर रहे

थे। उनके आसपास स्थानीय कार्यकर्ता भी थे। आधा घण्टे में ही हमारे आसपास लोग इकट्ठा हो गये। मोदी नगर में डॉ. अम्बेडकर की प्रतिमा को खण्डित कर दिया गया था। साथ ही दलितों के मकान और दुकानें भी जला दिये थे। उनमें जबर्दस्त आक्रोश था। वे नाराज़गी में उबल रहे थे, बरस रहे थे। सवर्णों की माँ-बहन कर रहे थे। उनमें महिलाएँ भी शामिल थीं। वे सब नारे लगा रहे थे। पुलिसकर्मी उन्हें रोकने का प्रयास करते। प्रतिक्रियास्वरूप धक्कम-धक्का होती। इस बीच शोर भी बढ़ने लगता। मोदीनगर के सामाजिक कार्यकर्ता देशराज भारती भी वहाँ थे। उनके साथ आसपास के गाँवों से भी लोग आकर जुट गये थे। वे सभी सवाल-दर-सवाल कर रहे थे। कुछ साथी हाथ से लिखे हुए काग़ज़ दे रहे थे। रामधन जी उनके बीच घिरे थे। उनके नज़दीक साथ में ओएसडी, डीएसपी, इंस्पेक्टर आदि थे। हम सभी के आगे और पीछे पुलिस फोर्स थी। और उन्होंने हमें सुरक्षा घेरे में लिया हुआ था। बीच-बीच में हल्ला होता। ऐसे में रामधन जी कभी मेरी ओर देखते तो कभी ओएसडी की तरफ़। ओएसडी लोगों से शिकायत-पत्र ले रहे थे। सम्भवतः सितम्बर का अन्तिम सप्ताह था। कुछ लोग ज़बानी ही शिकायत कर रहे थे। लगभग घण्टा भर यही सब चलता रहा। बाद में मोदीनगर थाने के भीतर बैठना हुआ। वहाँ भी हमें एक घण्टे से ज़्यादा हो गया था। वहीं शेष बातें हुईं। बातें नहीं शिकायतें, उभरता आक्रोश। रामधन जी थोड़ा उदार प्रवृत्ति के थे। गुस्सा उन्हें कम आता था। बीच-बीच में वे कहते, "अरे भई, आप अपनी बात आराम से रखें।"

तभी दलितों में कोई साथी उबल पड़ता, "आप आराम से बात रखने को कहते हैं। हमें बताएँ आपका घर अगर कोई जला दे, तब आप क्या करेंगे?" सुनकर रामधन जी नाक खुजाने लगते। फिर मेरी तरफ़ देखते। तभी ओएसडी कह उठता, "आप हमें लिखकर दें।"

इस बीच अन्य साथी बोल उठता, "हमें नहीं देना है लिखकर। जो आपसे सवाल पूछा गया है, उसका जवाब दें।"

क्या जवाब दें रामधन जी यानी चेयरमैन, राष्ट्रीय अनुसूचित जाति तथा जनजाति आयोग। बड़ा पद, दलितों को उनसे बड़ी आशाएँ, उम्मीदें थीं। वे फिर मेरी ओर देखते। उनमें से बहुत-से साथी मुझे जानते थे। कई बार देशराज जी के गाँव में चल रहे बाबा साहेब डॉ. अम्बेडकर स्कूल के वार्षिक कार्यक्रम में भी मैं गया था। साथ ही मोदीनगर में आयोजित सभाओं में भी शामिल हुआ था। जैसे वे कहना चाहते हों, आप ही कुछ कहें नैमिशराय जी। मैं ठहरा एक अदद पत्रकार और कार्यकर्ता क्या कह सकता था सरकारी अमले के बीच। हालाँकि

कुछ कहने और समझाने का प्रयास भी बीच-बीच में करता। देशराज भारती जी कुछ कहते, मैं उनकी सुनता। उनके दर्द को मैं समझता था। यह उनका ही दर्द नहीं था, मेरा भी था। लगभग वह दर्द अब सामूहिक हो गया था। बीच में चाय आदि की व्यवस्था की गयी थी। लेकिन रामधन जी ने चाय लेने से ही मना कर दिया। दो घण्टे बाद वहाँ से लौटना हुआ। मैंने महसूस किया। रामधन जी बहुत परेशान लग रहे थे। हमारे बीच भयानक चुप्पी आ गयी थी। आईटीओ के पास कार आयी तो वे बोले, "नैमिशराय जी! कब तक ऐसा चलता रहेगा?"

मैं सुनकर चुप ही रहा। कुछ देर बाद रामधन जी फिर से बोले, "आख़िर कुछ तो करना होगा।"

इस बार मैंने धीरे से कहा, "रामधन जी आप चाहें तो बहुत-कुछ कर सकते हैं।"

मेरी बात सुनकर उन्होंने मेरी तरफ़ देखा। हल्के-से मुस्कराये। मैंने महसूस किया। उनकी मुस्कराहट जैसे फीकी होने लगी थी। बाद में जैसे कुएँ से आवाज़ आयी थी, "मैं अकेला क्या कर सकता हूँ?"

मैंने कहा, "आपके पास तो अधिकार हैं।"

सुनकर वे कुछ देर के लिए चुप हो गये। फिर बोले, "हाँ, मेरे पास अधिकार हैं पर किस काम के।" हमारे बीच फिर चुप्पी छा गयी। इस बार उनके स्वर में जैसे पीड़ा उभरी थी, "पूरी संसद निकम्मे एस.सी., एस.टी. सांसदों से भरी हुई है। कोई कुछ करता है क्या? कोई आवाज़ उठाता है भला? भई आवाज़ भी तो सामूहिक ही उठनी चाहिए जिसका प्रभाव हो।" उनकी बात सही थी। यही तो रोना था। कैबिनेट स्तर का जनता का सेवक न संसद में बैठकर कुछ कर पाता है और न ही संसद के बाहर। वह सिर्फ़ रो सकता था। दलितों के नेताओं की यही स्थिति थी। दलित राजनीति का इसे विरोधाभास भी कह सकते हैं। कार रामधन जी के निवास पर पहुँची तो वे बोले, "चाय पीकर जाइए नैमिशराय जी!

माँ की तबीयत ठीक नहीं है। अगले दिन दोपहर बाद मुझे यह ख़बर मास्टर हरदन सिंह के द्वारा मिली थी। वे तुर्कमान गेट स्कूल में पढ़ाते थे और मेरठ से आना-जाना करते थे। बहुत पहले मैं स्वयं भी तो डेली पैसेंजर रहा था, जब दरियागंज रोज़गार कार्यालय में मेरी नौकरी लगी थी। घर से सुबह छह बजे निकलना और रात में साढ़े आठ बजे पहुँचना। ऑफ़िस का समय नौ बजे था। अगले ही दिन मैंने स्कूटर से जाने का मन बना लिया।

लगभग दो घण्टे में मेरठ घर पहुँचा। पहली बार मेरठ स्कूटर से आया था। सँभलते-सँभलते स्कूटर चलाया था मैंने। इस बीच ट्रैफिक पुलिस का भय अलग

था। कहीं चालान न हो जाये। जेब में मात्र अस्सी रुपये थे। उन दिनों पचास रुपये का चालान कटता था। पचास रुपये का मैंने पेट्रोल डलवा लिया था। जो मेरठ जाने और वापस लौटने के लिए काफ़ी था।

घर पहुँचकर देखा तो नीम के नीचे बैठी माँ कली पी रही थी। नज़दीक जाकर मैंने पूछा, "अब तबीयत कैसी है माँ?"

माँ हँसते हुए बोलीं, "तुझे देखकर ठीक हो गयी।"

सुनकर मुझे अच्छा लगा।

तभी वह पूछ बैठीं, "कैसे आया तू, बस से...?"

"नहीं स्कूटर से।"

"चलाना सीख गया।"

"हाँ माँ!"

तभी बड़े भाई जानकी प्रसाद आ गये। मुझे देखकर बोले, "आ गया मौनदास तू।"

जवाब में मैंने कहा, "हाँ।"

माँ ने मेरे लिए आठ आने का कसाई की दुकान से गोश्त मँगा लिया था जिसे उसने बनाकर भी रख लिया था। मुझसे खाने के लिए पूछा। मेरे हाँ कहने पर मेरे लिए फुल्के बनाये। मेरे साथ बड़े भाई ने भी खाना खाया। माँ ने बताया। तेरा बा काम से गया है। शाम ढले लौटेगा। जानकी ने भी कई बार तोरे बारे में पूछा। इस बार इसे भी ले जा दिल्ली कहकर माँ हँसी थी। घर में सभी उन्हें जानकी कहकर ही बुलाते थे। बस्ती में भी उन्हें सभी इसी नाम से पुकारते थे। जितना उनका छोटा नाम हो गया था, उतना ही उनका व्यक्तित्व भी घट गया था। मर्दानगी से बेदख़ल, न जुताई के क़ाबिल रहे और न बुवाई के। उनकी ज़मीन ने कहाँ उनके साथ दगा की थी। वह तो प्यासी तरसी थी। कैसी त्रासदी थी हमारे बीच। परिवार में एक अदद नामर्द अपनी-अपनी कोशिशें हुई थीं, लेकिन सब नाकामयाब ही रहे। लम्बे इन्तज़ार के बाद भाभी अपने मायके चली गयी थी। उसकी भी मजबूरी थी। और कर भी क्या सकती थी वह? विरह की ज्वाला में आख़िर कब तक जलती वह।

रात में माँ ने बतलाया, "तेरी भौत याद आ रई थी। इसलिए मैंने बीमार होने की झूठ-मूठ की खबर भिजवा दी थी।" माँ की स्वीकारोक्ति सुनकर मुझे अच्छा लगा। तभी मैंने कहा, "फिर तो मैं यहीं रह जाता हूँ।"

माँ ने मेरी बात सुनी। कुछ पल वह मौन रहीं। तब वह बोलीं, "चल पगले, हिंया रहवेगा तो बच्चों को तेरी याद आयेगी।"

मैं कहना चाहता था। मुझे तेरे अलावा कोई याद नहीं करता। पर कुछ भी नहीं कहा। अगले दिन मैं दिल्ली लौट आया।

दो दिन बाद मुझे नागपुर जाना था। उन दिनों दिल्ली के बाहर कहीं भी जाने के लिए कुछ ख़ास तैयारी नहीं करनी पड़ती थी। बस दो जोड़ी कपड़े, दो-तीन किताबें और पुरानी पत्रिका थैले में डालकर यायावरी पर निकल गये। नयी दिल्ली स्टेशन से उस शाम ट्रेन ली। रात में खाने के लिए तीन-चार रोटियाँ, अचार और प्याज के साथ हरी मिर्च साथ रख ली थी। मिनरल वाटर का उन दिनों ज़माना नहीं था। हर स्टेशन पर लगभग ठीक-ठाक ही पानी मिल जाता था। मेरे जैसे आदमी को और क्या चाहिए था। नागपुर में रेलवे प्लेटफ़ॉर्म पर उतरा। नागपुर पहली बार आया था। मन में बहुत दिनों से लालसा थी, नागपुर देखने की, वहाँ के दलित साथियों से मिलने की, उनसे बातचीत करने की। जहाँ बाबा साहेब ने अक्तूबर 1956 में बौद्ध दीक्षा ली थी। निश्चित ही यह एक ऐतिहासिक घटना थी। और दलितों के लिए महत्त्वपूर्ण भी। दलितों के भीतर धार्मिक क्रान्ति का बीजारोपण किया था महानायक ने। यह शहर ऐतिहासिक था। बाबा साहेब की विरासत को आगे बढ़ाने वाले साथी थे।

कनॉट प्लेस में कई बार आते-जाते हुए गैलार्ड रेस्त्राँ की तरफ़ हसरत भरी निगाहों से देखता था। तब तक मेरे जैसे आम आदमी का वहाँ प्रवेश सम्भव न था। इस बीच रमा पाण्डे से मुलाक़ात हुई। दो दिन पहले उन्होंने टी.वी. सीरियल से सम्बन्धित कुछ संकेत किया था दूरभाष पर बातचीत के दौरान। विषय था महापुरुषों का संघर्षपूर्ण व्यक्तित्व और उससे उभरते प्रेरक तत्त्व? जिसमें मेरी रुचि भी थी। इसलिए मैंने तुरन्त हाँ कह दी। शाम को बातचीत के लिए वहीं गैलार्ड रेस्त्राँ में उन्होंने बुलाया था। निश्चित समय पर मैं नयी दिल्ली रेलवे स्टेशन से होते हुए वहाँ पहुँच गया। दरवाज़े पर वर्दी पहने दरबान खड़ा था। सड़क से दरवाज़े तक मैं पहुँच तो गया, लेकिन भीतर जाने के समय हिचकिचाहट थी। कभी इतने भव्य रेस्त्राँ में गया भी नहीं था। ऐसी ही मनःस्थिति लिए मैंने दरवाज़ा पार किया। दरबान के द्वारा सैल्यूट मारना तो दूर की बात थी, उसने असहज होते हुए दरवाज़ा खोला था। शायद मेरे कपड़े देखकर मेरी औक़ात का उसने अहसास कर लिया था। भीतर अच्छा-ख़ासा रंगमहल था।

रंगमहल के परिवेश में प्रकाश की आड़ी-तिरछी रेखाएँ झिलमिला रही थीं। रमा पाण्डे पहले से ही वहाँ बैठी थीं। उन्हें देखते ही मैंने नमस्ते की। उन्होंने भी नमस्ते का जवाब नमस्ते से दिया। फिर मुझसे यह सीरियल लिखने के लिए उन्होंने कहा। सीरियल से सम्बन्धित ज़रूरी बातें भी बतलाईं। एडवांस में दो एपिसोड

लिखकर देने होते थे। साथ में उद्देश्य और शेष ग्यारह एपिसोड का संक्षिप्त भी। सभी कुछ उन्होंने धैर्य से बतलाया। इस बीच कॉफ़ी आयी। कॉफ़ी पीते हुए मैं बराबर उनकी बातें सुनता रहा। रमा पाण्डे दूरदर्शन से जुड़ी जानी-मानी हस्ती थीं। उन्होंने मेरी प्रतिभा को पहचानकर मुझे ऑफर दिया, मेरे लिए यह फ़ख़्र की बात थी। चलने से पहले उन्होंने कुछ रुपये भी दिये। मैं सीधे वहाँ से घर लौटा। उसी दिन शाम से 'समता' नाम से टी.वी. सीरियल लेखन में मैं व्यस्त हो गया था। रात में उनके निर्देश के आधार पर मैं काग़ज़ काले करता रहा। लगभग दस दिनों तक मैं रिसर्च कार्य में लगा रहा। उसके लिए मैं दिल्ली पब्लिक लायब्रेरी जाता था। वहाँ महापुरुषों के जीवन चरित्र के बारे में पढ़ता। दोपहर में चार-पाँच घण्टे वहीं बैठकर अध्ययन करता था। पढ़ते हुए ही साथ-साथ नोट्स भी बनाता था। दोपहर में लगभग एक बजे भूख लगने पर लायब्रेरी के बाहर ठेले पर छोले-कुलचे बेचने वाले के पास जाता और 2 रुपये देकर पेट की भूख मिटाता था। कभी-कभी वहीं नज़दीक सड़क पर कोई बूढ़ी औरत आलू की सब्ज़ी के साथ दो रुपये में चार-पाँच रोटियाँ देती थीं। रोटियाँ खाने के लिए नीचे ज़मीन पर ही बैठना पड़ता था। दूसरों की देखा-देखी मैं भी ज़मीन पर बैठकर ही खाता था। वहाँ ज़मीन पर बैठकर भोजन लेने वालों में अधिकांश मज़दूर, कुली, रिक्शा चालक, तेल मालिश करने वाले ही होते थे। पेट भरने के बाद पाँच-दस मिनट वहीं पार्क में टहलता। इस बीच पेट में गया भोजन थोड़ा हज़म हो जाता। बाद में पुस्तकालय में लौट आता। जहाँ टेबल पर पहले से ही इश्यू कराई हुई दो-तीन किताबों के साथ ख़ाली काग़ज़ पड़े होते। जेब से क़लम निकालकर मैं पुनः लिखने लगता। लगभग एक घण्टे बाद बाहर आकर चाय पीता। वहाँ से लौटकर फिर से शोध-कार्य में लग जाता। टीवी सीरियल लिखना मेरे लिए व्यवसाय नहीं था बल्कि एक चुनौती थी। इस बहाने दलित और पिछड़े समाज के महापुरुषों के जीवन-संघर्ष पर कुछ आयेगा, मुझे इस बात की तसल्ली थी।

पहले अलग-अलग किताबों को पढ़ना, महापुरुषों से सम्बन्धित कार्यों के तथ्य और जानकारी जुटाना, स्क्रीन प्ले के साथ फिर डायलॉग लिखना। लिखे गये संवाद को बार-बार पढ़ना। कभी-कभी उन्हें स्वयं बोलकर देखना और सिचुएशन समझना। ऐसा करते हुए मैं इतिहास में लौट जाता और महापुरुषों के चरित्र को आत्मसात करने का प्रयास करता। लेखन की यह प्रक्रिया कभी-कभी मुझे सूत्रधार बना देती थी। तब मेरी आँखों के सामने समूचा इतिहास तैरने लगता। मैं उसी इतिहास में से कुछ महत्त्वपूर्ण चित्रों की तलाश करता और सम्बन्धित ऐतिहासिक पात्रों के साथ उन्हें जीवन्त बनाने कीं कोशिश में जुट जाता।

मैंने टीवी सीरियल के बारे में मैटर जुटाने के लिए दिल्ली पब्लिक लायब्रेरी में लगभग एक सप्ताह होमवर्क किया। इस तरह एपिसोड तैयार होने लगे। डायलॉग और स्क्रीन प्ले के लिए भी जमीन बनने लगी। ये एपिसोड सन्त रविदास, कबीर, बाबा रामदेव, सावित्रीबाई फुले, बाबा साहेब डॉ. अम्बेडकर, स्वामी दयानन्द सरस्वती, स्वामी अछूतानन्द, ज्योतिबा फुले आदि पर थे।

एक सप्ताह बाद रमा पाण्डे जी ने मुझे फ़ोन कर कार्य की प्रगति के बारे में पूछा। मेरा सकारात्मक जवाब सुनकर उन्होंने अगले दिन मिलने के लिए कहा। इस बार हम गैलार्ड में न मिलकर मण्डी हाउस के श्रीराम सेण्टर में मिले। जगह का चुनाव उन्होंने ही किया था। असल में गैलार्ड में उस तरह का परिवेश न था। इसलिए दूसरी मुलाक़ात के लिए श्रीराम सेण्टर के लिए चुनाव कर उन्होंने अच्छा ही किया। समय भी चार बजे का रखा। वह भी ठीक ही था। क्योंकि शाम को पाँच बजे से यहाँ भी भीड़ होने लगती थी। ठीक चार बजे वे आयीं। मैं पहले से ही बाहर कुर्सी पर बैठे हुए इन्तज़ार कर रहा था। मैंने बैग से टीवी सीरियल से सम्बन्धित पेपर्स उनके सामने रख दिये, जिन्हें उन्होंने दस से पन्द्रह मिनट तक पढ़ा। चाय का ऑर्डर मैं पहले ही दे चुका था। थोड़ी देर में बेयरा चाय ले आया। बाद में लगभग आधा घण्टा हमारे बीच सीरियल के बारे में बात होती रही। दूरदर्शन शृंखला का टाइटल उन्होंने 'समता' सुझाया था। मेरा समर्थन पाकर फिर उन्होंने 'टाइटल सांग' बतलाया।

जिसने समझा प्राणी मात्र को एक प्रभु की छाया।
जिसने मानव के भेद मिटाकर समता का पाठ पढ़ाया।।
जिसने .खुद तो ज़हर पिया पर अमृत हमें पिलाया।
देशकाल की सीमा से उठ वो ही सन्त कहलाया।।

लगभग एक घण्टा हमें सीरियल सम्बन्धी विचार-विमर्श करते हुए हो गया था। तब तक मण्डी हाउस के साहित्यिक और सांस्कृतिक परिवेश में रंगकर्मियों के साथ लेखक, पत्रकार और एक्टिविस्ट पक्षियों की तरह उतरने लगे थे। एक-दो साथियों ने कॉफ़ी हाउस में मुझे रमा पाण्डे के साथ बैठे देखा तो नमस्ते की। मैंने भी जवाब में नमस्ते की। शाम हो गयी थी। रमा पाण्डे ने मेरे द्वारा लिखे गये पेपर्स को फ़ाइल में रखते हुए कहा, "नैमिशराय जी! अब हमें चलना चाहिए।"

मेरी सहमति पर वे उठीं। कॉफ़ी आदि की पेमेण्ट की और चलने से पूर्व बोलीं, "एक बार तसल्ली से पढ़ लेती हूँ। कहीं जोड़ना-घटाना होगा तो मैं कर लूँगी। ज़रूरी हुआ तो दस दिन बाद फ़ोन करूँगी। इस बीच मैटर टाइप भी कराना होगा।"

मैंने केवल सुना। कहा कुछ नहीं। उनकी बातों के बीच कभी-कभी हाँ-हाँ

दोहराकर अपनी सममति दे देता था। थोड़ी देर बाद वे चली गयीं। मैं उन्हें सी ऑफ करने के लिए बाहर सड़क पर खड़ी उनकी कार तक आया।

राजधानी एक्सप्रेस से बम्बई जाने का यह मेरा दूसरा या तीसरा अवसर था। नयी दिल्ली से शाम चार बजे ट्रेन चलती है। मेरे बराबर वाली सीट पर एक अकेली लड़की सफ़र कर रही होती है। बाद में पता चलता है उसका नाम आशु चोपड़ा था, उसके पिता मिजोरम में संयुक्त सचिव तथा मदर टीचर थी। बम्बई में वह थर्ड ईयर की स्टूडेण्ट थी। वहीं मेरीन लाइंस पर सावित्रीबाई फुले हॉस्टल में रहती थी। सायं पाँच बजे से लगभग रात दस बजे तक बातचीत होती है। पहले आरक्षण पर, फिर बीच-बीच में पारिवारिक तथा हॉस्टल के बारे में। बातचीत की शुरुआत में आरक्षण के नाम पर उसे ग़ुस्सा आता है। बहुत-सी बातें कह देती है। यह सब बोलते हुए उसका स्वर भी ऊँचा हो जाता है। एक-दो दशक में मुझे बराबर अनुभव हुआ था सवर्ण जातियों की अधिकांश नयी पीढ़ी के बारे में जो आरक्षण से नाराज़ थे। वह भी तो नाराज़ ही थी। मैं जानबूझकर उसके भीतर की गर्मी, उसका तेज़, उसका आक्रोश सहन करता हूँ। फिर धीरे-धीरे वह ठण्डी होती है। अब उसके भीतर ग़ुस्सा न था और न ही ताप। वह मेरी बातें ध्यान से सुन रही थी। सफ़र अच्छा बीता। लेकिन जैसे हज़ारों सवाल छोड़ गया था।

सुबह हुई। चाय आयी, फिर नाश्ता, साढ़े आठ बजे ट्रेन बम्बई सेण्ट्रल पहुँच गयी थी। वहाँ से दादर, फिर टैक्सी से कुर्ला। कुर्ला में बामसेफ का ऑफ़िस था। दिल्ली में मेरे मित्र काम्बले ने बामसेफ के किसी साथी के बारे में बतलाया था। फ्लैट की चाबी उन्हीं के पास थी। मैंने उन्हें अपना परिचय दिया। वे मुझे जानते थे। इसलिए चाबी देने में कोई दिक़्क़त नहीं हुई। तीन कमरे का फ्लैट था। वहीं मैंने अपना सामान रखा। दरवाज़ा बन्द कर ताला लगाया। चाबी अपनी जेब में रख सबसे पहले सपकाले जी से मिला। वहाँ से लौटकर फिर अशोक गौतम से कुर्ला ही में मिलता हूँ। वे 'दीमक' नाम से कोई फ़िल्म बना रहे थे। उनसे बातचीत करते हुए रात हो गयी थी। वहीं उनके साथ भोजन लेता हूँ और वापस आकर तीन कमरों के उसी फ्लैट में अकेला सोता हूँ।

अगले दिन सुबह ही कुर्ला से वीटी के लिए लोकल ट्रेन ली। प्लेटफ़ॉर्म से लोकल ट्रेन में प्रवेश करना भी जैसे चुनौती से भरा कार्य था। बहुत भीड़-भाड़ थी। लोगों के बीच मारामारी अलग। जैसे-तैसे अन्दर तक पहुँच ही जाता हूँ। स्लो ट्रेन थी। वीटी तक आते-आते लगभग आधा घण्टा लगता है। अन्तिम स्टेशन वीटी का ही होता है। इसलिए उतरने में कोई दिक़्क़त नहीं होती। राइट हैण्ड की तरफ़ टाइम्स ऑफ़ इण्डिया की पुरानी बिल्डिंग थी। उसी में नवभारत टाइम्स भी

था। वहाँ से सीधे मैं नवभारत टाइम्स कार्यालय पहुँचा। रिसेप्शन से मणिमाला को फ़ोन किया। उस दिन वह नहीं आयी थी। वहाँ नवभारत टाइम्स में ही विश्वनाथ जी से तथा गणेश मन्त्री आदि से मुलाक़ात हो जाती है। गणेश मन्त्री जी ने देखते ही पूछा था, ''क्या लिख रहे हैं आज कल?'' मेरे यह कहने पर कि दलित साहित्य पर भी लिखना शुरू किया है तो उन्होंने कहा था लिखें, जितना भी लिख सकते हैं। आप अच्छा लिखते हैं। बाद के दिनों में डॉ. अम्बेडकर और गाँधी पर प्रभात प्रकाशन से उनकी पुस्तक भी आयी थी। उसका ज़िक्र उन्होंने किया था। मैंने कहा कि पुस्तक आने पर मैं अवश्य ही पढ़ूँगा। विश्वनाथ सचदेव का झुकाव हिन्दुत्व की ओर था जबकि गणेश प्रगतिशील विचारों के थे। मैं जब-जब भी नवभारत टाइम्स जाता, मणिमाला के साथ इन दोनों से भी मुलाक़ात होती थी। कुछ लिखने से पहले मैं उनसे उस विषय पर बातचीत कर लेता था। उससे सुविधा होती थी। शाम को फिर कुर्ला के फ्लैट में वापस लौटता हूँ।

सुबह जल्दी-जल्दी तैयार होकर कुर्ला से वडाला स्थित डॉ. अम्बेडकर कॉलिज में होने वाले कार्यक्रम में भाग लेने के लिए निकल पड़ता हूँ। रास्ते में आर.पी.आई. के ऑफ़िस में कुछ कार्यकर्ताओं से बातचीत होती है। वडाला में दया पवार, जस्टिस आर.आर. भोले, रामदास आठवले तथा ए. सामरे आदि से मिलता हूँ। रतनलाल सोनाग्रा जी भी वहीं मिलते हैं। सम्भवतः उनसे मेरी यह पहली मुलाक़ात थी। दलित आन्दोलन और साहित्य के बारे में बहुत-सी बातें मेरी जानकारी में आयी थीं। सोनाग्रा जी सुलझे हुए मराठी दलित मानस थे। दूसरों की तरह इधर-उधर फेंकने की उनकी आदत नहीं थी। लगभग एक बजे वहीं मणिमाला आयी। तब तक कार्यक्रम लगभग समाप्ति पर था। वहीं से टैक्सी पकड़कर दादर चौपाटी हम दोनों जाते हैं। चौपाटी पर बहुत भीड़ होती है। दोपहर बाद वान्द्रे में साज साहब से मिलना हुआ। फिर वहाँ से कुर्ला। फिर वही बेचैन करने वाली रात। लौटते हुए देरी हो गयी थी। शरीर थक-सा चुका था। कुर्ला में ही नज़दीक के सस्ते बार में बैठकर धीरे-धीरे 'बीयर' लेता हूँ। साथ में बेयरा प्लेट में सिंगदाना यानी मूँगफली रख जाता है। बाद में कुछ लोग अकेले तो कुछ समूह में आने लगते हैं। उनके बीच उभरते संवाद। उनके संवाद में उलझते और सुलझते सामाजिक समीकरण। जैसे-जैसे शाम ढलती है, बार में भीड़ होने लगती है। शोरगुल भी बढ़ जाता है। वहाँ से फ्लैट नज़दीक ही था। रास्ते में ही फ़ुटपाथ पर पाव रोटी की छोटी दुकान थी। पेट की भूख तो मिटानी ही थी। भूख कैसी भी हो। बम्बई में सबसे सस्ता और सुलभ होता है भूख मिटाना। भूख पेट की हो या पेट के नीचे की। केवल दो रुपये के बदले पेट की भूख मिटाने में कुछ ग़लत न था।

बीयर लेना अच्छा हुआ। इसलिए कि नींद जल्दी आ गयी। नींद की गोली भी लें तो दो-तीन रुपये से कम नहीं आती। जबकि बीयर सिर्फ़ तीन रुपये की थी।

बम्बई प्रवास में ही डॉ. अम्बेडकर पर फ़िल्म प्रोड्यूसर कुमारी राजश्री सर्वगोड से माहिम स्थित उनके घर पर मुलाक़ात हुई। वे अपने भाई तथा भाभी से भी मिलवाती हैं। अच्छा लगता है। घर से दूर पारिवारिक रिश्तों की गन्ध। फिर सिद्धार्थ कॉलिज पुस्तकालय जाता हूँ। वहीं से महाराष्ट्र मानस के सम्पादक आत्माराम जी से मिलता हूँ। वे मेरे अच्छे मित्र बन गये हैं। हरियाणा की पृष्ठभूमि से थे वे। उसी दिन चर्चगेट में डॉ. अमिताभ से उनके फ्लैट पर मिलना हुआ। वे सत्तर के दशक में कांशीराम जी के साथ जुड़े थे। बम्बई में उच्च अधिकारी के पद पर थे। अब तक विवाह नहीं किया था। नौकरी से समय निकालकर आन्दोलन और कविता, यही उनका जीवन था और जीवन में संघर्ष उनके लिए ज़रूरी था। भदन्त आनन्द कौसल्यायन के वे प्रिय थे। उन्होंने ही उनका नाम नगराले से अमिताभ रखा था। ख़ूब लम्बा, छरहरा शरीर, गोरा रंग और प्रभावपूर्ण व्यक्तित्व। बामसेफ के उन आठ-दस लोगों में से थे, जिन्होंने कांशीराम जी को लाखों रुपयों का आर्थिक सहयोग दिया था।

बम्बई में बहुत-से मित्रों से इस बार मिलना हुआ। उनमें कुछ नये थे तो कुछ पुराने। वहीं दादा साहब रूपवते जी से भी मिलना हुआ। वे बड़े उदार भाव से बात करते हैं। मैं उनसे प्रभावित हुए बिना नहीं रह पाता। बम्बई में इस बार पुस्तक मेला भी देखा। फिर मेले पर नवभारत टाइम्स के लिए भी लिखा। दिल्ली लौटा। ट्रेन ठीक समय पर पहुँच गयी थी। परिवेश में सर्द हवा, बेहद ठण्डा मौसम था। आख़िर दिसम्बर का महीना था। कहाँ बम्बई का गुलाबी मौसम और कहाँ दिल्ली में कड़कड़ाती सर्दी। मौसम के विरोधाभास को झेलते हुए बम्बई से दिल्ली रेलवे स्टेशन और रेलवे स्टेशन से घर तक आख़िर मैं आ ही गया।

सत्या को कुछ टाइपिंग के लिए दिया हुआ था। पेपर्स देते हुए वह बोली, "आप अकेले-अकेले बम्बई चले गये।" मैंने सिर्फ़ उसकी ओर देखा।

अगले दिन दोपहर स्वामी अग्निवेश जी ने मुझे बुलाया था। जल्दी से तैयार होकर वहाँ जाना होता है। उनके द्वारा प्रकाशित 'क्रान्तिधर्मी' पत्रिका का सम्पादन-कार्य आजकल मैं देख रहा था। कुछ माह पूर्व उन्होंने मुझसे पत्रिका में सहयोग करने के लिए कहा था। इसी पत्रिका के सम्पादन की ज़िम्मेदारी पहले आनन्द स्वरूप वर्मा जी सँभालते थे। उन्होंने किसी कारणवश अपने हाथ खींच लिये थे। विशेष रूप से बँधुआ मुक्ति मोर्चा से सम्बन्धित अधिकांश न्यूज़ और व्यूज़ के साथ अन्य सामग्री भी पत्रिका में होती थी। कभी-कभी एक-दो लोगों

के साक्षात्कार भी होते थे। उन्हीं का सम्पादन करना होता था। कुल मिलाकर अच्छी पत्रिका थी। कैलाश सत्यार्थी भी उन दिनों स्वामी अग्निवेश के साथ ही काम करते थे। फिर उन्होंने उनसे अलग होकर अपनी संस्था बना ली। बाद में उन्हें नोबेल पुरस्कार मिला। कहना न होगा कि नया एन.जी.ओ. बनाकर वे स्वामी अग्निवेश से भी आगे निकल गये थे।

शाम को कभी-कभी मोहन सिंह पैलेस जाना होता था। वहीं मस्तराम कपूर जी तथा विष्णु प्रभाकर जी से मुलाक़ात होती थी। मस्तराम कपूर तो कॉफ़ी हाउस कभी-कभी आते लेकिन विष्णु प्रभाकर जी को बिना नागा हर रोज़ वहाँ आकर हाज़िरी देनी ही होती थी। उनके आते ही कुछ साथी नज़दीक बैठना शुरू कर देते थे। उनकी सादगी और धीरे-धीरे सन्तुलित तरह से बोलने की प्रवृत्ति मुझे अच्छी लगती है। लगता था उन्हें कभी ग़ुस्सा नहीं आता। तब तक वे अजमेरी गेट के पास कूंडेवालान बस्ती में ही रहते थे। बाद में उन्होंने रोहिणी में शिफ्ट किया।

'लोकायन' में मीटिंग थी। मैं दिन में ग्यारह बजे के लगभग पहुँच जाता हूँ। कुछ साथी आ चुके थे, कुछ आ रहे थे। मीटिंग में आने वालों में रजनी कोठारी, स्मितु कोठारी, धीरूभाई शेठ, अच्युत जी, अरुण जी, विजय प्रताप, रजनी बख़्शी, शिव आदि थे। विषय था—मण्डल आयोग और दलित-उत्पीड़न। पहली बार रजनी कोठारी की मौजूदगी में कुछ अधिक ही मैं बोल जाता हूँ। एक-दो साथियों को महसूस भी होता है। पर वे कुछ कहते नहीं हैं। मेरी बात ख़त्म होने पर रजनी कोठारी ने तो कहा भी था, "दलित-उत्पीड़न पर गोष्ठी हो और नैमिशराय जी न बोलते तो गोष्ठी आयोजन का फ़ायदा ही क्या होता?" बीच में लंच होता है, मीटिंग फिर शुरू होती है। जो क़रीब पाँच बजे समाप्त होती है। पुनः रजनी कोठारी जी से लगभग दस मिनट चर्चा होती है। आज उनके पास कार नहीं थी। उन्होंने बतलाया कि उनका ड्राइवर छुट्टी पर चला गया है। वे मुझसे स्कूटर पर सेण्टर छोड़ आने को कहते हैं। सेण्टर यानी सेण्टर फॉर डवलपिंग सोशल स्टडीज़। नज़दीक ही हमें जाना था। पहले दिल्ली अथॉरिटी का कार्यालय आता है और बाद में सी.एस.डी.एस.। संक्षेप में इसी नाम से सब पुकारते थे। पैदल जायें तो बीस मिनट और स्कूटर से महज़ चार-पाँच मिनट में यह दूरी पूरी हो जाती है। थोड़ी देर बाद मैं कोठारी जी को छोड़ने के लिए सीढ़ियाँ उतरकर नीचे आता हूँ। रजनी कोठारी भी धीरे-धीरे सीढ़ियाँ उतरते हुए अब तक आ गये थे। तत्पश्चात मैं स्कूटर स्टार्ट करता हूँ और वे पीछे की सीट पर बैठ जाते हैं। जल्दी ही हम सेण्टर पहुँच जाते हैं। वहाँ उतरकर वे हल्के से मेरे कन्धे पर हाथ रख कहते हैं। 'सँभलकर जाना नैमिशराय जी', उनके द्वारा दी गयी एडवाइस अच्छी

लगती है। सच कहा जाये तो वह मन को भी छूती है। वे मेरी पिता की उम्र के तो ही थे। उन्हें छोड़कर मैं घर की राह लेता हूँ। रास्ते में स्कूटर चलाते हुए मुझे उनके वे ही शब्द बार-बार याद आते हैं। सँभलकर जाना..., वास्तव में ही उस दिन मैं सँभलकर ही स्कूटर चलाते हुए घर तक आता हूँ।

पिछले वर्ष की तरह इस बार भी 31 दिसम्बर की रात दूरदर्शन कार्यक्रमों ने बहुत बोर किया। साथ ही बेचैन भी किया। वही नाच-गाना, हँसी-दिल्लगी, लोगों का ठुमके लगाना। कमसिन लड़कियों का अपने-अपने घाघरे उठाते हुए नाचना। नाचना ही नहीं बल्कि अपनी कामुक अदाओं और द्विअर्थी संवादों से उत्तेजित भी करना। लोगों ने आधी रात तक जागते हुए क्या यही सब कुछ देखना और सुनना था। आख़िर उनके जीवन का उद्देश्य क्या यही है। ख़ैर जो चाहे उनका उद्देश्य हो। बच्चे घर पर नहीं थे और श्रीमती की नाइट ड्यूटी थी। ऐसे में मैं अकेला था। उस शोर-शराबे के बीच जैसे-तैसे सोने का प्रयास करता हूँ। मुझे नींद नहीं आती है। थोड़ा समय ही मैं टीवी देख पाता हूँ। घर में श्याम और श्वेत टीवी सैट था। पति-पत्नी और बच्चे कभी-कभी उसमें फ़िल्म, नाटक तथा ख़बरें देख और सुनकर काम चला लेते थे।

आज शास्त्री भवन में लैण्ड्स रिफ़ॉर्म कमेटी की मीटिंग थी। आज का दिन बहुत ठण्डा था। बिल्कुल बर्फ़ जैसा। मीटिंग में केवल पाँच लोग होते हैं। मैं, मिस्टर नाग, जो टाइम्स ऑफ़ इण्डिया में वरिष्ठ संवाददाता थे, सुरेन्द्र मोहन जी और डिप्टी सेक्रेटरी सावन्त जी तथा केशव सक्सेना जी। कुछ मुद्दों पर लगभग दो-तीन घण्टे चर्चा होती है। वापसी में वर्षा के कारण भीग जाता हूँ। सर्दी के दिन और ऊपर से बारिश। न मेरे पास छाता था और न ही ढंग के गर्म कपड़े। जूते भी घिसे-पिटे, ऐसे कि बरसात में चलने से उनमें पानी भर जाता था और जुर्राब गीले हो जाते थे। दिक़्क़त यह भी थी कि जुर्राब का एक ही जोड़ा था। बरसात के दिनों में जो मुश्किल से ही सूख पाते थे। उन दिनों मेरे पास हीटर भी नहीं था। चाय बनाने या भोजन तैयार करने के लिए भी मिट्टी के तेल से चलने वाला एक अदद स्टोव। उसी से काम चलाना होता था। धीरे-धीरे घर में ज़रूरी चीज़ें जुटाने की कोशिशें हो रही थीं।

बम्बई से राजा ढाले आये थे। सुबह की चाय पर घण्टा भर दलित साहित्य तथा आन्दोलन सम्बन्धी बातचीत हुई। अगले दिन 'लोकायन' में देशराज भारती जी आये। मोदीनगर में कुछ माह पूर्व अम्बेडकर मूर्ति को तोड़ दिया गया था। अभी तक प्रशासन के द्वारा मूर्ति लग नहीं सकी। हालाँकि रामधन जी की मोदीनगर विजिट हो भी गयी थी। घण्टा भर उनसे वहीं बातचीत हुई। भारती

जी को शाम को रामधन जी से मिलना था। रामधन जी से समय लेता हूँ। तभी पूना से टेक्सास गायकवाड़ जी आ जाते हैं। उनके साथ महाराष्ट्र सदन और बाद में गृह एवं सूचना और प्रसारण मन्त्री सुबोध कान्त के यहाँ जाना होता है। मन्त्री जी मिले नहीं। उन्हें हमने आवेदन दे दिया था। 7 बजे के क़रीब रामधन जी के यहाँ जाता हूँ। भारती जी साथ में थे।

भारती जी तफ़सील से अपनी बात रखते हैं। रामधन जी भी धैर्य से उनकी बातें सुनते हैं। कभी-कभी मेरी ओर देख लेते हैं। फिर अपने पीए को बुलाते हैं। उसके आने पर सम्बन्धित बातें नोट कराते हैं। तभी भारती जी बोल उठते हैं, ''रामधन जी, हम आपके आभारी हैं कि आप हमें समय देते हैं। हमारी बातें सुन लेते हैं। लेकिन कुछ हो तो नहीं रहा है।''

उनकी बात सुनकर रामधन जी थोड़े समय मौन रहे, फिर वे बोले, ''देशराज जी, आप जो चाहते हैं, मैं भी वही चाहता हूँ। स्थिति में सुधार हो, इसके लिए मैं समय-समय पर आदेश भी देता हूँ लेकिन सरकारी मशीनरी है।''

यह कहकर वे चुप हो गये। अब देशराज जी ने मेरी ओर देखा। पर कहा कुछ नहीं। कुछ कहने को था ही नहीं। सरकारी मशीनरी के बारे में आख़िर क्या कहा जा सकता है।

टेक्सास गायकवाड़ जी ने ज्योतिबा फुले के जीवन-संघर्ष पर एक घण्टे की टेलीफ़िल्म का निर्माण किया था, 'क्रान्तिबा फुले' नाम से इस फिल्म को दूरदर्शन पर दिखाये जाने के सम्बन्ध में वे कुछ सहयोग चाहते थे। रात के क़रीब दस बजे घर लौटना हुआ। घर यानी वही चार दीवारों पर टिकी एक अदद छत। रात में देर तक ज्योतिबा फुले पर लेख लिखता रहा था। सुबह 6 बजे उठकर उस लेख को आगे बढ़ाने में फिर से लग जाता हूँ। और दस बजते-बजते पूरा करता हूँ। यह लेख महाराष्ट्र मानस (बम्बई से प्रकाशित होने वाली महाराष्ट्र सरकार की हिन्दी मासिक पत्रिका) के लिए था। मेरे मित्र आत्माराम वहाँ बतौर सम्पादक कार्यरत थे। 12 बजे भारत सेवक समाज, सदर बाज़ार दिल्ली में एक कार्यक्रम होता है। ग्यारह बजे तक हर हाल में मुझे तैयार होना था। जल्दी-जल्दी तैयार होकर बाहर सड़क तक आना हुआ। पश्चिमपुरी जनता फ्लैट से 952 नम्बर बस चलती थी। पन्द्रह मिनट वहाँ तक जाने में लग जाते हैं। ग़नीमत थी कि बस जल्दी ही मिल गयी थी। पहाड़ गंज थाना बस का अन्तिम स्टॉप था। वहाँ से ताँगा लेकर सदर बाज़ार पहुँचते-पहुँचते सवा बारह बज गये थे। कालीचरन गौतम, अतिरिक्त शिक्षा निदेशक के साथ मैं भी उसमें सम्मिलित होता हूँ। वहाँ से कार्यक्रम समाप्ति के बाद 3 बजे मायापुरी स्थित मेहता प्रेस मुझे गौतम जी

अपने साथ कार में ले गये थे। वे बी.पी. मौर्य जी पर अभिनन्दन-ग्रन्थ प्रकाशित करना चाहते थे। मौर्य जी के वे पक्के भक्त थे।

फिर वहाँ से बी.पी. मौर्य जी के पास बी.पी. हाउस स्थित उनके फ्लैट में जाना हुआ। गौतम जी साथ में थे या यूँ कहिए कि मौर्य जी के पास वे ही मुझे अपने साथ ले गये थे। स्मृति ग्रन्थ के प्रकाशन सम्बन्धी ख़र्च के बारे में गौतम जी ने हल्के से कुछ कहा। सुनकर मौर्य जी ने हाथ खड़े कर दिये। गौतम जी ने उन्हें एक लाख का बजट बताया था। उन्होंने यह भी बतलाया कि कुछ तो वे स्वयं व्यवस्था कर ही लेंगे, शेष अगर आप करा दें किसी के द्वारा। पर मौर्य जी ने यह कहते हुए पल्ला झाड़ लिया कि जो करना है गौतम जी आप ही करें। फिर संक्षिप्त से सिलसिलेवार बातचीत हुई सामाजिक समस्याओं से लेकर राजनीति तक। मौर्य जी जवाब में सिर्फ़ हूँ-हाँ करते रहे। अब गौतम के पास कोई पत्ता शेष नहीं बचा था। इसलिए वहाँ से उन्होंने खिसकना ही ठीक समझा।

प्रकाशन विभाग में मुझे डॉ. शशि जी के कार्यालय जाना था। गौतम जी बी.पी. हाउस से सीधे अपने घर चले गये और मैं वहीं से पटियाला हाउस आ गया। डॉ. शशि जो ऑफ़िस में ही थे, उसी दिन 6 बजे महाराष्ट्र भवन, बम्बई से दादा साहब रूपवते जी आये थे। उन्हीं के साथ मधु लिमये जी के निवास पर जाना हुआ। मधु लिमये जी के निवास पर मैं पहली बार गया था। वे पण्डारा रोड पर रहते थे। मधु लिमये जी का मैं आरम्भ से ही प्रशंसक रहा हूँ। दलितों पर सकारात्मक रूप से वे लिखते रहे हैं। बाबा साहेब डॉ. अम्बेडकर पर उन्होंने एक पुस्तक भी लिखी थी। संसद के भीतर और बाहर दलितों के सवाल भी उठाते रहे हैं। निश्चित ही ऐसी शख़्सियतों को मैं सलाम करता हूँ। देर से ही सही यह बात मेरी समझ में आयी कि सभी सवर्ण दलितों के दुश्मन नहीं होते। उनमें कुछ अच्छे भी होते हैं। उनकी पत्नी चम्पा लिमये ने स्वयं चाय बनायी थी। रात में घर पहुँचते-पहुँचते आज फिर देर हो गयी थी। घर में रखी घड़ी की तरफ़ निगाह जाती है। ग्यारह बज रहे थे। आज दिन में चाय के साथ कई जगह अड़गम-सड़गम खाना पड़ा था। अतः रात में खाने का कुछ मन नहीं हुआ। शरीर भी थक गया?

शनिवार का दिन था। सबसे पहले जन्तर-मन्तर जाना हुआ। जहाँ स्वामी अग्निवेश रहते थे। उनके यहाँ से महाराष्ट्र भवन दादा साहब रूपवते जी को टेलीफ़ोन करता हूँ। रूपवते जी महाराष्ट्र में मन्त्री रह चुके हैं। वे थोड़ा साहित्यिक रुचि भी रखते हैं। आज मुझे उनसे फिर 12 बजे मिलना था। मैं थोड़ा पहले पहुँचता हूँ। लगभग 12:20 पर हम वहाँ से शिवाजी पाटिल (स्मिता पाटिल के

पिता) जी के यहाँ जाते हैं। वे लंच पर हमारा इन्तज़ार कर रहे थे। रूपवते जी मेरा उनसे परिचय कराते हैं। सचमुच उनसे मिलकर बहुत अच्छा लगता है। पाटिल जी महाराष्ट्र शुगर फेडरेशन के चेयरमैन थे। प्रधानमन्त्री चन्दशेखर के आश्रम गुड़गाँव में भोजन की व्यवस्था थी। चारों तरफ़ पहाड़ी, उनके बीच कृत्रिम झील, छोटी नहर, रंग-बिरंगे फूलों से सजी भोड़सी आश्रम की ज़मीन जिसका व्यवस्थित तरह से शृंगार कर दिया गया था। मुझे यह सब देखकर अच्छा लगता है। एक लम्बे अरसे के बाद प्रकृति से रू-ब-रू हुआ था। भले ही वह देश के प्रधानमन्त्री द्वारा बनाया गया भोड़सी आश्रम हो। प्रकृति मेरे बहुत नज़दीक थी और मैं शृंगाररत धरा के साथ। मन करता कि इन सबको मैं अपने में छुपा लूँ। वहाँ के चप्पे-चप्पे से संवाद करूँ। उस परिवेश में रच-बस जाऊँ। भोजन के बीच शिवाजी पाटिल ने पूछा भी था, ''नैमिशराय जी! कैसे पत्रकार हैं?'' जवाब में दादा साहब रूपवते जी बोले, ''घबराने की ज़रूरत नहीं है। आराम से भोजन करें।'' लगभग दो घण्टे बाद हम भोड़सी आश्रम से महाराष्ट्र भवन आये।

पैसे का अभाव मुझे समय-समय पर महसूस होता रहा है। महसूस ही नहीं हुआ बल्कि कभी-कभी इस सवाल ने मुझे बहुत परेशान भी किया है। पत्नी तो उलाहना मारने में पीछे नहीं रहती। वे व्यंग्यों की जैसे बात-बात पर बौछार करतीं। मन व्यथित हो टुकड़े-टुकड़े हो जाता। 23 फ़रवरी को बड़े बेटे का जन्मदिन था। मैं चाहता था घर पर उसका जन्मदिन मनाना चाहिए। आख़िर कहाँ नसीब होता है एक छत के नीचे सभी का होना। कुछ तो करना होगा, इधर-उधर से पैसे का कुछ जुगाड़ करता हूँ। तब जाकर परिवार के साथ मैं भी सम्मिलित हो पाता हूँ। चार-पाँच साथियों को फ़ोन से ही बेटे के जन्मदिन में आने का निमन्त्रण दे देता हूँ। उस दिन बापूराव पखिड्डे अपनी पत्नी के साथ आते हैं। कमलेश सचदेव भी आती हैं। साथ में माँ तथा मुराद नगर से माया भाभी एक-दो अन्य रिश्तेदार, पड़ोस के तीन-चार बच्चे। सचमुच अच्छा लगता है उन सबके बीच। कुछ समय के लिए ही सही। हम सब एक छत के नीचे इकट्ठा तो होते हैं। उनमें मेरे परिवार के लोग भी थे और यार-दोस्त भी। वे हँसते हैं, खिलखिलाते हैं। पैसे से रौनक हो जाती है। हलचल होती है। फ़िज़ाँ बदल जाती है। हमारे बीच तनाव के पल गायब होते हैं। उसकी जगह ख़ुशी का हम इज़हार करते हैं। पैसा न हो तो जीवन वही बेरौनक। उस बेरौनक जीवन के बारे में क्या लिखूँ, पाठक सभी कुछ तो जानते हैं। स्वयं नहीं जानते तो एक-दूसरे से जान लेते हैं। फिर ग़रीबी के रहस्य की वैसी गुत्थियाँ, जिन्हें सुलझाने में लोगों को बरसों लग जायें। कभी-कभी सारी उम्र बीत जाती है उन्हीं गुत्थियों को सुलझाते-सुलझाते। अरे भई, अभाव वाले

घर को तो कुत्ता भी पल भर में सूँघ लेता है और फिर वहाँ झाँकता भी नहीं।

अगले दिन सुबह ही सिंडीकेट बैंक जाता हूँ। उस बैंक में मेरा खाता था। वैसे उक्त बैंक में मेरे दो करंट खाते थे। एक 'बहुजन अधिकार' (हिन्दी पाक्षिक समाचार पत्र) दूसरा जयभीम प्रकाशन का। जयभीम प्रकाशन से मात्र 250 रु. निकाल पाता हूँ। 'बहुजन अधिकार' खाते को बन्द कराने के लिए आवेदन-पत्र देता हूँ। क्या करूँ? दो बैंक में मेरे एकाउण्ट और बैलेंस के नाम पर? पर बैलेंस कितना? यह तो मैं ही जानता था। बताने से फ़ायदा भी क्या? फिर कोई शान दिखाने या शेखी बघारने की बात तो नहीं और मैं क्यों किसी को शान दिखाता। लोग तो पता नहीं क्या-क्या शान दिखाते हैं? कोई दो-दो बीवियाँ रखने की तो कोई दो-दो मकानों की। कोई कार की तो कोई दो फ़ोन की। ख़ैर बेटे के जन्मदिन की ख़ुशी मनाने के लिए जो क़र्ज लिया था, उसे चुकाना भी था। चार-पाँच दिन पूर्व मेरठ से कमलेश का तक़ाजा भी आया था। स्कूटर की एवज़ में क़र्जा जो चुकाना था। क़र्ज भाई का हो या फिर भतीजे का या फिर चाचा का। किसी का भी हो। क़र्ज तो क़र्ज ही होता है। अगले ने बड़े भाई की शर्म कर स्कूटर हाथ में थमा दिया। फिर बड़े भाई को इतना तो चाहिए कि समय रहते भुगतान कर दे। इसी कशमकश में एक सप्ताह बीत जाता है। एक प्रकाशक से कुछ पैसा एडवांस लेना पड़ता है। इसी बीच एक-दो आलेख के छपने के बाद चेक मिलता है। दो हज़ार रुपये का किश्त के रूप में कमलेश को चेक दिया था।

शाम को मुझे बामसेफ (करोल बाग स्थित) ऑफ़िस से 360 रु. मिले। कभी-कभी वहाँ जाना होता था। बम्बई से सपकाले जी ने भिजवाए थे। 6 दिसम्बर को मैंने उन्हें कुछ पुस्तकें दी थीं। दिमाग़ पर सप्ताह भर से छाया बोझ अब नहीं रहता है। मैं अपने को हल्का महसूस करता हूँ।

इस बार मेरा बड़ा बेटा अमित स्कूटर पर मेरे साथ मेरठ आया था। लगभग दो-ढाई माह बाद मेरठ आना हुआ था। मेरठ में ही मैं दोनों बहनों यानी गीता और इन्दिरा से भी मिलता हूँ। बहुत दिनों बाद उनसे मिलना हुआ था। गीता की बड़ी बेटी तथा अन्य बेटियों से इस बार उनके भविष्य के बारे में लम्बी चर्चा होती है। मेरी बड़ी भांजी फ़िल्म में प्रवेश चाहती है। जबकि उसके पास कोई अनुभव और तैयारी भी नहीं होती है। कहीं से एक्टिंग कोर्स भी नहीं किया है उसने। लगता है, उसके भीतर कोरी भावुकता थी और सपने सजाने की कल्पना भी। बहन के घर में वैसे ही बच्चों की क़तार है। उनकी आर्थिक स्थिति भी ख़राब है। फ़िल्म में प्रवेश चाहती है। पर वह नहीं जानती है कि फ़िल्म में प्रवेश कितना मुश्किल से मिलता है। मैं कर ही क्या सकता हूँ? मैं स्वयं फ़िल्म के

लिए लम्बे समय से संघर्ष कर रहा था। उन्हें आश्वासन देकर वहाँ से लौट आता हूँ। इसके अलावा उन्हें मैं और कुछ दे ही क्या सकता था। फिर देने के लिए मेरे पास था ही क्या? उसी दिन मेरठ में ही आचार्य दीपांकर से बातचीत हुई। आचार्य दीपांकर जी का मुझ पर बहुत स्नेह होता है। मैं भी उनकी बहुत इ़ज़्ज़त करता हूँ। कम्युनिस्ट पार्टी में सवर्ण समाज से ऐसे बहुत ही कम लोग हैं, जो जातिभेद नहीं मानते। जिनके जीवन का एक-एक पृष्ठ खुला होता है। दलितों के घर आते-जाते हैं। उन्हें अपने घर चाय और भोजन पर भी बुलाते हैं। उनके सुख-दुख में शरीक होते हैं।

मेरठ से दिल्ली मैं अकेला ही लौट आया था। बेटे का मन था दो-तीन दिन दादी के पास रहने का।

शाम का वक़्त। शकुन मेरे साथ है। जनपथ स्थित रामविलास पासवान के निवास पर जाना हुआ। पासवान जी तभी बाहर से आते हैं। थोड़ी देर में ही चाय भिजवाते हैं। फिर अपने कमरे में बुलवाते हैं। क़रीब चालीस मिनट बातचीत होती है। मौजूदा राजनीति और दलित आन्दोलन पर। उनके निवास पर ही सुजाता से मुलाक़ात हुई। वह कल ही बम्बई से आयी थी और उसे दूरदर्शन में कोई प्रोजेक्ट देना था। उसने जानकारी दी। वहीं लैण्ड्स रिफॉर्म कमेटी के सदस्य वसीम अहमद जी से भी मुलाक़ात होती है। पासवान जी से मिलने के बाद मेरी सुजाता से और भी चर्चा होती है। दलित साहित्य तथा फ़िल्म में उनकी रुचि अभी भी बरक़रार थी। थियेटर भी करती थीं। वे दिल्ली और बम्बई रहते हुए काफ़ी एक्टिव रही हैं। कभी-कभी लिखती हैं। नाटकों पर भी उनका अच्छा-ख़ासा काम रहा है। इन सबके बावजूद वे व्यवस्थित रूप से कोई गम्भीर कार्य कर नहीं सकीं। यही कारण रहा कि न उत्तरी भारत में उनके कार्यों, प्रयासों की कोई रिकगनिशन हो सकी और न महाराष्ट्र में ही। इसके पीछे बहुत-से कारण हो सकते हैं। पर एक कारण तो यह था ही कि दिल्ली और बम्बई में फाइव स्टार होटल में उनकी शॉप होने से पैसे की अधिकता ने उनकी अपनी प्रतिभा का विकास नहीं बल्कि उसमें अवरोध पैदा किया।

जनाब वीपी सिंह साहब से मुलाक़ात का यह तीसरा मौक़ा था। दो बार उनको मैंने सुना था और इस बार मैंने दलित समाज की कुछ तकलीफ़ें उनके सामने रखी थीं जिन्हें उन्होंने बहुत धैर्य से सुना और वैसे ही गम्भीरता से जवाब भी दिया। जवाब देते हुए वे अपने हलवाहे हरिया, नत्थू धोबी, सरना नाई, किसना मोची, झम्मन मालिश करने वाले आदि का उदाहरण देना नहीं भूलते। जैसे वे सब उनके जड़ ख़रीद ग़ुलाम रहे हों। बात-बात में लोगों का नाम बाद में लेंगे

पहले उनकी जाति का दुमछल्ला ज़रूर लगायेंगे। बड़ी खूबसूरती से वे लोगों को सन्तुष्ट करना जानते थे। लोग भी आसानी से सन्तुष्ट हो जाते थे। राजा माण्डा जो थे। पर मैं उनकी बातों से सन्तुष्ट नहीं हो पाया था। बार-बार वे हरिजन शब्द का प्रयोग और परम्परा का उल्लेख करते। हरिजन को भी हरिजनवा कहते। खेत को खेतवा। अधिकांश शब्दों के उच्चारण से पूर्वी शैली उभरती थी। गाँधी के बिना तो कोई बात आगे ही नहीं बढ़ाते थे। गाँधी की सादगी, गाँधी की अहिंसा, गाँधी का आदर्श आदि-आदि।

आज बाबा साहेब डॉ. अम्बेडकर जन्मशताब्दी समारोह समिति की बैठक पार्लियामेण्ट एनेक्सी में थी। मुझे भी सदस्य होने के नाते बुलाया गया था। क़रीब चालीस-पचास सदस्य बैठक में उपस्थित थे जिनमें विशेष रूप से रामविलास पासवान, अजित सिंह, शरद पवार, वीपी सिंह, सुरेन्द्र मोहन, स्वामी अग्निवेश आदि थे। बम्बई से राजा ढाले भी अपने एक मित्र के साथ आये हुए थे। इसी मीटिंग में लगभग दस मिनट का मेरा भी वक्तव्य होता है। कुछ सदस्यों को बेबाकी से मेरा कहना, बोलना बुरा लगता है। मैं दलितों का आर्थिक पक्ष रखता हूँ। दलितों को निर्बल से सबल बनाने की दिखाऊ योजनाओं की आलोचना भी करता हूँ। इस बारे में मेरे पास तथ्य थे, जिन्हें मेरी साली मधु ने उपलब्ध कराये थे। वह आईसीआई बैंक में मैनेजर थी। बैंक कर्मचारियों और अधिकारियों की कार्य-क्षमता तथा उनकी जातीय मानसिकता पर सीधे-सीधे मेरा सवाल था। बैठक में लगभग तीन घण्टे तक विचार-विमर्श हुआ। अन्त में प्रधानमन्त्री वीपी सिंह ने समापन भाषण दिया।

संसदीय सौंध में मेरे द्वारा दिये गये वक्तव्य का लब्बो-लुआब यही था कि जहाँ दलितों को पाँच से दस हज़ार रुपये बैंकों से क़र्ज लेने में परेशानियों का सामना करना पड़ता है, वहीं सवर्ण व्यापारियों तथा उद्योगपतियों को पचास लाख से पाँच करोड़ रुपयों का क़र्ज आसानी से मिल जाता है। यही नहीं बल्कि पिछले क़र्ज को चुकता करने से पहले अतिरिक्त क़र्ज भी कभी-कभी उन्हें उपलब्ध करा दिया जाता रहा है। उसी समय स्वयं तत्कालीन प्रधानमन्त्री माननीय वीपी सिंह ने मुझसे पूछा भी था कि इस जानकारी का क्या स्रोत है?

नवभारत टाइम्स की ओर से मुझे रिपोर्टिंग करने जाना था। कुछ दिनों पूर्व ग़ाज़ियाबाद में साम्प्रदायिक दूँगा हो गया था जिसमें दलितों की जान और माल की हानि हुई थी। बारह बजे के बाद ग़ाज़ियाबाद स्कूटर पर ही मैं पहुँचा। पहले इस्लाम नगर, फिर वाल्मीकि नगर और अन्त में उस क्षेत्र की पुलिस चौकी पर जाकर चौकी इंचार्ज से दंगे के बारे में लम्बी बातचीत हुई। बहुत सारे सवाल,

बहुत सारी समस्याएँ, आगजनी, लूटमार, हत्या, बलात्कार, दुख और तकलीफ़ों के जैसे अम्बार लगे थे। कहाँ से शुरू करूँ और कहाँ ख़त्म हो, कुछ समझ नहीं आता था। जब-जब भी हिन्दू और मुस्लिम समाज के बीच दंगा शुरू होता है तो बस्ती तथा बस्ती में रहने वाले लोगों, विशेष रूप से दलित जीवन को तहस-नहस किये बिना दंगाई नहीं रहते। अपनी-अपनी भड़ास निकालने वाले चाक़ू और खंजर के बिना बात नहीं करते। वे एक-दूसरे के धर्म तथा समाज को तहस-नहस करने से बाज नहीं आते। उनके सामने सिर्फ़ जुनून होता है और वह जुनून जब धर्म की चाशनी में डूब जाता है तो...। लौटते हुए मेरे हाथ में कुछ पेपर्स थे। उनमें न इबारतें लिखी गयीं और न ही इबादतें। लिखे गये तो सिर्फ़ ज़ख़्मी बयान, जिन्हें कल या परसों के अख़बार में लोग पढ़ेंगे और पढ़कर कुछ अपना-अपना माथा पीटेंगे तो कुछ पुलिसवालों को गालियाँ देंगे। यह भी हो सकता है कि उनमें से कुछ हिन्दुओं को गालियाँ दें तो कुछ मुसलमानों को। और कुछ सरकार को कोसें। पर क्या केवल इतना ही? दंगे फिर भी नहीं रुकते, आख़िर क्यों नहीं रुकते?

वहाँ से लौटते हुए दिल्ली में आने पर मण्डी हाउस में कॉफ़ी लेता हूँ। दो-तीन दिनों से आमलेट खाने का मन था। कॉफ़ी से पूर्व ऑमलेट तथा स्लाइस का ऑर्डर देता हूँ। इसी बीच अंजु राय भी आ जाती है। उसके साथ एक टी.वी. सीरियल पर चर्चा होती है। क़रीब साढ़े सात पर घर लौटता हूँ और आठ बजे ग़ाज़ियाबाद से साक्षात्कार कर लायी सामग्री का सम्पादन करना आरम्भ कर देता हूँ। ज़ख़्मी लोगों की चीख़ें मुझे जल्दी-से-जल्दी उन सबकी रिपोर्ट लिखने के लिए प्रेरित भी करती हैं और उत्तेजित भी। यह सब लिखते हुए मेरा शरीर भट्ठी की तरह तपने लगता है और मेरे भीतर जैसे कोई झंझावत उभर आता है। आजकल रात के बारह बजे तक लिखना होता है। दो महीने सर्दियों में यह क्रम टूट गया था। टूटा हुआ क्रम पुनः जुड़ गया। मेरी रचनाधर्मिता पर पत्रकारिता हावी होने लगी थी। साहित्य पीछे छूट रहा था। कभी-कभी मेरे भीतर से सवाल उभरते हैं कि यह सब...।

शाम सात बजे मुझे नयी दिल्ली रेलवे स्टेशन पहुँचना था। 7:45 पर मगध एक्सप्रेस पकड़नी थी। मुझे कुछ साथियों के साथ पटना जाना था। स्टेशन पर कुछ साथी मिलते हैं। ट्रेन ठीक समय पर प्लेटफ़ॉर्म से छूटती है। सफ़र में काफ़ी रात गये हम बातचीत करते रहते हैं। जब कभी साथियों के साथ दिल्ली से बाहर जाना होता है, हँसी-मज़ाक़ भी हो जाता है। ऐसे समय घर की उलझनें और उन उलझनों को और भी उलझाने के लिए रिश्तेदारों की टीकाएँ भूल-सा जाता हूँ। पत्नी की शिकायतें तो दो-चार दिन के लिए सुनने को मिलती नहीं हैं। बहुत

कुछ मन से धुल-सा जाता है और उसके स्थान पर जीवन का नया संगीत उभर आता है। हम चार-पाँच साथी थे। हम दलित पत्रिका के सम्पादक प्रेम कपाड़िया, आनन्द स्वरूप, आचार्य गुरु प्रसाद और डॉ. सुमनाक्षर साथ थे। अगले दिन दोपहर लगभग बारह बजे रेलगाड़ी पटना स्टेशन पर पहुँचती है। पहले दलित विकास समिति के कार्यालय जाते हैं। वहाँ से एक साथी होटल तक छोड़ने आता है। चार बैड का बड़ा कमरा पटना के एक सस्ते होटल में बुक किया जाता है। नये शहर में नया परिवेश हो और यार-दोस्त साथ में हों तो रात अच्छी बीतती है। दलित विकास समिति की ओर से अगले दिन गोष्ठी का कार्यक्रम था। हम सभी साथियों को भी उसमें शरीक होने के लिए आमन्त्रित किया गया था। हम थोड़ा देरी से पहुँचते हैं। वहाँ फादर जॉर्ज कनाइकल तथा बिहार राज्य के जेल मन्त्री भी मौजूद थे। अच्छी-ख़ासी भीड़ थी। बिहार राज्य के परिप्रेक्ष्य में दलित सवाल और समस्याएँ उभरती हैं। साथियों के बीच जो विमर्श का मुद्दा बनता है, उसमें दलित-उत्पीड़न प्रमुख था। हम उस राज्य की राजधानी में इकट्ठा हुए थे, जहाँ हर एक मिनट में आगजनी, लूटपाट, हत्या तथा दलित महिलाओं पर बलात्कार की घटना हो जाती थी। अब तो सामूहिक हत्याकाण्ड और बलात्कार भी होने लगे थे। बिहार में जातीय आधार पर सेनाएँ बनने लगी थीं। आये दिन ख़ून-ख़राबा होने लगा था। मैकूराम जी आते थे। उनसे मेरी मुलाक़ात कुछ वर्ष पहले हुई थी। पहली मुलाक़ात दिल्ली के बिहार भवन में हुई थी। तब रामविलास पासवान जी ने मेरा उनसे परिचय कराया था। उस समय मायावती भी मेरे साथ थीं। सत्तर के दशक में हम सभी बामसेफ के माध्यम से दिल्ली तथा आसपास के क्षेत्रों में ज़ोर-शोर से बाबा साहेब के कारवाँ को आगे बढ़ाने में लगे थे। शाम को वे हम सभी को अपने घर पर ले जाते हैं और बिना किसी शिष्टाचार के स्वागत करते हैं। एक नेक इनसान, बाबा साहेब डॉ. अम्बेडकर के द्वारा बताये गये पथ पर अभी भी अग्रसर थे। चाय पीते हुए दलित आन्दोलन पर विशेष चर्चा होती है। लगता नहीं कि हम इतने वरिष्ठ पुलिस अधिकारी से बातें कर रहे हैं। हम उनकी उदारता के क़ायल हुए बिना नहीं रह सके।

दो दिन बाद साथियों के साथ दिल्ली लौटना हुआ। नयी दिल्ली रेलवे स्टेशन से बस ली। लगभग एक घण्टे में पश्चिम विहार तक बस पहुँची। दरवाज़े पर दस्तक दी। शकुन्तला ने दरवाज़ा खोला। मैंने घर में प्रवेश किया। तभी उन्होंने घड़े का ठण्डा पानी गिलास में लाकर दिया। मैंने अभी पानी समाप्त ही किया था। वह पूछ बैठीं, "क्या लाये नैमिशराय जी पटना से?"

सुनकर मैंने उनकी ओर देखा। उन्होंने भी मेरी तरफ़ थोड़ा मुस्कराते हुए

जवाब का इन्तज़ार किया। मैं भला क्या जवाब देता? जवाब देने के लिए कुछ था ही नहीं। एक आम गृहिणी के लिए जवाब भी क्या हो सकता था।

''ऐसा हो ही नहीं सकता कि बाहर आदमी जाये और कुछ लाये बिना लौट आये।''

कहकर मेरी आँखों में उन्होंने झाँका।

''कुछ सपने, कोई कहानी का प्लाट, कुछ से मुलाक़ात तो अवश्य ही हुई होंगी। उनकी यादें।'' कहते हुए वह रसोई में चली गयीं। फिर वहीं से कहा, ''चलो कोई बात नहीं, मत बताओ। मैं चाय बनाती हूँ। फिर कहीं बाहर जाओगे। नये लोग, नयी बातें, संघर्ष।" पत्नी के स्वर में अच्छा-ख़ासा व्यंग्य उभर आया था। पर मैं चुप ही रहा। जल्दी ही वह चाय ले आयी। मैंने पूछा, "आप नहीं पियोगी चाय।"

सुनकर वह रसोई में गयीं और अपने लिए भी चाय से भरा प्याला ले आयीं। चाय पीते हुए वह फिर बोलीं, "मैं तुम्हारे साथ चाय तो पी ही सकती हूँ। जाम तो टकराने से रही।"

सहज भाव से मेरे भीतर से उभरा, "क्यों आपको मेरे साथ जाम टकराने से किसी ने रोका है क्या?"

"दोनों ही अगर पीने लगे तो परिवार की नैया को कौन खेवेगा?"

मैं मौन ही रहा। उन्होंने फिर कहा, "आप तो वैसेई डबल नशा करते हैं।"

"डबल नशा।"

"हाँ भई डबल नशा, एक तो समाजसेवा का और दूसरे...।"

23 मार्च यानी डॉ. राममनोहर लोहिया का जन्मदिन था। उसी दिन से अकबरपुर में 'लोहिया मेला' का आयोजन था। मेले का आयोजन जॉर्ज फर्नांडीज़, जया जेटली आदि ने किया था। इस बार मुझे भी अकबरपुर चलने के लिए कहा गया था। मैं 'लोकायन' के अपने कुछ साथियों के साथ अकबरपुर के लिए पुरानी दिल्ली रेलवे स्टेशन आता हूँ। ट्रेन में सुरेन्द्र मोहन जी के सान्निध्य के अलावा अन्य साथियों का साथ भी मिला। सुरेन्द्र मोहन जी के बारे में क्या लिखूँ? उनकी भलमनसाहत और उदारता के सामने मैं नतमस्तक था। बलराज आदि से भी वहीं मुलाक़ात होती है। विजय प्रताप, रवि, विजय जी की बहिन साथ में थी। इन सबके के साथ रेलगाड़ी की यात्रा यादगार बन गयी थी।

तीन दिन बीत गये, कुछ पता ही न लगा। ज़रा भी बोरियत न हुई। बहुत लोगों से मिलने का अवसर मिला। अकबरपुर (फ़ैज़ाबाद) घूमकर देखा, लोहिया जी का जन्मस्थान भी देखा, स्थानीय स्तर पर लोगों से बातचीत हुई। लोहिया जी के बारे में, लोहिया जी के सपनों के बारे में, समाजवाद के बारे में, लोहिया

और अम्बेडकर की मुलाक़ातों के बारे में, राजनीति पर अच्छी-ख़ासी चर्चा हुई। अकबरपुर प्रवास में नये तरह के अनुभव हुए। इस अवसर पर जॉर्ज फर्नांडीज़ और उनकी पत्नी लैला भी मौजूद थी। कभी-कभी लैला का जॉर्ज के साथ व्यवहार अजीब-सा हो जाता था। वह बेबाकी से जॉर्ज से सवाल-जवाब करने लगती थीं। मेरे भीतर यह सवाल बार-बार उभरता था। आख़िर ऐसा कौन-सा कारण था कि लैला उतनी उत्तेजित हो जाती थी? और उनके बात करने का सलीक़ा ही बदल जाता था। पर जॉर्ज ऐसे समय पर चुप ही रहते थे। कुछ साथी भी यह सब देख और सुनकर चुप ही रह जाते थे क्योंकि उनके घर का मामला था। फिर जॉर्ज साहब का व्यक्तित्व और राजनीतिक क़द इतना बड़ा था कि किसी को उनके बारे में कुछ कहने की हिम्मत न होती थी। बहुत तेज़ आवाज़ में लैला कबीर अपने तर्क रखना चाहतीं, लेकिन अधिकांश साथी उनकी बातें बहुत हल्के से लेते। मेरी समझ में यह सब नहीं आता। ऐसा क्यों हो रहा है? मैं यह भी देखता कि जया जेटली उनके नज़दीक होतीं। एक-दो बार लैला ने जया को भी कुछ कहा। उन्होंने सिर्फ़ हँसकर उनकी बात को टाल दिया। यहाँ तक कि सुरेन्द्र मोहन भी ऐसे समय चुप ही रहते। यह सब देखते, सुनते और महसूस करते हुए मेरे भीतर सवालों का बवण्डर उठ रहा था। आख़िर किससे पूछँ कौन बतलायेगा? दूसरे दिन मैंने लैला से मिलने के लिए विचार किया। सुबह का समय था। वह एक कोने में मुझे खड़ी दिखायी दी। निराश और हतोत्साहित। मैं उनके नज़दीक गया। उनसे पूछा। उनकी आवाज़ के साथ दर्द भी उभर आया था।

"कुछ मत पूछो नैमिशराय जी! जैसा सब देख और सुन रहे हैं, वैसा ही तुम भी देखो और सुनो।"

मेरे मुँह से निकला, "मैं तो कल से ही देख और सुन रहा हूँ।"

अनायास ही उनका उत्तेजित स्वर उभरा, मैं उनका जवाब सुन सकते में आ गया था। आगे कुछ कहना चाहता था कि वह बोल उठी, "क्या सुनना चाहते हो आख़िर मेरे मुँह से? यह एक दिन, एक सप्ताह, एक माह या एक वर्ष की कहानी तो नहीं है। दशकों से यही सब हो रहा है मेरे साथ।"

कहकर तेज़ी के साथ चली गयी थी। तभी विजय प्रताप मेरे पास आये और बोले, "नैमिशराय जी, यह उनके घर का मामला है। इसमें रुचि मत लो।"

मुझे सुनकर दुखद आश्चर्य हुआ था। मेरे मन में विचार आया कि अगर किसी के घर में आग लगी है तो क्या दूर खड़े होकर देखना चाहिए। मैं कुछ कहना चाहता था, तभी विजय प्रताप चले गये थे। मैं अपने ही सवालों से घिरा अकेला रह गया था।

दिल्ली लौटने पर फिर वही काम। सुबह 'लोकायन' ऑफ़िस जाना और शाम होते-होते वापसी। कभी-कभी देरी भी हो जाती, जब स्मितु कोठारी दिल्ली में होते। अभी-अभी ऑफ़िस से लौटा हूँ। कुछ देर पूर्व ही बारिश हुई थी। साथ में हल्के ओले भी पड़े थे। रास्ते में स्कूटर चलाते हुए काफ़ी परेशानी हुई। सारा शरीर बारिश में भीग गया। ओले पड़ने से मौसम में ठण्डक हो गयी। शरीर ठिठुरने लगा था। चाय पीने की इच्छा हुई। घर में दूध नहीं था। ब्लैक टी ही पीनी पड़ी। तब तक मेरे घर में ब्लैक टी पीने का रिवाज न था।

पिछले क़रीब एक सप्ताह से अचानक जैसे मुझे परिस्थितियों ने राजनीति की ओर मोड़ दिया था। मुझे जनता दल की तरफ़ से राष्ट्रीय चुनाव प्रचार समिति में सदस्य बना दिया गया था। इस कारगुज़ारी में सुरेन्द्र मोहन और विजय प्रताप की भूमिका विशेष थी। समिति की मीटिंग कभी राजमोहन गाँधी के निवास पर तो कभी प्रधानमन्त्री गुजराल जी के घर पर होती थी। मेरे कुछ साथी जिनमें विजय प्रताप विशेष थे, करोल बाग संसदीय क्षेत्र से इस कोशिश में थे कि मुझे जनता दल आने वाले आम चुनाव के लिए टिकट दे। एक सप्ताह से मुझे भी राजनीति रास आने लगी थी। राजनीति में जैसे-जैसे रुचि बढ़ती जा रही थी, वैसे-वैसे अन्य बातें पीछे हटती जा रही थीं। इन्हीं दिनों राजमोहन गाँधी से मेरी पहली मुलाक़ात हुई। बाद में तो गुजराल जी के बँगले पर सिलसिलेवार बातचीत होती थी। इसी दौरान सुरेन्द्र मोहन, रजनी कोठारी और जयपाल रेड्डी जी से भी मुलाक़ात होती रही। बाद में चौधरी चरण सिंह के बेटे अजीत सिंह से भी मिलना हुआ। कहना न होगा कि तेज़ी के साथ मैं राजनीतिज्ञों के क़रीब होता चला जा रहा था या कहिए कि मैं राजनीतिज्ञों से घिरता जा रहा था। पर आख़िर इन सबका सबब क्या था, क्यों राजनीति की वासना मेरे भीतर तेज़ी के साथ प्रवेश करती चली जा रही थी। क्या कोई चुम्बकीय शक्ति मुझे, मेरे वजूद के साथ राजनीति की तरफ़ ठेल रही थी? यह सवाल बार-बार मेरे भीतर से उभरता था। उन्हीं सवालों की जद्दोजहद मेरे भीतर होती जो मुझे मथती।

सुबह चाय पीते हुए हर रोज़ की तरह ही नवभारत टाइम्स देखंता हूँ। मुख्य पृष्ठ पर राजेन्द्र माथुर की तस्वीर छपी थी। उसके नीचे छपी पंक्ति पढ़कर मैं अवाक्-सा रह जाता हूँ। आँखों पर विश्वास नहीं होता। बार-बार वही पंक्ति पढ़ता हूँ तथा आँखें मसलता हूँ। मुखपृष्ठ पर उनके चित्र के साथ तीन कॉलम की न्यूज़ थी। 'राजेन्द्र माथुर का देहान्त'। न्यूज़ की हैडिंग भी यही थी। अख़बार हाथ में लेने से पहले तक अभी मैंने सिर्फ़ आधा प्याला चाय ही पी थी। दुखद समाचार पढ़ने के बाद शेष चाय पीने का मन नहीं होता है। थोड़ी देर बाद पत्नी

रसोई से इस आशय से आयी कि मैंने अभी तक प्याले की चाय समाप्त कर ली होगी। पर उन्होंने जब नज़दीक आकर प्याले में पड़ी हुई देखी तो पूछ बैठीं, "अभी चाय भी ख़त्म नहीं की। ठण्डी हो गयी होगी।" मुझसे जवाब देते नहीं बना। जब फिर से उन्होंने कुछ कहा तो मैंने नवभारत टाइम्स की वह दुखद ख़बर उनको दिखा दी। वे राजेन्द्र माथुर को जानती थीं। मैं कभी-कभी पत्नी से उनका ज़िक्र किया करता था। वे समय निकालकर मेरे आलेख भी पढ़ती थीं। वही क्यों एक बड़ा पाठक वर्ग तेज़ी के साथ तैयार हो गया था। ख़बर पढ़कर पत्नी के मुँह से ओह निकला जिसने मेरे दुख को और भी बढ़ा दिया था। कुछ देर तक पत्नी मेरे साथ बैठी रही। जो कुछ उन्होंने कहा मैं सुनता रहा। फिर वे रसोई में चली गयीं। मैं अकेला बालकनी में रह जाता हूँ।

अभी भी विश्वास नहीं हो पा रहा है। अन्दर के समाचार सरसरी निगाह से देखता भर हूँ। मेरा मन घण्टा भर बस राजेन्द्र माथुर की याद में ही बस अटका रहा। अभी पिछले सप्ताह ही तो मिला था उनसे। यूँ पिछले सात-आठ वर्षों में उनसे अधिक मुलाक़ातें नहीं हुई थीं। पर जितनी भी मुलाक़ातें हुई थीं, उन सबका अपना महत्त्व था। उन सबके सामाजिक सरोकार थे।

मुझे याद है अस्सी के दशक में मेरा पहला लेख पढ़कर उन्होंने सकारात्मक टिप्पणी दी थी। उनकी वही बात मेरे लिए प्रेरणा बनी। यही नहीं बल्कि उन्होंने स्थायी रूप से नवभारत टाइम्स में मुझे लिखने के लिए आमन्त्रित भी किया था। तभी से मैं नियमित रूप से लिखने लगा था। जितना भी हो सकता था, उन्होंने मुझे सहयोग किया था। मानसिक रूप से वे मुझे सबल बनाते थे। पत्रकारिता की बदलती परिस्थितियों के साथ वे कुछ महत्त्वपूर्ण लोगों का विवरण भी देते थे।

निगम बोध घाट पर राजेन्द्र माथुर जी का अन्तिम संस्कार था। हम सभी उन्हें बस अपलक नयनों से देखे जा रहे थे। अधिकांश साथियों की आँखों में आँसू भर आये थे। पत्रकारिता की दुनिया में उनका जाना एक बड़ी क्षति थी। मृत्यु से कुछ दिन पूर्व माथुर जी ने मुझे गया शहर की धार्मिकता तथा पिण्डदान पर एक आलेख तैयार करने का असाइनमेंट दिया था जो मेरे लिए चुनौती भी था। हालाँकि पत्रकारिता में प्रवेश किये हुए मुझे काफ़ी समय हो गया था। लेकिन यह विषय मेरे लिए नया था। ख़ैर वह चुनौती मैंने स्वीकार की।

कथाकार जब किसी भी कथानक को रचता-बुनता है तो उसके सामने इतिहास भी होता है और राजनीति भी। ऐसे अवसर पर उसे किसी विशेष देश, राज्य और शहर की संस्कृति और परम्परा अतीत का अहसास कराती है। भले ही वह टुकड़ा-टुकड़ा होकर उभरती है। कभी-कभी लेखक अपने को

विशेष संस्कृति का हिस्सा मानने लगता है या उसके विपरीत जाकर उसकी रचनाधर्मिता होती है।

बिहार की यात्रा अन्य राज्यों के भ्रमण से बहुत कुछ भिन्न होती है। इस मामले में कि वहाँ वैसे सैर-सपाटे नहीं होते, पर शहर के भीतर अवश्य ही दिखलाई पड़ता है। वैसे ही गाँव के भीतर गाँव, क़दम-क़दम पर रोकने तथा टोकने को गाँव की परम्परा और संस्कृति। हमें लगता है भारत को देखना हो तो बिहार को पहले देखा जाये। बिहार में अभी भी अतीत जीवन्त है। संस्कृति जीवित है। वहाँ की राजनीति में पूरी तरह से बार-बार इतिहास के दोहराये जाने की प्रक्रिया मौजूद है। भले ही वह प्रक्रिया बीभत्स हो, जाति-विषमता पर आधारित हो पर जो है सो है। मेरा कई बार बिहार जाना हुआ। विशेष रूप से गया और बोध गया, जो दो संस्कृतियों के ऐतिहासिक और निर्णायक बिन्दु हैं। दो धर्मों के मिलन-स्थल भी कह सकते हैं।

मैं उन दिनों नवभारत टाइम्स में बतौर रिपोर्टर कार्यरत था। यह कोई नौकरी नहीं थी और न ही कॉन्ट्रैक्ट के तहत लेखन था। पैसा तो कम ही मिलता था। बस परस्पर विश्वास पर आधारित और विश्वास के सूत्रों को आगे बढ़ाने के लिए मेरी किसी दैनिक के लिए ऐसी ही रचनाधर्मिता थी। तब तक व्यावसायिक पत्रकारिता करना मेरे ख़ून में नहीं था। कुछ सवाल थे भीतर, जो घुमड़ते रहते थे और मुझे बेचैन किये रहते थे। अस्सी के दशक में इन दो उदार पत्रकार और सामाजिक कार्यकर्ताओं का मेरे जीवन में आना मेरी तब की रचनाधर्मिता को प्रभावित करने जैसा था। इसलिए आगे के मेरे जीवन में इनके प्रखर व्यक्तित्व और कृतित्व से कुछ जुड़ना भी था।

उनका सुझाव अच्छा था। रुचि मेरी भी थी। हालाँकि विषय नया था। तत्काल ही मैंने अपनी सहमति दे दी। दो-तीन दिन बाद ही मैं वहाँ चला गया और गया की गलियों में किसी जिज्ञासु की तरह घूमने लगा था। गया का हिन्दू समाज मेरे सामने किसी ख़ौफ़नाक गुफा की तरह खुलता जा रहा था। वह कोई बाबा साहेब डॉ. अम्बेडकर द्वारा हल की हुई 'हिन्दू धर्म की पहेलियों' वाला समाज न था। निहायत ही जड़ लोग थे शहर में। रूढ़ि और परम्पराओं की गिरफ़्त में फँसी ब्राह्मण महिलाएँ थीं। उनमें अधिकांश पर्दा करती थीं और काला बुर्का न पहन सफ़ेद बुर्के जैसा कपड़ा प्रयोग में लाती थीं। लड़कियों को अकेले घर के बाहर जाने की इजाज़त न थी। उनके साथ 'दाई' **एक ऐसा जीवन्त पात्र, जो कम उम्र की लड़कियों की सुरक्षा के लिए भरोसेमन्द था,** को जाना होता था। भले ही वे स्कूल जा रही हों या मन्दिर, बाजार या फिर नदी किनारे।

एक तरफ़ देखा जाये तो अरुण शौरी जैसा शातिर और जातिवादी पत्रकार ब्राह्मणों को सुशिक्षित, संस्कृतज्ञ और श्रेष्ठ बताते हुए नहीं थकते हैं, पर यहाँ आकर देखा तो ठीक इसके विपरीत पाया। गया में वे (सभी नहीं) अव्वल दर्जे के रूढ़िवादी और जातिवादी थे। ब्राह्मण जाति के लोग एक-एक क़दम झाड़-फूँककर चलते थे। उनकी औरतें अशिक्षित, अत्यन्त गन्दी परिस्थितियों में जीवन-यापन करने हेतु विवश थीं। वे अपने ही घर में ग़ुलाम थीं, रूढ़ियों से जकड़ी हुईं और अन्धविश्वास की कीचड़ में धँसी हुईं। धार्मिक धन्धे के लिए अपने-अपने वर्चस्व रखने की प्रतिस्पर्धा में पण्डे-पुरोहितों में अजीब तरह की मार-काट थी। कभी-कभी ख़ून-ख़राबा भी होता था। मन्दिरों के झगड़े पुलिस चौकी तथा थानों तक जा पहुँचते थे। इन सबके साथ नयी पीढ़ी को भिखारियों की टोलियों में शामिल करने हेतु तत्पर गया की ब्राह्मण जमात। क्योंकि उसी समाज के लोग अपने भीतर व्यवसाय-परिवर्तन बिल्कुल भी नहीं चाहते थे। किसी भी तरह के बदलाव के वे घोर विरोधी थे। ऐसा टस-से-मस न होने वाला समाज था जिसकी अभेद दीवारों को मैंने भेदने का प्रयास किया था यानी गया में होने वाले पिण्डदान से लेकर नब्बे के दशक में हिन्दू धर्म और उसकी व्यवस्था, परम्परा तथा संस्कारों में हो रही चरमराहट के साथ युवा पीढ़ी के भीतर कुछ नया पाने की लालसा के साथ नज़दीक के बोधगया में मुक्ति आन्दोलन की गूँज को लेकर थोड़ा-बहुत लिखा था।

गया का इतिहास जितना धार्मिकता से ओत-प्रोत रहा है, उससे कहीं अधिक यहाँ की राजनीति रही है। गया केवल ईंट-गारा से बने मकानों का शहर नहीं है बल्कि हिन्दुओं का प्राचीनतम तीर्थ है। इस शहर की अपनी संस्कृति है, रीति-रिवाज हैं, परम्पराएँ हैं। यह शहर भागता नहीं घिसटता है और दौड़ पाने के लिए हाँफता है। हाँफना इसकी मजबूरी है, क्योंकि दौड़ नहीं सकता। नहीं दौड़ पाने के लिए पिछड़ता जा रहा है। कभी अव्वल रहा होगा वर्ण-व्यवस्था की सनातनी दौड़ में। कभी शंकराचार्य आये होंगे इसी शहर में। उनके उपदेश और प्रवचन की गूँज रही होगी यहाँ के परिवेश में। प्रगति से अछूता, सनातनी मन्त्रों के साथ नयी पीढ़ी को भी ठेलता, कुण्ठित और लाचार। प्रगति के नाम पर यहाँ डामर की कुछ सड़कें तथा बिजली के खम्भे ही मिलेंगे। कुछ लोगों ने कच्चे घर तोड़कर पक्के मकान अवश्य ही बनवा लिये हैं पर गिनती के कितने हैं वे। कुछ नये स्कूल-कॉलेज भी खुल गये हैं। गया में नयी सभ्यता के खेल-तमाशे नहीं होते। सब कुछ पुराना है। नयी पीढ़ी भी विरासत में यही सब भार ढोती है या कहें कि ढोने के लिए अभिशप्त है। वे बदलाव चाहते हैं, पर परम्पराएँ उनके रास्ते में आती हैं। परम्पराओं और कुरीतियों के घने जंगल ने जो घेर रखा है शहर को,

जिनमें थोड़ा भी बदलाव यहाँ से सनातनी हिन्दुओं को मंजूर नहीं। परम्पराओं और प्रथाओं को ध्वंस करना तो बहुत दूर की बात है। जैसा पिछली सदी में था, वैसा ही अगली सदी में होगा। यह बात निश्चित है। क्योंकि रामराज्य का प्रतीक गया पहले भी था और आज भी है। इसीलिए गया वॉल का सन्दर्भ अभी भी देखने, सुनने और पढ़ने को मिल जाता है। ऐसी धर्म आधारित गया वॉल, जिसमें सदियों से लोगों को पिंजरे में बन्द कर रखा था। गया की वही दीवार शायद सपने में नहीं आती होगी पर लोगों की स्मृति में अभी भी है।

गया में तीर्थयात्रियों को मूँड़ने का कार्य बख़ूबी होता रहा है। पुरोहित और पण्डे इसमें पारंगत हैं। यह उनका परम्परागत व्यवसाय है। परम्पराएँ उनकी ऊर्जा हैं। प्रथाएँ उन्हें बल देती हैं और रूढ़ियाँ उनके इस व्यवसाय को सुरक्षित रखती हैं। धर्म और परम्पराओं में आस्था तथा गहरे विश्वास के कारण यजमान उनके लिए सुरक्षित हैं। चाहे कितना भी उनका शोषण करो, वे उफ़ तक नहीं करते। चाहे हज़ारों मील से भी उन्हें आना हो, वे आते हैं। इसीलिए कार्ल मार्क्स ने धर्म को अफ़ीम कहा है।

शहर में मन्दिरों, मठों, आश्रमों और धर्मशालाओं से इतर देखें, खुजली वाले कुत्ते कितने हैं, नगरपालिका के पास उनका कोई रिकॉर्ड नहीं है। हाँ खुजली वाली औरतों की जानकारी पुलिस के पास अवश्य ही होती है, ऐसी औरतें जिनके जिस्म आग में दहकते हैं। आग के लिए उन्हें कहीं जाने की ज़रूरत नहीं पड़ती। आग ख़ुद-ब-ख़ुद सोये हुए अंगारों से रिश्ता बना लेती है। पण्डे-पुरोहितों के रंगमहल अब नहीं रहे, पर रखैलें अभी भी मौजूद हैं। महन्तों के मठ उजड़ गये, लेकिन उनके वज़ीर अभी भी इसी शहर में रमे हैं। शहर में मन्दिर हैं, पूजा-अर्चना, उपदेश-मन्त्रोच्चार और परिवेश में सूबह-शाम गूँजती घण्टियों की आवाज़ें। हवेली, अखाड़ों और मठों के रूप के साथ उनका स्वभाव भी बदल गया। वहाँ है कोरी जर्जरता। पर वह सब ढोने की प्रक्रिया अभी भी मौजूद है।

इस शहर में हर कार्य टोलियों में होता है। अगर आप पिण्डदान के लिए जैसे-जैसे मन्दिरों के नज़दीक जायेंगे, वैसे-वैसे भिखारी आपको घेर लेंगे। सभी भिखारियों की टोलियों में बच्चों और औरतों का होना लाज़मी है। उनके बिना भीख नहीं मिलती। बच्चे और महिलाएँ विकलांग हों तो और भी बेहतर। भीख के पेशे की यह ज़रूरी शर्त है। कोई विकलांग न भी हो तो उसे विकलांग बना दिया जाता है। सड़क के किनारे, गलियों में, बाज़ारों में किसी भी विकलांग को देखकर हिन्दू तीर्थयात्रियों की दया और सहानुभूति उमड़ ही पड़ती है।

वैसे यह शहर विरोधाभास में जीता है। पहले औरतों के लिए केवल नैहर

होता था या ससुराल। अब वे लुकते-छिपते घर से बाहर भी निकलने लगी हैं। मुसहर भी अभी गिलहरी, साँप और चूहा खा लेते हैं। पर महन्त की बावन कचहरियों की बन्दिश अब वह नहीं मानता। मोची टोला हो या दुसाध टोला या फिर भुइयों के अलग-अलग टोले। वे इतिहास और राजनीति के जीते-जागते आईना हैं। इतिहास में तो वे हाशिये के लोग मर-खप गये, लेकिन राजनीति में सिपहसालार बनने की उनकी कोशिशें जारी हैं। हाशिये के लोगों में यह सवाल तेज़ी से उभरने लगा था कि उन्हें हिन्दुओं ने अलग-थलग क्यों रखा? वे पढ़ने-लिखने भी लगे थे।

थोड़ा और आगे बढ़ेंगे तो चिन्तकों और बौद्धिकों के राह चलते दल मिलेंगे। काषाय वस्त्रों में लिपटे बौद्ध भिक्षुओं से आमना-सामना होगा। जो समता, न्याय और स्वतन्त्रता के सूत्रधार रहे हैं। गौतम बुद्ध ने अपने युग में व्याप्त पाखण्ड और क्रूरता के ख़िलाफ़ सामाजिक संघर्ष छेड़ा था। बोधगया में उन्हें ज्ञान मिला था। मन्दिर के ठीक बग़ल में मठ। बौद्ध विहार और हिन्दू मठ। जो भी बोधगया आता है, वह बौद्ध विहार और बग़ल में स्थित मठ की विशाल चारदीवारी देख कुछ क्षणों के लिए अवश्य ही ठिठक जाता है। ज्यों-ज्यों आप उसके भीतर जायेंगे, इतिहास के पन्ने खुलते चले जायेंगे यानी बोधगया भूमि-संघर्ष के ऐतिहासिक चित्र आपके सामने आयेंगे।

इन दोनों शहरों की अपनी संघर्ष-कथा है, इतिहास है। पर यहाँ के लोग व्यवस्था परिवर्तन के व्यापक संघर्ष में रत रहे। 74 से 77 के बीच की आँधी को झेला है न सबने। उन्हें जाति की व्याख्या और अन्तःसम्बन्धों की पहचान भी हुई। मठ के ख़िलाफ़ संघर्ष यानी सिर टकरा-टकराकर दीवार तोड़ने जैसा कार्य, मज़दूर, किसान समितियाँ, मठाधीशों के ख़िलाफ़ रैली और प्रदर्शन, उत्तेजित नारे, और इन सबके आर-पार दलितों का जीवन, उनका अभाव, संघर्ष, उनकी महिलाओं के अपनी अस्मिता बचाने के प्रयास, उनके दहकते अनुभव। ये अनुभव ही उनकी ताक़त थे, जिसे आधार बनाकर अगली पीढ़ी ने सामाजिक न्याय की ज़ोरदार मुहिम छेड़ी थी। वहीं से उनके जीवन में सवेरा हुआ था। अँधेरे को चीरते हुए चेतना का सूरज निकला था। उनके लिए ज़िन्दगी के मायने बदल गये थे।

गया और बुद्ध गया के आसपास के मठ अब उदास हैं। उनके उत्तराधिकारी राजनीति के बीहड़ में उतर गये हैं। धर्म और राजनीति के मेल से वे नयी सृष्टि करने में लगे हैं। मठ में रहने वाले लोग विवाह नहीं करते, पर दो-चार, चार-चार रखैल ज़रूर रखते हैं। आम आदमी की परिभाषा में वे मुस्टण्डे हैं और साँड़ भी। सुबह-शाम दण्ड पेलते हैं और बादाम का दूध पीते हैं। मठ अभी भी उनकी

विरासत हैं। मठ के पास ज़मीन भी है। गाय-भैंस भी। राज्य सरकार में अभी भी उनकी गहरी पैठ है और प्रशासन पर दबाव। बिहार से ज़मींदार प्रथा कभी की ख़त्म हो चुकी, पर अवशेष अभी बरक़रार हैं। वे नये सामन्त हैं। उनके भीतर नये तेवर, नये पंखों की तरह उभर आये हैं।

कहीं एक-दो नारी निकेतन खुल गये हैं। जहाँ अभिशप्त महिलाओं की अपनी-अपनी क़ब्रें हैं। वे ज़िन्दा लाश हैं और अपनी-अपनी क़ब्रों में सोती हैं। सोती कहाँ हैं, बेचैनी में बस करवटें बदलती हैं। जैसे मरने के बाद मुक्त होने की प्रतीक्षा में हों।

गया और बुद्ध गया के बीच एक रेखा है, लक्ष्मण रेखा नहीं, सामाजिक परिवर्तन की रेखा। यही रेखा गया और बुद्ध गया को दो हिस्सों में बाँटती है। एक हिस्सा परम्परावादियों का तो दूसरा परिवर्तनवादियों का। दोनों के अपने-अपने दर्शन हैं, जीने और मरने की परिस्थितियाँ हैं। पर दोनों के पास विराट संस्कृति भी है, इतिहास है, मिथक है, आचरण हैं। उनकी अपनी-अपनी ज़मीन है।

वहाँ से कुछ होमवर्क कर दिल्ली लौटा। तब तक राजेन्द्र माथुर चल बसे थे। उनके स्थान पर पण्डिताऊ सम्पादक विद्यानिवास मिश्र आ धमके थे। सही मानें तो नवभारत टाइम्स दैनिक को वहीं से ग्रहण लगने लगा था। एक विद्वान और प्रगतिशील सम्पादक के द्वारा पत्रकारिता की पूँजी दूसरे नौसिखिए सम्पादक के सुपुर्द कर दी गयी थी। एक तो करेला, ऊपर से नीम चढ़ा यानी एक तो ब्राह्मण और वह भी बनारसी।

मैंने उन्हें अपनी रपट दिखलाई तो वे भड़क उठे और इसे गटर में फेंक देने की बात की, क्योंकि गटर में जीने वाले पण्डे-पुरोहितों के जीवन-यापन की नारकीय स्थितियों को वे सार्वजनिक नहीं करना चाहते थे। इसलिए कि ब्राह्मण समाज के ऐसे यथार्थ के चित्रों को, जैसा मैंने गया और बोधगया में देखा, उन्हें बहुत कम लोगों ने देखकर उभारा था। तथाकथित श्रेष्ठ और संस्कृतज्ञ ब्राह्मण समाज ऐसी मलिन स्थितियों में भी जीवन-यापन कर सकता है क्या? अधिकांश ब्राह्मणों में यही अवगुण है कि वे अपनी कमियों को छुपाते हैं और दूर करने के स्थान पर उन्हें परम्पराओं का हिस्सा बताकर उनका गौरवगान भी करते हैं। गया के पण्डित भी उस समय यही कर रहे थे और देश की राजधानी में एक राष्ट्रीय हिन्दी दैनिक की कुर्सी पर बैठकर एक बनारसी पण्डित भी यही कर रहा था।

नये सम्पादक के भीतर से आक्रोश उभरने लगा था। उनकी आँखें लाल हो गयी थीं। आवाज झनझनाने लगी थी। वे फिर गर्माये, "बोलो, क्या इसीलिए तुम्हें गया भेजा गया था?"

इस बार अपने भीतर साहस इकट्ठा कर मैं बोला, ''सच लिखने के लिए।''

''सच लिखने के लिए या उसे सार्वजनिक बनाकर उसके भीतर की ताक़त को कमज़ोर करने के लिए, ब्राह्मणों पर चोट करने तथा जब आलेख छप जाता तो दूसरों से उन पर पत्थर फिंकवाने के लिए।''

वे फिर गर्माये, ''पर गया में पिण्डदान पर मैंने लिखकर ऐसा क्या बुरा किया?'' मैंने बेबाकी के स्वर में पूछा।

''मैं पूछता हूँ, आख़िर तुम्हें इन सब पर लिखने का अधिकार किसने दिया?''

उनके स्वर में अधिकार का भाव था।

''मुझे कौन अधिकार देगा?''

मैंने भी सीधे-सीधे पूछा। उसके भीतर का आत्मविश्वास सजग था। उसी विश्वास और सजगता से वह उस पण्डेनुमा सम्पादक से भिड़ना चाहता था। पल भर के लिए उन्होंने मेरी ओर देखा। जैसे कुछ कहने से पहले तौलना चाहते थे।

''क्यों? क्या तुम शंकराचार्य हो, किसी मन्दिर के पुजारी हो, ओझा हो, पण्डे हो, ज्योतिषी हो? फिर तुम किसी ब्राह्मण परिवार से भी नहीं हो।''

वे भिन्नाए हुए थे।

''हाँ मैं इनमें से कोई भी नहीं हूँ और न ही इनमें से कुछ बनना चाहता हूँ। पर मुझे लगता है कि आपके भीतर सम्पादक को छोड़कर यह सब चरित्र छटपटा रहे हैं।''

इस बात से सम्पादक की भृकुटि तन गयी थी। वे लाल-पीले होने लगे थे और अधिक आक्रोश उनके भीतर से उभरने लगा था। शरीर के विभिन्न अंगों में आये परिवर्तन इसके सूचक थे। वे जैसे फटना चाहते थे। फिर क्रोधित स्वर में बोले, ''तुम्हें इन बातों से क्या मतलब कि मैं क्या-क्या हूँ?''

अबकी बार मेरा और भी दृढ़ स्वर था, ''मतलब है इसलिए कि आप जिस अख़बार के सम्पादक हैं, वह आपका या किसी का व्यक्तिगत अख़बार नहीं है। वह सार्वजनिक अख़बार है और जब कोई अख़बार सभी का होता है तो सम्पादक को हर जाति, वर्ग और धर्म से ऊपर होना चाहिए। आप तो बहुत नीचे हैं।''

मेरे भीतर से भी आवेश फूट पड़ा।

''यू गेट आउट।''

इस बार सम्पादक महोदय फट पड़े थे।

''क्यों आपकी भाषा तो संस्कृत है न, फिर भी अंग्रेज़ी में...।''

मेरी बात सुनकर उन्होंने मुझे खा जाने वाली निगाहों से देखा।

सच वह दिन बहुत बुरा था। मैं हद से ज़्यादा परेशान हो गया था। इसलिए

कि एक ब्राह्मण सम्पादक ने शालीनता की सभी हदें तोड़ दी थीं। कुछ अख़बार कर्मियों ने मुझे नये सम्पादक यानी विद्यानिवास मिश्र के कमरे से निकलते देखा था। मेरा किसी से भी बात करने का मन न हुआ। सीढ़ियाँ उतरकर मैं बाहर के दरवाज़े तक आ गया और फिर नीचे सड़क पर।

मैंने पूर्व सम्पादक के साथ अनुबन्ध के तहत गया में तीन-चार दिन लगाये थे। मेहनत कर आलेख तैयार किया था और उसका परिणाम यह हुआ। ऐसे में किसी का भी निराश हो जाना लाज़िमी था। पर मैं न निराश होना चाहता था और न उस रिपोर्ट को फाड़ना चाहता था।

मैंने उसी दिन निश्चय किया था कि केवल पिण्डदान की रपट से कुछ न होगा। गया के समूचे ब्राह्मण समाज की समूची धार्मिक और सामाजिक संरचना पर बतौर उपन्यास लिखना जरूरी है, जिससे देश के बड़े शहरों या अन्य स्थानों पर रहने वाले ब्राह्मण समाज को मालूम चले कि उन्हीं के सजातीय कैसे पाखण्ड में फँसे हैं। एक तरफ़ अमीर ब्राह्मण सुविधाओं में खेल रहा है जबकि ग़रीब ब्राह्मण की कितनी दुर्गति हो रही है। वे एक-दूसरे को नोचकर खा रहे हैं। लेकिन अमीर और ग़रीब ब्राह्मण दोनों ही अपनी-अपनी हथेलियों से दलित चेतना के सूरज को रोकने में लगे हैं।

इस बारे में महत्त्वपूर्ण जानकारी मुझे मिली। उनमें बोधगया भूमि आन्दोलन पर प्रभात की महत्त्वपूर्ण पुस्तक 'ज़मीन किसकी जोते उसकी' बाद में छपकर आयी। वरिष्ठ पत्रकार एवं सामाजिक कार्यकर्ता मणिमाला के संघर्ष के दिनों के संस्मरण भी काम आये। पटना में ही श्रीकान्त और हेमन्त जी से भी समय-समय पर इस बारे में बातचीत होती थी। दूसरे बोधगया मुक्ति आन्दोलन भी हुए।

इसी उपन्यास में बौद्ध विहार मुक्ति आन्दोलन के कुछ सूत्रधारों को भी शामिल किया। कहना न होगा कि तथागत बुद्ध की ज़मीन पर लम्बे समय से दो धाराएँ साथ-साथ चलती रहीं। पहली धारा पुरोहितों से सम्बन्धित थी तथा दूसरी बाबा साहेब अम्बेडकर के विचारों को आगे बढ़ाने वाले दलितों की रही है। इसलिए कई बार गया और बोध जाना हुआ। सच कहा जाये तो मेरे लिए यह 'मिशन गया' बन गया।

जहाँ तक मुझे याद है 8 अगस्त को मेरे द्वारा लिखी गयी फ़िल्म 'क्या मुझे ख़रीदोगे' की बम्बई की 'एड लैब' में रिकॉर्डिंग हुई। इससे पूर्व इसी टाइटल से नाटक का दिल्ली में मैंने साथियों के सहयोग से मंचन भी कराया था। नाटक का मंचन लगभग सफल रहा था। कुछ नये तरीक़े से प्रयोगात्मक प्रस्तुति हुई थी। तत्पश्चात ही थियेटर की दुनिया में साथियों के बीच अलग-अलग मत उभरे

थे। कुछ ने नाटक की स्क्रिप्ट को फ़िल्म से प्रभावित बताया तो कुछ ने अजीब प्रयोग की संज्ञा दी। जितने साथी उतनी ही उनकी समीक्षात्मक बातें और विचार। उनकी टीका-टिप्पणी सकारात्मक भी होती और नकारात्मक भी। अमूमन मेरी तरफ़ से दोनों का ही स्वागत होता। श्रीराम सेण्टर के कॉफ़ी हाउस में रंगकर्मी इकट्ठा होते। कभी-कभी तो चाय आदि का बिल मुझे ही देना पड़ता और उनकी बातें भी झेलनी पड़तीं।

राजनीति में अकसर वह हो जाता है, जिसकी हम कल्पना तक नहीं कर सकते हैं। कांशीराम जी द्वारा देवीलाल को समर्थन देना और 9 अगस्त की रैली में उनके साथ भाग लेना...मुझे बहुत नागवार लगा। महसूस हुआ कि कहीं कुछ ग़लत हुआ है। मेरे साथ बहुत-से सवाल लोगों के भीतर से उमड़े थे। मुझे भी कांशीराम और देवीलाल के बीच हाथ मिलाने की घटना ने गहरे तक उद्वेलित किया। मुझे ही क्यों दिल्ली और बाहर के बहुत-से साथियों को इस घटना ने प्रभावित किया था। इसे राजनीतिक समझौता कहा जाये या और कुछ। कौन-से शब्द इस्तेमाल करूँ? यह पंक्तियाँ लिखते हुए मैं इसी असमंजस में हूँ। कांशीराम जी के बदलते व्यवहार पर कितना लिखूँ, कैसे लिखूँ और क्यों लिखूँ...? इन सभी सवालों की गिरफ़्त में मैं अपने आपको पाता हूँ। कांशीराम जी से लोग अभिभूत रहे हैं, मैं भी आरम्भिक दौर में उनके प्रभाव में रहा। पर क्या उनके द्वारा उठाए सभी क़दम सही थे? क्या दलितों की भावनाओं के साथ यह खिलवाड़ नहीं है?

अगले दिन गाँधी शान्ति प्रतिष्ठान नयी दिल्ली पर 'गंगा को अविरल बहने दो' पुस्तक का विमोचन हुआ। पहली बार मेधा पाटकर से मुलाक़ात हुई। मेधा जी लम्बे समय से नर्मदा पर कार्य कर रही थीं। उनके विचार सुने। मन को अच्छा लगा। उनसे रू-ब-रू होने पर बातचीत भी हुई। कुछ अपने आपमें कमियाँ भी महसूस हुईं। वह इसलिए कि मैंने अभी तक उन समस्याओं पर बहुत ही कम लिखा था, जिन्हें प्रमुखता से राष्ट्रीय स्तर पर वे उठा रही थीं और जूझ रही थीं। सचमुच उनसे एक प्रेरणा-सी मिली। बेदाग़ छवि, प्रतिबद्ध सामाजिक कार्यकर्ता, निःस्वार्थ कार्य करने की भावना उनके भीतर थी। मैं तो फिर भी 'लोकायन' के माध्यम से आदिवासी क्षेत्रों में बाँध बनने से विकास के स्थान पर हो रहे विनाश तथा अनिवासियों के विस्थापन से सम्बन्धित विषयों पर समय-समय पर होते सम्मेलनों तथा गोष्ठियों में शामिल हो ही जाता था, लेकिन दिल्ली के अधिकांश दलित साथी इनसे दूर ही रहते थे। कहना न होगा कि दलित आदिवासी बुद्धिजीवियों के बीच उतनी नज़दीकी हो नहीं रही थी। संघर्ष के दिन खत्म नहीं हो रहे थे। उस वजह से मेरी रातें भी प्रभावित होती

थीं। दिल्ली में रहते हुए कभी-कभी अजीब-सा लगता। तब देशराज भारती के गाँव सौंदा चला जाता या फिर मुरादनगर। कभी मामा के घर बेगमाबाद (मोदीनगर) भी जाना होता था। गाँव में मिट्टी के घर, खेत! खलियान, चारा काटने की मशीन, भैंस, गाय, हरियाली बनी ज़मीन और ऊपर नीला आकाश। यह सब अच्छा लगता।

वापस लौटता तो फिर वही संघर्ष। अभाव के दिन और न कटने वाली रातें। ऐसे में कभी-कभी देशराज भारती, थॉमस मैथ्यू, रमेश, एन के शर्मा (दक्षिण भारत के दलित अधिकारी), कँवर सैन, सुदेश तनवर तथा श्यौराज सिंह बेचैन आदि आर्थिक मदद कर दिया करते थे। सुदेश जी के ऑफ़िस में फोटो कॉपी कराने की सुविधा मिल जाती थी। उस समय उनका ऑफ़िस संसद मार्ग पर था। बेचैन जी ने एक बार पत्र भी लिखा।

आदरणीय

अग्रज

नैमिशराय जी,

कुछ पुराने पत्रों की प्रतियों की खोज से दिल्ली से बाहर था। आने पर आपका पोस्टकार्ड पढ़ने को मिला जिसमें कुछ सहयोग की अपेक्षा की गयी थी। मैं अपनी सामर्थ्य देखते हुए 100 रुपये का मनीऑर्डर आपके नाम कर रहा हूँ। आपके सृजनात्मक कार्य के लिए मेरी ओर से यह अल्पतम सहयोग होगा। कारण आप जान सकते हैं। मेरी पत्नी और मैं, दोनों ही शोधार्थी हैं। पत्नी को एक पैसा छात्रवृत्ति नहीं मिलती है। वह एम.ए. में 54.3 प्रतिशत अंक होने के कारण यू.जी.सी. के 55 प्रतिशत के प्रतिमान के कारण छात्रवृत्ति की परीक्षा के लिए अयोग्य कर दी गयी है। एस.सी. व एस.टी. के लिए कोई नियम शिथिलता नहीं है। आय का स्रोत मेरे अलावा कोई नहीं है। मेरी पारिवारिक पृष्ठभूमि भी शोचनीय है।

दूसरे सामाजिक कार्यों का जनाधार दिल्ली से बाहर ही है। अभी यहाँ ज़मीन तैयार नहीं कर पाया हूँ। इसलिए यहाँ काम में ख़ासकर आर्थिक सहयोग पाने में कदाचित् सफल न होऊँ। जैसे प्रो. नन्दूराम आपके भी क़रीब हैं। व्यक्तिगत रूप से अल्पतम सहयोग करना नैतिक फ़र्ज मानकर आज ही 100 रु. आपको भेज चुका हूँ। आशा है अभी काम करेंगे।

आपका

श्यौराज सिंह बेचैन

आर्थिक संकट में मेरे लिए यह बड़ी मदद थी।

अख़बारों के लिए लिखना अभी भी जारी था। दूसरे शब्दों में कहा जाये तो नवभारत टाइम्स के साथ अन्य पत्र-पत्रिकाओं में भी लिखने की शुरुआत हो गयी थी। **इस बीच बम्बई से नारायण दत्त पालीवाल का पीटीआई से पत्र मिला।**

बम्बई

22.1.92

मान्य भाई,

आपका 8 जनवरी का पत्र पिछले सप्ताह मिला तुरन्त उत्तर नहीं दे पाया। क्षमा चाहता हूँ। आपके लेख, विशेष रूप से 'नवभारत टाइम्स' में पढ़ता रहा हूँ। आप हमारे लिए लिखेंगे तो मुझे .ख़ुशी होगी। यद्यपि हमारे यहाँ से जारी होने वाले लेखों में अभिव्यक्त विचारों के लिए ज़िम्मेदार तो लेखक ही होते हैं, फिर भी हमने अपनी कुछ मर्यादाएँ रखी हैं। व्यक्तिगत या दलीय भावना से प्रेरित आलोचनाएँ न हों। मेरा यह आशय नहीं है कि मैं आपके लेखन में कोई त्रुटि देखकर उसकी ओर इशारा कर रहा हूँ। मैंने अपनी मर्यादाएँ बताई हैं, जिससे आपको हमारी आवश्यकताओं और सीमाओं का अन्दाज़ा हो। आशा है, अन्यथा नहीं लेंगे। साधारणतः 1400-1500 शब्दों के लेख हमारे अनुकूल रहते हैं। आपके पत्र और लेख का इन्तज़ार रहेगा।

आपका

नारायण दत्त पालीवाल

शकुन्तला की एक-दो दिनों से तबीयत ख़राब थी। मैं एक-दो रोज़ से घर पर ही था। कुछ ज़रूरी लेखन करना था, जिसे घर पर ही रहते हुए ही किया जा सकता था। और बामसेफ से बसपा की राजनीतिक प्रक्रिया पर एक लम्बी रपट लिखनी थी, जिसे पूरा करने में गम्भीरता से लगा हूँ। पत्नी के शरीर में ताप बढ़ने लगा था। पहले उसे गर्म पानी देता हूँ, फिर उसके लिए चाय बनाता हूँ। चाय के साथ ब्रेड भी देता हूँ। बड़ी मुश्किल से वह यह सब लेती है। हालाँकि इसके लिए अच्छी-ख़ासी खुशामद करनी पड़ती है। दोपहर में डॉक्टर का क्लिनिक भी नहीं खुलता है। इस बीच शाम को पत्नी को नज़दीक के डॉक्टर से दवाई दिलाता हूँ। तब जाकर उन्हें थोड़ा आराम होता है। बच्चे घर पर थे नहीं। केवल हम दोनों ही थे। मैं स्वयं ही उनके लिए मूँग की दाल की खिचड़ी बनाता हूँ। हम दोनों एक ही थाली में साथ-साथ खाते हैं। मुझे अच्छा लगता है। बहुत दिनों के बाद एक साथ कुछ खाया था। थोड़ी देर बाद उन्हें दवाई देता हूँ। दवाई लेते हुए वह बस टुकुर-टुकुर मेरी ओर देखती रहती हैं। मैं उनका हाथ अपने हाथ में

लेकर पूछता हूँ। अब कैसी तबीयत है? वह कुछ जवाब नहीं देती हैं। बस मेरी ओर देखती ही रहती हैं। मैंने फिर पूछा, "नाराज़ हो मुझसे?"

इस बार जवाब मिला, "आपसे नहीं अपने आपसे।"

मेरा सवाल उभरा, "वह कैसे?"

वह बोलीं, "आप तो लेखक हैं। ख़ुद अपने आपसे पूछें। आपकी जीवनसंगिनी क्यों नाराज़ है?" अगले दो दिनों में उन्हें आराम हो जाता है। तीसरे दिन वह ऑफ़िस के लिए भी सुबह तैयार होने लगती हैं। एक दिन और आराम करने के लिए मैं कहता हूँ, पर वह मानती नहीं। जाते हुए उन्होंने कहा था, "नौकरी नहीं करूँगी तो पैसा कहाँ से आयेगा?"

सुनकर मुझे चुप रह जाना पड़ा। मैं महीने में उतना पैसा नहीं कमा पाता था, जिससे घर का ख़र्च चल सके। जल्दी-जल्दी सीढ़ियाँ उतरते हुए वह चली गयीं। मेरे भीतर फिर वही सवाल उभरने लगा था। लिखने के लिए पुनः क़लम उठायी। पर मन के भीतर उद्वेलन था। दो-चार लाइन भी नहीं लिख सका। चाय, दूध के खर्च के साथ अख़बार का बिल, सब्ज़ी, बस का किराया। इन्हीं सबमें पैसा ख़र्च हो जाता था। ढंग के कपड़े तक नहीं थे मेरे पास। जैसे-तैसे काम चलता था। उन दिनों कपड़े धोने की पीले रंग की साबुन हुआ करती थी। वही घर-घर में इस्तेमाल होती थी। उसे देसी साबुन कहा जाता था। वैसे नहाने के लिए कभी-कभी लाइफ ब्वॉय साबुन होती थी। जब कभी वह ख़त्म हो जाया करती तो ऐसे समय पर मैं नहाने के साबुन के लिए कहता तो पत्नी तत्परता से कहतीं, "कपड़े धोने का साबुन है ना हमारे पास।" बिल्कुल नपा-तुला उनका जवाब होता। और मैं वही कपड़े धोने का साबुन बदन से रगड़-रगड़कर नहाता।

मैं ही क्यों, हमारे जैसे परिवारों में अधिकांश घरों में कपड़े धोने के साथ नहाने में भी वही इस्तेमाल होता था। ख़ुशबूदार साबुन से नहाना हमारे नसीब में नहीं था। आर्थिक संकट से घिरे परिवार में ख़ुशबू का क्या कभी लेना-देना होता है। शुक्र था कि फ्लैट में एक-दो डुप्लीकेट पंखे थे, जिनसे गर्मी के दिनों में निजात मिल जाती थी। हालाँकि लाइट का कट ऑफ़ बहुत अधिक हुआ करता था। ऐसे समय पर हम छत से लटके पंखे को निहारा करते थे। सर्दी के दिनों में एक-दो बार जामा मस्जिद के पास लगने वाले पुराने बाज़ार से सेकण्ड हैण्ड हीटर खरीदकर लाया, पर वह दस-बारह दिनों में ख़राब हो जाता था। जैसी गर्मी, वैसी ही सर्दी। मौसम के आधार पर उसका आनन्द लेना हमारे बस में नहीं था। बरसात में मज़े लेने के लिए नहीं भीगते थे हम बल्कि ज़रूरी काम से बाहर जाने पर भीगना हमारी मजबूरी था। छाता तक हमारे पास नहीं था। आप कहेंगे जो

शख़्स हर माह बम्बई जाता हो। कार्यक्रम में शामिल होने के लिए पटना जाता हो, लखनऊ, इलाहाबाद, जयपुर, अकबरपुर, कानपुर, आगरा, नागपुर, अलीगढ़, हापुड़ आदि-आदि शहरों का भ्रमण करता हो क्या उसके घर में एक अदद छाता भी नहीं होगा। साथियो, बम्बई के अलावा कहीं भी जाने का किराया तो बुलाने वाले ही दे दिया करते थे। वैसे उन दिनों सभा या गोष्ठियों में भाग लेने पर मानदेय देने की परम्परा न थी। बस किराया-भाड़ा वे चलते हुए हाथ में पकड़ा देते थे। और कुछ शब्द धन्यवाद के मेरे भीतर उँडेल देते थे। मैं उसी में ख़ुश हो जाता था। बम्बई जाना होता था तो थर्ड क्लास में उसमें भी अनारक्षित कम्पार्टमेण्ट में। दो वक़्त के लिए कभी अचार के साथ, कभी प्याज-हरी मिर्च के साथ रोटियाँ ले जाता था। उन दिनों मिनरल वाटर का चलन नहीं था। स्टेशन पर अच्छा पानी पीने को मुफ़्त मिल जाता था। जहाँ तक बम्बई में खाने-पीने की बात है। बम्बई का केला बहुत सस्ता और बड़ा होता था। एक रुपये के चार-पाँच केले मिल जाते थे। नहीं तो दो रुपये में उस्सल-मुस्सल की दाल के साथ पाव रोटी से पेट भर ही जाता था। और कभी नॉनवेज खाने का हुआ तो मुस्लिम होटल ज़िन्दाबाद।

जितनी बार भी मैं बम्बई जाता था, उतनी ही बार उतने आलेख दिनों के हिसाब से तो लिख ही लेता था कि संघर्ष के दिनों में बम्बई जाने और वापसी आने का ख़र्चा निकल ही आता था। ख़ैर बाद के दिनों में लाल क़िले के पिछवाड़े एक सेकण्ड हैण्ड छाता ले ही लिया था। पर छाता तो इकलौता ही था। जब छाता पत्नी के पास होता तो मैं भीगता और जब मैं इस्तेमाल करता तो पत्नी भीगती।

उन दिनों बम्बई जाना मेरे लिए ऐसा बन गया था, जैसे पश्चिम विहार से शाहदरा तक जाना। रेल टिकट रिज़र्व नहीं कराता था। बस सामान्य डिब्बे में टिकट लेकर बैठ जाता था। अगले दिन भीड़ के साथ, उसका हिस्सा बन बम्बई के दादर उपनगरीय रेलवे स्टेशन पर होता हूँ। दिल्ली से पश्चिम एक्सप्रेस से चला था। सामान के रूप में मेरे पास केवल एक बैग होता था। अच्छा है, बम्बई में आते हुए जितना सामान कम हो सुविधा रहती है। दादर (पश्चिम) में ही महेश भारती रहते थे। पिछली बार बम्बई में ही उनके बारे में किसी ने बतलाया था। फ़ोन से उनसे बातचीत भी हुई थी। पर वे घर पर नहीं मिलते हैं। वहाँ से लौटते हुए दादर में ही प्रकाश अम्बेडकर से कार्यालय में मुलाक़ात हो जाती है। तब वहाँ बाबा साहेब डॉ. अम्बेडकर द्वारा स्थापित छापाख़ाना था जिसे प्रकाश अम्बेडकर और उनके भाई भीमराव देखते थे। भीमराव के पास ही भारती बैठे थे। जल्दी ही चाय की दुकान से दस वर्षीय एक लड़का चाय ले आया। अगले

दिन बम्बई में बन्द होता है। बम्बई का बन्द हो या हड़ताल वह सब वहाँ की बारिश की तरह ही होता है। पता नहीं कब क्या हो जाये? हड़तालियों और आन्दोलनकारियों के भीतर से कितना तूफ़ान बाहर आये? कैसे पुलिस उनसे निबटे? फिर प्रदर्शनकारियों तथा आन्दोलनकारियों के साथ पुलिस की भिड़न्त से क्या अंजाम हो? यह सब सवाल बार-बार विमर्श में आते रहे हैं। विशेष रूप से महाराष्ट्र के बुद्धिजीवी इन सब पर सफ़ेद काग़ज़ों को काले करते रहे हैं। पर राजनीतिक दलों के संस्थापकों और संचालकों पर कोई असर नहीं पड़ता। राजनीतिज्ञों के पास छोटी-मोटी सेना तो हुआ ही करती है। कुछ के पास तो गुण्डे और मवाली भी होते हैं। जो हफ़्ता-वसूली के साथ तोड़-फोड़ भी करते रहते हैं। बम्बई में अधिकांश बन्द के आयोजन शिवसेना के द्वारा ही किये जाते रहे हैं। उससे पहले कम्युनिस्ट पार्टी के कार्यकर्ता यह काम किया करते थे। देखा-देखी अन्य राजनीतिक दल भी यह सब करने लगे। मसलन पावर युग में जो जितना हल्ला-गुल्ला करेगा, वह उतना ही राजनीतिक बाज़ार में आगे जायेगा।

उस दिन ग्राण्ट रोड के पास नानावटे चौक पर शान्त आश्रम में रहा। उससे पहली रात में भी वहीं सोया था। बाज़ार के बीचोबीच चार-पाँच कमरों का बड़ा मकान, आँगन के साथ रहने की साफ़-सुथरी अच्छी जगह। मेरे साथी मोहम्मद खड़स वहाँ थे। फिर शाम को 'जनसत्ता' में कार्यरत अनिल सिन्हा के पास चला जाता हूँ और वहीं से उनके घर। अनिल कम उम्र का प्रगतिशील विचारों का युवा साथी था। 'जनसत्ता' में उप सम्पादक के रूप में दो-तीन वर्षों से कार्यरत था। बान्द्रा (पूर्व) में वह अकेला रहता था।

इस बार बम्बई में बहुत-से नये साथियों से मुलाक़ात होती है जिनमें मोहम्मद खड़स भी थे। हालाँकि उनसे मेरा पहले से ही परिचय था। एक बार वे दिल्ली 'लोकायन' ऑफ़िस में भी आये थे। उनके अलावा महाराष्ट्र जनता दल के सचिव हुसैन दलवई और दलित सामाजिक कार्यकर्ता कैप्टेन खड़ताले नये थे। वे एयर इण्डिया में बड़े पद पर कार्यरत थे। भारती बम्बई के मेरे मित्रों की सूची में नये थे। बम्बई जाने पर कम-से-कम एक नया साथी अमूमन मिल ही जाता था। मेरे लिए यह अच्छी बात थी। बम्बई प्रवास में दलित साहित्य और आन्दोलन की शृंखला में कुछ-न-कुछ जुड़ जाता था। और मेरे ज्ञान में वृद्धि होती। असल में दलित आन्दोलन में मेरे साथ बहुत कुछ जुड़ रहा था। विशेष रूप से महाराष्ट्र के साथियों का मैं शुक्रगुज़ार रहूँगा। बार-बार उनसे अगर मुलाक़ात नहीं होती तो बाबा साहेब के दर्शन के क़रीब कैसे पहुँचता?

कुछ दिन मैं अनिल सिन्हा के घर पर ही बान्द्रा में रहा। रहने की अच्छी

जगह थी। रेलवे स्टेशन के नज़दीक ही टू रूम्स फ्लैट था। यहाँ लिखने में थोड़ा सुविधा होती है। बीच में मन किया तो एक-दो दिन के लिए अन्य साथियों के घर पर भी चला जाता था।

दिल्ली से डॉ. सुमनाक्षर का फ़ोन आया। उन्होंने कहा, "नैमिशराय जी, बम्बई में हो, साज साहब की भी कुछ खबर है?" मेरे द्वारा नहीं कहने पर उन्होंने बतलाया साज साहब बीमार हैं। सुनकर सदमा-सा लगता है। इस बार के बम्बई प्रवास में अभी तक उनसे मिल नहीं सका था। उनके घर बान्द्रा फ़ोन किया, वहाँ से पता चला कि वे अस्पताल में थे। उनसे मिलने के लिए अस्पताल जाना पड़ा। लेकिन उनसे मिलना हो नहीं सका। मेरे जाने के एक घण्टा पहले ही मुलाक़ात का समय निकल गया था। घर पर शान्ता ने बतलाया था कि वे एक सप्ताह से अस्वस्थ चल रहे थे। घर में कोई देखभाल करने वाला भी नहीं। सिर्फ़ वही थी। कभी-कभी रात में वह वहीं ठहर जाती थी। साज साहब को भी अच्छा लगता था। शान्ता से मुझे कोई दिक़्क़त न थी बल्कि कभी चाय तो कभी नाश्ता वह मेरे लिए भी बना देती थी। ऐसी हालत में साज साहब ने उससे शादी कर ली। शादी क्या, अगर ठीक से कहना हो तो उन्होंने उसे घर पर रख लिया। बान्द्रा (पश्चिम) में तीन कमरों के फ्लैट में वे अकेले ही रहते थे। शान्ता भी घाटकोपर में अकेले ही रहती थी। आने-जाने में जो पैसा लगता था, वह बचता था और समय भी। सब कुछ सोच-समझकर ही उसने बान्द्रा में अपने से दोगुने उम्र के पुरुष के साथ रहना स्वीकार किया था या कहा जाये कि उसे स्वीकार करना पड़ा था।

बम्बई में रहूँ और महानगर के बारे में कुछ न लिखूँ, ऐसा असम्भव था। बम्बई की सड़कों, पार्कों और चौपाटी इन सब पर .ख़ुद-ब-.ख़ुद लिखने के लिए मेरे भीतर से जैसे ज्वार उठता था और जब तक उफान रहता था, तब तक काग़ज़ों पर कुछ न कुछ उतार न लूँ। बम्बई प्रवास में मैंने जो लिखा, उससे मेरे लेखन में विविधता आयी। नये चरित्रों ने अपने पूरे फॉर्म के साथ मेरे भीतर प्रवेश किया। महानगर का नया परिवेश भी जुड़ा। लेखन में नयी शैली आयी तथा भाषा का विकास हुआ।

बम्बई से ही प्रकाशित संझा जनसत्ता, सबरंग जनसत्ता के साथ धर्मयुग तथा नवभारत टाइम्स के लिए भी लिखता रहा हूँ। इन सभी में कार्यरत सम्पादक, सहायक सम्पादक सभी से परिचय था। लम्बे समय से और नियमित रूप से राष्ट्रीय पत्र-पत्रिकाओं में मेरे द्वारा लिखने के कारण न सिर्फ़ मुझे बल्कि मेरे मिज़ाज को भी पत्रकारिता जगत की हस्तियाँ अच्छी तरह जानने-पहचानने लगी

थीं। जनसत्ता के स्थानीय सम्पादक राहुल जी के यहाँ एक दिन अचानक रजनी बख़्शी से मुलाक़ात हो गयी। पिछले वर्ष वे बम्बई में ही मुझे मिली थीं। उनके घर पर भी एक दिन समय निकालकर गया था। वे दादर पश्चिम में रहती थीं। पहले वह 'लोकायन', दिल्ली में थीं और सुरेश शर्मा के साथ अंग्रेज़ी पत्रिका 'लोकायन बुलेटिन' देखती थी। बाद में पुनः बम्बई चली गयीं। दिल्ली का पानी उन्हें रास नहीं आया था। रास तो लोग भी नहीं आये थे। सम्भवतः दिल्ली छोड़ते हुए वह कोई जीवनसाथी नहीं चुन सकी थीं। गोरा रंग होने के साथ उनके नयन-नक़्श ठीक-ठाक थे। अच्छी शिक्षा तथा दादर में संस्कारवान परिवार था। परिवार के पास अपना घर, अपनी अस्मिता। क्या नहीं था उनके पास। सभी कुछ तो था।

अपनी पहचान तो दलितों के पास भी होती है, लेकिन टुकड़ों में। उनके पास न अच्छा घर होता और न पूर्ण अस्मिता। हाँ, अस्मिता का भाव ज़रूर होता जो उन्हें परेशान करता था। उन्हें बेचैन किये रखता था। थोड़ी-बहुत अस्मिता होती भी है तो लहूलुहान। दलित .ख़ुद भी घायल होते और उनकी अस्मिता भी। इतिहास से राजनीति की तरफ़ लौटते हुए परम्परागत मराठी दलित मानस के झुण्ड, जातियों, समूहों के बीच या हाशिये पर रहते हुए वे संघर्ष करते। संघर्ष ही उनका जीवन होता और जीवन ही संघर्ष। यही दर्शन था महाराष्ट्र के अधिकांश दलित साथियों का। सत्तर के दशक में महाराष्ट्र में तूफ़ान की तरह उभरे दलित पैन्थर ने विशेष रूप से मराठी दलितों को ऊर्जा दी थी। उन्हें जुझारू बनाया था। निश्चित ही सत्तर के मध्य से लेकर अस्सी के मध्य तक का दशक दलित आन्दोलन में महत्त्वपूर्ण दशक था। अस्सी का दशक ख़त्म होते-होते संगठन बिगड़ने लगा था। लोग जहाँ-तहाँ भागने लगे थे। उनके भीतर राजनीतिक महत्त्वाकांक्षा उभरने लगी थी।

जीवन में कितने लोगों से मुलाक़ातें होती हैं, उन मुलाक़ातों के क्या परिणाम होते हैं, उन परिणामों से रास्ते बन्द होते हैं या खुलते हैं, यह सब परिस्थितियों पर निर्भर होता है या उस विशेष व्यक्ति पर। प्रसिद्ध कथाकार कमलेश्वर से दिल्ली में मेरी दुआ-सलाम होती रहती थी। उनका साक्षात्कार भी मैंने लिया था। मैं उनसे प्रभावित भी था। दलितों के पक्ष में वे अकसर कहते और लिखते भी थे। साहित्य से फ़िल्म में उनका अपना प्रयोग था। उसे महत्त्वाकांक्षाओं की उड़ान के लिए अगला चरण भी कहा जा सकता है। बम्बई में वर्सोवा स्थित उनके फ्लैट पर उनसे एक-दो बार मुलाक़ात भी हुई थी। तब-तब उनसे अपने लिए फ़िल्म में कोई किसी तरह की सम्भावना के बारे में कहने की हिम्मत नहीं हुई थी। बाद में इसी सम्बन्ध में मैंने उन्हें पत्र लिखा था, जिसका जवाब उन्होंने साहित्यिक

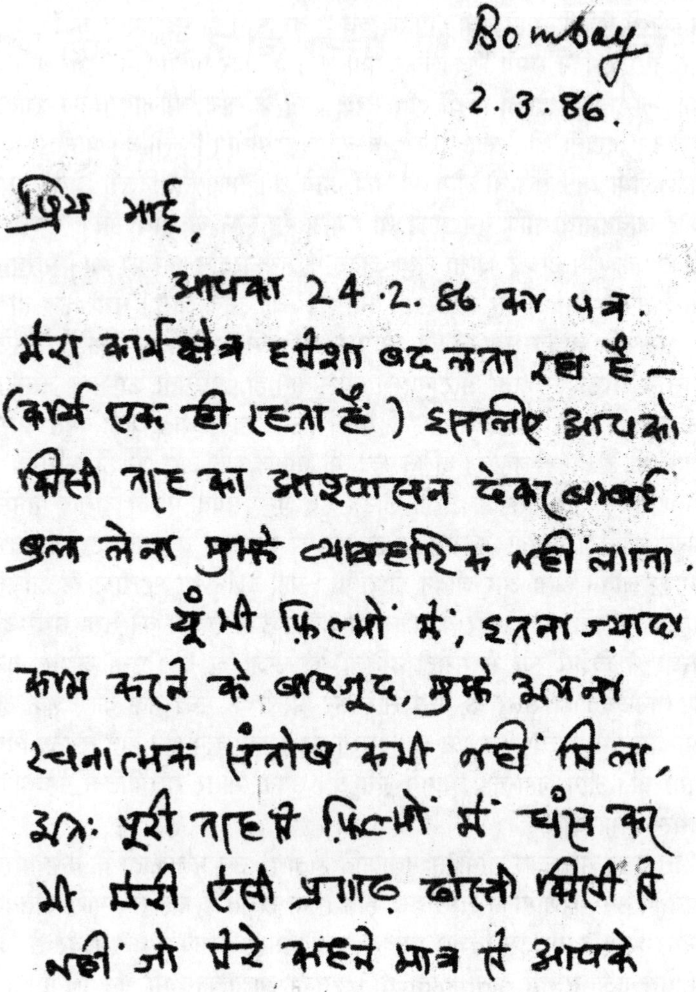
Bombay
2.3.86.

प्रिय भाई,

आपका 24.2.86 का पत्र.
मेरा कार्यक्षेत्र हमेशा बदलता रहा है – (कार्य एक ही रहता है) इसलिए आपको किसी तरह का आश्वासन देकर बाकाई भूल लेना मुझे व्यावहारिक नहीं लगता.

यूँ भी फ़िल्मों में, इतना ज़्यादा काम करने के बावजूद, मुझे उतना रचनात्मक संतोष कभी नहीं मिला, अतः पूरी तरह से फ़िल्मों में धँस कर भी मेरी ऐसी प्रगाढ़ दोस्ती किसी से नहीं जो मेरे कहने मात्र से आपके

अन्दाज़ में ही दिया था। पर उसी पत्र का एक वाक्य मुझे अभी तक भी याद है और वह ताउम्र याद रहेगा–**'पहले अपने क्षेत्र में नाम कमा लीजिए नैमिशराय जी, उसके बाद इधर-उधर तो शायद कुछ खट्टा-मीठा स्वागत हो सके।'** इस पत्र के बाद लम्बे समय तक उनसे मेरी बातचीत नहीं हुई।

लिए लेखन का रास्ता खोल दे. यहाँ 'नाम' की चाहत होती है और नाम तभी होता है जब काम मिलता है, पर फ़िल्मों के व्यवसाई संतरों का रस पीने के लिए संतरों के बागों को नहीं खरीदते — वे Orange Syrup की लेबिल दार बोतल खरीदना पसंद करते हैं.

पहले अपने क्षेत्र में नाम कमा लीजिए, उसके बाद इधर आइए तो शायद कुछ खट्टा-मीठा स्वागत हो सके !

सादर
कमलेश्वर

फिर अचानक एक दिन उनका फ़ोन आया। उन्होंने कहा। नैमिशराय जी इधर बम्बई में नवभारत टाइम्स और जनसत्ता में आपके आलेख पढ़ता रहता हूँ अच्छा लगता है। दलित साहित्य और पत्रकारिता में आपका नाम आगे आया है। इसके लिए बधाई। कहकर उन्होंने फ़ोन काट दिया था।

बम्बई से एस.आर. साज का पत्र आया था। पत्र 'अम्मा' नाम के लैटर हैड पर अंग्रेज़ी में लिखा था। कुछ समय पहले मैंने उन्हें ख़त लिखा था। उसका हवाला देते हुए उन्होंने शायरी की थी—'भागते हैं अब हमारे साये से भी दूर-दूर वोह जो कल तक 'साया' बनकर चल रहे थे साथ-साथ।'

सत्या का विवाह हो गया था, लेकिन उसे रास नहीं आया। एक दिन उसने फ़ोन किया–

"मम्मी ने तुम्हें बुलाया है।"

"क्यों?"

मैंने पूछा था।

"पहले आओ तो...।"

सत्या के घर मादीपुर में कई बार जा चुका था। उसकी मम्मी, उसके पिता, भाई-बहन, सबसे बात होती थी। उन्हें भी अच्छा लगता था और मुझे भी। उसके घर गया तो उसकी मम्मी ने कहा–

"नैमिशराय जी, आप तो कार्यक्रम आदि के लिए बाहर जाते रहते हो इसे भी कभी साथ ले जाना। सुनकर मुझे अजीब-सा लगा। वह फिर बोली,

"यहाँ रहेगी तो कुछ कर बैठेगी।"

कहते हुए वह उदास हो गयी। तभी मैंने कहा–

"पर ससुराल में...।"

जवाब में स्वर उभरा–

"वह ससुराल नहीं जाना चाहती। दो-चार दिन बाहर रहेगी तो उसका दुखी मन ठीक हो जायेगा।"

सत्या दुखी थी। वह मेरे साथ सुख के कुछ लम्हे बाँटना चाहती थी। उसने कहा भी। यहाँ रहेगी तो वह आत्महत्या कर लेगी। तीन-चार दिनों के बाद वह लोकायन आयी। उसकी आँखों में उदासी थी। मुझे उससे हमदर्दी थी, लेकिन...।

जुलाई का महीना आ गया। गर्मी और अधिक बढ़ गयी थी। दिल्ली में वर्षा होने के आसार बनते हैं पर पानी गिरता नहीं। कभी बारिश होती भी है तो बहुत कम। आसमान में यूँ ही बादल तैरते रहते हैं। उमस भरी रातों में तो और भी गर्मी बढ़ जाती है। इस पर मच्छरों का हमला अलग। शरीर झुलसने लगता है। मन में आक्रोश उभर आता है। मेरा आर्थिक पक्ष तो पहले से ही ख़राब था। वह और भी बिगड़ने लगा है। कहना न होगा कि मेरी बद-से-बदतर स्थिति हो गयी है। उस पर अकेलापन। रात में कभी दीवारों से बात करता हूँ तो कभी झूलती-सी छत से। अँधेरे में नींद नहीं आती तो लाइट ऑन कर लेता हूँ और छत में आयी सलवटें गिनने लगता हूँ। कभी थोड़ी-बहुत नींद आती है तो बाहर गली के कुत्ते सोने नहीं देते। उन पर गुस्सा आता है। गुस्सा तो दुनिया पर भी आता है। लेकिन ऐसी स्थिति में मैं आख़िर कर भी क्या सकता हूँ। मैं जब अपने ही सवालों से रू-ब-रू होता तो मेरे भीतर से वही जवाब बार-बार उभरता।

सवाल भी वही होते और जवाब भी। न सवाल बदलते और न जवाब बदलते। 'लोकायन' से थोड़ा-बहुत पैसा मिल जाता था। अब वह भी नहीं मिलता है। पत्र-पत्रिकाओं में कुछ आलेख आदि जहाँ-तहाँ लिखता हूँ, वहाँ से देर-सबेर पैसा मिलता है। कहीं-कहीं से तो छह-सात माह गुज़र जाने के बाद भी पारिश्रमिक नहीं मिलता। कभी मिलता ही नहीं। बड़े-बड़े अख़बारी घरानों के द्वारा भी ऐसा ही होता है। इस विराट दुनिया की विराट ही कथा है। जितना कुछ कहोगे या लिखोगे, उतना ही वह और खुलती चली जायेगी। कुछ सम्पादकों और प्रकाशकों का कमीनापन उजागर होता जायेगा। पर दोष आख़िर किसे दूँ। इस कथा का सूत्रधार भी तो मैं स्वयं हूँ। पत्नी कभी-कभी कह भी देती हैं कि ऐसी स्थिति के ज़िम्मेवार तुम ही हो। पत्नी की बात स्वीकार करने में कोई हर्ज़ नहीं। ''हाँ मैं ही स्वयं ज़िम्मेवार हूँ।'' सच यही है। जिससे न कभी मैं भागा और न ही भाग्य को दोष दिया। वैसे भी मैं नास्तिक रहा हूँ। भाग्य और दुर्भाग्य से भरे शब्दों को कभी का अपनी डिक्शनरी से निकालकर फेंक दिया था। मैं उस ज़िम्मेवारी से बचना भी नहीं चाहता था। वह सब स्वीकार करने के अलावा और कोई रास्ता था ही नहीं मेरे पास।

जैसे-तैसे सुबह होती है। अँधेरा छँटता है और उजाला होता है। पर सूरज की किरणें मेरे लिए बेचैनी का सबब लेकर आतीं। यह सोचते हुए कि आज के दिन मुझे कहाँ-कहाँ जाना है, किससे मिलना है, बस यूँ ही व्यर्थ के उलझाव बढ़ते चले जाते हैं। कहाँ लेख देना है, कहाँ कहानी देनी है, कहाँ से पारिश्रमिक के लिए रिक्वेस्ट करनी है। इन सबका घर से निकलने से पहले हिसाब-किताब लगाना पड़ता था। यह सब मैं सुविधा के लिए कभी-कभी काग़ज़ पर लिख भी लेता हूँ। इसलिए कि रूट बनाने में सुविधा होती है। बाहर निकलते हुए जेब में कितने पैसे हैं, वे भी गिनने होते हैं, कहाँ जाने के लिए कितने का टिकट लेना है यानी 50 पैसे का या 75 पैसे का, कहाँ पैदल ही जाना है। कहाँ जाने के लिए टिकट ही नहीं लेना है। यह भी कभी-कभी करना पड़ता था जब मुझे बस से यात्रा करनी होती है। आदतन नहीं मजबूरीवश। रात में देरी से घर लौटना होता था। और बिना खाना लिये ही सो जाना पड़ता है। अधिक भूख लगने पर ख़ाली डिब्बे बजा-बजाकर देखने होते हैं। कहीं कुछ उनमें शेष तो नहीं है। लेकिन कुछ भी शेष नहीं होता है। न दाल होती है, न चावल, आटा भी नहीं। मुफ़लिसी के दिन। मेरे जैसे व्यक्ति के जीवन में क्या कभी अच्छे दिन आयेंगे? उन दिनों देश के प्रधानमन्त्री मोदी जी भी नहीं थे वरना अच्छे दिन आयेंगे, इसी कल्पना-सुख के सहारे दुख की घड़ियों को बिता लेता।

घर में एक अजीब-सी चुप्पी खिंच आयी है। चारों तरफ़ ख़ामोशी। मैं स्वयं से सवाल करता हूँ और जवाब भी .ख़ुद ही दिये देता हूँ। ऐसे में मन बहुत उचाट होता है। भीतर-ही-भीतर तेज़ी के साथ पीड़ा उपजने लगती है। उसी पीड़ा में छटपटाने की स्थिति में जब मैं होता हूँ, तब अपने-आपको लिखने-पढ़ने में व्यस्त रखने का प्रयास करता हूँ। काग़ज़ों का मेरा संसार और किताबों की मेरी अलग दुनिया। उसी दुनिया से भला कितनों को मतलब होता है। उसमें सिर्फ़ मैं, मेरे सपने, मेरा बिखरता अस्तित्व और उसी बिखरते अस्तित्व में तलाशता अपना भविष्य। अगले दिन फिर वैसी ही सुबह, वैसी ही भागदौड़।

दोपहर क़रीब 12.30 पर घर से स्कूटर लेकर निकलता हूँ। बीच रास्ते में स्कूटर रोककर पेट्रोल चैक करता हूँ। थोड़ा-बहुत पेट्रोल था। पुनः स्टार्ट करने से पूर्व सन्तोष की साँस लेता हूँ। 'पीपुल्स विक्टरी' के लिए सुबह सात बजे से ही एक लेख लिख रहा था। उसे लिखने में दो-ढाई घण्टे लग गये। इस बीच लाइट चली गयी। जैसे-तैसे लेख पूरा किया। तैयार आलेख 8 नॉर्थ एवेन्यू छोड़कर 25, अशोका रोड स्थित डॉ. अम्बेडकर प्रतिष्ठान आ जाता हूँ। वहाँ मैथ्यू जी मिले नहीं। ऑफ़िस में भी लाइट नहीं थी। घर में भी लाइट नहीं, कुछ घण्टे तो मुझे वहीं बिताने थे। थोड़ी देर में मैथ्यू जी आ गये। मैंने उनसे जयभीम कहा। उन्होंने भी जयभीम कहते हुए हाथ मिलाया। उनमें यह अच्छी बात थी जो हर किसी में नहीं होती। लंच का समय हो तो खाने के लिए ज़रूर पूछते थे। मेरे हाँ कहने पर नज़दीक ही फ़ुटपाथ से छोले-भटूरे मँगाये। स्वयं भी वे यही सब खाते थे। भोजन के बाद चलिए खाने की समस्या तो हल हो गयी। चाय भी मिल गयी। मुझे थोड़ी सन्तुष्टि मिल जाती है। वहाँ से लगभग तीन बजे पैदल चलकर प्रकाशन विभाग पहुँचा। अशोका रोड से पैदल आधा घण्टा लगता था पटियाला हाउस पहुँचने में। पटियाला हाउस में ही उन दिनों प्रकाशन विभाग का ऑफ़िस था। वहाँ मुझे 'समता की ओर' पुस्तक के लिए कान्ट्रैक्ट साइन करना था। कुछ माह पहले डॉ. श्याम सिंह, 'शशि' जी से बातचीत हुई थी। वे स्वयं भी चाहते थे कि मैं प्रकाशन विभाग के लिए कम पृष्ठों की कोई छोटी पुस्तक लिखूँ। वहीं हिन्दी, उर्दू में प्रकाशित 'आजकल' के सम्पादकीय में भी जाकर मिलना था। 'आजकल' के हिन्दी और उर्दू अंकों में मेरा एक-एक लेख छप रहा था।

यह महत्त्वपूर्ण बात थी मेरे लिए और मेरी रचनाधर्मिता के लिए भी। हिन्दी के साथ अन्य किसी भी भाषा की पत्रिका में छपने से लेखक के कृतित्व का विकास ही होता है। मेरे लेखन का भी विस्तार हो रहा था। दूसरे शब्दों में कहूँ

तो पाठकों की संख्या में बढ़ोतरी हो रही थी। मैं उन तक पहुँच रहा था। वे मेरे विचारों से रू-ब-रू हो रहे थे।

छह बजे इण्डिया इण्टरनेशनल सेण्टर के लिए प्रकाशन विभाग से ही बस ली। संडे मेल के लिए वहाँ होने वाले कार्यक्रम की रिपोर्टिंग करनी थी। कन्हैयालाल नन्दन ने दो दिन पूर्व ही एक रिपोर्ताज़ तैयार करने के लिए कहा था। रात के सात बज गये इण्डिया इण्टरनेशनल सेण्टर पहुँचते-पहुँचते। वहाँ राष्ट्रीय नाट्य विद्यालय की तरफ़ से प्रकाशित 'रंगयात्रा' का विमोचन श्रीमती गिरिजा व्यास (उपमन्त्री, सूचना एवं प्रसारण मन्त्रालय) को करना था।

साढ़े छह बजे का समय था। सात बजे के लगभग कार्यक्रम आरम्भ हुआ। वे नहीं आयी थीं। उनके स्थान पर संस्कृति सचिव भास्कर घोष आये थे। लगभग एक घण्टे में कार्यक्रम समाप्त हुआ। उसके बाद लॉन में चाय आदि सर्व हुआ। चाय पीते हुए लोग परस्पर बतिया रहे थे। विशेष रूप से महिलाएँ अलग ग्रुप में चाय-कॉफ़ी कम पी रही थीं, हैलो-हाय ज़्यादा कर रही थीं। वे बेफ़िक्र थीं। उनके चेहरे खिले हुए थे। कुछ बिन्दास होकर सिगरेट पी रही थीं। बीच-बीच में उनके पास बेयरा आता तथा उनसे उनकी फ़रमाइश पूछता। पर उन्हें जवाब देने की फ़ुर्सत न थी। बेचारा बेयरा वहीं खड़ा रहता और वे परस्पर हँसी-मज़ाक़ करती होतीं। उनके बीच बातें नॉन-वेज भी होतीं और बातें करने का तरीक़ा मर्दों जैसे हो जाता। ऐसे में वे पुरुष वर्ग के लिए उन्हीं की भाषा का इस्तेमाल करतीं। स्साला सम्बोधन तो अधिकांश का तकिया कलाम ही हो जाता। जबकि यार शब्द तो बात-बात में दोहराया जाता। उन सभी के बीच इण्डिया इण्टरनेशनल सेण्टर के भव्य कार्यक्रम में एक अदद दलित यानी मैं।

लॉन में बहुत-से नाट्यकार, लेखक तथा टीवी फ़िल्म कलाकार थे। चाय पीते हुए विनोद नागपाल, एनएसडी की निदेशिका कीर्ति जैन, वहीं प्रोफ़ेसर रहे कौशल जी, नटरंग के सम्पादक नेमिचन्द्र जैन आदि की मौजूदगी थी। ये सब दिल्ली के सितारे थे। उन्हें दिल्ली या देश की हस्तियाँ भी कहा जा सकता था। उनके अपने-अपने गिरोह थे। जिनमें सिर्फ़ सवर्ण लेखक, कलाकार, पत्रकार ही शामिल हो सकते थे। दलितों के लिए तो वैसे ही साहित्य और संस्कृति के दरवाज़े बन्द थे। साहित्य हो या फिर संस्कृति, सभी जगह उनके अपने-अपने मठ थे। परस्पर साँठ-गाँठ होती थी। वे सतर्क भी रहते थे कि भूल से भी कोई उनके गिरोह में शामिल न हो जाये। कुछ देर बाद दिल्ली के पूर्व लेफ्टिनेंट गवर्नर जगमोहन जी आ गये थे। उनके आगमन ने जहाँ प्रशासन को मुस्तैद कर दिया था वहीं वीआईपी मुलाकातियों के बीच उनसे मिलने की होड़ सी लग गयी थी।

मेरे हाथ में कॉफ़ी का प्याला था। सैण्डविच मैं पहले ले चुका था। कुछ देर में उनके आसपास भीड़ ख़त्म हो गयी थी। जगमोहन जी इस मामले में थोड़ा अलग थे। सुरक्षा की परवाह किये बिना वे अपने किसी मित्र के साथ बाहर लॉन में चहलकदमी कर रहे थे। नज़दीक जाकर मैंने उनसे नमस्ते की। सुनकर पहले मुझे अजीब-सी नज़रों से देखा था। फिर हल्के-से नमस्ते कहा। मैंने शुक्र मनाया, चलो नमस्ते का जवाब तो दिया। वरना देश की राजधानी का लेफ्टिनेंट गवर्नर तो आम आदमी की तरफ़ देखता भी नहीं।

बड़े लोगों का बड़ा कार्यक्रम। बड़ा ताम-झाम। वही कार्यक्रम। नफ़ासत और नज़ाक़त के बीच समाप्त होने पर अधिकांश लोग अपने-अपने वाहन पर सवार होकर चले गये। मुझे तो उस दिन बस से ही वापस घर तक जाना था। भीतर से बाहर तक आने में पाँच मिनट लग गये। थोड़ी दूर बस स्टॉप था। मेरे साथ दो-तीन लोग बस की इन्तज़ार में थे। लगभग बीस मिनट लग गये बस मिलने में। वह भी केन्द्रीय सचिवालय तक थी। वहाँ से पंजाबी बाग और पंजाबी बाग से पश्चिम विहार। घर तक पहुँचते-पहुँचते रात के ग्यारह बज गये। सुरूर तो था ही नहीं कि तीन बसें बदलते-बदलते उतर जाता। लिहाज़ा बिना नशे के ही अपने ही घर के दरवाज़े पर आधी रात होते-होते दस्तक दी।

दोपहर के समय घर से निकला। अगले दिन मैंने संडे मेल के लिए रिपोर्ताज़ तैयार की। दो-तीन घण्टे लग गये थे। कनॉट प्लेस संडे मेल का ऑफ़िस था। लगभग तीस लोग वहाँ कार्य करते थे। रमेश जी भी वहीं थे। अख़बार का ले-आउट वे ही देखते थे। मैंने उन्हें इण्डिया इण्टरनेशनल में हुए कार्यक्रम की हाथ से लिखी हुई रिपोर्ट दे दी। उन्होंने सरसरी निगाह से देखकर टाइप के लिए किसी को दे दी और मेरे लिए फ़ोन कर चाय लाने के लिए कहा। जल्दी ही चाय आ गयी। चाय पीकर मैं मण्डी हाउस के लिए पैदल ही निकल पड़ा। मुश्किल से बीस मिनट यहाँ से लगते थे। शाम के समय बसों में भीड़ भी ख़ूब होती थी। पैदल जाने में ही सुविधा होती थी। कनॉट प्लेस से मण्डी हाउस जाने के लिए सर्विस लेन अलग थी। सड़क के दोनों तरफ़ ख़ूब छायादार वृक्ष। किनारे-किनारे जाने में कोई दिक़्क़त नहीं। मण्डी हाउस मुझे श्याम शर्मा का इन्तज़ार था। मेरे कुछ परिचित एक के बाद एक कर जाने लगे थे। उनके लिए मैं प्रौढ़ शिक्षा पर पन्द्रह मिनट की डॉक्यूमेंट्री लिख रहा था। मण्डी हाउस में क़रीब साढ़े सात बजे वे आते हैं। वे अकसर देरी से ही आते थे क्योंकि सर्विस में थे। श्रीराम सेण्टर में कुछ विशेष बात न हो पाती है। उस दिन भीड़-भाड़ भी बहुत थी। गोल मार्किट से पहले वे हॉफ खरीदते हैं। नज़दीक ही उनका फ्लैट था। घर पहुँचने पर सीधे

अपने कमरे में आ जाते हैं। मैं उनके साथ ही था। शिष्टाचारवश मैं उनकी पत्नी से नमस्ते करता हूँ। जवाब में उन्होंने लापरवाही से नमस्ते का जवाब दिया। मुझे अच्छा नहीं लगा। मैंने श्याम से कहा कि लगता है उन्हें मेरा आना अच्छा नहीं लगा। तो वे बेबाकी से बोले, "मोहन भाई! घर में आया कोई शख़्स अच्छा तो लगता है, लेकिन शराबी के यार का घर आना अच्छा नहीं लगता।" और उन्होंने मुझे समझाया, "यार नौमिशराय जी! पत्नियाँ हमें झेलती हैं तो हमें भी तो थोड़ा-बहुत झेलना चाहिए।" फिर श्याम शर्मा मुझे कमरे में बैठा कर चार-पाँच मिनट में सब कुछ जुटा लेते हैं। मसलन सोडे की बोतल, पानी, नमकीन और गिलास आदि-आदि। बोतल उन्होंने पहले ही मेज़ पर रख दी थी। पहला पेग बनाकर मेरे हाथ में देते हुए कहा उन्होंने, "मोहन भाई, यह सब घर-घर की कहानियाँ हैं।" मैंने उनकी हाँ-में-हाँ मिलायी। उन्हें थोड़ी सन्तुष्टि हुई। इसके बाद मेरी उनसे फ़िल्म सम्बन्धी बातचीत हुई। मैंने केवल दो ही पेग लिये और जल्दी ही उनके घर से बाहर आ गया। श्याम शर्मा मुझे बाहर छोड़ने तक आये।

चलने से पूर्व मैंने सुना।

वे कह रहे थे, "मोहन भाई, माफ़ करना।"

स्कूटर से वापस घर लौटते हुए रात के लगभग ग्यारह बज चुके थे। बच्चे सो गये थे। पर मेरी आँखों में नींद न थी। मैं बाहर बालकनी में कुर्सी डालकर लगभग एक घण्टे बैठा रहता हूँ। बम्बई में मेरे एक मित्र ने 'दीमक' फ़िल्म बनायी थी। उनकी फ़िल्म के कैसेट मेरे पास थे। कुछ देर अकेले ही गाने सुनता हूँ। बहुत रात होने पर सो पाता हूँ।

आज आकाशवाणी में रिकॉर्डिंग थी। मुझे 'बाबा साहेब डॉ. अम्बेडकर के चिन्तन और भारतीय समाज' विषय पर बोलना था। थोड़ी-बहुत तैयारी घर पर ही की थी। जेब में संसद मार्ग तक जाने तक का बस तक का किराया भी न था। उसी समय नीचे रद्दी वाले की आवाज़ सुनाई दी। अनायास मन में सुबह-सुबह रद्दी ही बेचने का ख़याल आया। पुराने अख़बार आदि तौलकर जो हिसाब बना, कबाड़ी ने मेरी हथेली पर रेजगारी रख दी थी। मैंने उदास भाव से गिना। केवल एक रुपया चालीस पैसे थे। तब कबाड़ी तीन रुपये किलो रद्दी लेते थे। उनसे ही मुझे काम चलाना था। जैसे डूबते को तिनके का सहारा मिला।

बस से संसद मार्ग के स्टॉप पर उतरकर सामने ही मुख्य गेट से आकाशवाणी भवन में प्रवेश करता हूँ। स्वागत-कक्ष से प्रवेश-पत्र बनवाया। स्टूडियो ख़ाली न था। अन्दर रिकॉर्डिंग चल रही थी। प्रोड्यूसर के साथ मुझे भी इन्तज़ार करना पड़ता है। क़रीब 11:55 पर स्टूडियो ख़ाली होता है। बीस मिनट उक्त विषय पर

बोलना हुआ। कार्यक्रम समाप्ति पर वहाँ से 200 रु. का चेक लेकर अपने बैंक पहाड़ गंज आता हूँ। एक चैक पहले भी जमा कराया था। कैशियर ने बतलाया, "आपके खाते में केवल 150 रुपये हैं।" मैंने पचास रुपये के लिए स्लिप भरी। उन दिनों एक सौ रुपये कम-से-कम बैंक में होने चाहिए थे। अभी तो वह रक़म हज़ारों में हो गयी है।

रात के क़रीब बारह बजे हैं। मैं बीच के कमरे में बैठकर कुछ लिख रहा होता हूँ। अचानक बाहर से एक बड़ी मक्खी आती है और वह इधर-उधर उड़ने लगती है। वह मुहाल की मक्खी थी। काट भी सकती थी। मैं उसे भगाना चाहता हूँ। पर वह बाहर न जाकर इधर-उधर उड़ती रहती है। उड़ते हुए अचानक ऊपर ट्यूब के पास मकड़ी के जाले में फँस जाती है। तत्काल ही मकड़ी के हाथ और लम्बी-लम्बी टाँगें उसे जकड़ लेती हैं। मक्खी जाले में फँसने के बाद लाख कोशिश करती है कि छूट जाये, लेकिन मकड़ी के द्वारा बुने गये जाले की गिरफ़्त से वह बाहर न आ पाती है। मैं देख रहा हूँ कि मकड़ी बार-बार उस पर वार कर रही है और मक्खी तड़प रही है। तड़पते हुए भी उसके भीतर संघर्ष करना जारी है।

कैसा था वह संघर्ष? मक्खी घायल होने के बावजूद मौत से जूझ रही थी जीवन के लिए और मकड़ी उसे अपना भोजन बनाने के लिए बार-बार उस पर हमला करते हुए संघर्ष कर रही थी। एक के लिए स्वयं अपना जीवन बचाने का संघर्ष और दूसरे के द्वारा उसके जीवन को मौत में बदल देने का संघर्ष। दोनों संघर्ष में रत थीं—मकड़ी और मक्खी। संघर्ष तो होना ही था। भले ही उसका प्रयोजन कुछ भी हो। कुल मिलाकर संघर्ष प्रतीक तो जीवन का ही है। जीवन में संघर्ष के बिना कुछ नहीं। अगर जीवन है तो संघर्ष भी करना ही पड़ेगा।

मण्डी हाउस में बहुत दिनों के बाद दिनेश अहलावत से मुलाक़ात हुई। पिछले दिनों वीरेन्द्र वर्मा भी आये थे। दोनों मेरे पुराने मित्र रहे हैं और लगभग दस वर्षों से रंगमंच से जुड़े थे। अभी भी उन्होंने नाटक से अपने आपको विमुख नहीं किया है। बम्बई से आर.के. सोरल कभी-कभी वहाँ शाम को मिल जाया करते हैं। वे बम्बई में लघु फ़िल्म निर्माता हैं। मैं अकसर शाम को ही श्याम शर्मा के साथ वापस घर लौटता हूँ। वहीं उनके घर पर ही भोजन करता और रात देर गये घर लौटता। पिछले दिनों उन्होंने 'मैली सुगन्ध' नाम से डॉक्यूमेंट्री बनायी थी।

मणिमाला ने एक-दो बार बतलाया था कि टाइम्स ऑफ़ इण्डिया के द्वारा हर वर्ष रिसर्च के लिए फैलोशिप देने का प्रावधान है। इस बार भी विज्ञापन निकला था। मैंने उनके कहने पर फार्म भरा था। उम्मीद थी कि पढ़ने-लिखने में कुछ आर्थिक सहयोग मिलेगा। दो दिन बाद आवेदन-पत्र दरियागंज, नयी दिल्ली

उनके कार्यालय दे आया। फैलोशिप के लिए तब चार-पाँच पृष्ठ भरने होते थे। मेरे शोध का विषय था "The impact of Dr. Ambedkar's movement on Dalit Women" (दलित महिलाओं पर डॉ. अम्बेडकर के आन्दोलन का प्रभाव)। इस पर मैंने पहले भी थोड़ा-बहुत शोध-कार्य किया था। दो-तीन आलेख भी लिखे थे जो पत्र-पत्रिकाओं में छपे थे। जब-जब बम्बई या नागपुर गया तो वहाँ रहने वाली अम्बेडकरवादी महिलाओं से बातचीत भी की थी। यदा-कदा दिल्ली में गोष्ठियाँ और सम्मेलन होते रहते थे। उनमें शरीक होने के लिए अकसर मुझे जाना ही होता था। महाराष्ट्र से लेकर उत्तरी भारत में महिलाएँ प्रतिबद्धता से सामाजिक कार्यों में जुटी थीं। विषय से सम्बन्धित मेरी जानकारी में अच्छी-ख़ासी वृद्धि हो गयी थी।

दिन में विट्ठलभाई पटेल हाउस में थॉमस मैथ्यू ने एक गोष्ठी आयोजित की थी। लगभग चार-पाँच घण्टे उसमें लग गये। Socialist Republican Convention के रूप में इस गोष्ठी की कार्रवाई चली थी। लन्दन से कृष्णा गमरे पहुँच नहीं सके थे। अमेरिका से मिसेज जैलिएट अवश्य ही आयी थीं। मैंने उनके बारे में काफ़ी सुना था। थोड़ा-बहुत पढ़ा भी था। बाबा साहेब डॉ. अम्बेडकर और उनके द्वारा शुरू किये गये आन्दोलन पर काफ़ी अध्ययन था उनका। पहली बार उनके दर्शन हुए। उन्हें गम्भीरता से सुना भी। शेष साथियों में सुनीता कौल, दिल्ली विश्वविद्यालय से प्रो. संघसैन और बाबा साहेब डॉ. अम्बेडकर के साथियों में एन.जी. ऊके तथा भगवानदास आदि थे। उनमें अधिकांश मुझसे बहुत वरिष्ठ थे। इन सबके बीच अपने आपको पाना सुखद अनुभव था।

उसी दिन शाम को बाहर लॉन में सुरेन्द्र मोहन जी से अचानक मुलाक़ात हो जाती है। उन्होंने इससे पूर्व मुझे पत्र भी लिखा था। उन दिनों वे वहीं दो कमरे के फ्लैट में रहते थे। क़रीब एक घण्टा उनसे लॉन में बैठकर वार्तालाप होता है। जनता दल के भीतरी संघर्ष से लेकर बढ़ती महँगाई तथा समता आन्दोलन तक। ऐसे समय मेरे भीतर बहुत सारे सवाल उभरते थे, जिनमें अधिकांश दलित अस्मिता और आन्दोलन से जुड़े हुए होते। इस बीच मैं अपनी बात रखता। वे ध्यान से सुनते और धैर्य से जवाब देते। कुछ नयी जानकारी भी वे देते। बार-बार मुझे और अधिक लिखने के लिए प्रेरित करते। यही उनके व्यक्तित्व की विशेषता भी थी।

रात के क़रीब दस बजे घर लौटा। आज की डाक में दो पत्र थे। एक समाज कल्याण मन्त्रालय से आया था, दूसरा मेरठ में रह रहे सरदार ज्ञानसिंह जी का था। वे मेरठ कैण्ट के मेहँदी मोहल्ला में रहते थे। उसी बस्ती में डॉ. धर्मवीर का भी घर था।

समाज कल्याण मन्त्रालय में पिछले दिनों श्याम शर्मा के साथ मैंने नागपुर दीक्षाभूमि की आधा घण्टे की अलग से डॉक्यूमेंटरी बनाने का प्रस्ताव दिया था। नागपुर में हर वर्ष दीक्षाभूमि पर साहित्यिक और सामाजिक स्तर पर बड़े पैमाने पर कार्यक्रम होता रहा है। इस बार भी 3 से 6 अक्तूबर को कार्यक्रम होना था। चूँकि मैं बहुत पहले से नागपुर जाता रहा हूँ और बहुत-से साथियों से मिलना होता था। कुछ समय से मेरा मन था कि लगभग एक घण्टे की डॉक्यूमेंटरी बनायी जाये। जिससे देश भर में लोगों को उसके महत्त्व का पता चले। मराठी अख़बारों के अलावा अन्य किसी भी भाषा के अख़बारों में दीक्षाभूमि की रिपोर्टिंग नहीं छपती थी। इलेक्ट्रॉनिक और प्रिंट मीडिया, दोनों की ही उदासीनता से मन को बहुत दुख होता था। क्या यह सवर्ण मीडिया का जातिवाद नहीं था? मेरे द्वारा दिये गये प्रस्ताव, उसके स्वीकृत होने की उम्मीद थी। रजिस्टर्ड पत्र पहली अक्तूबर की शाम को मिला। 2, 3, 4 तारीख़ को ऑफ़िस बन्द थे। पत्र में सरकारी स्तर पर घुमाऊ-फिराऊ भाषा का प्रयोग हुआ था। इस पत्र ने रात भर मुझे बेचैन बनाये रखा था। उन दिनों गंगादास जी संयुक्त सचिव थे। वे दलित समाज से ही थे। पहले दिल्ली में आयुक्त रह चुके थे। उनसे मुझे कतई भी ऐसी उम्मीद न थी। मेरी आशाओं पर जैसे तुषारापात हुआ था।

दिन में दोपहर तक मैं लिखता रहा। भोजन लेने का वक़्त ही नहीं मिला। एक-दो बार चाय ज़रूर ली। इस बीच लाइट चली गयी। पंखा धीरे-धीरे चलते हुए बन्द हो गया। खिड़की पर टँगे पर्दे को हटाया। आवश्यक उजाला हो गया था। कुछ दृश्य पूरे करने थे। नीचे कभी-कभी शोर होने पर व्यवधान उत्पन्न होता। मैं यथार्थ से तालमेल करने की कोशिश करता। आज मुझे फ़िल्म्स डिवीज़न जाना था। वहीं सोरल जी से मुलाक़ात निश्चित हुई थी। घर से समय देखकर निकला। बस्ती के नज़दीक ही बाहर सड़क पर बस स्टैण्ड था। फ़िल्म्स डिवीज़न मैं समय पर पहुँच गया। चार बजे के लगभग वे आये। दोपहर तक जो लिखा था, उस पर बातचीत होती है। वह उन्हें पसन्द नहीं आता है। हम दोनों के साथ फ़िल्म्स डिवीज़न के एक साथी और थे। जो वहाँ उपनिदेशक के पद पर कार्यरत थे। वे मुझसे बड़ी बेरुखी से बात कर रहे थे। और सोरल जी भी उन्हीं का पक्ष ले रहे थे। यह सब मैंने शिद्दत से महसूस किया था। उन दोनों का कहना था कि मैं महिला और बच्चों के विषय को अधिक-से-अधिक एक्सप्लॉइट करूँ। उसे करुणामय बनाऊँ। ऐसा कि देखकर लोगों के आँसू निकल आयें। सोरल जी बार-बार ड्रामा-ड्रामा की बात कर रहे थे। सुनकर मुझे खीज-सी हो आती है। अनायास मन के भीतर विचार उभरता है। फ़िल्म की भी कोई राइटिंग है। ऐसा लिखो, वैसा लिखो।

निर्माता तो सिर पर ही बैठकर सुझाव पर सुझाव देता है। उसे मालूम नहीं कि कभी-कभी एक डायलॉग ही लिखने में घण्टों-घण्टों लग जाते हैं। फिर उसकी सिचुएशन बनाने में भी समय लगता है और उसके लिए माथापच्ची भी करनी पड़ती है। परिस्थितियों को समझते हुए नये पात्रों के साथ तालमेल कर रचनाधर्मिता को आगे बढ़ाना होता है। पर मुझे उनके लिए राइटिंग तो करनी ही थी। इसलिए बहुत अधिक नहीं कह पाता हूँ। उन दोनों के कमेण्ट सुनता हूँ या कहें कि यह सब सुनने पड़ते हैं। ऐसे समय सोरल जी दिल्ली और बम्बई के स्टोरी राइटर का कम्पेरिज़न भी करते हैं। बार-बार दिल्ली के लेखकों में कमियाँ निकालते हैं और बम्बई के राइटर का पक्ष लेते हैं। मैंने कहना चाहा कि सोरल जी जब बम्बई के राइटर अच्छा लिखते हैं तो आप दिल्ली क्यों आते हैं यहाँ के राइटर से लिखवाने, लेकिन कह नहीं सका। चुप ही रहा। कुछ कहने से फ़ायदा न था। सोरल जी बम्बई में फ़िल्म डायरेक्टर ही नहीं थे, प्रोड्यूसर भी थे। उनके पास पैसा था। उनके बम्बई और दिल्ली में अच्छे सम्बन्ध थे। पैसे के साथ महँगे उपहार देकर सीरियल पास करा लेते थे। लगभग घण्टा भर हमारी सिटिंग और मीटिंग चली। माथापच्ची भी ख़ूब हुई। पर निकला कुछ नहीं। कुछ देर बाद मैं घर लौट आया। रास्ते में भी सोरल की टीका-टिप्पणियों के बारे में सोचता रहा था। सोचना ही नहीं था बल्कि उसमें घण्टों-घण्टों उलझता भी रहा था। मन व्यथित हो चला था। शकुन घर पर ही थी। मुझे देख वह पूछ बैठीं, ''क्या बात है, आज जल्दी ही घर लौट आये?''

मैंने सिर्फ़ उनकी तरफ़ देखा। जवाब नहीं दिया। वह पुनः बोली, ''आज कोई पिलाने वाला नहीं मिला।''

मेरा स्वर उभरा, ''पिलाने वाला तो मिला, पर...।''

''पर क्या?''

''उसने कहा, पहले डॉक्यूमेंट्री के चार-पाँच सीन ठीक-ठाक लिख लो।''

सुनकर पत्नी ज़ोरों से हँसी और काफ़ी देर तक हँसती रही। उनको ज़ोरों से हँसते देख मेरा तनाव कुछ कम हुआ। वैसे भी वह आजकल कम ही हँसती-खिलखिलाती थीं। मैं तो हँस भी नहीं सकता था, वह तो आज खुलकर हँसीं। मुझे अच्छा लगा। यह सोचकर कि मैं तो हँसना भूल ही गया। कम-से-कम उनको तो याद है अभी हँसना और खिलखिलाना। थोड़ी देर बाद उन्होंने अजीब-से अन्दाज़ में कहा—

''इसका अर्थ यह हुआ कि प्यासे को कहा गया कि कुछ समय वह और इन्तज़ार करे।''

तभी मेरे मुँह से निकला, ''चाहे जो समझ लो तुम।''

फिर तत्काल ही वह बोलीं, ''मैं सब समझती हूँ। बम्बई से आये उस फ़िल्म लिखाने वाले को भी और उसकी फ़िल्म लिखने वाले दिल्ली के राइटर को भी।''

पल भर बाद मेरा स्वर उभरा, ''तुम तो पहले से ही अन्तर्यामी हो।''

इस बार वह कुछ बोलीं नहीं। कुछ देर बाद ही उन्होंने कहा, ''तुम्हें वह दारू पिलाये या न पिलाये मुझे तो तुम्हें रोटियाँ खिलानी ही पड़ेंगी।'' मैंने सिर्फ़ सुना और अपनी सहमति दी। बाद में वह भोजन तैयार करने में लग गयीं और मैं फ़िल्म के आगे वाले दृश्यों तथा डायलॉग लिखने की प्रक्रिया में डूब गया। जल्दी ही पत्नी ने भोजन तैयार कर लिया और मेरे लिए परोस दिया। मैंने कहा, ''थोड़ी देर की तो बात है। मिलकर ही खायेंगे।'' बाद में हम दोनों ने मिलकर भोजन लिया। कभी-कभी ही ऐसा समय आता है। जब हम दोनों एक साथ भोजन लेते हैं। आज ऐसा ही महत्त्वपूर्ण दिन था। मेरे मन में विचार उभरा। काश! ऐसे दिन रोज़-रोज़ आयें। पर न ऐसे दिन हर रोज़ आते हैं और न रातें। यह सब मेरे बस में कहाँ था। भोजन लेने के बाद वह मुझसे बातें करती रहीं। मैं जवाब देता रहा। मेरा भी मन था उनसे बातें करने का। पर जल्दी ही उनको नींद आ गयी। जैसे मैं अकेला रह गया। मुझे तो रात के बारह बजे तक लिखना था। मेरी रचनाधर्मिता जारी थी। अभी लिखते हुए आधा घण्टा ही हुआ था कि अनायास पत्नी की नींद खुल गयी थी। उजाला उनकी आँखों में चुभता है। आँखें मिचमिचाते हुए वह नाराज़ होती है। मेरे होंठों से निकल पड़ा, ''क्या करूँ, मुझे दो दृश्य ज़रूरी लिखने हैं।''

वह जैसे फट पड़ती हैं, ''भाड़ में जायें तुम्हारे दो दृश्य। मुझे सोने दो और ख़ुद भी सो जाओ।''

जवाब में मेरे द्वारा ज़रूरी लिखने की बात सुनकर उन्होंने पुनः कहा, ''अच्छा तो ऐसा करो बाहर बराण्डे में जाकर लिखो।''

जवाब में मैंने कहा, ''पर वहाँ तो बल्ब ही नहीं है।''

वह तुरन्त बोली, ''तो गली में लगे सरकारी लैम्पपोस्ट के नीचे बैठकर लिखो।''

मेरे भीतर से कुछ उभरा, ''वहाँ कैसे बैठकर लिखा जा सकता है?''

मेरे प्रतिवाद पर उन्होंने भी प्रतिवाद किया था, ''क्यों नहीं लिखा जा सकता? तुम तो महान लेखक हो ना, जब समन्दर के किनारे बैठकर लिख सकते हो, पार्क में बैठकर लिख सकते हो, पहाड़ पर चढ़कर लिख सकते हो तो सड़क पर बैठकर क्यों नहीं लिख सकते?''

मैंने उनको आगबबूला होते हुए सिर्फ़ सुना और आगे कुछ न कहना ही मैंने

ठीक समझा। मन में विचार किया। पत्नी ठीक ही कहती है। मुझे सड़क पर ही लिखना चाहिए। वह दिन में नौकरी करती है। उसे रात में सोने का पूरा हक़ है। मैं उसकी नींद में क्यों खलल डालूँ? काग़ज़-पैन लेकर सीढ़ियाँ उतरकर नीचे आ जाता हूँ। सामने ही तिराहे पर बिजली का खम्भा था। खड़े होकर लिखूँ या बैठकर, अभी यह सोच ही रहा था कि गली के दो कुत्ते आ गये। ग़नीमत थी कि वे दोनों ही मुझे अच्छी तरह से जानते-पहचानते थे वरना आधी रात के सुनसान परिवेश में मेरे काग़ज़ भी फाड़ देते और मेरे बदन के कपड़े भी। दो-चार पल दोनों कुत्तों ने मुझे बारी-बारी से सूँघा। फिर वे चले गये। मैंने ख़ैर मनाई। चलो कुछ हुआ नहीं। सब कुछ ठीक-ठाक ही है और मैंने लिखना शुरू किया। मन के भीतर तो मजमून पहले से ही था। इसलिए लिखने के लिए बहुत अधिक सोचना नहीं पड़ा। अभी दो-तीन पृष्ठ ही लिख पाया था कि बस्ती का चौकीदार फ़र्श पर लाठी मारते हुए मेरे पास आया। वह भी मुझे अच्छी तरह से पहचानता था। देखते ही बोला, ''क्या लिख रहे हो लेखक महोदय?''

मैंने जवाब दिया–

''एक ज़रूरी फ़िल्म लिख रहा हूँ।''

फ़िल्म के बारे में सुनकर उसे अच्छा लगा, फिर तपाक से मेरे नज़दीक आकर उसने पूछा, ''क्या जासूसी फ़िल्म लिख रहे हो?''

मैंने जवाब में कहा, ''नहीं सोशल फ़िल्म।''

सोशल फ़िल्म के नाम पर पलभर सोचने के बाद वह बुदबुदाया, ''सोशल फ़िल्म।''

कहकर वह फिर दो पल चुप हो गया। और बोला, ''मैं तो समझा इस सुनसान रात में आप कोई डरावनी फ़िल्म लिख रहे हो।''

मैं चुप ही रहा। बाद में ज़मीन पर लाठी मारते हुए वह दूसरी गली में चला गया। मैंने राहत की साँस ली। मैं फिर से लिखने लगा। अभी लिखते हुए कुछ ही देर हुई थी कि तभी न जाने कहाँ से पुलिसवाला आ गया। नज़दीक आकर बोला, ''कौन हो भई, रात में क्या कर रहे हो?''

मैंने जवाब में कहा, ''लेखक हूँ। कोई स्टोरी लिख रहा हूँ।''

सुनकर उसने हुंकारा भरा। फिर बोला, ''तो हियाँ सड़क पर क्यों लिख रहे हो?'' मैंने उसे असली बात बतायी। सुनकर उसने मेरे लिखे हुए काग़ज़ों को उलट-पलटकर देखा। फिर वह मुस्कराते हुए चला गया। उसकी मुस्कराहट में अजीब-सी चुभन थी जो मेरे लिए असहनीय थी। उसके जाने के बाद कुछ देर मैंने इन्तज़ार किया और फिर से लिखने में लग गया। इसके बाद मेरे पास न

कोई कुत्ता आया और न कोई आदमी। सचमुच रात डरावनी ही हो गयी थी। पूरी बस्ती वीरानी में डूब गयी थी। ख़ैर मुझे तो पिन ड्रॉप साइलेंस चाहिए था। ऐसे परिवेश में मुझे लिखने में सुविधा हुई। लिखते हुए बीच-बीच में पत्नी के द्वारा कहे गये शब्द याद ज़रूर आते रहे। जैसे मैं सड़क का आदमी था और सड़क का लेखक भी। शब्द ही तो थे, जो इस चाबुक का काम भी करते थे। फ़र्क़ सिर्फ़ इतना था कि चाबुक की आवाज़ नहीं होती थी। हाँ चाबुक की मार बहुत अधिक होती थी। चाबुक पड़ने के निशान सिर्फ़ मन के भीतर ही देखे और महसूस किये जा सकते थे। यह उन दिनों की बात है जब मैं श्वसुर के मकान में पहाड़ गंज रहता था, जहाँ एक अदद कमरा ही था।

आज जल्दी ही गोल मार्किट श्याम जी के घर पर आ गया था। मण्डी हाउस जाना मुल्तवी कर दिया था। उनकी पत्नी और बच्चे कहीं गये हुए थे और शनिवार होने के कारण अवकाश था। उन्होंने भी ख़ैर मनाई। दो लेखकों के अलावा घर पर कोई न था। लगभग दोपहर के बारह बजे थे। नागपुर दीक्षाभूमि पर लगने वाले मेले के फ़िल्मांकन के प्रस्ताव को उनकी मदद से लिखता हूँ। वैसे दो सप्ताह पूर्व यह प्रस्ताव मैंने ही श्याम जी को बतलाया था। लिखते हुए और लेखन के दौरान विमर्श होते हुए कब शाम हो गयी पता ही नहीं चला। हम दोनों थोड़ी देर में बाहर पार्क में आ गये। वहाँ दो-चार स्त्री-पुरुष थे। उनके साथ बच्चे भी थे। बच्चों को खेलते देख मैंने उनसे पूछा, "श्याम जी। क्या हम भी अपने बच्चों के साथ ऐसे ही नहीं खेल सकते?" उन्होंने संजीदगी से जवाब दिया।

"नैमिशराय जी! हमारा ऐसा नसीब नहीं।" सुनकर मैं स्वयं भी चुप हो गया और वे भी। कुछ पल के लिए हमने एक-दूसरे की ओर देखा। तभी वे बोले, "देखो नैमिशराय जी, सूरज डूबने लगा है। अब भीतर चलें। हमें भी डूबना है कहीं। फिर रात होगी। फिर सुबह। फिर वैसी ही नव-निर्माण की प्रक्रिया जारी होगी।" डूबते सूरज और आसपास की लाली को मैं कुछ देर तक देखता रहा। श्याम जी अकेले भीतर चले गये थे। बाद में उन्होंने मुझे आवाज़ देते हुए कहा, "यार डूबते सूरज को बहुत देख चुके। कल उगते सूरज को देखना। पिछले वर्ष नागपुर मेले की रिपोर्टिंग मैंने संडे मेल में भी की थी। अच्छी रिपोर्टिंग की तुमने।" मैं अभी वहीं था और मेरे सामने डूबता सूरज। उन्होंने फिर भीतर चलने को कहा। उनके आग्रह को मैं टाल नहीं सका। वे गला तर करने के लिए उत्तेजित होने लगे थे। कन्हैयालाल नन्दन जी उन दिनों संडे मेल के सम्पादक थे, जिन्होंने मेरे द्वारा तैयार की गयी रिपोर्ट को सराहा था और उस पर फ़िल्म बनाने का सुझाव भी दिया था। वैसे तभी से मेरा भी मन था कि उस तरह के महत्त्वपूर्ण और ऐतिहासिक मेले पर फ़िल्म बने।

अगले दिन सुबह सत्या को भी टाइप करने के लिए मैटर देने उनके घर पर जाना था। उसने टाइप करने में घण्टा भर लगाया। वहीं बैठकर करेक्शन किया। फाइनल करते-करते दो घण्टे बीत गये। इस बीच श्याम जी को भी फ़ोन पर सम्पर्क किया। कुछ ज़रूरी बातें उन्होंने बताईं। वह सब उसमें जोड़ दी गयीं।

नागपुर मेले पर दीक्षाभूमि से सम्बन्धित बजट आदि सब कुछ टाइप होकर तैयार हो गया था। शाम को मैंने मण्डी हाउस में वह सब श्याम जी को दिखाया। बाद में हम दोनों ने मिलकर चाय पी। एक-दो ज़रूरी बातें उन्होंने बतलाईं। मैं नोट करता रहा। पता ही नहीं चला समय कितना बीत गया। इस बीच बेयरा कैण्टीन बन्द करने के लिए खट-पट की आवाज़ें करने लगा। कहीं पतीले को उठाकर वह नीचे पटकता तो कहीं गिलास धोते हुए तेज़ आवाज़ करता। दूसरा बेयरा मेज़-कुर्सियों को एक तरफ़ लगाने की जुगत में और भी तेज़ आवाज़ें करने लगा था। यह उनके प्रतिदिन के ही संकेत होते कि हम भी अब अपने घर जाना चाहते हैं और आप सब भी अपने-अपने घर जाओ। कुछ साथी दम साधकर देर तक बैठे रहते। ऐसे में उन्हें खदेड़ने के लिए दूसरा बेयरा लाइट ऑफ़ करनी शुरू कर देता। साथी फिर भी नहीं उठते तो कैण्टीन का मालिक आता और वह आजिज़ी से कहता–

"भाई लोगो! अब जाओ अपने-अपने घरों की ओर। कल फिर मिलेंगे।"

मजबूरी में एक-एक कर सभी साथी कैण्टीन से बाहर आ जाते। मजबूरी में हम दोनों भी सड़क पर आ गये थे। तभी श्याम शर्मा ने कहा, "घर चलें।"

घर चलें का उनका मतलब होता कि घर पर बैठकर दारू पियें। यह सुनकर मैंने उनके शराब पीने के प्रस्ताव को टालते हुए कहा, "अब तो वाइन शॉप बन्द हो गयी होगी।"

तत्काल वे बोले, "अभी साढ़े आठ कहाँ बजे हैं? पाँच मिनट शेष हैं।"

पुनः मेरा स्वर उभरा, "आज रहने दीजिए श्याम जी।"

सुनकर वे पूछ बैठे, "आज क्या बात है?"

मेरे मुँह से धीरे से निकला, "ऐसे ही...।"

सुनकर उन्होंने मेरी ओर अजीब-सी नज़रों से देखा। मैं वहाँ से सीधे घर लौट आया। पत्नी को मुझे देखकर जैसे तसल्ली हुई कि मैं आज फिर जल्दी घर आ गया। अनायास ही वह मेरे क़रीब आयीं और मुँह के पास नाक करते हुए उन्होंने पहले सूँघा। फिर मज़ाक़ करते हुए कहा, "ओफ्फो, आज बेचारे ग़रीब लेखक को दारू नहीं मिली।"

जवाब में मेरा स्वर उभरा, "मैंने स्वयं पीने से इनकार कर दिया।"

इस बार वह खिलखिलाकर हँसीं। फिर बोलीं, "तुम इतने शरीफ़ कब से बन गये?"

मेरा स्वर उभरा, "जब से तुमने जाना।"

इस बार वह जैसे चहकीं, "भई वाह, पर यह तो बतलाओ कि यह कौन-सी फ़िल्म के डायलॉग हैं?"

मैंने संजीदगी से कहा, "जीवन के यथार्थ की फ़िल्म के।"

मेरे भीतर से गम्भीर दर्शन उभरा था जिसे सुनकर कुछ देर वह मौन रहीं। फिर कहा उन्होंने, "लगता है आज शराब की जगह कुछ और पी आये हो।"

मेरे भीतर से फिर दर्शन जैसा कुछ उभरा, "कुछ भी तो नहीं पिया। सब कुछ इस दुनिया से सीख रहा हूँ।"

तत्काल बोलीं, "अरे वाह, आप सीखने भी लगे।"

धीरे से कहा मैंने, "सीखना ही पड़ता है।"

तभी उन्होंने कहा, "यह तो अच्छी बात है।"

मैंने सिर्फ़ सुना। कोई जवाब नहीं दिया। रात में पत्नी ने भोजन बनाया। हम दोनों ने मिलकर खाया। कुछ देर तक ब्लैक-एण्ड व्हाइट टीवी पर कार्यक्रम देखा। जल्दी ही उनको नींद आ गयी और खर्राटे भी भरने लगीं। मुझे वैसे ही जल्दी नींद नहीं आती है। ऊपर से पत्नी के खर्राटों की आवाज़ें। थोड़ी देर बाद पत्नी की आँखें खुल गयीं। मुझे देखकर बोलीं, "तुम अभी सोये नहीं?"

सुनकर जवाब दिया मैंने, "नींद नहीं आ रही है मुझे।"

वह तुरन्त बोलीं, "सोने का प्रयास करोगे तो नींद आ जायेगी।" मैंने उनका कहा माना। लाइट ऑफ़ की और सोने का प्रयास किया।

अगले दिन मण्डी हाउस से सीधे मैं घर लौटा। मुझे जल्दी घर आये देखकर पत्नी बोली, "नैमिशराय जी, आज भी ख़ाली लौट आये।" मैं उसके 'ख़ाली' कहने का अर्थ समझ गया। ज़वाब में मैंने कहा, "ख़ाली लौटना तुम्हें अच्छा लगता है न।"

"चलो तुम मेरी फ़िक्र करने लगे। यह तो अच्छी बात है।"

"आप मेरी पत्नी हैं न और पत्नी की पति फ़िक्र नहीं करेगा तो भला कौन करेगा?"

'थोड़ा मुस्कराते हुए वह बोलीं, "अच्छा डायलॉग है।"

दो दिन बाद शाम को मण्डी हाउस में श्याम शर्मा से जब मुलाक़ात हुई तो मैंने पत्नी की बात बतलाई। सुनकर वे बोले, "यार नैमिशराय, ये बीवियाँ ऐसी ही होती हैं।"

मैंने पूछा, "कैसी होती हैं बीवियाँ?"

उन्होंने जवाब में कहा, "तुम अभी नहीं समझोगे।"

जैसे वे कहना चाहते हों कि नैमिशराय, तुम अभी बच्चे हो। उम्र में वे मुझसे लगभग आठ-दस बड़े तो थे ही। शाम को जब हमारे घर लौटने का समय होने लगा। तब उन्होंने पीने की बात दोहराई। सुनकर मैंने इनकार कर दिया। फिर वे बोले, "तुम तो यार बीवी से डरने लगे।"

मैं चुप ही रहा। अब क्या जवाब दूँ। मैं ऐसे ही घर लौट आया।

दोपहर मैं शास्त्री भवन गया। आजकल समाज कल्याण मन्त्रालय में मैथ्यू जी बैठते थे। लम्बे अरसे के बाद उनसे मुलाक़ात हुई थी। मेरे जाते ही उन्होंने चाय मँगाई। साथ में बिस्किट भी। ख़ूब सारी बातें दलित आन्दोलन पर होती रहीं। केरल में कम्युनिस्ट पार्टी के साथ संगठन पर भी चर्चा हुई। आरम्भ से ही उनका झुकाव और जुड़ाव कम्युनिस्ट पार्टी से रहा था। शाम को उन्हीं की गाड़ी से मण्डी हाउस आया। वे दो-तीन मिनट के लिए वहाँ ठहरे। उन्हें कहीं जाना था। उनके जाने के बाद ऊपर जाकर श्रीराम सेण्टर कॉफ़ी हाउस में श्याम जी को तलाश किया। वे वहीं थे और मेरा इन्तज़ार कर रहे थे। मुझे देखकर पूछा था उन्होंने प्रोजेक्ट के बारे में। मैंने कहा, वह सब पेपर्स दे दिये। तब जाकर उन्हें तसल्ली हुई। आठ बजे मुझे 12 जनपथ, पासवान जी के निवास पर जाना था। मैंने कहा। मुझे पासवान जी के घर पर जाना है। सुनते ही वे बोले, "नैमिशराय जी! आप मन्त्रियों को ख़ूब जानते हो।"

मेरा जवाब उभरा, "वे मेरे मित्र हैं।"

तत्काल श्याम जी ने कहा, "मन्त्री कभी किसी के मित्र नहीं होते।"

सुनकर मैं चुप ही रहा।

एक अरसे से रामविलास पासवान जी से मेरा परिचय था। उनके निवास पर आना-जाना होता था। उनके स्टाफ के सभी लोग मुझे जानते थे। पासवान जी भी बड़े प्रेम से मिले। उन्होंने पानी मँगाया, फिर चाय के लिए कहा। जल्दी ही नौकर चाय ले आया। साथ में बिस्किट भी। प्रोजेक्ट के बारे में उनसे बातचीत हुई। हम दोनों ने चाय पी। चाय समाप्त कर मैंने कहा, "पासवान जी, दीक्षाभूमि पर डॉक्यूमेंट्री बन जाये तो अच्छा होगा। इधर तो कोई टीवी चैनल आधा मिनट के लिए भी न कोई कुछ दिखाता है और न ही अक्तूबर माह में होने वाले महत्त्वपूर्ण कार्यक्रम के बारे में कुछ भी बतलाता है।"

सुनकर वे थोड़ी देर चुप रहे। फिर बोले, "नैमिशराय जी! आप तो जानते ही हैं। सवर्ण प्रेस है, चाहे वह इलेक्ट्रॉनिक मीडिया हो या प्रिण्ट मीडिया, उनमें वैसे ही दलित-विरोधी पत्रकार घुसे हुए हैं।"

तभी मैंने कहा, "पासवान जी! वह तो सब ठीक है। हमें भी तो कुछ करना चाहिए।"

वे तपाक से बोले, "हम कर ही क्या सकते हैं? हमारे पास न तो कोई दैनिक अख़बार है और न ही टीवी चैनल।"

मेरे मुँह से निकला, "नहीं है तो हमें शुरू करना चाहिए।"

थोड़ा हँसकर जवाब दिया उन्होंने, "यह सब शुरू करना आसान नहीं है।"

मैंने भी जवाब में कहा, "चलिए आसान नहीं है। पर कब तक हम सवर्ण पत्रकारों के भरोसे रहेंगे?"

"तो आप शुरू करें ना।"

अब मैं क्या जवाब देता? थोड़ी देर बाद वहाँ से मैं लौट आया।

नागपुर जाने का कार्यक्रम बनने के तुरन्त बाद हमने टिकट बुक करा लिये थे। नयी दिल्ली से शाम को ट्रेन समय पर रवाना हुई। मैथ्यू की टिकिट कन्फर्म न हो सकी थी। ख़ैर एडजस्ट किया। रात देर तक हमारे बीच सामाजिक और साहित्यिक मुद्‌दों पर विचार-विमर्श होता रहा था। लगभग बारह बजे जीटी एक्सप्रेस नागपुर पहुँचती थी। स्टेशन के नज़दीक ही सीताबर्डी में प्रो. कवाड़े साहब का दलित मुक्ति सेना का कार्यालय था। वे अभी आये नहीं थे। मैथ्यू जी को देवी सिंह के साथ विधायक निवास में ठहरना था जबकि कवाड़े साहब के एक-दो साथियों के साथ मुझे सीताबर्डी के ही एक सस्ते होटल में। मैं थॉमस मैथ्यू तथा देवी सिंह के साथ उन्हें छोड़ने के लिए एम.एल.ए. हॉस्टल में चला जाता हूँ। वहीं हम चाय के साथ पोहा लेते हैं।

शाम होने से पूर्व दीक्षाभूमि पर प्रो. विमल कीर्ति से मुलाक़ात होती है। वहीं से लौटकर राजा ढाले के कार्यक्रम में जाना होता है। फिर रात के साढ़े आठ बजे हम यशवन्त स्टेडियम गये, जहाँ प्रो. कवाड़े साहब का हर वर्ष कार्यक्रम होता था। ख़ूब बड़ा मंच। मंच के ऊपर लटकती नीले रंग के कपड़े की झालर। बीच में बाबा साहेब का बड़ा चित्र। प्रभावपूर्ण तरीक़े से मंच की साज-सज्जा होती है। पहले कुछ स्थानीय कार्यकर्ता थोड़ा समय लेकर बोलते हैं तब मेरी बारी आती है। दस मिनट शिक्षा तथा दलितों में चेतना के स्वरूप पर बोलता हूँ। मेरे बाद कवाड़े साहब का भाषण शुरू होता है और दो घण्टे तक वे बोलते ही चले जाते हैं। अपने ज़ोरदार भाषण में वे किसी को भी नहीं बख्शते। कांशीराम से लेकर बाल ठाकरे तक की ख़बर लेते हैं। उनके अनुयायी बार-बार तालियाँ बजाते हैं। ख़ूब जोश-ख़रोश के साथ कार्यक्रम समाप्त होता है।

रात के क़रीब एक बजे मैं गैस्ट हाउस में एक-दो साथियों के साथ पैदल

ही लौटता हूँ। कार्यक्रमों से लौट रहे लोगों की सड़क पर बहुत भीड़ होती है। लगता था, जैसे बाबा साहेब के अनुयायियों के रूप में कोई सैलाब उमड़ आया था। रात में खाना लेने का समय ही नहीं मिल सका था। रात में बहुत देरी से आना हुआ। अधिकांश होटल बन्द हो गये थे। जो खुले थे, वहाँ ख़ाने के लिए कुछ था नहीं। इसलिए ऐसे ही सोना पड़ता है।

नागपुर में इस बार भी बहुत लोगों से मुलाक़ात होती है। अलग-अलग विषयों पर चर्चा तथा वाद-विवाद भी होता है। सचमुच अच्छा लगता है। कुछ किताबें भेंटस्वरूप मुझे मिलती हैं। उदाहरण के लिए, नागेश चौधरी की 'जाति व्यवस्था व भारतीय क्रान्ति', धनराज डहाट की 'डॉ. अम्बेडकर आणि धर्म निरपेक्षता', विमल कीर्ति की 'डॉ. बाबा साहेब आम्बेडकर आणि आधुनिकता' तथा डॉ. ज्योति लांजेवार की 'फुले आम्बेडकर आणि स्त्री मुक्ती चलवल' आदि। सभी किताबें मराठी में ही होती हैं। कुछ वर्ष पहले से ही मैंने मराठी भाषा सीखनी शुरू कर दी थी। लगातार प्रयास से बहुत-कुछ समझ में आने लगा था। मुझे अच्छा भी लगता है। बाबा साहेब के आन्दोलन के साथ दलित साहित्य का गम्भीर अध्ययन होता है।

नागपुर प्रवास में ही सुलेखा कुभारे से प्रो. कवाड़े साहब के साथ मुलाक़ात होती है। प्रतिष्ठित साहित्यकार ताराचन्द ख़ाण्डेकर से दलित सवालों पर लम्बी चर्चा होती है। दलित साहित्य और आन्दोलन की उन्हें काफ़ी समझ रही है। कुल मिलाकर कहा जाये तो सामाजिक सरोकारों के लिए वे प्रतिबद्ध साथी हैं। हिन्दी भी अच्छा बोल लेते हैं। लेकिन लिखते मराठी में ही हैं। उनके द्वारा लिखी गयी कुछ किताबें प्रकाशित भी हुई हैं। पर मराठी दलित लेखकों तथा राजनीतिक और सामाजिक कार्यकर्ताओं के साथ दिक़्क़त यह थी कि वे किसी भी रूप में कांशीराम जी को स्वीकार करने को तैयार नहीं होते थे। कभी-कभी बात करते हुए वे उतने कटु हो जाते थे कि जाने-अनजाने में उनके मुँह से कांशीराम जी की जाति यानी 'चमार' निकल जाता था। ऐसे समय पर मैं चुप ही रहता था। इसलिए कि जाति के सवाल को मैं तूल नहीं देना चाहता था और उनके भीतर की भावनाओं को अच्छी तरह पढ़ना चाहता था। आप उदारतापूर्वक किसी की बात नहीं सुनेंगे तो कैसे किसी के मन की बात जान सकेंगे। वैसे महाराष्ट्र में जितने भी दलितों के खेमे थे, उन सबमें कांशीराम जी के प्रशंसक कम और आलोचक अधिक थे। उनकी आलोचना के अपने-अपने तर्क थे। पर सबसे बड़ा कारण था कि महाराष्ट्र के दलित विशेषण में महार जाति के लोग किसी भी गैर-महाराष्ट्रीय दलित नेता का नेतृत्व स्वीकार करने के हक़ में नहीं थे। फिर भी महाराष्ट्र में साहित्य से लेकर राजनीति तक तेज़ गति

से बाबा साहेब के आन्दोलन का जो प्रचार-प्रसार हुआ है, वह अपने आपमें एक उपलब्धि तो है ही।

इस बार मुझे नागपुर से ही बम्बई जाना था। वहाँ का आरक्षण पहले से ही करा लिया था। नागपुर से सुबह ट्रेन ली। साथ में मेरे मित्र बी.एल. मेघवाल भी थे। वे उदयपुर से थे। वरिष्ठ लेखिका कुसुम मेघवाल के पति। लिखने-पढ़ने में उनकी काफ़ी रुचि रही है। वे मुझे नागपुर में ही मिले थे। हम दोनों ने पहले से ही नागपुर से बम्बई जाने का कार्यक्रम बना लिया था। सफ़र अच्छी तरह से बीतता है। बम्बई ट्रेन बहुत देरी से पहुँचती है। दादर आते-आते रात के ग्यारह बज जाते हैं। दादर पर ट्रेन रुक जाती है। हम वहीं उतर जाते हैं और वहाँ से चर्चगेट की फास्ट लोकल ट्रेन पकड़ते हैं। चर्चगेट आते-आते साढ़े ग्यारह बज गये थे। रात में कहाँ जायें? कहीं किसी होटल या लॉज में ठहरने के लिए चर्चा होती है। पर हमारी उतनी हैसियत नहीं थी कि होटल में रात बितायी जा सके। अतः विचार बदलने में देरी नहीं होती। हम सीधे चर्चगेट से टैक्सी पकड़कर पहले सतपुड़ा जाते हैं। बाद में वहाँ से आमदार निवास। बम्बई में वहाँ के अनुसार उस क्षेत्र में ऑटो रिक्शा चलाने पर पाबन्दी थी। पर यह अच्छी बात थी कि टैक्सी चलती थी जो कम दूरी की सवारी भी लेती थी। वैसे किराया भी कुल मिलाकर कम ही आता था। शुरू में मीटर में पाँच रुपये आता था। लगभग दस रुपये तब किराया हमने दिया था।

बम्बई मेरा कई बार आना हुआ था। पर आमदार निवास में ठहरने का यह मेरा पहला अवसर था। अन्य विधायकों के साथ टी.एम. काम्बले जी का भी निवास था। वे महाराष्ट्र विधान परिषद् के सदस्य थे। बहुत ही उदार स्वभाव के भले व्यक्ति थे वे। उनसे बहुत-सी बातें सीखने को मिलीं। आधी रात में कोई सोने के लिए आश्रय दे यह बड़ी बात थी वरना देखा गया है कि आधी रात में अधिकांश राजनीतिज्ञ तो दरवाज़े से ही हड़का दिया करते हैं। वहीं एसके काम्बले ने हमारा गर्मजोशी से स्वागत किया था। वे मुझे पहले से ही जानते थे। नवभारत टाइम्स और जनसत्ता वे पढ़ते थे जिनमें मैं लिखता था। उस दिन हाँ कोई मेट्रोपोलिटन मजिस्ट्रेट भी मौजूद थे, उनसे भी मुलाक़ात होती है। वे ट्रांसफर के लिए आये थे। बम्बई के पास ही उनकी पोस्टिंग थी। उन्होंने मुझे अपने पते के साथ दूरभाष नम्बर भी दिया और आग्रह किया कि समय मिलने पर मैं उनसे अवश्य मिलूँ।

अगले दिन सुबह ही मेघवाल जी रामदास आठवले जी के निवास पर चले गये थे। मैं भी विधायक निवास की कैण्टीन में नाश्ता कर बाहर सड़क पर आ गया था। बम्बई में 'एशियाटिक लायब्रेरी' में गणेश मन्त्री जी से दोपहर तीन

बजे मुलाक़ात होना फ़ोन पर निश्चित हुई थी। 'एशियाटिक लायब्रेरी' में आने का यह मेरा पहला अवसर था। अब तक मैंने अपने अध्ययन में इस महत्त्वपूर्ण संस्था के बारे में सिर्फ़ पढ़ा ही था। बम्बई की बहुत बड़ी इमारत थी। यह दूर से ही आने-जाने वालों को अपनी तरफ़ आकर्षित कर लेती है। चौड़े गोल खम्भे और उन पर टिकी हुई मेहराबें। लगभग बीस-पच्चीस सीढ़ियाँ चढ़कर मुख्य दरवाज़े तक जाना होता है। उसके बाद एक बड़ा हॉल होता है, जिसमें व्यवस्थित रूप से अलमारियों में किताबें रखी होती हैं। अलग से बैठने की सुविधा भी वहाँ होती है। अध्ययन के लिए बम्बई में यह अच्छी जगह है। महत्त्वपूर्ण किताबें यहाँ उपलब्ध थीं। गणेश मन्त्री जी समय से पूर्व आ गये थे। लेकिन बीच में व्यवधान-सा हुआ। हमारी मुलाक़ात दो बजे के बाद ही हुई। क़रीब आधा घण्टा राजनीति और साहित्य पर चर्चा होती है। गणेश मन्त्री जी कम बोलते थे, मौसमी पत्रकारों से दूर गम्भीर स्वभाव था उनका।

वहाँ से लौटा तो शाम हो गयी थी। मन्त्रालय के नज़दीक पार्क में आकर लेटने का मन हुआ। साफ़-सुथरा पार्क और वहाँ उगी हुई मखमल जैसी हरी-हरी दूब। मेरे साथ आत्माराम भी थे। उन्हें फ़ोन करके मैंने वहीं बुला लिया था। वे बम्बई से प्रकाशित 'महाराष्ट्र मानस' के सम्पादक थे। अभी-अभी वे ऑफ़िस से आये थे। दोपहर बाद बम्बई में मौसम में परिवर्तन होने लगता है। शाम ढल रही थी। सूरज समन्दर के पश्चिम छोर पर डूब रहा था। आकाश में पक्षियों का कलरव होने लगा था। नज़दीक ही समन्दर था। हवा में ठण्डक थी। दिल्ली जैसा मौसम नहीं था और न ही आग लगाने वाली हवा। यहाँ तो लुभाने वाला परिवेश था। नर्म-नर्म घास पर लेटे हुए अच्छा लगता है। उन्हें भी और मुझे भी अजीब-सा सुकून मिलता है। बम्बई के भीड़भाड़ और कोलाहल से भरे वातावरण से दूर एकान्त। हमारे भीतर जैसे सोया हुआ कवि जाग जाता है और कविता उभरकर बाहर आने को बेताब होती है।

थोड़ी देर बाद मैं उन्हें अपनी एक ताज़ा कविता सुनाता हूँ—"पहाड़ तुम कब बदलोगे?" बदले में वे भी दो कविताएँ सुनाते हैं। उनकी दोनों कविताएँ प्रभावपूर्ण थीं। इस बीच सींगदाना (मूँगफली) आवाज़ लगाते हुए कोई भय्यन आ जाता है। शेष बातें मूँगफली खाते हुए होती हैं यानी घर-परिवार से लेकर साहित्य और आन्दोलन की बदलती हुई राजनीति की। रात होने से पहले वे अपने घर चले जाते हैं। मैं वहाँ से सीधे 'आमदार निवास' लौट आता हूँ। दो-तीन साथी और आये हुए थे। वे महाराष्ट्र से थे और मराठी में एक-दूसरे से बात कर रहे थे। वे मेरा परिचय कराते हैं।

अगले दिन मुझे साज साहब से मिलना था। बान्द्रा स्थित साज साहब के फ्लैट पर उनसे यह मेरी दूसरी या तीसरी मुलाक़ात थी। उनके घर पर एडिटिंग टेबल थी। राकेश पाण्डे की किसी भोजपुरी फ़िल्म की एडिटिंग चल रही होती है। स्वयं राकेश पाण्डे से एक-दो बार बातचीत भी होती है। उनके एडिटर वेदा से भी परिचय होता है। वे दोनों उत्तर प्रदेश से थे। वहीं पर हरियाणवी हिट फ़िल्म 'चन्द्रावल' के हीरो जाखड़ की पत्नी से भी संक्षिप्त वार्तालाप होता है। साज साहब के यहाँ ही उनकी दूसरी फ़िल्म की एडिटिंग चल रही थी।

शाम के क़रीब चार बजे होंगे। मुझे मेघवाल जी ने इसी समय दादर (परिश्चम) लोकल रेलवे स्टेशन के बाहर मिलने के लिए समय दिया था। लगभग दस मिनट मुझे प्रतीक्षा करनी पड़ी। मैंने देखा कि एक थैला उठाये वे जल्दी-जल्दी क़दम बढ़ाते हुए आ रहे थे। आते ही उन्होंने कहा, "चलिये नैमिशराय जी!"

वे आगे-आगे और मैं उनके पीछे-पीछे। तीन-चार मिनट के बाद वे किताबों की एक दुकान के सामने रुके। मुझे भी रुकने का संकेत किया और अपने थैले में से कुछ किताबें निकालकर दुकानदार को दीं।

"मैं कल आऊँगा इसी समय।"

कहते हुए वे मुझे नज़दीक के रेस्टोरेंट में ले गये और दो चाय का ऑर्डर दे डाला। तब तक चाय आती उन्होंने मुझे अपनी पुस्तक 'श्रमिकों के मुक्तिदाता स्वतन्त्रता संग्राम के महानायक, भारतरत्न डॉ. बी.आर. अम्बेडकर' भेंट की। मैंने पुस्तक लेते हुए उन्हें धन्यवाद दिया। थोड़ी देर में चाय आ गयी। चाय पीते हुए वे बोले, "नैमिशराय जी! अपने शहर में तो सभी किताब बेच लेते हैं। बात तो तब जानें जब दूसरे शहर में किताब बेचकर कोई दिखाए।"

मैं उनके कहने का आशय समझ गया था। निश्चित ही यह हिम्मत का काम था। किताबें लिखना महत्त्वपूर्ण बात है और उसे पाठकों तक पहुँचाना और भी महत्त्वपूर्ण पर मुश्किल काम था। कहने को हम लेखक के साथ सामाजिक कार्यकर्ता थे, लेकिन अधिकांश थे तो व्हाइट कॉलर वर्ग से ही। सवर्णों की देखा-देखी उस स्टेटस से नीचे उतरकर आना मुश्किल था। हालाँकि कुछ साथियों ने अपने स्टेटस को एक तरफ़ रख आम आदमी के साथ मिलना-जुलना शुरू भी किया था।

अब तक मुझे बम्बई में सांसदों, विधायकों तथा मन्त्रियों के घर पर जाने के बहुत ही कम अवसर मिले। सिवाय दादा साहब रूपवते ने किसी नाश्ते या भोजन पर आमन्त्रित नहीं किया। मुझे याद आ रहा है आर.आर. भोले और आर.एस. गवई के बम्बई स्थिति निवास पर भी नाश्ते पर जाना हुआ था। आज महाराष्ट्र सरकार में समाज कल्याण मन्त्री रामदास आठवले जी के घर पर रात्रि

का भोजन लेने जाना था। उन्होंने आमन्त्रित किया था। यह सब मेघवाल जी की वजह से हुआ। उनकी पत्नी कुसुम मेघवाल ने कुछ ही दिन पूर्व आठवले की रिपब्लिकन पार्टी ज्वॉइन की थी। वैसे आठवले जी काफ़ी समय से मुझे भी जानते थे। दो-तीन बार मुलाक़ातें भी हुई थीं। महाराष्ट्र की दलित राजनीति में खूब उछल-कूद मचाई थी उन्होंने। क्या नहीं किया था आख़िर सत्ता तक पहुँचने के लिए उन्होंने? नवभारत टाइम्स में प्रकाशित अपने आलेख में तब उनके बारे में लिखा था मैंने, ''रामदास आठवले वडाला हॉस्टल (बम्बई की उपनगरीय बस्ती) में अपने छात्र जीवन में कभी कप-प्लेट तोड़ा करते थे। राजनीतिक सत्ता में आये तो लोगों के सपने तोड़ना शुरू कर दिया।'' वैसे यह राजनीति का विरोधाभास ही था कि चुनाव जीतने से पहले जो सपने पूरा करने की बात करता है, सत्ता में आते ही वह सपने तोड़ता भी है। ख़ैर समय बदलते कहाँ देर होती है और वह तो मन्त्री का निवास था भई। हम समय पर पहुँच गये थे। ख़ूब बड़ा और सुन्दर बँगला, नौकर-चाकर, गाड़ी, मोटर, हजूर, माई-बाप कहने वाले मराठी मानसों की भीड़। आख़िर सब कुछ तो जुटा लिया था रामदास आठवले जी ने।

मैं और मेरे मित्र बी.एल. मेघवाल आज महाराष्ट्र सरकार के मन्त्री के ख़ास मेहमान थे। स्वयं रामदास जी की पत्नी बार-बार आकर खाने के लिए पूछती हैं। उनकी चाची ने भी एक-दो बार आकर पूछा। ज्वार की रोटी, सब्ज़ी, दाल, चावल। बाद में गर्म-गर्म हलवा। कुल मिलाकर अच्छा भोजन था। हम दोनों ने प्रेम से खाया। इसलिए भी कि उन्होंने प्रेम से खिलाया। एक बार आकर आठवले जी ने पूछा भी। कुछ और लगे तो बतलाना। महाराष्ट्र में घर आये मेहमान को जब अतिरिक्त भोजन के लिए पूछा जाता है तो ऐसा ही कहा जाता है। ऐसी ही वहाँ की भाषा और शैली है। शुरू-शुरू में सुनकर अजीब-सा लगता था। बाद में बम्बई, पूना, चन्द्रपुर, नासिक या फिर नागपुर में ऐसा ही सुनते हुए हिन्दी भाषियों के भी कान अभ्यस्त हो जाते हैं। कभी-कभी तो यहाँ के लोग भी वैसा ही बोलने लगते हैं। मसलन कोई पूछेगा, ''तेरे को क्या चाहिए या क्या माँगता है?''

सुनकर दूसरा कहेगा, ''नको।'' यानी कुछ नहीं।

कभी कोई कहेगा, ''क्या ख़ाली-पीली बौम मारता है।''

दूसरा बोलेगा, ''इकड़े बसो यानी यहाँ बैठो।''

कोई औरत किसी लड़की से थोड़ा नाराज़गी में पूछती, ''कायरे, किस गल्ली से आयी मुल्गी?''

पर कुछ शब्दों का प्रचलन तो उत्तरी भारत में है, वह महाराष्ट्र में भी है। उदाहरण के लिए, जीमो या जीमना, पाहुने यानी मेहमान ऐसे बहुत सारे शब्द हैं।

इन शब्दों पर रिसर्च किया जा सकता है, कैसे आये ये शब्द? यात्रियों या कवि और लेखकों के द्वारा या फिर हमलावरों के आवागमन से। निश्चित ही साहित्य और समाजशास्त्र का यह दिलचस्प पहलू है।

रात में क़रीब बारह बजे हम दोनों टैक्सी से 'आमदार निवास' लौटते हैं। हमारे साथ कोई मच्छन्दरनाथ पत्रकार भी थे जो किसी मच्छर की तरह रास्ते में भिन्न-भिन्न करते रहे। उन्हें रामदास जी ने अपने खाते से आमदार निवास में ही एक फ्लैट का आवंटन कराया हुआ था। कुल मिलाकर इस बार बम्बई का प्रवास ठीक-ठाक ही रहा। कुछ से मुलाक़ात हुई और कुछ से नहीं। कोई विरह की अग्नि में जला। किसी की प्यास बुझी, किसी की नहीं। बम्बई में लगभग तीन सौ साल से घूमता व्यापार का पहिया जिसे महानगर की संस्कृति और भी तेज़ कर देती है। बम्बई की अलग ही संस्कृति है, जीने की अलग ही शैली। हर कोई बिन्दास दिखना चाहता है। बम्बई से लौटते हुए जितना अजीब-सा लगता है, उतना ही उस महानगर में प्रवेश करते हुए सुखद अहसास होता है।

इस बार बम्बई से लौटा तो सत्या ने फ़ोन कर पार्क में मिलने की बात कही। थोड़ी देर बाद मैं पार्क पहुँचा तो वह वहाँ पहले से ही मौजूद थी। उसने पुनः दिल्ली से बाहर जाने की बात उठायी। मैं चुप ही रहा। पार्क से मैंने उसे उसके घर पर छोड़ा। उन दिनों मेरे पास टू व्हीलर स्कूटर था। उसकी मम्मी ने चाय बनायी और फिर से वही सब कहा। सत्या की दोनों बहनें नजदीक ही बैठी थीं। उसकी मम्मी का उदास स्वर फिर उभरा–

"मुझे डर है सत्या कुछ कर न बैठे।"

"पर लोग क्या कहेंगे?"

"हमारी मर्ज़ी से यह तुम्हारे साथ जायेगी।"

मेरे भीतर द्वन्द्व था। मादीपुर कालोनी तो पश्चिम विहार के पास ही थी। पत्नी को थोड़ा-बहुत मालूम चल ही जाता था। वह कुछ पूछती तो मैं उसके बारे में छुपाता न था, बता ही देता था। हालाँकि इन सबसे घर में तनाव होता था। जो लाजमी भी था। कौन पत्नी चाहेगी कि पति-पत्नी के बीच कोई दखल दे। बावजूद इन सबके कि सत्या कुछ कर न बैठे। वह दुखी तो है ही। उसे उसके दुखों से निजात देनी ही चाहिए। मेरे भीतर जैसे कुछ उभरा। वह मेरे साथ बम्बई जाये, इसमें हर्ज ही क्या है। उसके परिवार की भी सहमति थी। किसी का जीवन मृत्यु के करीब आते-आते बच जाये तो...।

श्रीराम सेण्टर प्रेक्षागृह में गोष्ठी थी, जिसे महाराष्ट्र परिचय केन्द्र द्वारा आयोजित किया गया था। मराठी रंगभूमि दिवस के उपलक्ष्य में कार्यक्रम था।

जब भी कोई कार्यक्रम होते, मुझे वहाँ से निमन्त्रण-पत्र आता था। सई परांजपे ने इसी दिन समकालीन मराठी रंगमंच पर अपना पेपर पढ़ा था। साथ में गिरीश कर्नाड भी थे। तब तक मैं उनसे थोड़ा-बहुत परिचित हो चुका था। समय-समय पर उनके नाटक मण्डी हाउस में होते रहते थे। गिरीश कर्नाड का नाटक नागमण्डल भी मैंने देखा था। एक-दो बार उनसे चलते-चलते बातचीत भी हुई थी।

मुझे स्वतन्त्र भारत दैनिक के लिए मराठी रंगमंच पर कुछ लिखना था। सई परांजपे का पेपर हालाँकि थोड़ा लम्बा था, पर काफ़ी जानकारी उभरकर आयी थी उसमें। समूचे मराठी रंगमंच पर उन्होंने सिलसिलेवार प्रकाश डाला था। उसी दिन कुछ पत्रकार साथियों ने उनसे सवाल किये। उनके साथ मैं भी था। मेरे सवाल पूछने से पहले ही कोई-न-कोई सवाल उछाल देता। फिर सई परांजपे जवाब देने में व्यस्त हो जातीं। कुछ देर मैं इन्तज़ार करता रहा। सबसे अन्त में मैंने भी दलित रंगमंच पर उनसे चार-पाँच प्रश्न पूछे। लेकिन सन्तोषजनक उत्तर न दे सकी थीं वे। बीच में गिरीश कर्नाड जी ने टोका-टोकी की। जैसे उन्हें दलित रंगमंच सुनकर अच्छा नहीं लगा था या फिर वे दलित साहित्य और रंगमंच की स्वतन्त्र पहचान के हक़ में नहीं थे। सई परांजपे की भी मेरे सवालों में कोई ख़ास रुचि नहीं थी। तथाकथित राष्ट्रीय रंगकर्मियों की यह स्थिति थी। फिर गाँव-क़स्बों में नाटक कर रहे लोगों की क्या मानसिकता होगी? वे दलित सवालों से बिदकते थे। कुछ सुनना नहीं चाहते थे। सिर्फ़ कहते थे। वे चाहते थे कि दूसरे उनकी बातें ध्यान से सुनें, लिखें और उन्हें छापें। सिर्फ़ उनका ही परचम लहरायें। हाशिये के लोगों का दख़ल उन्हें बर्दाश्त न था। एनएसडी का तो बड़ा बजट था। बड़ी बात थी। सच कहा जाये तो यथार्थ से दूर पर यथार्थ की बात होती थी। उनके कहने और सुनाने का अलग अन्दाज़ था। माना कि नाटक करने में वे सिद्धहस्त थे, लेकिन नाटक करना अलग बात थी और जीवन के नाटक को समझना दूसरी बात।

अपनी जाति, अपना हुक़्क़ा

पश्चिमी उत्तर प्रदेश का प्रमुख शहर मेरठ। मेरठ से जब दिल्ली की तरफ़ कूच करते हैं तो रास्ते में मोदीनगर पड़ता है। बताया जाता है कि पहले इसका नाम बेगमाबाद ही था। सेठ गूजरमल मोदी के आर्थिक साम्राज्य आते-आते इसी बेगमाबाद का भूगोल बदलता गया। भूगोल बदला तो बहुत कुछ बदलना शुरू हुआ। पहले पेड़ कटे-फिर खेत पटे और फिर हरियाली ग़ायब होती चली गयी। हरियाली ग़ायब हुई तो जन-जीवन सीमित होता गया। कुछ ने अपने घर बेचे तो कुछ ने खेत ही बेच दिये। यही नहीं, कुछ ने अपने ईमान तक बेच डाले।

दलितों के पास तो कुछ था ही नहीं बेचने के लिए। ईमान वे बेच नहीं सकते थे। ग़रीब की पूँजी ईमान ही तो होती है। उसी बेगमाबाद में छोटे-छोटे मिट्टी के घर और कुछ के पास खेतों के टुकड़े।

सत्तर का दशक था। सत्तर का दशक यानी आँधी-तूफ़ान की तरह जिसने दलित आन्दोलन की स्पीड बढ़ा दी थी। पहले बी.पी. मौर्य ने उनमें ताप बढ़ाया, फिर कांशीराम ने। अस्सी का दशक शुरू होते-होते दलितों को जागरूक बनाया। कहना न होगा कि जिनकी औक़ात ही ख़त्म कर दी गयी थी, वे अपनी औक़ात में आ गये। अपनी औक़ात में आने पर अपनी स्मृतियों में अपने इतिहास की तलाश करने लगे। वह इतिहास जो ग़ायब कर दिया गया था या फिर ग़लत तरीक़े से लिख दिया गया था। दलितों की नयी पीढ़ी जब पढ़ने-लिखने लगी तो उन्हें पता चला कि वे कौन थे और अब कहाँ लाकर पटक दिये गये। दिल्ली नज़दीक होने का उन्हें फ़ायदा भी मिला। दिल्ली का तख़्त-ए-ताऊस भले ही उन्हें न मिला हो लेकिन सत्ता के लिए उनके भीतर उम्मीदें जगने लगी थीं।

यह एक मनोवैज्ञानिक तथ्य है। जब किसी व्यक्ति, जाति या समाज में उम्मीदें जग जाती हैं तो वे ग़ुलामी छोड़कर जुझारू हो जाया करते हैं और अत्याचारी के प्रति विद्रोह कर बैठते हैं। विद्रोह यानी क्रान्ति का बिगुल बजा देना। वही क्रान्ति की गूँज घर-घर दस्तक देने लगी थी। बाबा साहेब डॉ. अम्बेडकर की मूर्तियों का ही दलितों के घरों में प्रवेश नहीं होने लगा था बल्कि उनके दर्शन से भी वे रू-ब-रू होने लगे थे। उसी दौर में बेगमाबाद में एक ऐसी घटना हो गयी जिसने बेगमाबाद तथा आसपास के दलितों को सवर्णों के ख़िलाफ़ लामबन्द कर दिया। उसी घटना के बारे में अख़बार में छपा था। रजवाहे से पानी लेने के सवाल पर जाट तथा जाटवों में संघर्ष। शुक्र था बल्लम और बन्दूक़ें नहीं चलीं वरना वही झगड़ा ख़ूनी संघर्ष में बदल जाता। इस लड़ाई में दोनों तरफ़ से लाठी-डण्डों का प्रयोग हुआ था। मोदीनगर थाने से तुरता-फुरती में पुलिसबल आया था और दोनों तरफ़ से गिरफ़्तारी हुई थी। कुछ अस्पताल में थे तो कुछ थाने में। दोपहर को देशराज मामा का फ़ोन आया। भांजे राजा अगर समय हो तो बेगमाबाद आ जाओ। ख़बर तो तुमने पढ़ ही ली होगी। कुछ बातें उन्होंने फ़ोन पर बतलायीं जिनका लब्बो-लुआब यह था कि बेगमाबाद की पूर्वी दिशा में चतरु जाटव और गुमान सिंह जाट के खेत थे। सुबह रजवाहे से पानी लेने का नम्बर चतरु का था जबकि पानी का रुख़ गुमान सिंह के बेटों ने अपने खेत की ओर कर दिया। इसी बात को लेकर कहासुनी हो गयी। कहासुनी बढ़ी तो लाठी-डण्डे चले। चतरु का बेटा अकेला था जबकि गुमान के दोनों बेटे खेत पर थे। हालाँकि चतरु का

अकेला बेटा ही गुमान के बेटों पर भारी पड़ा था। जबकि लाठी पहले गुमान के छोटे बेटे ने ही चलाई थी। सहन नहीं हुआ था दलित के बेटे को। उसने तड़ से लाठी का वार छोटे के कन्धे पर किया था। तभी गुमान के बड़े बेटे ने लाठी चलाई जिसे झेलते हुए पलटवार किया था चतरु के बेटे ने। उसके भी दो बेटे थे। देखते-देखते दोनों तरफ़ के लोग आ गये थे। चारों तरफ़ हल्ला मच गया। जवान तनातनी में थे। जबकि बड़े-बूढ़े बीच-बचाव करने की जुगत में थे।

अलीगढ़ से लेकर हापुड़, ग़ाज़ियाबाद, मोदीनगर, मेरठ और मुरादनगर, इनमें रहने वाले दलितों की बस्तियों और गाँवों में कभी जुझारू बी.पी. मौर्य की हुंकार गूँजती थी। मेरे दोनों मामा जीराम तथा चेतराम सत्तर के दशक में मौर्य जी के कार्यक्रमों में भीड़ जुटाने के लिए गीत-संगीत की मण्डली के साथ मोर्चे पर होते थे। लोकदल को उस समय जाट पार्टी भी कहा जाता था यानी पश्चिम उत्तर प्रदेश में जिस पार्टी के लोग दलितों पर अत्याचार करते थे, मौर्य जी ने बाद में उसी पार्टी के मुखिया चौधरी चरण सिंह का हाथ थाम लिया जो दलितों को नागवार लगा।

मोदीनगर थाने का एस.एच.ओ. यादव था। उसे पहले चौधरी चरण सिंह के दरबार से फ़ोन आया, फिर बी.पी. मौर्य का भी फ़ोन हुआ। पुलिस अधिकारी यादव पर दोनों तरफ़ से दबाव था। मामले की नज़ाक़त को समझते हुए उसने दोनों तरफ़ के ज़िम्मेवार लोगों को थाने में ही बुलाया और समझौता करने का प्रस्ताव उनके सामने रखा। उसके लिए तो यह झगड़ा बिना बुलाई किसी बला के समान था। किसका पक्ष ले और किस को डाँटे, वह असमंजस में था। ज़रा-सा भी कहीं ऊँच-नीच हो गयी तो उसकी नौकरी के लाले पड़ जायेंगे। तत्काल ही उसने दोनों तरफ़ के गिरफ़्तार लोगों को छोड़ दिया। बी.पी. मौर्य भी उन दिनों लोकदल में महासचिव पद पर थे यानी एक दलित नेता जाट पार्टी में सिपहसालार बन गया था। अगले चार महीने बाद आम चुनाव थे। उन्हें लोकसभा के लिए चुनाव भी लड़ना था। उन्होंने भी पहले दलितों को और फिर जाट जाति के लोगों को आपस में समझौता करने की बात की। एक दिन की झै-झै, मैं-मैं के बाद अगले दिन रात में बेगमाबाद के बाहर ख़ाली पड़ी ज़मीन पर सभी को इकट्ठा होने की डुगडुगी आसपास के गाँवों में पिटवा दी गयी। दोनों तरफ़ के अधिकांश लोगों को भय था कि फिर झगड़ा न हो जाये। इसलिए कोई हथियार पंचायत में लाने पर पाबन्दी लगा दी गयी थी। पुलिस का बन्दोबस्त भी किया गया था।

रात के ठीक आठ बजे से पंचायत शुरू हुई। इस पंचायत में सवर्ण दल की ओर से ब्राह्मण, बनिया, जाट, यादव, त्यागी, तगा, गूजर आदि थे तो दलित की

तरफ़ से जाटव, वाल्मीकि, कोरी, खटीक आदि थे। लगभग सभी बुज़ुर्ग अपनी जाति के साथ पंचायत में अपने-अपने हुक़्क़े भी लाये थे। हुक़्क़ों के साथ तम्बाकू भी। आग से किसी को परहेज़ न था। इसलिए गाँव के बिटोड़ों से उपलों का इन्तज़ाम किया गया था। दोनों तरफ़ से हुक़्क़ा भरने वाले अलग थे। जबकि पानी के लिए मटकों, बाल्टियों, गिलासों और लोटों का इन्तज़ाम जातियों के आधार पर हुआ था। पानी पिलाने वालों की भी व्यवस्था की गयी थी। पंचायत में महिलाओं की उपस्थिति न थी।

मुझे याद आ रहा था। पानीपत की तीसरी लड़ाई में एक ओर अहमदशाह अब्दाली की सेना थी तो दूसरी तरफ़ मराठा सैनिक। दस्तावेज़ हमें बतलाते हैं कि मराठा सेना में सवर्ण और दलित, पिछड़े सैनिक भी थे। रात में जब वे अपना-अपना भोजन तैयार करते तो अपनी-अपनी जाति के हिसाब से चूल्हों से लेकर चिमटे और फुकनी का अलग-अलग ही इस्तेमाल करते थे। आग तक पर मध्यकाल में जातियों, उपजातियों का दर्शन हावी था। हालाँकि लकड़ियाँ किस खेत, बाग या जंगल से लायी जाती थीं, उन खेतों, बागों और जंगलों के मालिकों का जातिवादियों को मालूम तक न था। फिर भी सवर्णों को अपनी-अपनी जाति के आधार पर भोजन बनाने से लेकर खाने तक बँटवारा था। सवर्ण जातियों में भी अपने को श्रेष्ठ और पहली पंक्ति के लड़ाकू समझने का अहसास था। वही अहसास उन्हें चैन नहीं लेने देता था। इस प्रक्रिया में वे स्वयं तो बेचैन ही थे, अन्य जातियों के दरबारियों से लेकर सैनिकों तक को भी परेशान करते थे। जबकि अहमदशाह अब्दाली की सेना में भी तुर्क, अफ़गानी, मुसलमान, ईरानी सैनिक थे। लेकिन भोजन वे एक ही दस्तरख़्वान पर बैठकर करते थे। पानी को लेकर उनमें कोई जाति का सवाल न था। बिना भेदभाव के आग से तो वे खेलते ही थे। 'इबादत और वज़ू' करते थे सामूहिक रूप में ही। युद्ध भी एकजुट होकर करते थे। इतिहास गवाह रहेगा कि पानीपत के तीसरे युद्ध में मराठे अपनी जाति, कुल, ओहदों और मनसबदारियों के मतभेदों के कारण हार गये थे। मध्यकाल से आधुनिक काल तक लोग अपनी-अपनी जातियों के पिंजरों में क़ैद रहे थे। कुछ मुक्ति चाहने पर भी मुक्त हो नहीं पा रहे थे।

विशेष रूप से पश्चिम उत्तर प्रदेश की इसी बेल्ट में यादव, जाट, त्यागी, तगा, राजपूत जातियों का बहुमत था। खेत-खलिहान उनके थे। बाग-बगीचे उनके थे। बड़े-बड़े मकानों से लेकर हवेलियाँ उनकी थीं। पुलिस विभाग में उन्हीं का दबदबा था। शासन से लेकर प्रशासन तक में उनकी तूती बोलती थी। उत्तर प्रदेश तो जैसे उनकी जागीर ही थी। बावजूद इसके दलितों के पास भी बहुत कुछ था।

इतिहास से लेकर राजनीति तक। अतीत से वर्तमान तक उन्होंने भी इस दौड़ में अपने आपको शामिल करने की मुहिम शुरू कर रखी थी। वे अपने अभियान में संघर्षरत थे। सूत्रधार आते, उन्हें उद्वेलित करते। अन्ततः संघर्ष जारी ही रहता। यह भी दलितों के संघर्षों का ही परिणाम था कि सत्ता में चूर वर्ग उनसे समझौता चाहता था। हार नहीं थी यह, आगे की जीत के चरण थे। भले ही सवर्ण न तो अपने ही द्वारा बनायी गयी जातीय श्रेष्ठता को भुला पाये थे और न अपने हुक़्क़ों को। उस रात पंचायत में भीतर-बाहर धुआँ-ही-धुआँ था। गुमान सिंह के छोटे बेटे से माफ़ी मँगवाई गयी थी। दलितों की ओर से यही माँग थी। उनका दबाव भी था। कहना न होगा कि जाट पार्टी में रहते हुए भी बी.पी. मौर्य को आख़िर अपना रंग तो दिखाना ही था। दलितों की यही शर्त थी, जो पूरी हुई। उस रात सवर्णों की शताब्दियों से चली आ रही जातीय पंच परमेश्वर की परम्परा को ध्वस्त कर दिया गया था।

कुल मिलाकर इस फ़ैसले का दूर-दूर तक सन्देश गया था। अपने आपको बाहुबली समझने और कमज़ोर लोगों को दबाकर रखने वालों को सबक़ मिला था वहीं दलितों में भी आत्मस्वाभिमान जाग गया था।

आज मेरा कहीं घर से बाहर जाना हुआ नहीं। मैं घर पर ही रहा। एन.आर. सागर द्वारा लिखित नाटक 'छुटकारा' पढ़ा। अच्छा नाटक था। सागर जी ने अपने इस नाटक में चेतना के नये स्रोत उभारे थे। सागर जी लगभग मेरे हमउम्र ही थे। वे गम्भीर सवालों पर कलम चलाते थे। दलित विमर्श को जन्म देते थे। हवा के प्रतिकूल जाकर लिखते थे। उसी दिन कालीन के व्यवसाय पर एक पत्रिका में कुछ रिपोर्टिंग भी पढ़ी। दोपहर बाद नीचे से डाकिया ने आवाज़ लगायी। सन्तोष का पत्र था। नीचे जाकर मैंने पत्र लिया। उत्सुकतावश पत्र खोला। कई बार पढ़ा। न जाने क्यों मुझे इस बात का अहसास होता है कि मैं उसे पढ़ नहीं पाया। उसके भीतर वह सब खोज नहीं पाया जिसके लिए वह छटपटा रही थी। वह कुछ करना चाहती थी। उसके भीतर आगे बढ़ने की भावना थी। पर क़स्बाई परिवेश से घिरी थी। समय-समय पर दिल्ली आती। मुझसे बातें करती, कुछ सीखने की कोशिश करती और हज़ार ख़्वाहिशें लेकर अपने क़स्बाई परिवेश में लौट जाती।

कुल मिलाकर कहा जाये तो वह एक अच्छी लड़की थी। वह लेखक बनना चाहती थी या फिर लेखक बन भी रही थी। उसका पत्र पढ़कर मुझे महसूस हुआ। पर पत्र पढ़कर ही क्यों? स्वयं मेरे भीतर से सवाल उभरने लगते। इससे पहले सवाल क्यों नहीं उभरे? मेरे भीतर सवाल-दर-सवाल थे। उनकी दस्तक थी। जो सन्तोष के बारे में सोचने पर मजबूर कर रही थी। उसके भीतर की प्रतिभा को

बाहर लाने के लिए जैसे कोई मेरी भावनाओं को उद्वेलित कर रहा था। पर अपनी हज़ार कोशिशों के बाद भी मैं आख़िर कर ही क्या सकता था? कभी-कभी तो ऐसा लगता कि स्वयं मेरी प्रतिभा विकसित नहीं हो पा रही थी। हज़ार मुश्किलें मेरे सामने आती थीं। कितनी मुश्किलों को पार कर सकता था आख़िर?

मौसम बदलने लगा था। हवा में भी ठण्डक थी। बावजूद इसके मुझे नवभारत टाइम्स के लिए गाँव की रिपोर्टिंग के लिए जाना ही था। वैसे आज भाजपा द्वारा महँगाई के विरोध में बन्द था। जिस कार्य के लिए मुझे असाइनमेंट मिला था, उसे हर हालत में पूरा करना था। मौसम कोई भी हो, कैसा भी हो। बरसों से मैं प्रति सप्ताह गाँव पर कॉलम लिखता था। बन्द का आयोजन भाजपाइयों का शगल था। मैं सुबह 7:20 पर स्कूटर स्टार्ट कर घर से निकला। पहले शालामार गाँव की रिपोर्टिंग के लिए जाता हूँ। शालामार गाँव और गाँव की गलियाँ और दलितों के जीवन से रची-बसी बस्तियाँ, डाकघर, औषधालय आदि सभी कुछ मुझे देखना होता था। वहाँ पहुँचकर स्कूटर मैं पंचायतघर में रख देता हूँ। नज़दीक ही हैदरपुर गाँव में मेहरचन्द यादव जी से साक्षात्कार के लिए भी जाना था। वे घर पर ही थे। उन्हें अच्छा लगा कि मैं उनका साक्षात्कार लेने उनके गाँव आया था। ख़ूब बड़ा मकान था उनका। जाते ही गुड़ वाली गर्म-गर्म चाय पीने को मिली। साथ में अचार के साथ पराँठा भी उन्होंने बनवाया। उनकी आवभगत से मैं अभिभूत हुए बिना न रह सका, वे चारपाई पर बैठे थे। मेरे लिए कुर्सी लाकर रख दी गयी। उनसे हमारे सम्बन्ध बहुत पहले से ही थे। 'लोकायन' की सभाओं में वे कभी-कभी आते थे। विचारों का ख़ूब आदान-प्रदान होता था।

दलित समाज के अधिकांश बुद्धिजीवी उन्हें जानते-पहचानते थे। इसलिए कि सभा-सम्मेलनों में दलित सवालों को वे गम्भीरतापूर्वक उठाते थे। काफ़ी कुछ सवालों और समस्याओं को लेकर उनसे विचार-विमर्श हुआ। इस बीच उन्होंने एक बार फिर से गुड़वाली चाय बनवायी। लगभग दो घण्टे बाद उनके गाँव से वापस लौटते हुए 'लोकायन' आया। दोपहर में वहीं दलित आन्दोलन और सामाजिक बदलाव के विषय पर बैठकर वह सब मैटर तैयार किया। थोड़ी देर बाद बेला भाटिया आ गयी। उससे राजेन्द्र रवि ने मेरा परिचय कराया। पहली बार उससे बातचीत हुई थी। मुझे अच्छा लगता है। आन्दोलन पर बहस होती है। और भी बातें होती हैं। बेला भाटिया यानी गाँधीवादी कार्यकर्ता। कभी-कभी लोकायन में आती थीं। लिखने-पढ़ने वाली गम्भीर लड़की थी। वह वक़्त बरबाद नहीं करती थी। न अपना और न ही दूसरों का। मुझे अच्छा लगता था। कम-से-कम समय की पाबन्द तो थी वह। ऐसे साथी बहुत कम ही होते हैं। शाम होते-होते

'लोकायन' से निकला। मण्डी हाउस पहुँचा तो अँधेरा हो गया था। कुछ देर मैं कॉफ़ी हाउस में रहा। अचानक सरिता चौहान मिल गयी। किसी डॉक्यूमेंट्री फ़िल्म में व्यस्त थी वह। सरिता ने मेरे मेरे द्वारा लिखे गये 'हैलो कामरेड' और 'क्या मुझे ख़रीदोगे?' नाटक में नायिका की भूमिका निभायी थी। आबनूसी रंग की तेज़तर्रार लड़की थी। डायलॉग डिलीवरी में एकदम परफैक्ट। वाल्मीकि समाज से थी वह। मण्डी हाउस में जहाँ आज व्हाइट हाउस और दूरदर्शन की आलीशान इमारतें खड़ी हैं। उन्हीं के आसपास बहुत पहले चतुर्थ श्रेणी कर्मचारियों के लिए बैरक बनी थीं, वहीं वह परिवार के साथ रहती थी। उससे संक्षिप्त बातचीत के तत्पश्चात जल्दी ही मैं घर लौट आया।

दिल्ली में हर रोज़ कोई-न-कोई हलचल होती थी। कभी रैली तो कभी प्रदर्शन, कभी धरना तो कभी भूख हड़ताल। दिल्ली में रहना है तो इन सबमें अपने आपको इन्वोल्व रखना होता था या फिर इनके प्रभाव को झेलना। यह सब ज़रूरी था। आप किसी भी जाति, किसी भी धर्म से हों, कहीं से भी बच नहीं सकते। बचने का सवाल ही पैदा नहीं होता। किसी भी महानगर में स्थायी रूप से रहने की सबसे पहली यही शर्त होती है कि जो आपके सामने है, आपके इर्द-गिर्द है, आप उसे झेलें। जिसे कुछ लोग खुश होकर स्वीकार कर लेते हैं तो कुछ को अपने आपको दुखी करते हुए स्वीकार करना होता है। महानगरीय जीवन कुछ के लिए इन्द्रधनुषी रंगों का उत्सव होता है तो अधिकांश के लिए बीभत्स रंगों से भरी ज़िन्दगी का प्रतीक होता है। रंगों से बाहर की दुनिया में रहने वाले कुछ अपने कारण बहिष्कृत हो जाते हैं और धीरे-धीरे हाशिये पर चले जाते हैं। ऐसे लोगों की जीवनधारा ही बदल जाती है। हालाँकि कुछ समाज की जीवनधारा को बदल देते हैं। मैं भी कभी सोचता 'कितने रंग मेरे संग।' उन रंगों की उपयोगिता कितनी थी?

पिछले दिनों पूर्व अनुसूचित जाति-जनजाति आयुक्त बी.डी. शर्मा के साथ बस्तर में भाजपा के कुछ लोगों ने अभद्र व्यवहार किया था। इससे पहले भी कई बार आर.एस.एस. के कार्यकर्ताओं ने उनके साथ बदतमीज़ी की थी। आज उसी के विरोध में स्वामी अग्निवेश तथा अन्य कुछ साथियों की अगुवाई में जन्तर-मन्तर से वोट क्लब तक रैली थी।

मणिमाला, सुभाष भटनागर, बेला भाटिया तथा राजेन्द्र रवि आदि साथी आ गये थे। कैलाश सत्यार्थी कहीं दिखाई नहीं दिये। मैंने स्वामी अग्निवेश से पूछा भी। पर वे मौन रहे। ग्यारह बजे से तीन बजे तक मैं उनके साथ रहा। स्वामी अग्निवेश ने प्रभावपूर्ण तरह से सम्बोधन किया था। आदिवासी बस्तियों में

आर.एस.एस. की घुसपैठ तथा भाजपाइयों की असामाजिक हरकतों की सिलसिलेवार जानकारी दी थी। बी.डी. शर्मा रिटायर्ड आई.ए.एस. थे। वे जन्मजात गाँधीवादी थे। जल, जंगल और ज़मीन के सवालों को लेकर आदिवासियों के बीच जा-जाकर सभाएँ करते थे। बाद के दौर में उन्होंने वहीं रहना शुरू कर दिया था। वे आदिवासियों की तरह ही साधारण जीवन व्यतीत करते। कभी-कभी कुछ लिखते और उन सभी को पुस्तिकाओं के रूप में छपवाते। और पुस्तकें झोले में भरकर उन्हें गाँव-गाँव जाकर साथियों को देते। उन्हें जागरूक बनाते।

रैली हो या प्रदर्शन या सभा को सम्बोधन, उन दिनों किसी को किसी की फ़िक्र नहीं होती थी। किसी को भोजन मिला या नहीं, किसी ने पानी पिया या नहीं। यह बाद के दशक में एनजीओ कल्चर में शामिल हुआ था यानी मिनरल वाटर की बोतलें और भोजन के पैकेट। बाद के दौर में तो नमकीन के साथ बिस्किट के पैकेट भी मिलने लगे थे। और शाम होने पर कहीं-कहीं दारू की व्यवस्था भी हो जाती थी। वहाँ से आई.ई.एन.एस. जाना हुआ। प्रदीप मांडव जी ने बुलाया था। स्वतन्त्र भारत के लिए कुछ अतिरिक्त लिखना था। वे पिछड़ी जाति से थे और सम्भवतः म.प्र. से थे। जब-जब भी दलित साहित्य और आन्दोलन की बात चलती, वे थोड़ा रुचि लेते थे। पर उनके भीतर विरोधाभास था। कभी समर्थन करते तो कभी विरोध के स्वर भी उनके भीतर से उभरते। उन्हीं के साथ चाय पीता हूँ। साथ में वे कुछ खाने के लिए भी मँगाते हैं। पेट में कुछ पड़ता है तो तसल्ली होती है। घर वापस लौटने से पहले बसई दारापुर गाँव जाकर वहाँ की रिपोर्टिंग भी करता हूँ। बसई दारापुर पश्चिम विहार से नज़दीक ही पड़ता है। अगले दिन नवभारत टाइम्स में 'दिल्ली देहात' नाम से मेरा कॉलम छपना जो था। नियमित तौर पर मुझे लिखना ही होता है।

आज दीवाली है जो मेरे लिए असहज दिन होता है और रात उससे भी अधिक बेचैन करने वाली। भयंकर शोर-शराबा, पटाखों की असहनीय आवाज़ें। रात हो गयी थी। शकुन को अभी-अभी स्कूटर से उसके ऑफ़िस छोड़कर वापस लौटा हूँ। उन्होंने ऑफ़िस से छुट्टी नहीं की थी। हालाँकि उस दिन राजपत्रित अवकाश था। वैसे सप्ताह में एक दिन का उन्हें अवकाश मिलता था। राजपत्रित अवकाश के दिन काम करने से अतिरिक्त रूप में एक दिन का अवकाश मिल जाता था या फिर उस दिन का पैसा भी कर्मचारी ले सकते थे। रात के नौ बजे हैं। बड़ा बेटा अमित मेरठ चला गया था। गुड़िया (नमिता) और अनीश नाना के यहाँ थे। घर के दरवाज़े पर लगे ताले में चाबी डालकर दरवाज़ा खोला। भीतर प्रवेश करते ही वही अकेलापन खाने को दौड़ने लगा। नीचे बच्चों के साथ बड़े

भी पटाखे छुड़ा रहे थे। पटाखों से जितनी तेज़ आवाज़ें होतीं, उतना ही वे सब मिल-जुलकर हल्ला करते। इस प्रतिस्पर्धा में कोई किसी से पीछे नहीं रहना चाहता। साथ ही पटाखे फूटने के बाद कुत्तों के भौंकने की आवाज़ें भी होतीं। इस तरह चारों तरफ़ से बम-पटाखों की कर्कश आवाज़ें, हो-हल्ला, रात भर यही दौर चलता रहा। मैं गुस्से में केवल बड़बड़ा सकता था। और वास्तव में वही करता भी रहा।

इन्हीं सब कारण से होली और दीवाली इन दो त्योहारों से मुझे बहुत पहले से ही बड़ी चिढ़-सी होती रही थी। इन दोनों अवसर पर बेहद कानफोड़ शोर परिवेश में गूँजता था जो मुझे असहनीय होता है। उसे झेलते हुए मुझे यातना के दौर से गुज़रना पड़ता था। होली पर तो लोग पागलों की तरह व्यवहार करने लगते हैं। कुछ को कुछ की बदतमीज़ी झेलनी पड़ती हैं। शेष तालियाँ बजाते हैं। दीवाली पर परम्परागत रूप में जुआ खेलते हैं जबकि होली पर शराब पीकर ऊधम मचाते हैं। इस बहाने कुछ महिलाओं से बदतमीज़ी करते हैं। गुलाल लेकर उनके गालों पर सिर्फ़ लगाते ही नहीं बल्कि उनके गालों को रगड़-रगड़कर लाल कर देते हैं। विशेष रूप से गाँव-क़स्बों में रहने वाले दलित समाज की महिलाओं की तो वे दुर्गति ही कर डालते हैं। धर्म और परम्पराओं के बहाने औरतों के साथ बलात्कार तक की घटनाएँ होती हैं। यह सब बेशर्मी का खेल हिन्दू जन खुली आँखों से सदियों से देखते रहे हैं।

मेरे मित्र के. नाथ ने तो लिखा भी है। उत्तर प्रदेश के गाँव-क़स्बों में आज भी सवर्ण ऐसा हुड़दंग मचाते हैं कि गाँव की बहू-बेटियाँ उनकी गुंडई से त्रस्त हो जाती हैं। विशेष रूप से स्वयं का बनाया हुआ वे कबीरा गाते हैं, जिनमें दलितों की अस्मिता के ख़िलाफ़ द्विअर्थी गीत होते हैं। मैं कभी-कभी सोचता कि कैसा फाग था यह? जिसमें रंग तो अनगिनत थे, पर दलितों की संस्कृति से जुड़ा उनमें रंग था क्या? सच बात तो यह थी कि जिस रूप में होली या दीवाली सवर्ण मनाते रहे हैं, वह दलित इतिहास पर ही कुठाराघात था। दुखद बात यह भी थी कि दलित समाज के लोग भी उन्हीं त्योहारों को वैसा ही मनाने को अभिशप्त थे। आधी रात बीत गयी। इन्हीं सबके बारे में सोचते हुए अभी तक नींद नहीं आयी। सोने की कोशिश में वही असफलता मिलती है। बार-बार करवटें बदलना। यही सब क्रम चलता रहा। पटाखों और बमों के फोड़ने का सिलसिला देर रात तक भी चल रहा होता है। बहुत देर गये मुझे नींद आ सकी। तब तक रात बहुत हो चुकी थी।

अस्सी के दशक से लगभग प्रतिमाह बम्बई जाने की जो शुरुआत हुई थी, वह क्रम काफ़ी लम्बे समय तक भी बना रहा। हालाँकि अब तक तो लगभग

एक दशक बीत गया है। अगर स्लीपर में आरक्षण नहीं होता तो वैसे ही जनरल बोगी में बैठ जाता। वहाँ भी बैठने की जगह अगर नहीं मिलती तो खड़े होकर ही यात्रा होती। कोई भलामानस थोड़ी-सी जगह दे देता तो ठीक वरना ऐसे ही यात्रा होती। सफ़र में मैं किताबें ले जाता और उन्हें पढ़ता। बम्बई में हर बार कुछ नये मित्र बन जाते थे। 'मुरदाघर' उपन्यास के लेखक जगदम्बा प्रसाद से बम्बई में ही मुलाक़ात हुई थी। वे जुहू बीच में उस जगह रहते थे, जहाँ बहुत-सी अकेली लड़कियाँ और महिलाओं का निवास था। बिल्कुल समन्दर के किनारे। इधर से ठण्डी हवा का झोंका आता तो उस तरफ़ से गर्म हवा उनके बदन को झुलसाती। सँकरी गलियों के बीच से जुहू बीच की तरफ़ बढ़े तो दीक्षित का छोटा-सा पर सुन्दर घर था। घर सूना था और कभी-कभी आबाद भी हो जाता था। वे महेश भट्ट के साथ फ़िल्म-निर्माण से लेकर लेखन तक की प्रक्रिया से जुड़े थे। इसी जुहू बीच पर शाम होते-होते सूरज डूबने के समय मैंने आलेख लिखा था **'समन्दर में डूबता सूरज और मैं'**। वैसे तो मेरे बहुत सारे पाठक होंगे। क्योंकि बम्बई के नवभारत और जनसत्ता संस्करणों के लिए मैं नियमित रूप से लिखता था। पर उनमें कुछ विशेष हैं जिन्हें मेरे लेखन के साथ मुझसे भी लगाव हो गया था। कुछ से वैचारिक आधार पर भी तालमेल हुआ था। उनमें से एक हैं साहिल कुमार। वे पूर्वी उत्तर प्रदेश से थे। अपने भाई के साथ घाटकोपर में रहते थे। फ़िल्म लेखन में भी उनकी रुचि रही थी। कुछ समय से वे रचनाधर्मिता से जुड़े थे। कहानियों के साथ कविताएँ आदि भी लिखते रहे हैं।

पिछली बार उनसे बम्बई में मुलाक़ात हुई। एक लेखक की पाठक से यह पहली मुलाक़ात थी। एक लेखक स्वयं अपने पाठक के पास जाकर मिले तो पाठक को कितनी खुशी होती है। यह तो साहिल से कोई पूछे। बहुत प्यारा नौजवान था। पूरी तरह से दाढ़ी-मूँछ भी नहीं उगी थी उसके चेहरे पर। वैसे कुछ-कुछ अहसास लेखक को भी होता है। क्योंकि लेखक भी कभी पाठक होता ही है। इस बार मैं स्वयं अपने पाठक से मिलने घाटकोपर गया। पर वे घर पर थे नहीं। बाद में बान्द्रा में साज साहब के यहाँ उनसे मुलाक़ात होती है। रात के क़रीब साढ़े नौ बजे घाटकोपर से चलकर वे मुझसे ही मिलने बान्द्रा आये थे। उनके साथ उनके बड़े भाई भी थे। मैंने अपने पाठक की अनुपस्थिति में उनके घर पर एक स्लिप छोड़ दी थी। लेखन से जुड़ी बहुत सारी बातें, परिवार और उससे इतर आर्थिक सवाल भी। बम्बई में रहते हुए समस्याओं से जूझने की बात भी। उत्तर प्रदेश में हो रहे दलित-उत्पीड़न पर भी चर्चा हुई। साहिल बम्बई में रहते हुए अभी संघर्ष कर रहे थे। बम्बई में वैसे हर तीसरा आदमी संघर्ष ही करता है। हालाँकि संघर्ष

करने के उनके अलग-अलग उद्देश्य होते हैं। अलग-अलग रास्ते भी होते हैं जो उन्हें उनकी मंज़िल तक पहुँचाते हैं। लेकिन साहिल का उद्देश्य लगभग वैसा ही था, जैसा मेरा। वह भी फ़िल्मों में प्रवेश चाहता था। मैं भी तो सब कुछ वैसा ही चाहता था। हमारे पास अपने-अपने उद्देश्य थे। उनमें कोई सफल हुआ और कोई विफल। कोई जीता तो कोई हारा।

रविवार का दिन था। जावेद अभी तक सोकर नहीं उठा था और दो घण्टे से पहले उठेगा भी नहीं। ऐसा यहाँ रहते-रहते बात समझ तो आ ही गयी थी। वैसे भी बम्बई में लोग देर से सोने के आदी होते हैं और देरी से जगने के भी। सुबह हॉकर जनसत्ता और नवभारत टाइम्स दे गया था। दूधवाला दूध की थैली बाहर रखके जा चुका था। पानी वाली बाई पानी भरकर निकल गयी थी। बम्बई में कामगार मुँह अँधेरे से ही अपने-अपने काम शुरू कर देते थे। और जब तक बम्बई के व्हाइट कॉलर लोग सोकर भी नहीं उठते थे, तब तक वे घरों में उनकी आवश्यक ज़रूरतें पूर कर चले जाते थे। कई बार मेरा मन होता था कि मैं उन्हें सलाम करूँ, पर सलाम लेने का भी उनके पास वक़्त नहीं होता था।

वे सलाम लें या जल्दी-जल्दी अपने-अपने काम करें। एक फ्लैट में काम ख़त्म कर सीढ़ियाँ उतरे नहीं कि दूसरे सेक्टर के अन्य फ्लैट में जाने के लिए सीढ़ियाँ चढ़ते थे। पानी भरने वाली मुँह अँधेरे सबसे पहले आती। जब घरों में गहरी नींद में सोते होते। वे सभी झोंपड़पट्टी से आतीं। सुबह पानी-सेवा में रत मैंने कहीं कोई पुरुष नहीं देखा। हाँ दूध-सेवा में ज़रूर पुरुषों का बहुमत था। बम्बई के शुरुआती दिनों के प्रवास में मैं सोचता था कि ये कामगार कहाँ से आते हैं? बाद में धीरे-धीरे महसूस होता था कि ये कहीं किसी नर्क से नहीं आते इस स्वर्ग में अपनी-अपनी सेवाएँ देने बल्कि हर पॉश कॉलोनी के बाज़ू की झोंपड़पट्टी से आते हैं। जहाँ भूख और ग़रीबी के साथ लाचारी होती है। वही उन्हें स्वर्ग की उन्हीं तथाकथित सभ्य लोगों की कालोनियों में जाने को बाध्य करती है। बम्बई स्वर्ग और नर्क की कशमकश में जूझते हुए वहाँ के वाशिन्दों का अजीबोग़रीब शहर था।

लगभग आठ बजे मैंने पहले दूध गर्म किया, फिर अपने लिए ही चाय बनायी। चाय पीते हुए अख़बार पढ़ना शुरू किया। पहले जनसत्ता, फिर नवभारत टाइम्स देखा। बहुत सारी ख़बरें, आलेख और विचार, फ़िल्म, रंगमंच, बम्बई में कॉलगर्ल से लेकर बालाओं तक की समस्याएँ। पिछले सप्ताह साज साहब का साक्षात्कार लिया था। आज सारा दिन बैठकर सबरंग जनसत्ता के लिए उन पर एक फ़ीचर लिखना था।

बम्बई में साज साहब से मेरा पुराना सम्पर्क है। वे इस समय 62 वर्ष के

लगभग हो चले थे। 1943 में बम्बई आये थे। तभी से बम्बई के हो गये और बम्बई में रम गये। दो-तीन फ़ीचर फ़िल्म के साथ दस-बारह डॉक्यूमेंट्री बना चुके थे। उसी दौर में बान्द्रा के फ्लैट पर ही उन्होंने फ़िल्म एडिटिंग शुरू की। बदलते समय के हिसाब से शायद फ़िल्म डायरेक्शन में वे जम नहीं पा रहे थे। फाइनेंसर का अभाव भी होने लगा था। एक बार बतलाया भी था स्वयं उन्होंने। फ़िल्म के अधिकांश लोग तेज़ी से दौड़ने लगे हैं जबकि वे धीरे-धीरे चलने के आदी रहे हैं। न जाने क्यों मुझे उनसे विशेष लगाव-सा होने लगा था। मैं बार-बार उनके बारे में सोचता। सब कुछ होते हुए भी वे अकेले थे, नितान्त अकेले। मैं भी तो अकेला हूँ। एक अकेला ही दूसरे के अकेलेपन को महसूस कर सकता है। उनके अकेलेपन को मैंने बहुत क़रीब से देखा और महसूस किया था। उनका ज़र्रा-ज़र्रा जैसे मुझमें समा गया है। बम्बई में रहते हुए कितने असहाय थे वे। कभी-कभी बहुत मायूस हो जाते थे। उनकी आँखों में आँसू झिलमिलाने लगते। यह सब देख और महसूस कर मैं बेचैन भी हो जाता था। जैसे उनकी पीड़ा मेरी पीड़ा बन जाती थी। उनके सारे दुख-दर्दों को मैं बाँटना भी चाहता था। फ़िल्म उनके लिए स्वप्न था और स्वयं का जीवन यथार्थ का एक अदद टुकड़ा। सम्भवतः पहला रेखाचित्र मैंने उन्हीं पर लिखा था।

राजनीति के बदलते मूल्य, नैतिकता में आती गिरावट, संघर्ष से भागती नयी पीढ़ी—इन सबकी कशमकश में मैं यानी एक अदद लेखक। दो-तीन दिन पूर्व पी.टी.आई. फ़ीचर में कार्यरत नारायण दत्त जी से मुलाक़ात के दौरान इसी मुद्दे को लेकर लम्बी चर्चा भी हुई थी कि राजनीति में ऐसे ग़लत लोगों की तेज़ी के साथ घुसपैठ क्यों होने लगी है? आज मन्त्रालय के नीचे बने प्रेस रूम में दो-तीन घण्टे बैठकर उसी विषय पर पी.टी.आई. के लिए विस्तार से आलेख तैयार किया। लिखने के लिए बम्बई में प्रेस रूम अच्छी जगह है। पानी के साथ चाय भी मिल जाती है और साथ में पेपर भी। सिर्फ़ कलम आपके पास होना चाहिए। फिर आप दिन में चाहे कितने समय तक बैठकर लिखते रहें। किसी को किसी से पूछने का न समय था और न अधिकार। सब कुछ तुम्हारी इच्छाशक्ति पर निर्भर था। इस स्थान के बारे में मुझे मणिमाला ने बताया था। न सिर्फ़ बतलाया बल्कि वे मुझे इसी प्रेस रूम तक एक दिन छोड़ने भी आयी थीं। तब उन्होंने कहा था, "नैमिशराय जी! बम्बई में इधर-उधर ज़्यादा घूमा न करो और न ही आलतू-फालतू लोगों से मिलने की ज़रूरत है। जब-जब बम्बई आयें, यहाँ बैठकर गम्भीरता से लिखना-पढ़ना किया करें।"

सुबह आठ बजे ही मैं नरीमन पॉइण्ट आ गया था। जावेद से अलविदा ली।

जावेद अनिल सिन्हा के बान्द्रा स्थित फ्लैट में ही रहता था। आज मुझे अपने वतन वापस लौटना था। करवट बदलकर आँखें मिचमिचाते हुए कहा था उसने, "ठीक-ठाक पहुँचना दिल्ली।" तत्काल ही मेरा स्वर उभरा, "हूँ। मैं चलता हूँ।" कहते हुए पहले माला (मंज़िल) से सीढ़ियाँ उतरते हुए मैं नीचे आ गया था। तब तक सात बज गये थे। थोड़ी दूरी पर रिंग रोड का बस स्टॉप था। वहाँ से बस ली। ओपेरा से होते हुए बस नरीमन पॉइण्ट की ओर आयी। सामने ही लहरों के आर-पार झिलमिलाता समन्दर था, अँगूठी की शक्ल में किनारे-किनारे घुमावदार तरह से सड़क के नज़दीक बनायी गयी दीवार। वहीं बस स्टॉप था। बस से उतरकर चाय ली। बम्बई में आज मेरा अन्तिम दिन है। उस अन्तिम दिन में भी मुश्किल से चार घण्टे शेष हैं। 11:25 पर बम्बई सेण्ट्रल से नयी दिल्ली के लिए डीलक्स ट्रेन बनकर चलती थी। राजधानी के बाद उन दिनों यह एक बेहतर ट्रेन थी। आज काफ़ी समय तक मैं समन्दर के किनारे बैठा रहा। सिर्फ़ वहाँ बैठना मक़सद था। नया कुछ भी था। जो गुज़र गया, वह ख़त्म हुआ। पर पिछले सात-आठ दिनों से सुबह और रात में यहाँ आकर बैठ जाने का मेरा वही क्रम था। उसे मैं बनाये रखना चाहता हूँ। पर कब तक?

समन्दर के किनारे यह मेरी अन्तिम सुबह थी। वैसे भी इस बार समन्दर को बहुत नज़दीक से देखा और महसूस किया था। मुझे लगता है समन्दर मेरे लिए प्राण है, मेरी ऊर्जा है, मेरा सब कुछ है। परसों ही तो समन्दर के किनारे बैठकर एक फ़ीचर लिखा था –'बम्बई में सुबह की चाय' जो दिल्ली से प्रकाशित 'पीपुल विक्टरी' में छपना था। उन दिनों बम्बई से ही इस तरह से आलेख डाक में छोड़ देता था। बम्बई और दिल्ली के बीच की डाक तब तीसरे दिन अवश्य ही मिल जाती थी। अब तो एक-एक सप्ताह लग जाता है डाक पहुँचने में। कभी ऐसा भी होता है कि हम पहले पहुँच गये और डाक हमारे पीछे-पीछे पहुँचती है। समय तेज़ी के साथ बदलने लगा है। कुछ चीज़ें आगे निकल गयी हैं तो कुछ पीछे छूट गयीं। जो पीछे छूट गयीं, वे हाथ नहीं आतीं। उनकी सिर्फ़ यादें शेष रह जाती हैं। इसी कशमकश में लोगों का जीवन गुज़र जाता है।

ट्रेन सही समय पर बम्बई सेण्ट्रल से दिल्ली के लिए रवाना हुई। जैसे-जैसे दिल्ली नज़दीक आती जा रही थी, मेरा मन अनमना-सा होता जा रहा था। घर पहुँचने की वैसी खुशी नहीं थी, जैसी अकसर होती है। कभी मन तार-तार होकर रह जाता है। दिल्ली से बम्बई और बम्बई से दिल्ली, इन्हीं के बीच जैसे झूलती मेरी ज़िन्दगी। नयी दिल्ली प्लेटफ़ॉर्म पर ट्रेन से उतरता हूँ। बाहर आते ही क़दम और भी भारी होने लगते हैं। मैं कहाँ जा रहा हूँ? स्वयं मेरे मन में यह सवाल

बार-बार दस्तक देता था। सवाल था लेकिन जवाब नहीं और उन सवालों का उत्तर दिये बिना कुछ देर बाद मैं बी.जी. 5ए, 30 बी नम्बर के एल.आई.जी. पश्चिम विहार के फ्लैट पर दस्तक देता हूँ। समझ नहीं पा रहा हूँ कि यह घर मेरा ही है। हो सकता है मेरा न हो। फिर मैं क्यों दस्तक देता हूँ? पर दस्तक देना अच्छा भी लगता है और अजीब भी।

दरवाज़े पर पुनः दस्तक दी। दरवाज़ा खुला। बड़ा बेटा सोया था। दो बच्चे खेलने बाहर गये थे। शकुन ऑफ़िस चली गयी थीं। यह थी मेरे संक्षिप्त परिवार की कथा। और मैं बम्बई से लौटने के बाद डायरी लिखने लगा था। इसके अलावा मैं करता भी क्या? बेटे को जगाया नहीं। वह देर से सोने का आदी है। जगाऊँगा भी तो उसे वैसी खुशी नहीं होगी, जैसा आम परिवारों में होता है। पापा घर लौटते हैं और बच्चों के मन प्रफुल्लित होते हैं। बच्चों के लिए कुछ लाते हैं। मसलन मिठाई, खिलौने, कपड़े और पत्नी के लिए साड़ी, अंगिया, लिपस्टिक, पाउडर, क्रीम आदि-आदि। न जाने कितनी चीज़ें हैं भई। मैं अब किन-किन का नाम गिनाऊँ। पत्नी की भी तो पति से हज़ार ख़्वाहिशें होती हैं। ऐसे थोड़ा ही सात फेरे ले लेती है वह। एक नहीं, दो नहीं, न जाने कितने चश्मदीद गवाह होते हैं सात फेरों के समय। उन सबसे पूछो तो वे यही कहेंगे जो मैं लिख रहा हूँ यानी पत्नी और बच्चों की ख़्वाहिशे पूरी करना पति का कर्तव्य है। ख़ैर रसोई में जाकर चाय बनायी। एक पृष्ठ ही डायरी लिख पाया। इस बीच अकेले ही चाय भी पीता रहा। फिर आज का अख़बार देखा। बदलते समाज की ख़बरों को देर तक पढ़ता रहा। समाज तेज़ी के साथ दौड़ रहा था। भाग रहा था। लोग एक-दूसरे को धक्का देकर स्वयं आगे निकलने की कोशिश में थे। परिणामस्वरूप अजीबोग़रीब घटनाएँ हो रही थीं, दुर्घटनाएँ हो रही थीं। ख़ून-ख़राबा, मार-काट, हत्या, बलात्कार। यह सब पढ़ते हुए अजीब-सा लगता है। अख़बार एक तरफ़ रख देता हूँ। मन उचाट-सा होने लगता है। जो समाज में होता है, वही अख़बार परोस देता है। पर समाज में कुछ अच्छा भी तो होता है। अख़बार में अच्छी ख़बरें क्यों नहीं होतीं?

शराब पीने और पिलाने के बारे में लोगों के अपने-अपने तर्क और स्वभाव हैं। शराब पीते हुए या बाद में लोग कविता लिखते हैं, ग़ज़ल लिखते हैं। कुछ प्रेम-कथाएँ लिखते हैं। साथ ही अनगिनत कल्पनाओं के जंगल में खोने का प्रयास करते हैं। कुछ लोग जाम में अपनी महबूबा को तलाशते हैं। कुछ ऐसे भी हैं जो लड़खड़ाते हुए कोठे पर भी चले जाते हैं। वेश्याओं के जिस्म से अपनी खुजली मिटाते हैं। पर मेरे साथ ऐसा कुछ भी नहीं है। शाम होते-होते मेरे भीतर शराब

पीने की इच्छा तीव्रता से उगती है। शाम होने पर ज्वाला हेडी मार्किट से क्वार्टर ख़रीदकर लाता हूँ। वैसे अकसर मैं क्वार्टर ही ख़रीदता हूँ। पैसा जेब में ज़्यादा हुआ कभी, तो भी। बरसों से ऐसा ही नियम है। क्वार्टर भी दो बार अलग-अलग दिनों में लेता हूँ। अकेला ही हूँ। तीन छोटे पेग स्वयं ही बनाकर पीता हूँ। पीते-पीते ध्यान आता है। घर में ढेर सारे बर्तन पड़े थे। उन दिनों कामवाली घर में नहीं होती थी। झाड़ू-पोंछा करने से लेकर बर्तन माँजने और कपड़े धोने तक पत्नी के साथ मेरी भी ज़िम्मेदारी होती थी। पत्नी को देर से ऑफ़िस से आना था। बड़ा बेटा 'जिम' में गया था और बच्चे दोपहर को खाना लेकर फिर नानी के यहाँ चले गये थे यानी फिर मैं अकेला ही था। कुछ बर्तन माँजता हूँ। पत्नी थकी-हारी ऑफ़िस से आयेगी। आते ही रसोई में जाकर पहले बर्तन माँजने घुस जायेगी। आधे बर्तन धोयेगी और आधे पटकेगी। यह सब करते हुए कुछ-न-कुछ बड़बड़ायेगी भी। वाज़िब बात है। गुस्सा तो आता ही है। ध्यान भी बँटता है। मन दुखी हो तो शरीर को काम में लगाया जाये। यह मेरा अपना दर्शन रहा है न कि अपने आपको शराब में डुबो दिया जाये। बची हुई शराब बाद के किसी दिन के लिए सँभालकर रख देता हूँ। आज इतना ही। तब मन भी ठीक रहता है और शरीर भी। एक अच्छे विचार का मैं स्वयं ही पालन करता हूँ। भले ही वह किसी का दर्शन हो। आप भी सोचते होंगे कि शराब पीकर कोई क्या पालन करता होगा, विश्वास करो भई। न करो तो भी ठीक। पर मेरी सलाह है। एक बार वैसा ही करके तो देखो। अरे भई, जीवन में नया प्रयोग समझकर ही करो। इसके आगे भी प्रयोग के बारे में बतलाता हूँ। कभी-कभी मैं पत्नी के घर आने से पहले भोजन भी बना लेता था। कभी आलू-चावल से ही काम चल जाता था। कभी मैं सब्ज़ी बनाकर रखता था। पत्नी रोटियाँ बना लेती थी। कभी ऐसा भी होता था कि पत्नी रोटियाँ बेलकर तवे पर डालती थी और मैं तवे से वही रोटी उठाकर गैस के दूसरे चूल्हे पर सेंकने लगता था। कैसा अद्भुत प्रयोग था। पर ऐसे सुखद प्रयोग कम ही होते थे।

जहाँ तक मुझे याद आ रहा है। ऐसा कई बार पहले भी हुआ है। पत्नी के साथ सुखद क्षणों की अनुभूति। न जाने वैसा समय कब आये। आये भी या नहीं। वह समय भुलाये नहीं भूलता। मेरे सिर में दो-तीन दिनों से खाज हो रही थी। शकुन की आज नाइट ड्यूटी थी। दिन में वह घर पर ही थीं। मैं भी तो घर पर ही था। मेरे कहने मात्र से ही शकुन मेरे बालों में कंघी घुमाने लगती है। मैं उनकी गोद में सिर रख लेता हूँ, उनको भी अच्छा लगता है और मुझे भी। चार-पाँच बार मेरे सिर में कंघी करने के बाद वह गोद से उठने के लिए कहती

हैं। पर मैं नहीं उठता। दो-तीन बार वह उठने के लिए कहती हैं। मेरा उठने का कतई मन नहीं था। इसलिए मैं वैसे ही पत्नी की जाँघों पर लेटे रहता हूँ। उन्हें भी शायद अच्छा लगता है।

कुछ समय ऐसे ही अपने सिर में जूँ दिखवाता हूँ। बाद में मैं नीचे फ़र्श पर बैठता हूँ और वह चारपाई पर। सुखद अनुभूतियों का सुखद अहसास। मैं थोड़ी देर के लिए जैसे बच्चा बन जाता हूँ और मेरी पत्नी मेरी माँ। माँ ऐसे ही बचपन में मुझ पर अपना स्नेह उँड़ेलती थी। उनकी अँगुलियाँ स्नेह से मेरे बालों में जब घूमती हैं तो अजीब-सा सुख मिलता है। मेरठ में माँ की अँगुलियों के स्पर्श से भी असीम सुख मिलता था। ऐसे समय पर मैं असहज से सहज होने लगता हूँ। पुरानी यादें उमड़ आती हैं। सारे गिले-शिकवे दूर हो जाते हैं। सब कुछ बर्फ़ की तरह पिघलने लगता है। सहज होना मेरे लिए बहुत मुश्किल होता है। पर आज मैं सहज हूँ। हँसता हूँ, खिलखिलाता हूँ। घर की दीवारों को भी जैसे इसका इन्तज़ार था। मासूम ज़िन्दगी में हर्षोल्लास की दस्तक बहुत दिनों बाद मेरे होंठों पर मुस्कान थिरकी थी। पत्नी भी खिलखिलाकर हँसी थी। बहुत दिनों के बाद वह भी असहज से सहज हुई थी। उनके भीतर से पीड़ा की गाँठें खुल गयी थीं। उनके स्वर में अपनत्व उभरा था। ऐसा लगा कि दुख-दर्दों के पहाड़ को लाँघकर वह मेरे क़रीब हुई थीं। बहुत क़रीब। शायद महीनों के बाद मुझे वे पल नसीब हुए थे। उन पलों को इतिहास से जोड़ूँ या...।

दिल्ली में दलित साहित्य और आन्दोलन पर कार्यक्रम होते रहते थे। कार्यक्रमों में कुछ साथी तो हर बार आते थे, कुछ साथी कभी-कभी। ये कार्यक्रम जगजीवनराम भवन, गाँधी शान्ति प्रतिष्ठान, साहित्य अकादेमी, प्रेस क्लब, एम.पी.क्लब, राजेन्द्र भवन, हिन्दी भवन, बौद्ध विहार, मदनगीर, कालकाजी, शाहदरा, मण्डोली, मुनीरका तथा आर.के. पुरम, रविदास पार्क (तुग़लक़ अपार्टमेंट के सामने), जे.एन.यू., दिल्ली विश्वविद्यालय, रविदास भवन (देव नगर), अम्बेडकर भवन, मावलंकर हॉल, डॉ. अम्बेडकर प्रतिष्ठान (अशोक रोड) आदि में होते रहते थे। अमूमन जो साथी आते थे और जोश-ख़रोश के साथ मिलते थे उनमें रजनी, धनदेवी, कृपा गौतम, जयप्रकाश कर्दम, पन्ना लाल, आनन्द स्वरूप, बुद्धसिंह प्रेमी, नेताजी ब्रह्मजीत, राजपाल सिंह राज, लक्ष्मी नारायण सुधाकर, कुसुम वियोगी, बी.डी. सुजांत, कर्मशील भारती, कान्ता मौर्य, डॉ. तेज सिंह, रूपचन्द गौतम, एच.सी. जोशी, मोहनलाल गौतम, किशोरीलाल गौतम, जसवन्त सिंह जनमेजय, सुनील सरदार, शीलबोधी, जयभगवान, राजेन्द्री कुरील, मुसाफ़िर देहलवी, मलूकचन्द बेनीवाल, कौसल्या बेसन्त्री आदि होते थे।

जो कभी-कभी सभा-सम्मेलनों में शामिल होते थे, उनमें तेजपाल सिंह तेज, सूरजपाल चौहान, कैलाशचन्द चौहान, एम.पी. सिंह, अशोक वानखेड़े, इन्द्रसिंह धिगान, पन्ना लाल निर्भीक श्यौराज सिंह बेचैन, रजतरानी, विमल थोरात, बापूराव पाखिड्डे, भगवानदास एडवोकेट, के.एस. तूफ़ान, राजपालसिंह राज, नेत्रपाल सिंह जाटव, रवि, भीष्मपाल सिंह, जी.लाल सागर, सुजाता सिंह, सुजाता अंभोरे, प्रेमलता, सिद्धगोपाल सागर, आर.एस. विजयी, रामदास शास्त्री, एन.आर. सागर, शेखर, ताराचन्द पिप्पल, श्यामलाल शमी, रणजीत सिंह, तेज सिंह वरुण, कंवर सेन बौद्ध, अरुण कुमार गौतम, हिमांशु राय, कुसुमलता, सुल्तान सिंह गौतम, सोहनलाल शास्त्री, मोहनलाल पिप्पल, कृष्णा तीरथ, होरीलाल, एम.आर. विद्रोही, के.आर. सूण्डा, संघप्रिय गौतम, कृष्ण मुरारी जाटव, डॉ. राजकुमार, आर.के. सिंह, गुरबचन लाल, एस.के. विश्वास, थॉमस मैथ्यू, रामकिशन पूनिया, पी.एल. मीमरोठ, एन.जी. ऊके, गिरधारीलाल केलकर, डॉ. ओ.पी. मौर्य, ईश्वर सिंह बन्धु, किशोरी लाल, राम सिंह, श्याम बाबू जाटव, रामभज, पी.डी. आदित्य एडवोकेट, नानकचन्द रत्तू, केदारनाथ चौधरी, जसराम हरनोटिया, राघव जी, बाबूलाल, श्यामसुन्दर लाल, आर. गोपाल, श्यामा भारती, ओ.पी. आनन्द, धनीराम, इतवारी लाल, जुगल किशोर, बलबीर सिंह, हंसराज सुमन, रामरतन रवि, खजान सिंह विकल, कैलाश चन्द, मूलचन्द्र, महीपसिंह महीप, के.पी. मौर्य, रामराज, महेन्द्र सिंह राना, चन्द्रभान प्रसाद।

डॉ. नंदूराम, विमल थोरात, डॉ. शत्रुघ्न सिंह, डॉ. तुलसी राम, हरिकिशन सन्तोषी, शान्त स्वरूप बौद्ध, अनुला मौर्य (बी.पी. मौर्य की बेटी) कुछ साथी अलग-अलग संस्थाओं के अध्यक्ष, महासचिव, सचिव, कोषाध्यक्ष, प्रभारी आदि-आदि थे। पर एक-दूसरे के साथियों के द्वारा आयोजित कार्यक्रमों में भी वे शामिल होते थे। सरकार से या साहित्य अकादेमी से आर्थिक मदद के लिए दलित साथी आवेदन नहीं करते थे। सभी मिल-जुलकर आर्थिक सहयोग करते थे। इस तरह देश की राजधानी में बाबा साहेब डॉ. अम्बेडकर के आन्दोलन को आगे बढ़ाने की मुहिम में साथी लगे थे।

वैसे दिल्ली में संस्थाओं के साथ सभा, सम्मेलनों को सरकारी स्तर पर आर्थिक अनुदान देने वाली अकादेमी तथा संस्थानों की कोई कमी नहीं थी। उदाहरण के लिए, साहित्य अकादेमी, नाट्य अकादेमी, हिन्दी अकादेमी, संगीत अकादेमी से लेकर राष्ट्रीय नाट्य विद्यालय, इण्डियन हिस्टोरिकल रिसर्च इंस्टीट्यूट, इण्डियन इंस्टीट्यूट ऑफ सोशल साइंस रिसर्च, इन्दिरा गाँधी राष्ट्रीय कला केन्द्र, तीन मूर्ति, हिन्दी निदेशालय, जैन समूह का टाइम्स ऑफ़ इण्डिया, बिड़ला ग्रुप

और न जाने कहाँ-कहाँ से अपनों-अपनों को इन सबके द्वारा रेवड़ी बाँटने का सिलसिला जारी था। मैं अस्सी और नब्बे के दशक की बात कर रहा हूँ। तब भी इस तरह की सरकारी, गैर-सरकारी स्तर पर मदद लाखों में नहीं करोड़ों रुपयों में होती थी।

दूसरी ओर देखें—सवर्ण (राष्ट्रपति से लेकर प्रधानमन्त्री और मन्त्री तक) केवल सवर्ण लेखकों, पत्रकारों, शिक्षाविदों, सामाजिक कार्यकर्ताओं, कलाकारों आदि को अपने साथ हवाई जहाज़ में चहेतों को भर-भरकर ले जाते थे। प्रधानमन्त्री, राष्ट्रपति, मुख्यमन्त्री, राज्यपाल के सरकारी पर्स (ऐसी धनराशि, जिसमें से वे चाहें तो किसी की भी आर्थिक मदद कर सकते थे।) की बात ही क्या की जाये? इस तरह सवर्णों के कबीलों, परिवारों, गुटों, जातियों के बीच, सुविधाओं की लूट-खसोट थी। दलित आदिवासियों के नाम पर सिर्फ़ नाटक होते थे जिनकी प्रस्तुति राष्ट्रीय नाट्य विद्यालय से लेकर संसद तक में होती थी। तब तक यह अच्छी बात थी कि दलितों के साथ कुछ गैर-दलितों का संवाद था। मैंने तो इस बारे में नवभारत टाइम्स में गम्भीर आलेख भी लिखा था। ऐसे साथियों में, जो दलितों की समस्याओं, सवालों पर विमर्श में हिस्सेदारी लेते थे, उनमें सी.एस. डी.एस. से धीरूभाई शेठ, सुरेश शर्मा, शिव कुमार, रजनी बख्शी, बेला भाटिया, आदित्य निगम, अभय कुमार दुबे आदि के साथ लोकायन से रजनी कोठारी, स्मितु कोठारी, विजय प्रताप, रितू प्रिया, राजेन्द्र रवि तथा अन्य में सुरेन्द्र मोहन, मंजू मोहन, डॉ. राजकुमार, न्यायमूर्ति वी.आर. कृष्णा अय्यर, कृष्णामूर्ति, सफ़दर हाशमी, प्रेमपाल शर्मा, राजेन्द्र उपाध्याय, आनन्द स्वरूप वर्मा, स्वामी अग्निवेश, कैलाश सत्यार्थी, मस्तराम कपूर, वीर भारत तलवार आदि थे। दिल्ली में आन्दोलन, प्रदर्शन, धरने और जुलूसों के बीच इनकी बहुत याद आती है। रूपचन्द गौतम का पत्र मिला, जिसे उन्होंने लैटर पेड पर लिखा था।

रूपचन्द गौतम

अम्बेडकर गली, बैंक कॉलोनी

मंडोली, दिल्ली-110093

दिनांक : 27.08.1992

आदरणीय नैमिशराय जी

जय भीम!

मैं यहाँ पर अब कुशलपूर्वक से हूँ और आशा करता हूँ कि आप भी परिवार सहित कुशलपूर्वक से होंगे। आपसे मिले काफ़ी दिन हो गये हैं। इस बीच मैं आपसे फ़ोन पर भी बात न कर सका, इस गलती के लिए मुझे क्षमा करें। यदि

अब भी मैं फ़ोन पर बात करता तो मुझे प्रत्यक्ष रूप से डाँट सुननी पड़ती। इससे बचने के लिए मैं यह पत्र लिख रहा हूँ। आशा है अब मुझे प्रत्यक्ष रूप से तो नहीं बल्कि अप्रत्यक्ष रूप से तो डाँट अवश्य ही सुननी पड़ेगी क्योंकि मैंने डाँट सुनने का काम किया है। मगर यह डाँट मुझे भविष्य के लिए कुछ अवश्य देगी। ऐसा मुझे विश्वास है। आपकी प्रेरणा से ही मुझे आगे बढ़ने का अवसर मिला है। इस प्रेरणा के पीछे सुश्री शकुन्तला देवी का भी हाथ है। यदि वे मुझे 14 अगस्त, 1992 की रात्रि के 9 बजे आपके सामने प्रस्तुत न करतीं तो शायद ही मैं यह कार्य न कर पाता। आपसे मुलाकात करने के लिए मुझे सात वर्ष भटकना पड़ा। इसलिए मैं साफ़-साफ़ कह सकता हूँ कि मुझे नैमिशराय किसी ख़ैरात में नहीं मिले। नैमिशराय को प्राप्त करने के लिए मुझे काफ़ी परिश्रम करना पड़ा है। अब मैं आपसे अलग नहीं हो सकता हूँ।

अब मैं पूर्ण रूप से बाधा रहित हूँ। यदि आपका कोई टाइप का काम हो तो मैं टाइप करने को तैयार हूँ। इसके अलावा और भी कोई कार्य हो तो मुझे बतलाएँ। उसे करने में मुझे .ख़ुशी होगी। आपके सम्पूर्ण परिवार को मेरा जय भीम। शेष बातें मिलने पर ही कर सकूँगा।

आपका शुभचिन्तक

रूपचन्द गौतम

दलित समाज में ऐसे बहुत कम अधिकारी मुझे मिले, जिनकी आन्दोलन और साहित्य में रुचि रही है। जो 'मैं' से 'हम' में तब्दील होना जानते थे। अगर वे ऐसे नहीं तो उन्हें मैं आम आदमी की गिनती में रखता हूँ। कोई कितना भी बड़ा अफ़सर क्यों न हो तथा मोटी तनख़्वाह लेने से बड़ी बात नहीं होती। महँगी कार में घूमने से कुछ असाधारण नहीं होता या फिर बड़े घर में रहने से आदमी बड़ा नहीं हो जाता। बड़ा होने या कहलवाने में अपने भीतर बहुत कुछ जोड़ना पड़ता है। अपने बाहर की दुनिया को समझना पड़ता है। उनमें से ही माता प्रसाद जी को मैंने अन्य से कुछ अलग पाया। लीक से हटकर उनकी साहित्य में रुचि थी और आन्दोलन में भी। वे समाज से जुड़े थे और उसकी धड़कनों को सुनते थे। शास्त्री भवन के कमरा न. 618 में उनसे एक घण्टे की बातचीत के दौरान मैंने महसूस किया कि उनमें समाज के पीड़ित वर्ग के लिए भावनाएँ हैं। उनसे मेरी आज पहली मुलाक़ात थी। किसी मित्र ने बतलाया था, वे स्वयं भी मेरे लेख आदि रुचि लेकर पढ़ते रहे हैं। वे भारत सरकार के कल्याण मन्त्रालय में अतिरिक्त सचिव थे। मिलनसार व्यक्तित्व था उनका। उत्तर प्रदेश के राजनीतिक बदलाव के बारे में बातचीत हुई थी। बाद में वे उत्तर प्रदेश के मुख्य सचिव भी बने और

लोक सेवा आयोग में भी शीर्ष पद पर रहे। दूसरे माता प्रसाद जी उत्तर प्रदेश में पहले मन्त्री रहे, फिर अरुणाचल प्रदेश के गवर्नर बने। उनकी भलमनसाहत और उदारता के आगे मैं नतमस्तक रहा हूँ।

उसी दौरान प्रेस इन्फोर्मेशन ब्यूरो के निदेशक चतुर्वेदी जी से मुलाक़ात हुई। उनसे मेरी दूसरी मुलाक़ात थी। मैं कभी-कभी पीआईबी जाता भी था। कुछ आलेख लिखने होते थे। शास्त्री भवन में ही पीआईबी का ऑफ़िस था। दिलीप मण्डल की पत्नी भी वही कार्य करती थी। एक-दो बार उनसे मिलना हुआ। स्वयं दिलीप मण्डल ने ही परिचय कराया था। वे उस समय इण्डिया टुडे में कार्यरत थे। बिहार की पृष्ठभूमि से, साहित्य और आन्दोलन से जुड़े हुए युवा।

पटना दूसरी बार आया हूँ। इससे पूर्व इण्डियन सोशल इंस्टीट्यूट के द्वारा आयोजित कार्यक्रम में शामिल होने के लिए आया था। इस बार फ्रेजर रोड पर नवभारत टाइम्स कार्यालय के नज़दीक एक सस्ते होटल में ही मैंने ठहराव किया। मात्र 25 रुपये प्रतिदिन के हिसाब से कमरा था। सिंगल बैड, कमरे में एक छोटी मेज़, कुर्सी।

रात हो गयी है। मैं खाना लेकर होटल में अपने कमरे में सोने के लिए चला जाता हूँ। बहुत देर तक नींद नहीं आती। बीच-बीच में घर की यादें सताने लगती हैं। बहुत देर के बाद नींद आ सकी थी। सुबह मैं देरी से उठा। बेयरा चाय का प्याला कमरे में आकर दे गया था। चाय पीने के बाद जल्दी से तैयार हुआ। मुझे पटना के बाहर जाना था। भरी दुपहरी में शैवाल जी के घर पर आया हूँ। काफ़ी दिनों से उनसे मिलने की इच्छा मन के भीतर थी। नज़दीक से देखा। दरवाज़ा खुला था। मैंने थोड़ा खाँसते हुए अपनी उपस्थिति का अहसास कराने की कोशिश की। तभी भीतर से किसी महिला की आवाज़ आयी, "मुन्नी देख तो तनिक, कोई बाहर आयी गवा है।" मैंने देखा, तभी दस-बारह वर्ष की लड़की आयी। "वे कहीं बाहर गये हैं।" कहते हुए उनकी बिटिया भीतर आने के लिए कहते हुए आकर पानी दे जाती है। तब तक मैं अन्दर आ गया था। तत्पश्चात् बिना पूछे चाय ले आती है। मेरे पूछने पर वह बोली, "अभी आते ही होंगे पिताजी! आप थोड़ा इन्तज़ार करिए।" मुझे बिटिया के स्वर में ख़ास आकर्षण-सा लगता है। बाहर धूप थी। घर के भीतर शीतलता। इस बीच शैवाल जी की बेटी से ही मैं बतियाता हूँ। थोड़ी देर में वह थाली में भोजन ले आती है। चार-पाँच रोटियों के साथ आलू-टमाटर की जीरे के छोंक वाली रेशेदार सब्ज़ी। साथ में हरी मिर्च और प्याज। खाना लेने के बाद उनके घर में रखी किताबें देखता हूँ। साहित्यिक पुस्तकों का अच्छा कलेक्शन था उनके पास। तभी शैवाल जी के कहानी संग्रह

'समुद्र गाथा' पर मेरी निगाह पड़ जाती है। मैं धीरे से वह अन्य पुस्तकों के बीच से निकालता हूँ और पढ़ने लगता हूँ। उसमें कुछ अच्छी कहानियाँ थीं—क़त्ल, समुद्र गाथा, अभयारण्य, बेघर आदि। उनके साथ मैंने एक ही बैठक में उनका पूरा कहानी संग्रह पढ़ डाला था। इस बीच उनकी बिटिया चाय-पानी के लिए पूछने आयी। थोड़ी देर में शैवाल जी आ गये।

दरवाज़े पर हल्की-सी आहट हुई। मैंने नज़रें उठाकर देखा। सचमुच मुझे विश्वास नहीं हुआ कि मेरे सामने 'दामुल' जैसी फ़िल्म की कहानी लिखने वाला लेखक खड़ा था। समुद्र गाथा की कहानियाँ जिसने लिखी हैं, क्या यही आदमी है? सीधा, सरल, बाहर-भीतर एक जैसा, ढीले-ढाले कपड़े, चेहरे पर दाढ़ी, पैरों में हवाई चप्पल पहने हुए। आते ही उन्होंने पूछा। रास्ते में कोई परेशानी तो नहीं हुई। मेरे इनकार करने पर उन्होंने चाय के लिए पूछा। मैंने कहा आपकी संस्कारवान बेटी ने मुझे एक बार नहीं दो बार चाय पिला दी है। मेरी बात सुनकर उनके होंठों पर हल्की-सी मुस्कान थिरक आयी। जैसे-जैसे उनसे बातचीत होती है, वैसे-वैसे वे खुलते जाते हैं। मैं ध्यान से उनकी बातें सुनता हूँ। एक क़स्बाई लेखक राष्ट्रीय फलक से भी ऊँचा होने लगा था। मैं उनके व्यक्तित्व से प्रभावित हुए बिना नहीं रह पाता। वे खुलते हैं तो गाँव और क़स्बे की समूची गन्ध मेरे आसपास छाने लगती है। महानगर में रहने वाला एक अदद लेखक यानी मैं उनके सामने सचमुच अपने को बौना महसूस करने लगा था। अगले एक घण्टे में हमारी बातें बिहार में चल रहे आन्दोलन पर होती हैं। आम आदमी की रोज़ी-रोटी के साथ उसकी अस्मिता के सवाल। साहित्य, रंगमंच से फिर फ़िल्म। मैं ध्यान से उन्हें सुनता हूँ। बीच में वे एक संस्मरण सुनाते हैं—एक बार प्रकाश झा उनके निवास पर आये थे और वे मिट्टी का तेल लेने के लिए लाइन में खड़े थे। पर प्रकाश झा ने उनका इन्तज़ार किया। चांस की बात यह थी कि आज भी वे मिट्टी का तेल लेने राशन डिपो पर गये थे और मैंने इन्तज़ार किया। पर मुझे उनके घर पर इन्तज़ार करना ज़रा भी नहीं अखरा। बल्कि अच्छा ही लगा। इसलिए कि एक ज़मीनी लेखक से मैं मिलने वाला था। इस बीच उनकी कहानियाँ तो पढ़ ही डाली थीं। इससे बढ़कर मेरे लिए और क्या सुखद अनुभव हो सकता था। उनकी बेटी से बातचीत हुई। अलबत्ता शैवाल जी की पत्नी से बात नहीं हो सकी। पर मुझे अच्छा लगा कि वे मेरी मेहमानदारी में कोई कोर-कसर नहीं छोड़ पा रही थीं। कभी-कभी प्यारी-सी बिटिया को हिदायत दे रही थीं। मुन्नी देखो, अंकल जी को पानी देकर आओ, अंकल जी को चाय दे दो। सच शैवाल जी का गाँव-बस्ती चाहे जो हो, उनके गाँव या बस्ती में कम समय के लिए सही प्रवास

के दौरान की यादें ताउम्र मैं नहीं भुला पाया हूँ। इस तरह यादें और अपनत्व की गन्ध लेकर दिल्ली लौटा।

सम्भवतः जीवन में किसी पुस्तक की पहली बार मैंने समीक्षा की तो वह अब्राहम टी. कोवर द्वारा लिखित पुस्तक 'और देवपुरुष हार गये' थी, जो हरियाणा के पींग (साप्ताहिक) में 1986 को प्रकाशित हुई थी। भारत में सबसे पहला नास्तिक चार्वाक हुआ है जिसने ऐसे पाखण्डों के ख़िलाफ़ आन्दोलन छेड़ा, जो धर्म और परम्पराओं के नाम पर लोगों को ठग रहे थे। डॉ. अब्राहम टी. कोवर ने अपनी इस पुस्तक 'और देवपुरुष हार गये' की रचना इन्हीं बातों के परिप्रेक्ष्य में की थी। यह पुस्तक हिन्दी में अनुवाद थी। इसके अगले वर्ष 'आजकल' के अप्रैल 1987 में डॉ. एम.जी. माली द्वारा लिखी गयी 'क्रान्ति ज्योति सावित्रीबायी फुले' पुस्तक की समीक्षा छपी थी, जिसे मैंने लिखा था। तीसरी पुस्तक की समीक्षा सम्भवतः जनसत्ता में छपी थी जो महीप सिंह की पुस्तक थी। इसके बाद तो समीक्षा लिखने का सिलसिला शुरू हो गया था। गिरधर राठी, जो साहित्य अकादेमी की हिन्दी पत्रिका समकालीन भारतीय साहित्य के सम्पादक थे, वे मुझे एक साथ चार-पाँच पुस्तकें दिया करते थे। उन सबकी समीक्षा आलेख के रूप में मुझे लिखनी होती थी। इस तरह पुस्तक पढ़ते, समीक्षा लिखते हुए मैंने बहुत कुछ सीखा।

मण्डी हाउस के श्रीराम कॉफ़ी हाउस में मेरे साथ श्याम शर्मा, सोरल जी तथा एक अन्य साथी थे। शाम के सात बज गये थे। हमने कॉफ़ी ली। बम्बई और दिल्ली के बारे में काफ़ी देर तक बातचीत होती रही। वहाँ की आबोहवा से लेकर फ़िल्मी जीवन तक। दिल्ली में स्ट्रगल कर रहे लेखकों तथा रंगकर्मियों के बारे में भी चर्चा हुई। आज 'ड्राई डे' था। सोरल साहब एक दिन पहले ही बम्बई से आये थे। वे महाराजा होटल में ठहरे थे। वे मुझे वहीं ले जाते हैं। एक आइडिया डिस्कस करना था उन्होंने। हमने ऑटो लिया। रास्ते में भीड़ थी। लगभग आधा घण्टा लगा हमें राजा गार्डन पहुँचने में। होटल में बार भी था। पर वहाँ ड्राई-डे नहीं था और लोगों का जमावड़ा था। सोरल जी अपने कमरे में ही व्हिस्की मँगाते हैं। इसी बीच बातचीत भी होती रही। उन्होंने मेरे लिए वहाँ पहले से ही अलग कमरा बुक करा दिया था। थोड़ी देर बाद मैंने उसी कमरे में प्रवेश किया और देखा कि कमरा बहुत छोटा था। मुझे कुछ अच्छा नहीं लगा। लिखने के लिए होटल में वैसा कुछ परिवेश भी नहीं था। शोर अलग हो रहा था। वे मुझे छोड़कर ज़ल्दी ही चले गये। मैं कमरे में अकेला रह गया। मन नहीं कर रहा था कुछ लिखने का। तय नहीं कर पा रहा था क्या करूँ? उसी दौरान बराबर के कमरे से खुसर-पुसर की कुछ आवाज़ें भी हो रही थीं। सम्भवतः कोई यंग कपल था। रात

के क़रीब साढ़े ग्यारह बजे होटल का कमरा छोड़कर मैं ऑटो रिक्शा लेकर घर आ गया था। बस्ती में अधिकांश लोग सो गये थे। जो अभी तक सोये नहीं थे, वे सोने की तैयारी कर रहे थे। अलबत्ता बस्ती के सारे कुत्तों में अभी कोई नहीं सोया था। बस्ती में प्रवेश करने वाले हर व्यक्ति को पहले वे देखते, फिर उनके पाँवों की तरफ़ चलते-चलते सूँघते। यह जानने के लिए कि उनमें कौन अपना है कौन पराया? मेरे भी उन्होंने पाँव सूँघे थे। और सूँघकर पहचान लिया था कि मैं उनका अपना हूँ। होटल में अकेला और घर में भी अकेला। पर घर और होटल में अन्तर था। घर में इतिहास था, यादें थीं घर में इन सबके अलावा और बहुत कुछ था। रिश्तों के बीच अपनत्व के तारों में अभी जुड़ाव था। उसी आधी रात के लगभग बन्द दरवाज़े खोले और तनहा परिवेश में प्रवेश कर गया। लिखे हुए पेपर्स मेरे पास थे। मैं उन्हें फिर से पढ़ने लगता हूँ। डायलॉग और स्क्रीन प्ले के तारतम्य को समेटने की कोशिश करता हूँ।

डॉ. विमल कीर्ति जी से मेरे अच्छे सम्बन्ध थे जो अभी बरकरार थे। यह बात मैं इसलिए लिख रहा हूँ कि अधिकांश सम्बन्ध किसी-न-किसी कारणवश टूटते ही हैं। जो नहीं टूटते, उनमें दरार पड़ जाती है और वे टूटने जैसे ही होते हैं। जब-जब भी मैं नागपुर जाता, तब-तब उन्हीं के घर पर ठहरता था। उनकी पत्नी का भी अच्छा व्यवहार होता। खुशी-खुशी हमारे लिए भोजन तैयार करती। फिर प्रेमभाव से जीमने के लिए कहती। बच्चे भी सम्मान करते। वे चाय-पानी को पूछते। दिल्ली आने पर रात में प्रो. विमल कीर्ति मेरे घर पर ही ठहरे। उनके लिए पीने की व्यवस्था की। सुबह उनके साथ महीप सिंह से, फिर हिन्दी अकादेमी में हरिसुमन बिष्ट, स्नेह लता आदि से मुलाक़ात हुई। कमलेश सचदेव जी से लम्बे अर्से बाद मैं मिला। वे मुझे बिल्कुल वैसी ही महसूस हुईं। वैसे ही हँसना-मुस्कराना, जैसे अपने सभी दुख-दर्द भुला देना चाहती थीं। कहना न होगा कि महीप सिंह और 'संचेतना' पत्रिका के लिए वे एक प्रतिबद्ध साथी थीं।

दोपहर बाद हम पहले 'लोकायन' गये और फिर राधाकृष्ण प्रकाशन जाना हुआ। विमल कीर्ति जी ने उनके लिए महात्मा ज्योतिबा फुले-रचनावली नाम से दो भागों में पाण्डुलिपि तैयार कर दी थी जो 1994 में प्रकाशित हुई थी। अनुवादक एवं सम्पादक के रूप में इस पुस्तक में उनका पूरा नाम 'डॉ. एल.जी. मेश्राम विमल कीर्ति' छपा था। यह किताब जोतिबा फुले (ज्योतिराव गोविन्दराव फुले : 1827-1890) की सम्पूर्ण रचनाओं का संग्रह है। निश्चित ही यह रचनावली उनके कार्य और चिन्तन का ऐतिहासिक दस्तावेज़ है। हिन्दी पाठकों के लिए विमल कीर्ति जी ने इसे मराठी से अनुवाद कर सुलभ कराया, उसके लिए हम सभी उनके

आभारी हैं। शाम को विट्ठलभाई पटेल भवन गये, जहाँ एक गोष्ठी थी। विजय प्रताप और विनोद जी से घण्टा भर बातचीत हुई। रात में घर लौटते-लौटते देरी हो गयी थी। अगले दिन वे दोपहर बाद की ट्रेन से नागपुर चले गये।

राजेन्द्र यादव जी का दरबार प्रायः हर रोज़ अपने शबाब पर होता था। इस बारे में यार-बास्सा थे वे। आज भी 'हंस' कार्यालय गुलज़ार था। भगवानदास मोरवाल, मैत्रेयी पुष्पा, संजीव, चंचल चौहान पहले से ही उनके दरबार में विराजमान थे। चाय का दौर चल रहा था। मुझे देखते ही राजेन्द्र यादव जी तपाक से बोले, "आइये नैमिशराय जी। आपकी ही कमी रह गयी थी।" मैंने उनसे नमस्ते की। बाद में शेष सभी साथियों से दुआ-सलाम हुई। उन्होंने पूछा, "कहिए, क्या लिख रहे हैं आजकल?" यह उनका तकिया कलाम था। सुनकर मैंने हाल ही में एक कहानी के लिखे हुए कुछ पृष्ठ उनके सामने रख दिये। एक-दो पृष्ठ पढ़कर वे बोले, "बिना लिखे हुए तुम मानोगे नहीं।" मेरे मुँह से निकला, "जब आप ही नहीं मान रहे हैं तो फिर हम कैसे और क्यों मानेंगे?" सुनकर वे ज़ोर से हँसे और मेरे हाथ से लिखे हुए पृष्ठ पुनः उलटते-पलटते हुए बोले, "चलिए, अच्छी जुमलेबाज़ी हो गयी।" जल्दी ही किशन चाय ले आया। दलित साहित्य में नया क्या लिखा जा रहा है, इस पर कुछ देर बातचीत होती रही। फिर घूम-फिरकर वे वहीं महिलाओं पर आ गये। कुछ विमर्श, कुछ चुटकले, कुछ घटनाओं और दुर्घटनाओं का लेखा-जोखा वे उत्तेजना दिलाने वाली भाषा और शैली में प्रस्तुत करते। जहाँ राजेन्द्र यादव जी हों और वहाँ दुर्घटनाएँ न हों तो भला ऐसा कैसे हो सकता था! इस बीच मैत्रेयी पुष्पा उन्हें दूसरे विषय की ओर ले जाने का प्रयास करते हुए कह उठतीं, "अच्छा राजेन्द्र जी! यह तो बतलाओ कि आपकी नामवर सिंह जी से सबसे पहले मुठभेड़ कब हुई?"

तभी राजेन्द्र यादव पूछ बैठते, "अच्छा मोरवाल जी, बताओ तो हम कहाँ थे?"

सुनकर मोरवाल हँस पड़ते। जवाब कुछ भी नहीं देते। इस बीच मैत्रेयी पुष्पा का स्वर उभरता, "आप जहाँ भी थे, वहाँ से वापस आकर जवाब दें, जो मैंने पूछा था।"

हाजिरजवाबी में राजेन्द्र जी का कोई सानी नहीं था। उन्होंने तुरन्त जवाब दिया, "नामवर सिंह से पूछकर बताऊँगा।"

उनके इर्द-गिर्द बैठे सभी हँस पड़े। राजेन्द्र यादव जी जितना गम्भीर थे उतना ही हल्के-फुल्के ढंग से अपनी बात कहने में माहिर थे। उनका साहित्यिक दरबार कभी इन्द्र की रंगशाला बन जाता था तो कभी कुष्ठ रोगियों से भरा बाबा आमटे का आश्रम भी। उस दरबार के कितने रंग थे, वे गिने नहीं जा सकते थे,

इसलिए कि स्वयं राजेन्द्र के भीतर एक रंग आता था तो दूसरा रंग जाता था। मैं लगभग एक घण्टा उस बैठक में रहा। उसी दिन 'जनसत्ता' में मंगलेश डबराल तथा नवभारत टाइम्स में प्रयाग शुक्ल से भी मिलना था। लगभग आधा घण्टा मुझे दरियागंज से पैदल ही एक्सप्रेस बिल्डिंग तक आने में लगा। मंगलेश डबराल जी मिले नहीं, अलबत्ता प्रयाग शुक्ल जी से मुलाक़ात हो गयी। उन्होंने स्वयं मुझे बुलाया था। उत्तरी भारत में लिखी जा रही दलित आत्मकथाओं पर कुछ जानकारी चाहते थे। लगभग एक घण्टा सिलसिलेवार रूप से बातचीत हुई। मुझे थोड़ा आश्चर्य भी हुआ। इसलिए कि उन्हें इस बारे में बहुत ही कम जानकारी थी यानी दलित साहित्य, इतिहास, संस्कृति आदि-आदि। वे बार-बार मुझसे कुछ पूछते थे। ख़ैर मैंने उन्हें वह सब बतलाया। कुछ ज़रूरी बातें वे अपनी डायरी में लिखते भी रहे। उन्होंने जानकारी दी कि वे आत्मकथाओं पर एक पेपर तैयार कर रहे हैं। बाद में वहाँ से सीधे घर लौटना हुआ।

Pakistani Human Rights Activist आसमाँ जहाँगीर से मेरी पहली मुलाक़ात सी.एस.डी.एस. में हुई थी। तब वह जवान और बला की ख़ूबसूरत थीं। उनका सिगरेट का ब्राण्ड क्लासिक था। महँगा और उत्तम। ऐसा लोग कहते थे। वे चेन स्मोकर थीं। मुस्लिम समाज में सम्भवतः वे पहली महिला थीं। बोल्ड और बेबाक। ख़ूब सिगरेट पीतीं और शराब भी। पाकिस्तानी मुल्ला-मौलवियों को अँगूठा दिखाने वाली आसमाँ को मेरा सलाम। उनसे दूसरी बार मुलाक़ात नहीं हुई। हाँ, दूरदर्शन के स्क्रीन पर ज़रूर देखा। वह भारत आयी थीं। बालों में अच्छी-ख़ासी सफ़ेदी आ गयी थी। लगता नहीं वही आसमाँ थीं। बहुत-कुछ फ़र्क़ आ गया था उनके भीतर। लेकिन नफ़ासत और नज़ाक़त लगभग वैसी ही थी।

दिल्ली के अधिकांश दलित आपाधापी में लगे हैं। उनके बीच सामाजिक सरोकार की शेष बची कड़ियाँ भी अब छिन्न-भिन्न होने लगी हैं। वे छल-कपट से बाज नहीं आते और हरकतों पर तुले हैं। अम्बेडकर ऐसे लोगों के लिए अब सिर्फ़ एक नाम रह गया है, दर्शन नहीं। और न ही व्यावहारिक जीवन में वे पालन करते हैं। आपस में लड़ते-झगड़ते हैं और मंच पर जब कोई कार्यक्रम होता है तो एकता की बात करते हैं, संगठित होने पर लम्बे-लम्बे भाषण देते हैं।

अपनी पुस्तक की पहली प्रति जब हाथ में आती है तो कैसा अहसास होता है। बिल्कुल प्रसव-पीड़ा के बाद नज़दीक लेटे नवजात शिशु को निहारते हुए जिस तरह माँ को महसूस होता है। पाण्डुलिपि के बाद छपकर आने वाली पुस्तक भी शिशु की तरह ही होती है। एक पुस्तक की कितनी आयु रहेगी, यह

स्वयं रचनाकार भी नहीं जानता है। माँ भी इसी तरह से अनभिज्ञ रहती है। पर आशाओं के मस्तूल तो होते ही हैं।

डॉ. शुकदेव बनारस से आये तो दिल्ली के कबीर भवन में मिले। उन्होंने स्वयं फ़ोन कर मुझे बुलवाया था। उनके साथ उनकी पत्नी भी थी। सम्भवतः उनसे मेरी पहली मुलाक़ात थी। उन्होंने मुझे भोजन के लिए आमन्त्रित किया था। स्वयं उनकी पत्नी भोजन बनाती है। डॉ. शुकदेव जी गम्भीर प्रकृति के व्यक्ति हैं। वे ख़ूब पढ़ते-लिखते हैं। दलित सवालों पर विमर्श करते रहे हैं। अख़बारी लेखन में कभी-कभी बहुत कुछ लिखा जाता रहा है।

बाल ठाकरे मुद्दे पर आलेख तैयार करने का कई बार मन किया। लेकिन लिख नहीं पाया। कारण था उसका घोर दलित और मुस्लिम-विरोधी होना। फिर भी अख़बार उसके वक्तव्यों और साक्षात्कारों से रंगे होते थे। कई बार बान्द्रा में उनके घर के आगे से गुज़रा। पर मिलने की इच्छा नहीं हुई। जबकि ग़ाज़ियाबाद में मुकेश मिश्र नाम के एक पत्रकार थे। वे घर पर ही बैठे-बैठे 'संचेतना' तथा अन्य पत्रिका के लिए बोगस इण्टरव्यू तैयार कर लेते थे। मैंने आज तक बाल ठाकरे का इण्टरव्यू नहीं लिया। क्यों नहीं लिया इण्टरव्यू? यह एक सवाल भी हो सकता है। सवाल तो है ही।

डॉ. एन.एम. निमगड़े, जिन्हें हम साथी निमगड़े साहब कहते थे। दूसरी बार मेरे घर पर आये। साथ में गौतम जी भी थे। वे बी.जी. 6 में रहते थे। उनके साथ उनकी पत्नी हिरा निमगड़े भी थी। शाम हो रही थी। मुझे मंगोलपुरी जाना था। भगवान बुद्ध पर वहाँ कार्यक्रम था। एक लड़का मोटरसाइकिल पर लेने आया। पूछने लगा, "आप दलित समाज से हैं?" मेरे हाँ कहने पर उसे सुखद आश्चर्य हुआ। बाद में एक-दो बार उसके फ़ोन आये। वह बोला, मैं तो मुरीद हो गया।

पुराने वक़्त का एक-एक काग़ज़ देखता हूँ, ग़ौर से पढ़ता हूँ। जिन्हें बिना चश्मा लगाये लिखा था, उन्हें अब चश्मा लगाकर पढ़ रहा हूँ या कहना चाहिए कि पढ़ना पड़ रहा है। अतीत की छाया। चित्र और यादें। मृत व्यक्तियों की यादें मेरी स्मृति से निकलती नहीं हैं। वे अब नहीं हैं। आदमी धीरे-धीरे कैसे अकेला होता जाता है। लोग एक-दूसरे को छोड़ते चले जाते हैं। लगभग 56 बरस की उम्र के बाद पहली बार यह महसूस हुआ, महसूस न भी हो तो महसूस करा दिया जाता है। राजेन्द्र यादव सत्तर को पार कर गये। नामवर सिंह भी उम्र की उसी रेंज में है। कमलेश्वर, काशीनाथ सिंह, महीप सिंह महिलाओं में रमणिका गुप्ता, पर वे अपने आपको बूढ़ी मानने को तैयार नहीं। दमख़म के साथ अभी

भी ताल ठोंकती हैं। पुराना खाया-पिया काम आ रहा है। पर सबसे बड़ी बात है इच्छाशक्ति भी उनके साथ है। ख़ूब लिखती-पढ़ती हैं।

दो-तीन दिनों से अम्बेडकर प्रतिष्ठान जा नहीं पा रहा हूँ। 'जनसत्ता' में पुनः लिखना शुरू किया है। विभांशु दिव्याल 'राष्ट्रीय सहारा' से रिटायर्ड हो गये। मंगलेश डबराल 'जनसत्ता' के डूबते हुए जहाज़ से छलाँग लगाकर सहारा में आ गये। अक्लमन्द हैं वे जो अक्लमन्दी कर लेते हैं वरना अन्तिम दिनों में अपनी ही लापरवाहियों को रोते हैं।

अपनी पुस्तक 'समता की ओर' के फाइनल प्रूफ़ प्रकाशन विभाग के कार्यालय में ही बैठकर देखे। प्रकाशन विभाग से मेरी पुस्तक छप रही थी। बहुत पहले डॉ. श्याम सिंह 'शशि' जी से इस बारे में बातचीत हुई थी। थोड़ा अनुवाद का कार्य भी उन्होंने दिलाया था। वह भी पूरा किया था। इसी बहाने कुछ पैसा मिल जाता है। ज़रूरी काम में जो मददगार साबित होता है। कहीं कुछ जुड़ता भी है। थोड़ा ही सही। मुझे सन्तुष्टि होती है। हालाँकि घर-परिवार के ख़र्चे पत्नी ही चलाती रही है। मेरा तो जीवन असल में टुकड़े-टुकड़े हो गया था। टुकड़ों में ही थोड़ा-बहुत पैसा मिलता था। वास्तव में जिसकी कोई अहमियत नहीं थी। पत्नी कभी-कभी उलाहना भी देती है जिसे मैं चुपचाप सुन लेता था। मेरे और पारिवारिक उत्तरदायित्व के बीच फ़ासला बढ़ता जा रहा था। एक सुनसान द्वीप जैसा जीवन, दुनियादारी के लटके-झटकों से जूझता मैं जिससे मुझे अकेले ही जूझना पड़ता। अकेले नहीं जूझता तो कौन साथ में आता? कौन साथ देता? मेरा अपना जीवन, अपनी समस्याएँ। पत्नी तो कहती भी। तुमने स्वयं समस्याओं का ढेर लगा लिया है। उनसे तुम्हें अकेले ही निबटना होगा, सिर्फ़ तुम्हें। ख़ैर साहित्य की दुनिया से संवाद बनाते हुए अकेले ही निबटता हूँ या कहिएगा कि इन सबसे निबटने का प्रयास करता हूँ।

कभी-कभी मुझे बहुत सारे सवाल परेशान कर देते हैं। उन सभी के उत्तर मिलते भी हैं और नहीं भी। मेरे मन में यह सवाल तेज़ी से उभरता है। मैं क्यों लिखता हूँ? शकुन भी अकसर यह सवाल पूछ लेती है। एक दिन अजीब-सा प्रश्न कर दिया था उसने। नैमिशराय जी सारा दिन लिखते रहे, पर आज आपने कितने का कार्य किया? जैसे मैं दिहाड़ी पर काम करने वाला मज़दूर रहा हूँ। कितने का कार्य माने, कितने पैसे तुम्हें मिले? एक गृहिणी होने के नाते उसके सवाल में यथार्थ के साथ तारतम्य था। पर मेरे लिए वही सवाल अजीब था। यह सब अजीब इसलिए था कि लिखना मेरा पेशा नहीं था, दायित्व था। मेरे कुछ सामाजिक सरोकार थे, उन्हीं से मैं बँधा था। पर पत्नी की बात मानें तो परिवार

का भी कुछ दायित्व होता है। और परिवार भी समाज का ही एक अंग होता है। विवाह के बाद एक पति का अपने उत्तरदायित्व से भागना ठीक नहीं और मैं भागता रहा हूँ। कभी-कभी पत्नी ऐसे ही संकेत कर दिया करती है। उनके संकेत गहरे तक मेरे भीतर उतर जाते हैं, जो वाज़िब भी होते हैं। कहीं कोई गफ़लत नहीं, उलझाव भी नहीं, ऐसा शकुन ने कई बार कहा है। वह जीवन के प्रति सावधान करना चाहती हैं। मेरे अपने उलझाव को दूर भी करना चाहती हैं। पहले भी ऐसे ही सवालों के हथौड़े से बार-बार वार किया है। वैसे जीवन की परिभाषा उनकी और मेरी अलग-अलग रही है। इसलिए जीवन के रास्ते भी अलग-अलग होंगे। वाज़िब तो यही है। लेकिन एक ही छत के नीचे ऐसा कब तक चलेगा?

गर्मी का मौसम और जब कभी-कभी बारिश हो तो उमस भरे दिनों की शुरुआत हो जाती है। उस पर बिजली का चले जाना, शरीर में पसीने के साथ काँटे उभर आते हैं। घाम इन्हीं दिनों होता है। जितना खुजाओ, उतना ही शरीर में खुजली होती है। कभी-कभी अधिक खुजाने से ख़ून भी निकल आता है। इसके अलावा शरीर पर लाल निशान भी पड़ जाते हैं। पर यह सब झेलने का तो मैं बहुत पहले से आदी था। बालकनी में बैठने से भी कोई फ़ायदा न था। हवा ग़ायब थी। परिवेश में अजीब-सी चु पी। उस चुप्पी को तोड़ने वाला कोई भी तो नहीं। कोई ऐसा जो कुछ समय मेरे पास बैठे। मेरे भीतर उभरते हाहाकार को समझे। मेरे ताप को महसूस करे। उम्र कितनी भी बीत जाये, ऐसे सवाल ख़त्म नहीं होते। बल्कि वे सवाल कभी-कभी बवण्डर का रूप ले लेते हैं।

उसी दिन घेवरा गाँव की रिपोर्टिंग के लिए जाना था। चार बज गये थे। नीचे जाकर गैराज में रखे स्कूटर को चैक करता हूँ। सब कुछ ठीक-ठाक था। हरियाणा से नज़दीक दिल्ली बॉर्डर पर था घेवरा गाँव। गाँव में प्रवेश करने के लिए रेलवे लाइन से जाना पड़ता था। तभी सामने से मालगाड़ी आ जाती है जिसे देखकर मैंने स्कूटर रोक लिया। पर मालगाड़ी की स्पीड धीरे-धीरे कम हो गयी और कुछ ही देर में वहीं रुक गयी। मैंने स्कूटर का इंजन बन्द कर इन्तज़ार किया। पाँच मिनट, दस मिनट, पन्द्रह मिनट, बीस मिनट..। पूरा आधा घण्टा हो गया था। ट्रेन टस-से-मस नहीं हो रही थी। मेरे साथ गाँव जाने के लिए अन्य लोग भी इकट्ठा हो गये थे। कुछ लोग जिनके पास वाहन नहीं थे, वे बोगियों के नीचे से निकलकर पैदल जा रहे थे। कुछ के पास साइकिल थीं। वे अपनी साइकिल को रेलगाड़ी के नीचे लिटा कर तथा दूसरी तरफ़ से खींचकर रेलवे लाइन के ऊपर से ले जा रहे थे। मैं गाँव के लोगों के यह सब करतब काफ़ी देर तक देखता रहा। मन किया कि वापस घर लौट चलूँ। पता नहीं कितना समय लग जाये। पर इतनी दूर आने के

बाद बिना रिपोर्टिंग ही वापस लौटना अच्छा नहीं लगा। काफ़ी समय बीत गया था घर से यहाँ तक आने में। वापस लौटने के सवाल पर मन में दुविधा थी। पर कब ट्रेन आगे बढ़ेगी कुछ कहा नहीं जा सकता था। मालगाड़ी का वैसे ही कुछ भरोसा नहीं होता। रुकी हुई ट्रेन जैसे आगे बढ़ी थी। यह देखकर मुझे तसल्ली हुई। कुछ देर बाद मालगाड़ी ने रेंगना शुरू किया। मालगाड़ी की पिछली बोगी पार हुई तो मैंने स्कूटर का इंजन फिर से स्टार्ट किया।

देरी से ही सही गाँव में मैं प्रवेश करता हूँ। गाँव की गलियों में अलग-अलग रंग थे। कहीं समृद्धि के तो कहीं अभाव के। सभी गाँवों में बच्चों की ख़ूब रेलपेल होती है। इस गाँव में भी ऐसा ही था। बस्तियों में प्रवेश करते हुए गाँव में उपलब्ध सुविधाओं के बारे में बस्ती के लोगों से पूछताछ करता हूँ। कुछ लोग तो मुझे अजीब-सी नज़रों से देखते हैं। कुछ को मेरे सवालों में रुचि भी होती है और वे अपने गाँव तथा बस्ती की समस्या के बारे में बतलाते हैं। लगभग एक घण्टा लग गया था उस गाँव में, तब जाकर कुछ मैटर तैयार हुआ। कुछ लोग सहयोग करते हैं तो कुछ उदासीन हो जाते हैं। कुछ सरकार की आलोचना ही शुरू कर देते हैं। जबकि कुछ अपनी व्यक्तिगत समस्याओं को ही बताने लगते हैं। घर लौटते-लौटते रात के साढ़े नौ बज गये हैं। आज शकुन की फिर रात की ड्यूटी थी। घर में मेरे अलावा कोई नहीं था। बच्चे नानी के पास चले गये थे। उनके खेलने-कूदने की उम्र थी। मन भी होता है। वे वहाँ ख़ुश रहते थे। डाँटना-फटकारना भी कम ही होता था। नाना-नानी, मामा-मामी, वहाँ पर भी बच्चों की कोई कमी नहीं थी। सभी इकट्ठा हों तो ससुराल में पूरी एक प्लाटून बन जाती थी। ससुरालिए भी ख़ुश और बच्चे भी ख़ुश। पर मैं ऐसे में कहाँ ख़ुश था। कोई भी पुरुष, जिसकी पत्नी नाइट ड्यूटी करे, कहाँ ख़ुश रह सकता था। ऐसे समय मैं भी असमंजस में डूब जाता था।

मेरठ से फ़ोन आया। बा की तबीयत बहुत ख़राब हो गयी है। तुरन्त आओ। सुनकर ही मेरे भीतर बेचैनी भर गयी। मन जैसे उचाट हो गया। क्या करूँ? तुरन्त मैंने पत्नी को बतलाया। उन्होंने कहा मैं भी साथ चलूँगी। बाद में वह बोलीं कि बच्चों को भी साथ में ले लो। वे भी दादा-दादी को देख लेंगे, बहुत दिन हो गये। मैं भी तैयार होती हूँ। तुम भी तैयार हो जाओ। जल्दी-जल्दी उन्होंने दोनों बच्चों को भी तैयार किया। तीसरा बच्चा यानी अमित दिल्ली में उस समय नहीं था। आधा घण्टे में ही मैं पत्नी तथा दोनों बच्चे तैयार हो गये। मैंने गैराज से स्कूटर निकाला और सुबह के समय ग़ाज़ियाबाद, मुरादनगर तथा मोदीनगर से होते हुए लगभग दो घण्टे में मेरठ पहुँच गया। घर पर स्कूटर छोड़ा। माँ घर पर

ही थी। मुझे देखकर उनकी आँखों में आँसू भर आये थे। मैंने अपने आपको संयम में किया था। हालाँकि आँसू मेरी आँखों में भी झिलमिलाने लगे थे। वहाँ से मैं बच्चों के साथ रिक्शा लेकर अस्पताल गया। बा बैड पर लेटे हुए थे। बड़े भाई मदन गोपाल पहले से ही वहाँ मौजूद थे। बा ने मुझे आशा भरी आँखों से देखा, फिर कहा, "मोहनदास तू आ गया।" कहकर पलभर बा चुप रहे। फिर बोले, "चलो अच्छा हुआ।" कुछ देर बच्चे दादाजी के पास रहे। कभी-कभी दादाजी उनसे बोल-बतिया लेते थे। शकुन घूँघट किये वहीं बैड से थोड़ा नज़दीक खड़ी बा को अपलक निगाहों से देखती रही। चूँकि बड़े भाई रात में वहीं रहे थे इसलिए वे घर जाकर कपड़े बदलना चाहते थे। कुछ नाश्ता-पानी भी करना था उन्हें। बा बोलते हुए मेरी तरफ़ देखते। उनकी आँखों में बहुत कुछ होता। मैं कुछ पढ़ पाता, कुछ नहीं। वे बच्चों को लेकर घर चले गये। मैं बा के पास रहा। दवाई सम्बन्धी ज़रूरी बात वे मुझे समझा गये थे। इस बीच डॉक्टर आया। उसने बा को चैक किया। बाद में नर्स भी आयी। उसने गोलियों के साथ दवाई दी। जमादार भी आया। वह सफ़ाई करके चला गया। कमरे में अब मैं और बा रह गये। मैंने धीरे से कुछ पूछा। बा ने धीरे से आँखें खोलीं। फिर हाथ के संकेत से कुछ समझाने का प्रयास किया। पल भर बाद धीरे से उनके नपे-तुले शब्द बाहर आये, "ठीक ही हूँ।"

हापुड़ रोड पर प्राइवेट अस्पताल था। घर से अधिक दूर नहीं था। पैदल भी आयें तो बीस-पच्चीस मिनट का रास्ता था। इस बीच मैं बा से बात करता रहा। वे धीरे-धीरे बोलते रहे। कभी कोई सवाल धीरे-धीरे करता तो मैं उसका जवाब देता। तभी नर्स ने कुछ ज़रूरी दवाई लाने के लिए कहते हुए एक स्लिप मुझे दे दी। नज़दीक ही मेडिकल स्टोर था। बा को भी झपकी आ गयी थी। मैं दवाई लेने चला गया। वापस लौटा तो बा अभी सोये ही थे। थोड़ी देर बाद माँ आ गयी थी। साथ में मेरा चचेरा भाई कमलेश भी था। माँ ने आते ही पूछा, "अब कैसी तबीयत है तेरे बा की?"

मेरा स्वर उभरा, "अब ठीक है।"

माँ ने पुनः सवाल किया, "डॉक्टर ने क्या बतलाया?"

मैंने फिर जवाब दिया, "डॉक्टर ने कहा, चिन्ता की कोई बात नहीं।"

सुनकर वह चुप हो गयी। पर चिन्ता तो माँ को थी ही। डॉक्टर के लाख आश्वासन देने के बाद भी चिन्ता हम सबको थी। मुझे महसूस हुआ कि बा को अपनी मिट्टी की तलाश थी और हमें उनके अच्छे होने की प्रतीक्षा। उनकी आँखों में विदाई की वेदना को हम समझ नहीं पाये थे। डॉक्टर तक को आभास न

हो पाया था। पर बा की आँखों में, होंठों पर अन्तिम समय पर अपनी मिट्टी से जुड़ने की ललक थी। बच्चे की तरह मचल रहे थे बा। डॉक्टर डाँट रहा था और बड़े भाई भी कुछ-न-कुछ उन्हें कह रहे थे। बा घर जाने की ज़िद करते। पुनः डॉक्टर और बड़े भाई के स्वर धीमे हो जाते। नर्स नाक-मुँह सिकोड़ रही थी। वह बड़बड़ा रही थी। कैसा पेशेण्ट है? बच्चे की तरह ज़िद करता है।

बा जिस अस्पताल में मरीज़ बनकर आये थे वहाँ सब कुछ मशीनी था। नर्स के दवा पिलाने से लेकर बिल तैयार करने तक। हमारी क़ूव्वत से महँगा अस्पताल था। पर बा के अच्छे होने का हम सबके सामने सवाल था। उसी सवाल को हम बारी-बारी से डॉक्टर के सामने दोहराते थे। डॉक्टर अलग-अलग तरह से जवाब देता था। वह सवाल पूछने वाले की पहले उम्र पढ़ता था, फिर उत्तर भी उसी तरह से देता था। जैसे हमारी उम्र के साथ हमारा मनोविज्ञान जाँच लेना चाहता था।

माँ अस्पताल में कभी-कभी आती थीं। वह देखते ही उदास हो जाती थीं। आँखों में आँसू भर आते थे। उदास तो हम भी थे। आँखों में आँसू भी थे, पर छुपा लेते थे। माँ से वह सब छुपाया नहीं जाता था। गले को खँखारकर ठीक करतीं, छुपाने का प्रयास करतीं, पर वह असफल रहतीं। पर आँसू भेद खोल देते, जिन्हें वह अपनी धोती के पल्लू से पोंछ लेती थीं और धीरे-धीरे सुबकती रहतीं। ऐसे समय बड़े भाई माँ पर नाराज़ होने लगते। माँ को मैं समझाता, फिर मैं उन्हें कमरे से बाहर ले आता। डिसपेंसरी के बाहर आकर भी वह सुबकती रहतीं। उनके आँसू थमते ही नहीं। हम सबके भीतर वेदना थी। दुख का समन्दर था। हम सब में आख़िर था ही कौन? बड़े भाई मदन गोपाल, माँ और मैं। पत्नी बच्चों के साथ मेरठ में घर पर ही थी। अन्य सभी रिश्तेदार, भाई-बन्धु आते थे, चले जाते थे। एक-दो बार बस्ती के चार-पाँच लोग भी आये। ऐसे लोग, जिन्होंने बा से बहुत कुछ सीखा था। वे बा की इज़्ज़त करते थे। वे उन्हें उस्ताद जी कहकर सम्बोधित करते थे। सभी बा के अच्छा होने की उम्मीद कर रहे थे।

दो दिनों में डॉक्टर, नर्स और हम सबकी तीमारदारी से बा अच्छा होने लगे थे। उसे अस्पताल में तीसरा दिन था। हम सबने तसल्ली की साँस ली। हमें उम्मीद थी बा के अच्छे होने की। मैं बच्चों को लेकर वापस दिल्ली के लिए निकला। मेरठ शहर से बाहर आते-आते पाँच बज गये थे। उम्मीद थी कि सात बजते-बजते हम पश्चिम विहार अपने घर तक पहुँच जायेंगे। शहर की बसावत के बाद परतापुर शुरू हुआ। वहाँ तक सब-कुछ ठीक-ठाक था। पर मोहिउद्दीनपुर आते ही स्कूटर में न जाने क्या ख़राबी आ गयी और चलते-चलते रुक गया। पत्नी ने पिछली सीट से उतरते हुए पूछा, "क्या हो गया?" अब तक नमिता

और अन्नु भी उतर गये थे। मैंने डिक्की खोलकर प्लग निकाला और कपड़े से साफ़ किया। कभी-कभी प्लग में कचरा चला जाता है। प्लग पुनः वहीं लगाया और फिर किक मारते हुए स्कूटर स्टार्ट करने की कोशिश की। लेकिन बार-बार कोशिश के बाद भी स्कूटर स्टार्ट न हो सका। ऐसे में क्या किया जाये? पत्नी अलग परेशान, बच्चे भी दुखी होने लगे थे। मैं स्वयं परेशान था, लेकिन क्या कर सकता था। आसपास ऑटो रिपेयर की कोई दुकान भी दिखलाई नहीं पड़ रही थी। ऐसी स्थिति में हम क्या करते। कुछ दूर तक स्कूटर को ऐसे ही चलाते हुए आगे तक ले जाना पड़ा। लगभग आधा घण्टे तक पैदल ऐसे ही स्कूटर के साथ चलने के बाद किनारे पर ऑटो रिपेयर की छोटी-सी दुकान मिली। दुकान तो मिल गयी। मुझे जैसे रिलीफ़ मिला हो।

पत्नी तथा बच्चों को भी यह सोचकर अच्छा लगा कि चलो जल्दी से स्कूटर ठीक हो जायेगा और वे ठीक-ठाक घर पहुँच जायेंगे। पर जैसे-जैसे मैकेनिक स्कूटर के पार्ट्स खोलता गया वैसे-वैसे मुझे खटका होने लगा था। एक घण्टा तो वह उन पुर्जों के साथ ही खेलता रहा। मैंने कहा भी कि भैया जल्दी से ठीक कर दो, हमें दिल्ली जाना है। वह भी कह देता कि बाबूजी, आपके सामने काम तो कर ही रहा हूँ। अब जिस तरह से वह स्कूटर सुधारने में लगा था, मुझे उम्मीद नहीं थी कि वह ठीक कर देगा। लगभग दो घण्टे हो गये। अँधेरा घिरने लगा था। तभी नज़दीक के दूसरे मैकेनिक, जो उम्र में उससे काफ़ी बड़ा था, मैंने उसे बतलाया कि मेरे साथ बच्चे हैं और हमें अपने घर दिल्ली भी पहुँचना है। तब उसने जवाब में कहा कि बाबू जी जिसे तुमने अपना स्कूटर ठीक करने के लिए दे दिया, वह तो अनाड़ी है। उसकी बात सुनकर मेरे पाँवों की धरती जैसे खिसकने लगी थी। पत्नी ने भी सुना। वह भी परेशान हो गयी। तुरन्त बोली, अब क्या होगा? कुछ पल मैं चुप ही रहा। अब क्या बताता। मैं स्वयं परेशान था। मैंने देखा। वही अनाड़ी मैकेनिक पुर्जों के साथ अभी भी खेल रहा था। सात बज गये थे। अँधेरा अधिक हो गया था। ग़नीमत थी कि सड़क के किनारे टेम्पोरेरी बनी उस दुकान के आसपास दो-तीन बल्ब लगे थे। उजाला काफ़ी था। थोड़ी देर बाद मैंने उसी सीनियर मैकेनिक से रिक्वेस्ट की। तब वह बोला, "बाबूजी! आप बाल-बच्चों वाले आदमी हो। मेरे भी बच्चे हैं। रात हो गयी है। मेरा गाँव नज़दीक है। आप बेफ़िक्र होकर मेरे घर चलें। खाना खायें, आराम करें। सुबह स्कूटर ठीक हो जायेगा। तब दिल्ली चले जाना।"

मेरे साथ पत्नी ने भी सुनी उसकी बात। भला आदमी लगता था। पत्नी ने जवाब में कहा, "भैया! आपकी बात ठीक है। आप शरीफ़ आदमी हैं। आपके

घर हम चले जायेंगे। खाना भी खा लेंगे, लेकिन देख लो, अगर हमारा बिगड़ा हुआ स्कूटर अभी ठीक हो जाये तो।''

सुनकर वही मैकेनिक बोला, ''ठीक है बहनजी, देखता हूँ।''

तब उसने उसी अनाड़ी मैकेनिक को ज़ोर से डाँट लगाई। गालियाँ भी दीं और उसने हमसे कहा, ''बाबूजी, य्यै सुसरा म्हारे गाँव का ही है। चलते लोगों को भी परेशान करै है।''

कहकर वह पुर्जा-पुर्जा हुई मशीनरी को जोड़ने लगा। उसने आवाज़ देकर हमारे लिए नज़दीक के ढाबे से चाय मँगाई, पानी के लिए भी कहा। हमारे भीतर की बेचैनी थोड़ी दूर हुई। उसे स्कूटर ठीक करने में लगभग आधा घण्टा लगा। मैंने उसे धन्यवाद देते हुए चालीस रुपये दिये। तब के चालीस रुपये आज के चार सौ के बराबर होते थे। हालाँकि चालीस रुपये उस समय भी ज़्यादा थे। मुश्किल से बीस-तीस रुपये का काम था। लेकिन एक भले आदमी ने ऐसे समय पर बिगड़ा काम सुधार दिया, यह बड़ी बात थी। वहाँ से निकलते-निकलते साढ़े आठ बज गये थे। ग़ाज़ियाबाद मोहन मीकिन तक आये तो दस बजने वाले थे। आगे रास्ता सुनसान था। मोहन मीकिन के आगे रेलवे लाइन पर बने पुल से लेकर डाबर तक उन दिनों कहीं कुछ कन्स्ट्रक्शन नहीं थी। न कोई मकान और न ही दुकान। बीच में पान, बीड़ी, सिगरेट, चाय बेचने वालों के तीन-चार खोके थे, वे भी बन्द हो गये थे। सड़क बिल्कुल ख़ाली थी। कभी-कभी एक दो बस या ट्रक आगे पीछे से निकल जाते थे। मैंने पत्नी तथा बच्चों से कहा। ठीक होकर बैठें। मैं स्पीड बढ़ा रहा हूँ। पहले हमने डाबर क्रास किया, फिर पटपड़ गंज। हमें राहत की साँस लेनी ही थी। लक्ष्मी नगर आते-आते स्कूटर की स्पीड ऐसी ही रही। पत्नी बोली, ''अब तो बसावत शुरू हो गयी है, स्कूटर ज़्यादा तेज़ मत चलाओ।'' हम आई.टी.ओ. के पास आये तो ग्यारह बजने वाले थे। आगे दिल्ली गुलज़ार थी। कोई ख़तरे वाली बात नहीं थी।

घर पहुँचा। रात में सो नहीं सका। बार-बार बा की याद आ रही थी। अभी सुबह होने में देरी थी। तभी घर से फ़ोन आया। बड़े भाई का रुआँसा स्वर उभरा, ''बा का इन्तक़ाल हो गया।''

फिर से सुबह-ही-सुबह मैं पत्नी को लेकर स्कूटर से मेरठ के लिए निकला। बच्चों को नानी के घर छोड़ दिया था। हम सभी को गफ़लत में रख बा चले गये थे। हम सब गहरे सदमे में थे। मुझे बार-बार रोना आने लगा था। पत्नी समझाने लगी थी। मेरी आँखों से आँसू निकलते तो रुकने का नाम नहीं लेते। मेरी सुबकियों की आवाज़ सुनकर वह मुझे ढाढस बँधातीं। मुझे अलग-अलग

तरह से समझाने का प्रयास करतीं। वह कहतीं, "आप स्कूटर चला रहे हो। अपने पर क़ाबू रखो।" फिर पीछे से मेरे सीने पर हाथ रख लेतीं। उनके स्पर्श से मैं और भी विह्वल हो जाता। मेरठ पहुँचकर बा की अजल-मजल हुई। घर से श्मशान और श्मशान से फिर घर। बा की शवयात्रा में बहुत लोग शामिल हुए थे। उनमें अधिकांश तो बस्ती के ही थे। शेष बाहर की अन्य बस्तियों के। बा को सब उस्तादजी कहते थे। उन्होंने ताउम्र चप्पल-जूते बनाये थे। वही सब अन्य को सिखाया भी था। वे नगरपालिका सदस्य भी रहे थे। शहर में उनका मान-सम्मान था। शहर तथा गाँवों की बस्तियों की पंचायत में भी जाते थे। उनके फ़ैसले लोगों को मान्य होते थे। लेकिन कल उनके जीवन का अन्तिम फ़ैसला स्वयं उनका था या अन्य किसी का...घर के साथ बस्ती में भी लोग ग़मज़दा थे। दो दिन बाद मेरठ से दिल्ली लौटते हुए बार-बार मेरी आँखों में आँसू भर आते थे। मैं स्कूटर चलाते हुए रोने लगता। चुपके से आँसू पोंछने का प्रयास करता। सुबकियाँ भेद खोल ही देतीं। पीछे की सीट पर बैठी पत्नी समझाती, "तुम तो मर्द हो। रोते नहीं।"

मैं केवल सुनता।

सुबकियाँ बीच-बीच में आती थीं।

सदियों पूर्व इस देश में सभ्यता का सूरज उगा था जिसने विश्व में अनेक देशों के मानव जीवन को एक नया विचार-दर्शन दिया। सभ्यता और संस्कृति के आदान-प्रदान की यह प्रक्रिया अभी तक भी चली आ रही है जो अपने ही देश में लुक-छिप गया है। आदमी कंकरीट के जंगलों में भटका है जो पूर्ण रूप से महाजनी सभ्यता की देन है। सुख की तलाश में अनेक आयामों की खोज और उनसे विपरीत भाव। देखा गया है कि आदमी अपने चारों तरफ़ धन-दौलत के अम्बार तो लगा लेता है पर वह सब भोगने के लिए उसके पास एक पल भी नहीं होता। क्या जीवन का उद्देश्य केवल सुख-सुविधाओं के बीच एय्याशी भर है या इससे अलग कुछ और भी....

शायद वह कुछ, जो हम लोगों के बीच से खो गया है, अदालतनामा नाटक उसी की तलाश का मेरा एक प्रयास भर रहा।

पहाड़ गंज नयी दिल्ली से प्रकाशित 'अमीबा' के मई 1985 के अंक में समीक्षा छपी थी। वहीं 'आजकल' (जुलाई 1985) में लिखा, "सौरभ के बैनर तले पूँजीवादी व्यवस्था पर प्रहार करते हुए 7 अप्रैल, 1985 को मोहनदास नैमिशराय द्वारा लिखित नाटक 'अदालतनामा' का मंचन राजधानी के प्यारेलाल भवन में किया गया।"

दिल्ली के महापौर सरदार महेन्द्र सिंह साथी ने इस अवसर पर नाटक के पात्रों को उनके सफल मंचन पर बधाई दी थी। इस अवसर पर युवा उद्योगपति वेदप्रकाश गुप्ता तथा भूतपूर्व पार्षद डॉ. सोहनपाल सुमनाक्षर आदि भी आये।

पैसा बहुत कुछ है, लेकिन सब कुछ नहीं। ईमान, पारिवारिक दायित्व, पारस्परिक स्नेह जब पैसे के लिए लुटा दिये जाते हैं तो अन्त में एकांगी और निरीह जीवन रह जाता है, तब पैसा किसी को शरण अथवा शक्ति नहीं देकर जेल के सीखचों तक ले जाता है। 'अदालतनामा' नाटक में मैंने यही दिखाने का प्रयास किया। समाज में व्याप्त विषमता, भ्रष्टाचार तथा राजनीतिक आपाधापी के प्रति मेरे मन में आरम्भ से जबर्दस्त विद्रोह रहा है और वही विद्रोह नाटकों में प्रकट हुआ है। 'अदालतनामा' नाटक के निर्देशक थे युवा कलाकार दिनेश अहलावत। लम्बे समय से वे नाटक से जुड़े हैं। कुल मिलाकर नाटक प्रशंसनीय रहा।

इधर मीडिया में तेज़ी से परिवर्तन आया था। लगता था मीडिया नैतिकता का पाठ पढ़ाते-पढ़ाते ख़ुद ही अनैतिक हो गया है और अश्लीलता परोसने लगा है। अख़बारों के रंगीन पृष्ठों पर लड़कियों के बहुत ही उत्तेजित और कामुक चित्र छपते। इन पृष्ठों की योजना बनाने वालों से लेकर छापने वालों में परस्पर प्रतिस्पर्धा होती। प्रिण्ट मीडिया के वैसे कर्मचारी नंगे चित्रों को छापने की महारथ हासिल करने में पीछे नहीं रहना चाहते। अंग्रेज़ी अख़बारों में तो और भी बुरा हाल था। भाषाई आधार पर अंग्रेज़ी दा लोगों में कितनी अश्लीलता हो सकती है, इसका मुझे पहले अहसास न था। कभी-कभी ऐसे पृष्ठों को मैं फाड़ देता, यह सोचकर कि बच्चों पर क्या असर पड़ेगा। पर असल में तो प्रभाव मुझ पर ही पड़ता था। फ़िल्मी नायिकाओं से लेकर मॉडलिंग करने वाली जवान लड़कियों की छवियाँ नकारात्मक रूप से काग़ज़ों पर होतीं, विज्ञापन कम्पनियों को ऐसे ही निर्देश दिये जाते कि अधिक-से-अधिक उत्तेजक तैयार कर मार्किट में दिये जायें जिससे पाठकों की निगाहें न चाहते हुए भी उनकी ओर जायें। वे पहले कामुक चित्रों को देखें और फिर विज्ञापन को। उस समय की पोर्नोग्राफ़ी तो चरम पर थी। सब कुछ तेज़ी के साथ बदलने लगा था। मौसम, समाज और शहर की आबोहवा। सभी कुछ जितना बदल रहा था, उतना ही मैं पीछे जा रहा था। कभी-कभी लगता कि मेरे भीतर कोई बुज़ुर्ग प्रवेश कर लेता। फिर मैं भी बुज़ुर्ग हो जाता और बुज़ुर्गों की तरह सोचने लगता।

लखनऊ से डी.पी. वरुण दिल्ली मेरे घर पर आये और उन्होंने नीचे से ही आवाज़ लगाई। उनके साथ के.आर. सूण्डा थे। सूण्डा साहब मेरे घर कभी नहीं आये। जबकि मैं उनके घर बराबर आता-जाता रहा था। नज़दीक ही उनका घर

था। वे रोज़गार विभाग, पूसा में सब-रीजनल एम्पलायमेंट ऑफ़िसर पद से रिटायर्ड हुए थे। सम्भवतः पहली बार वे मेरे घर की ओर आये। बाहर से आवाज़ सुनकर मैं अपने कमरे से बाहर बालकनी में आया। मुझे देखते ही वे बोले, "नैमिशराय जी, देखो तो वरुण साहब आये हैं लखनऊ से।"

उन्हें देखकर मैंने नमस्ते की। उन्होंने भी जवाब में नमस्ते कहा। वरुण जी सीढ़ियाँ चढ़कर ऊपर आ गये। सूण्डा साहब वहीं से अपने घर लौट गये। मुझे अच्छा नहीं लगा। मैंने उन्हें आने के लिए भी कहा था। वे घर में नहीं आये, इसके लिए मैं क्या कर सकता था। वे उच्च अधिकारी पद से रिटायर्ड हुए थे। अब पद पर नहीं थे जबकि उनके भीतर अफ़सरी ऐंठ बराबर थी। दूसरी ओर वरुण साहब थे। वे रिटायर्ड आई.ए.एस. थे। पर मिलनसार थे। ख़ैर जो चला गया, वह चला गया। जो मेरे पास था, उससे मुझे मुख़ातिब होना था। वरुण साहब के लिए मैंने चाय बनवायी। क़रीब घण्टा भर उनसे दलित साहित्य और आन्दोलन पर बातचीत हुई। बीच में और भी बातें हुईं। मसलन हँसते हुए पूछ बैठे, "यार नैमिशराय जी, इतना सब कुछ लिखते हो, काम में लगे रहते हो। इस्क-विस्क भी करते हो या नहीं।" सुनकर मैंने उनकी ओर देखा। वे अभी भी मुस्करा रहे थे। फिर से बोले, "न बताना चाहो तो कोई बात नहीं।" मुझे कहना पड़ा, "वरुण साहब, आप तो सब कुछ जानते हैं। एक दलित लेखक को कहाँ इस्क-विस्क करना नसीब होता है।"

तपाक से कहा उन्होंने, "मैं भी तो दलित हूँ।"

मैंने जवाब दिया, "आप लेखक के साथ प्रशासकीय अधिकारी भी रहे हैं।" मेरी बात सुनकर वे कुछ बोले नहीं। फिर दिल्ली के कुछ साथियों के बारे में भी पूछा। जाने से पूर्व उन्होंने लखनऊ आने का निमन्त्रण भी दिया। थोड़ी देर बाद वे चले गये और फिर उन्हें उसी दिन लखनऊ लौटना था।

अस्सी के दशक के अन्तिम वर्षों में निर्णायक भीम पत्रिका बन्द हो गयी थी। आर.कमल ने बतौर सम्पादक पत्रिका के माध्यम से कम-से-कम उत्तरी भारत में दलित आन्दोलन को आगे बढ़ाया था। हालाँकि कभी-कभी पत्रिका पढ़ते हुए महसूस होता था कि उन पर मार्क्सवादी खेमा हावी होता जा रहा था। स्वयं कमल का भी रुझान मार्क्सवाद की ओर था। दिल्ली से रमेश उपाध्याय तथा मथुरा के सब्यसाची के साथ डॉ. विश्वनाथ मिश्र और डॉ. शम्भु चतुर्वेदी उनके सम्पर्क में थे। रमेश उपाध्याय की पत्रिका 'कथन' के कुछ अंश भी कभी-कभी निर्णायक भीम में छपते रहते थे। सब्यसाची का तो साक्षात्कार भी कमल ने छापा था। शायद कमल की कोशिश रही हो मार्क्सवादियों और अम्बेडकरवादियों के बीच

पुल बनाना। वैसे दलित साथियों में के. नाथ, कँवल भारती, राम निहोर विमल, सुरेश उजाला आदि साथी भी लिखते थे। पत्रिका मुझे नियमित मिलती रही। बाद में मैंने निर्णायक भीम के लगभग तीस अंकों की जिल्द भी बनवाई थी।

इधर नये वर्ष (1 जनवरी, 1989) का जश्न अभी ख़त्म नहीं हुआ था। दिल्ली के पेटभरे लोगों के भीतर अभी .ख़ुमारी शेष थी। पाँच सितारा होटलों में इन्द्र की अप्सराएँ मौजूद थीं। साथ में स्वर्ग के उत्तराधिकारी भी। हर वर्ष दिल्ली के पंच सितारा होटलों में यही सब होता था। उधर रंगकर्मी कार्यकर्ता सफ़दर हाशमी पर हमला हो गया। सफ़दर हाशमी स्वयं अपने साथियों के साथ 'हल्ला बोल' नाटक कर रहे थे। अख़बार की हैडिंग तो यही थी। 2 जनवरी के लगभग सभी समाचार-पत्रों में यह दुखद ख़बर छपी थी जिसने रंगकर्मियों के साथ ख़ास से आम आदमी, सभी को चौंका दिया था। देश की राजधानी के बिल्कुल नज़दीक क्या ऐसा भी हो सकता है। लोग हक्के-बक्के थे। निहत्थे नाट्यकारों पर जानलेवा हमला किया गया था।

जन नाट्य मंच की ओर से उस दिन झण्डापुर गाँव में हल्ला बोल नाटक का

shabana azmi

702, Sagar Samrat, Greenfields,
Juhu, Bombay 400 049

2.2.1989

Dear Mohandasji,

Thank you for your letter. I was very happy to learn about your proposed collection of poems in memory of Safdar Hashmi.

Please do let me know when it is ready so that we can discuss the date for the inauguration.

Yours sincerely,

[signature]

Shabana Azmi.

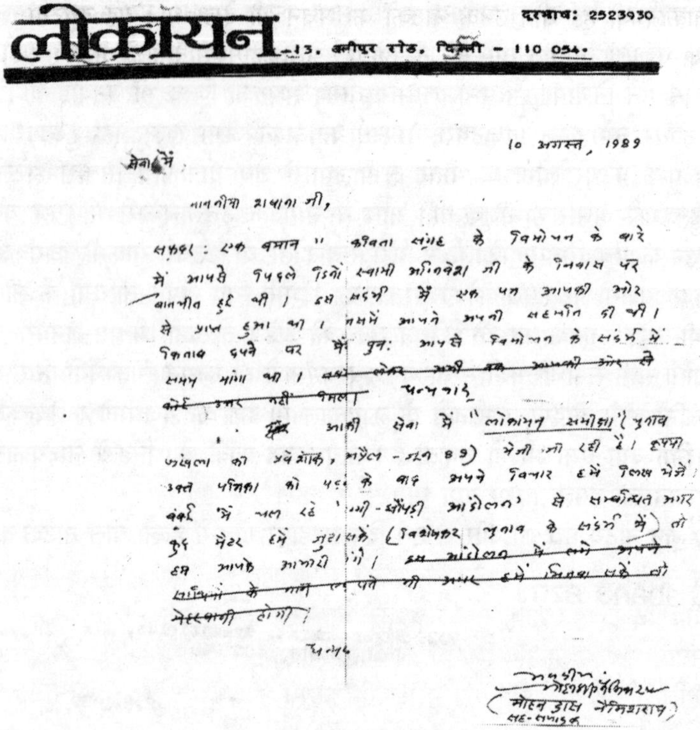

लोकायन -13, अलीपुर रोड, दिल्ली - 110 054. दूरभाष: 2523930

10 अगस्त, 1989

सेवा में

माननीया शबाना जी,

सफ़दर : एक बयान " कविता संग्रह के विमोचन के बारे में आपसे पिछले दिनों स्वामी अग्निवेश जी के निवास पर बातचीत हुई थी। इस संदर्भ में एक पत्र आपकी ओर से प्राप्त हुआ था। जिसमें आपने अपनी सहमति दी थी। किताब छपने पर मैं पुन: आपसे विमोचन के संदर्भ में समय मांगा था। धन्यवाद

आपकी सेवा में "लोकायन समीक्षा" (चुनाव [illegible] का प्रवेशांक, अप्रैल-जून 89) भेजी जा रही है। इसका उक्त पत्रिका को पढ़ के बाद अपने विचार हमें लिख भेजें। बंबई में चल रहे 'झुग्गी-झोंपड़ी आंदोलन' से सम्बन्धित मैटर कुछ मैटर हमें जुटा सकें (विशेषकर चुनाव के संदर्भ में) तो हम आपके आभारी होंगे।

सधन्यवाद

भवदीय

(मोहन दास नैमिशराय)
सह-सम्पादक

मंचन हो रहा था। झण्डापुर गाँव साहिबाबाद में आता है। नज़दीक ही अम्बेडकर पार्क था। नाटक देखने के लिए बड़ी संख्या में दलित और पिछड़ी जातियों से लोग आये थे। उस समय ग़ाज़ियाबाद नगरपालिका के चुनाव होने वाले थे। असल में यह नाटक सीटू के रामानन्द के समर्थन में था। जबकि मुकेश शर्मा को कांग्रेस का समर्थन प्राप्त था। मंचन जहाँ रखा गया था, वहाँ सभी मज़दूर रहते थे। तभी हथियारबन्द लोगों ने सफ़दर तथा उनके साथियों पर हमला कर दिया। जिसमें सफ़दर के साथ अन्य एक मज़दूर राम बहादुर की मौत हो गयी। पर सफ़दर की पत्नी मलयश्री की हिम्मत की बात यह थी कि जहाँ सफ़दर हाशमी पर हमला हुआ था, उसी जगह पर उन्होंने 4 जनवरी को उसी नाटक का मंचन किया था।

मैं परोक्ष रूप से हालाँकि जन नाट्य मंच से नहीं जुड़ा था, लेकिन अस्सी के दशक में मैं पूर्णकालिक रंगकर्मी ही था। रेडियो स्क्रिप्ट के साथ-साथ नाटक लिखने से लेकर मंचन करने तक से मैं गम्भीरता से जुड़ा था। सफ़दर से दो-तीन

बार मुलाक़ात भी हुई थी। उनके नाटकों का मंचन भी देखा था। यह दुर्घटना रंगकर्मियों पर जैसे आघात था। मैंने तो आघात झेलते हुए इसे चुनौती के रूप में स्वीकार किया था। उसी का नतीजा था कि कम समय में 'सफ़दर एक बयान' नाम से कविता संग्रह का सम्पादन करने तथा छपवाने में मैं सफल हो गया था।

इस पुस्तक का विमोचन मैं शबाना आज़मी से कराना चाहता था। उनसे थोड़ी-बहुत जान-पहचान भी थी। स्वामी अग्निवेश ने एक बार जन्तर-मन्तर ऑफ़िस में मेरा उनसे परिचय कराया था। मेरे पत्र के बाद उनका पत्र आ गया। लेकिन किसी कारणवश सफ़दर हाशमी की पुस्तक का विमोचन हो नहीं सका था।

कभी-कभी रंजना अशोक रोड स्थित डॉ. अम्बेडकर प्रतिष्ठान में मुझसे मिलने आती थीं। यहाँ मैं सम्पादक के रूप में कार्य करता था। एक बार उनके साथ यशवन्त निकोसे आये, जो मायावती के कार्यकाल में उत्तर प्रदेश चलचित्र वित्त विकास निगम के चेयरमैन भी बने थे। एक बार वह मेरे लिए भोजन बनाकर अपने घर मंगोलपुरी से लायीं। साथ में थाली, दो कटोरी, चम्मच आदि भी लायी। मेरे लिए यह सुखद अहसास था। उनके समर्पण भाव के आगे मैं हतप्रभ था। एक बार उन्होंने मेरे कमरे में ही बैठकर पत्र भी लिखा। उन्हें हिन्दी बहुत कम आती थी। पर पत्र की भाषा में जो अपनत्व था, उससे मैं अभिभूत था। पत्र में जुल्म, संघर्ष, सवाल, मेहनत, ज़िन्दगी, उम्मीद आदि शब्दों का प्रयोग हुआ था। अन्त में लिखा था। सर जी, आप मुझे माफ़ करेंगे। तुम्हारी रंजना।

1990 में आगरा में ललई सिंह यादव जी से मेरी दूसरी मुलाक़ात थी। वे किसी कार्यक्रम में आगरा आये थे। उनसे पहली मुलाक़ात झींझक में हुई थी। तब वे बहुत बीमार थे। झींझक उनका घर था। निश्चित ही वे जुझारू योद्धा थे। अपनी जान की परवाह भी न कर दलित सवालों पर जातिवादियों से जूझ जाते थे। दोपहर का समय था। कार्यक्रम के बीच भोजन के समय उनसे संक्षिप्त बातचीत हुई थी। उन्होंने मुझे देखकर कहा था, "नैमिशराय जी, आप ख़ूब लिखते हैं। कभी-कभी आपके आलेख नवभारत टाइम्स में पढ़ने को मिल जाते हैं।" फिर उन्होंने सच्ची रामायण की एक प्रति मुझे झोले से निकालकर दी। मेरे कहने पर कि उनकी पुस्तक मेरे पास है, वे पुनः बोले, "दीप से जले दीप।" पुस्तक तो दीपक के समान ही होती हैं ना। मेरी तरफ़ से किसी को दे देना। बहुत पहले वे हिन्दू धर्म को छोड़कर बौद्ध बन गये थे। पेरियार रामास्वामी की क्रान्तिकारी किताब 'रामायण : ए ट्रू रीडिंग' ललई सिंह यादव ने 'सच्ची रामायण' नाम से हिन्दी में छापने का साहस किया था। 1968 में यह छपी तो उत्तर प्रदेश में तहलका मच गया। 1969 में उत्तर प्रदेश सरकार द्वारा इस पुस्तक को ज़ब्त कर

लिया गया। कई बार पुलिस उनके घर भी गयी। उन्हें परेशान भी किया गया। लेकिन 1971 में हाईकोर्ट द्वारा 'सच्ची रामायण' की ज़ब्ती की आज्ञा निरस्त कर दी गयी। मेरी अपनी जानकारी के आधार पर एटा-मैनपुरी के सुन्दरलाल सागर एडवोकेट ने ललई जी का केस लड़ा था। वे उस समय 'सिंहनाद' अख़बार भी निकालते थे। बाद में प्रकाशक के रूप में छोटी-छोटी पुस्तकें भी छापने लगे थे। दलितों के बीच जागृति में उनकी अच्छी-ख़ासी भूमिका रही।

केन्द्र में वी.पी. सिंह की सरकार के दौर में अम्बेडकर विचार मंच एवं अन्य सहयोगी संस्थाओं के द्वारा बाबा साहेब अम्बेडकर का आदमक़द तैल चित्र तैयार किया गया था। स्वयं वी.पी. सिंह के कर-कमलों से 12 अप्रैल, 1990 को बाबा साहेब के इस तैल चित्र को संसद के कक्ष में स्थापित कर अनावरण किया गया।

मेरी तरह कितने पिता ऐसे होंगे, जिनके सिद्धान्त उनके संघर्ष में आड़े आते रहे। पहले पत्नी को शरीर और मन, दोनों से सन्तुष्ट करो। फिर बच्चे, उनकी महत्त्वाकांक्षाएँ कैसे भी पूरी करो, क्योंकि बच्चे पैदा किये तो बच्चों की हर जायज़ और नाजायज़ इच्छाओं की पूर्ति करना माँ-बाप का कर्तव्य बन जाता है। यह बात बच्चा जवान होते-होते पिता को सिखाना शुरू कर देता है। अधिकांश पत्नियाँ बच्चों के सुर-में-सुर मिलाकर उस निरीह व्यक्ति (पिता) पर चढ़ाई कर देती हैं, साथ ही बच्चों से भी अधिकांश माताएँ यही आशा करती हैं कि उनके बच्चे इस कार्य में उनकी मदद करें। इसका दुखद परिणाम यही होता है कि अपने ही घर में अपनों के बीच सिद्धान्तों की राह पर चलने वाला एक अदद पति ग़ैर बन जाता है।

घर-घर में यही संस्कृति तेज़ी के साथ उभरने लगी थी। विचार की जगह विवाद ने ले ली थी। क्या यह संस्कृति नयी है? अगर पुरानी है तो कितने दिन पुरानी, किसने आविष्कार किया इसका? कितने लोगों को सलीब पर चढ़ना पड़ा होगा? इन सबके बीच कभी-कभी तकरार होती। घर की आवाज़ बाहर चली जाती। अवसर देखकर कुछ रिश्तेदार और पड़ोसी भी मुझसे कहते, "नैमिशराय जी, दुनियादारी सीखो। लिखो-पढ़ो लेकिन अपने परिवार को भी पढ़ना सीखो। परिवार के सदस्य भी कुछ कहते हैं। उनकी भी भाषा होती है। वे आपसे कुछ उम्मीद रखते हैं। पहले उनकी उम्मीदों को पूरा करो। फिर समाजसेवा के चक्कर में पड़ो।" अधिकांश लोग समय-समय पर यही कहते और अलग-अलग तरह से अपनी बात समझाते। वे तरह-तरह के सुझाव देते। कभी-कभी अपने सुझावों को नये तरीक़े से पेश करते और वे मनवाने की कोशिश भी करते। इस बारे में वे अपने तर्क देते। साथ ही दूसरों के उदाहरण देते। यही नहीं मेरे अपने ही बल्कि

पड़ोसियों से, चार दोस्तों से दबाव भी डलवाते। ऐसे समय मैं उनकी बातें सुनता। उनके तर्कों के उत्तर में मैं अपने तर्क प्रस्तुत करता। लेकिन वे नहीं मानते। मैं भी कहाँ मानता? बस एक ही टेप वे बार-बार बजाते। मुख्य डायलॉग लगभग वही होता। शैली बदल जाती। धुन बदल जाती। दुनियादारी सीखो, दुनियादारी सीखो। शादी करो तो बच्चे पैदा करो, सच बोलो, झूठ बोलो, पर परिवार के लोगों की जायज़ और नाजायज़ इच्छा पूरी करो। यही जीवन है। जीवन की भाषा समझो। जीवन का व्यावहारिक दर्शन समझो और उस पर चलो। अपने किताबी दर्शन को एक कोने में कहीं फेंक दो। उसकी ज़रूरत अब किसको है? उनका दर्शन यानी खाओ, पियो और मौज करो के आसपास ही होता।

मेरे लिए नैतिकता और जाति के सवाल प्रगति में बार-बार बाधक बने। चाहे वे सवाल मेरठ में उभरे या फिर दिल्ली में। बम्बई में भी ऐसे सवालों का अभाव न था। हर जगह वैसे ही सवाल। हर शहर में वैसी ही उपभोक्तावाद की संस्कृति का तेज़ी के साथ प्रसार होने लगा था। सवाल भी बढ़ने लगे थे। उन सवालों के कारण मुझे जद्दोजहद करनी पड़ती। पहले अपने से, फिर उनसे जिनसे मैं अपने सिद्धान्तों को लेकर भिड़ जाता था। बदलते समय में बदलते हुए लोगों को देख नैतिकता और सिद्धान्त सिर्फ़ किताबों में रह गये थे और जाति के सवाल सभा-सम्मेलनों में कहने-बतलाने के लिए। लोग अपने-अपने जीवन में अपने-अपने तरीक़े से कार्य करते। दुनियादारी निभाते। कहीं झूठ बोलना भी पड़े तो झूठ बोलते। सच को बड़ी सफ़ाई से छुपा लेते। सामने वाले को अहसास ही नहीं होता। लोग इसे दुनियादारी कहते, कुछ व्यवहार कुशलता भी कहते। कुछ साथी इसे जीवन में आगे बढ़ना भी कहते। कितने लोग, कितनी बातें, कितने झूठ, कितने षड्यन्त्र, कितनी चालाकी, कितने कमीनेपन पर लोग उतर आते, उनकी कोई सीमा नहीं थी। कभी लगता मेरे जैसा व्यक्ति उनके बीच अकेला पड़ गया है। मैं तलाश करना चाहता अपने जैसे व्यक्ति की। पहले तो वैसा व्यक्ति कहीं मिलता नहीं। मिलता भी तो लोग फ़िक़रे कसने से बाज नहीं आते। चलो अच्छा हुआ। एक पागल को दूसरा पागल मिल गया।

माँ बीमार थी। बड़े भाई ने फ़ोन कर बतलाया था। जब कभी माँ बीमार होती तो मैं ख़बर सुनकर एक-दो दिनों के लिए मेरठ चला जाता था। उन्हें दवाई दिलाता। उनके पास बैठता। उनसे बात करता। पर इस बार वह ज़्यादा ही बीमार हो गयी थी। बड़े भाई तथा डॉ. अक्षय ने माँ को दिल्ली के अस्पताल में भर्ती करा दिया था। मैं उस समय दिल्ली के बाहर था। लगभग दो दिन वह वहाँ रहीं। मैं रात में दिल्ली लौटा। तीसरे दिन सुबह ही डॉक्टर ने डिस्चार्ज किया।

आई.पी. कॉलेज के पीछे रिंग रोड पर अस्पताल था, जहाँ मैं तुरन्त तैयार होकर बस से गया। वहाँ मुझे पता चला कि बड़े भाई माँ को मुरादनगर ले जाने की तैयारी कर रहे थे। भाई साहब अकेले थे। मैं गया तो हम दो हो गये। दो अटेण्डेंट बाहर कार तक माँ को स्ट्रेचर पर ले आये थे। उसकी मदद से हम दोनों ने माँ को पिछली सीट पर लिटाया। माँ ठीक थीं, लेकिन बेहोशी की हालत में थीं। दवाइयाँ लेने के कारण वह नींद में थीं। मैं पिछली सीट पर ही बैठा और माँ के सिर को मैंने अपनी गोद में रखा। उनके पाँव दूसरी तरफ़ फैला दिये थे। बड़े भाई को तसल्ली हुई तो उन्होंने कार स्टार्ट की। वहाँ से मुरादनगर तक आते-आते एक घण्टे के लगभग लगा। भाभी जी घर पर ही थीं। हमने धीरे से माँ को कार से उतारा और भीतर कमरे में जाकर लिटा दिया। बिस्तर पर लेटते समय उसके होंठों से कुछ शब्द उभरे, "मोनदास!"

अनायास मेरे भीतर से भी उभरा, "माँ... ।"

फिर वह बोलीं, "तू...आ...गया।"

मेरे मुँह से निकला, "हाँ माँ।"

तभी उनकी आँखों से आँसू बहने लगे। मैंने हथेली से माँ की आँखों से बहते आँसुओं को पोंछने का प्रयास किया। तब उनकी भर्राई आवाज़ उभरी, "अब मेरी ज़िन्दगानी का कोई भरोसा नई।"

मैंने झूठी हँसी हँसने का प्रयास करते हुए पूछा, "कौन-सी ज़िन्दगानी का?"

मेरी बात सुनकर माँ का गम्भीर स्वर उभरा, "तू सब जानता है।"

हाँ मैं जानता था और वह भी जानती थीं। पर माँ से बोलने-बतियाने का समय फिर मिले या न मिले। मैंने माँ की खुली हथेली पर अपना हाथ रख दिया। उन्होंने मेरी हथेली को अपनी अँगुलियों से कसने की कोशिश की। पर वह कस न सकीं। माँ बहुत कमज़ोर हो गयी थीं। अनायास उनका स्वर उभरा, "बच्चे ठीक हैं?"

मैंने जवाब में कहा, "हाँ माँ।"

"और शकुन्तला।"

"वह भी ठीक है।"

"ख़ैर सल्लाह से रहना बच्चों के साथ।" कहते हुए माँ डबडबाई आँखों से मेरी ओर देखतीं। माँ मेरे सुख-दुख के बारे में हमेशा चिन्तित रहती थीं। आज जब उनकी हालत ठीक नहीं है तो भी वह मेरे बारे में सोच रही थीं। उस दिन रात में काफ़ी देर तक मैं माँ से बात करता रहा। कभी वह सो जातीं तो थोड़ी देर बाद फिर आँख खुल जाती। तभी वह बोलीं, "अब तू सो जा मोनदास!"

मेरा जवाब उभरता, "सो जाऊँगा माँ!"

इसी तरह आगे के तीन दिन बीते। हर पल हमें आशंका घेर लेती थी और हम अपनी ही आशंकाओं से उभरने का प्रयास करते। मुझे ठीक से नींद भी नहीं आती थी। रात में बार-बार उठकर देखता था।

अगले चार दिनों तक मैं मुरादनगर में रहा। माँ तेज़ी से उदास होती चली जा रही थीं। लम्बी हो चली उम्र में, ऐसी परिस्थितियों में ज़िन्दगी का कोई भरोसा नहीं रह पाता। साँसों का धागा टूटने लगता है। तब शरीर के साथ मन भी टूटने-बिखरने लगता है। हर तरफ़ उदासी पसरने लगती है। जीवन के सुखद रंग दुखद रंगों में बदलने लगते हैं। ये चार दिन मेरे जीवन में महत्त्वपूर्ण दिन थे। माँ के सान्निध्य में बिताए एक-एक पल का हिसाब-किताब कैसे बताऊँ। कैसे लिखूँ। ऑर्डिनेंस फैक्टरी के दो कमरे के फ्लैट में एक कमरे में मैं माँ के साथ सोता था तथा दूसरे कमरे में भाभी के साथ बड़े भाई। माँ बेहद कमज़ोर हो गयी थीं। चल-फिरना अब उनके बस का नहीं था। यहाँ तक कि टट्टी-पेशाब भी वह बिस्तर पर ही करती थीं। पेशाब कराने में भाभी मदद करती थी तथा जब वह टट्टी करती तो कुछ समय पहले मैं रूमाली बाँध दिया करता था। कुछ माह पहले दिल्ली मेरे घर पर दो-तीन बार रंजना आयी थी। वह घरों में नर्स का कार्य करती थी। उसी ने यह सब करना मुझे बतलाया तथा सिखाया था। कैसे जब माँ को टट्टी आये तो उसकी कमर के नीचे बड़े साइज़ के रूमाल बाँधने चाहिए। मैं वैसा ही करता। भाभी की मदद से आठ-दस रूमाल सिलवा लिये थे। माँ जब टट्टी कर लेती तो मैं गुसलख़ाने में जाकर उस कपड़े को पहले ब्रश से साफ़ करता, फिर साबुन इस्तेमाल करता था। जो कार्य न बड़े भाई कर पाते थे और न भाभी। वह मैं खुशी-खुशी कर लेता था। यह सब करते हुए अजीब-सा सुख मिलता था मुझे। इस सुख की कल्पना कोई करे भी तो कैसे? पर इस दुखद घड़ियों का ऐसा सुखद अनुभव भी कब तक मिल पाता। मुझे भी महसूस होने लगा था। माँ भले ही जीने की कशमकश में थी, पर साँसों का धागा तेज़ी के साथ खिंचता जाता था। धागा जब अधिक खिंचेगा तो टूटेगा तो सही और अन्ततः धागा टूट ही गया। माँ को फिर कार से हम मेरठ लाये। अन्तिम संस्कार हुआ। माँ हमारे जीवन से अनुपस्थित हो गयीं। जैसे सब कुछ ही जीवन से अनुपस्थित हो गया था।

मेरठ जाना लगभग बन्द-सा हो गया। माँ नहीं रहीं। जैसे समूचे शहर से नाता टूट गया था। शहर की गलियाँ, बस्तियाँ उन सभी में मेरी माँ थी। नीम के पेड़ के पत्ते-पत्ते में माँ थी और नीम की छाया में भी। उसकी छाया में वैसा ही ममत्व था। पर न नीम रहा, न माँ और न माँ की छाया। फिर क्यों जाता

शहर? क्या करता शहर जाकर? सब कुछ तो ख़ाली-ख़ाली-सा हो गया था। वे ख़ाली चित्र। कभी उनके भीतर के रंग बोलते थे, मुझसे बतियाते थे। जैसे शीशा टूट जाने के बाद होता है। अब माँ उन टुकड़ों में भी न थी। फिर कहाँ देखूँ माँ को। पर माँ तो मेरे भीतर थी। ख़ूब सारा ममत्व उँडेलते हुए। अभी भी ख़ूब प्यार करते हुए। माँ नहीं रहीं। पर उनके चित्र अभी भी जीवन्त थे। वे मुझे राह दिखलाते। मुझे ऐसा लगता, महसूस होता। वे मुझे भटकने से रोकते थे। उनके शब्द गूँजते, "देख मोनदास (वह इसी तरह से पुकारती थीं।) ठीक-ठाक रहना। किसी से लड़ाई-झगड़ा करना अच्छा नई। ज़माना बदल रा है। उसे देखकर ही चलियो।" सच कहा जाये तो माँ मेरी पथ-प्रदर्शक थी। पथ-प्रदर्शक बा भी थे। पर माँ के साथ उसका प्यार उभरता था। माँ डाँटती कम थी, प्यार अधिक करती थीं। बा प्यार तो करते थे, पर डाँटते भी ख़ूब थे।

सब कुछ ख़ाली हो गया था। मेरठ की जिस बस्ती में कभी चहल-पहल रहती, अब अजीब-सी वीरानी में डूबी होती। बाद में तो एक-एक कर परिवार के सदस्य हमारे जीवन से अनुपस्थित होते गये। पहले बड़े भाई जानकी प्रसाद गये। फिर दूसरे भाई मोतीलाल और फिर पिता। नीम का पेड़ उन सबकी मृत्यु से लेकर कफ़न काटी बाँधने से तैयार करने तक का चश्मदीद गवाह था। अर्थी सजाने से लेकर उठाने तक। हमारे रोने और चिल्लाने की आवाज़ों तक। सुबकने और पिघलने तक। नीम के नीचे बस्ती के ज़र्रे-ज़र्रे में हमसे जुदा होने वालों की गन्ध थी। उनकी आहट महसूस की जाती थी। कभी-कभी मेरठ जाने पर हज़ारों बार सुनी आवाज़ों की गूँज बेचैन कर देती। हालाँकि वह सब इतिहास में दफ़न हो गया था। बस्ती का कुआँ, बस्ती का स्कूल, बस्ती के किनारे पीर और मन्दिर जैसे इनका कोई अर्थ नहीं रह गया था। सब कुछ कहाँ ग़ायब हो गये थे। बस्ती के लगभग सभी पेड़ एक के बाद एक कर काट दिये गये थे।

परिवारों में बदलाव होने लगा था। कच्चे घरों की जगह पक्के घर हो गये थे। एक मंज़िल मकान की जगह दो मंज़िल। दो मंज़िल की जगह तीन मंज़िल। बस्ती की औरतें अब अपना-अपना चूल्हा जलाने के लिए पड़ोसन से आँच नहीं माँगती थीं। दियासलाई (माचिस) का प्रयोग तेज़ी से होने लगा था। घर-घर में सुबह से आग ही आग होती थी। चूल्हे में पड़ी लकड़ी सुलगती नहीं थी, जलती थी। जलावन का अभाव पहले जैसा न था, अभाव का अँधेरा छँटने लगा था। बच्चे पढ़-लिखकर जवान होते-होते नौकरी करने लगे थे। पुरानी पीढ़ी के लोग अभी भी अपने परम्परागत रोज़गार में लगे थे। किसी घर में चप्पलें बनती थीं तो किसी में जूते। बच्चों की सेण्डल के साथ महिलाओं की फैन्सी चप्पल तथा

सेण्डल भी बनने लगी थीं। बाज़ार में उनकी डिमाण्ड थी। बा जब चप्पल बनाता था। उसे उस्तादजी, उस्तादजी कहने वाले अब नहीं थे। सभी चप्पल, जूतों के कारीगर जहाँ-तहाँ चले गये थे। व्यावसायिक भाग-दौड़ में उनमें से अधिकांश स्वयं उस्ताद बन गये थे। चेला अब कोई नहीं रहना चाहता था।

हर शहर का एक मिज़ाज होता है। मेरे शहर का भी एक अलग मिज़ाज था। उसका इतिहास था और भूगोल भी। उस भूगोल में छायादार वृक्ष थे। उन वृक्षों के साये में अंग्रेज़ों द्वारा बनाये गये बँगले थे। बँगलों के बीच डामर की पक्की और चमकदार सड़कें। सड़क पर दौड़ती टमटम जिनमें बैठी हुई मेम, टमटम के आगे के हिस्से में घोड़ों की पीठ पर चाबुक चलाकर उन्हें दौड़ाते हुए कोचवान। यह सब मेरठ के ख़ास और आम आदमी की स्मृति में अंकित था। मेरठ बदलता गया, पर स्मृतियाँ ज्यों-की-त्यों थीं। मेरठ के चौराहों, बाज़ारों तथा पार्कों में परिवर्तन हो रहा था, जो पुरानी पीढ़ी के लोगों को रास नहीं आ रहा था। उनके लिए परिवर्तन के मायने शहर की ऐतिहासिक तथा सांस्कृतिक धरोहर को मटिया मेट करना था। खँडहरों में भी उनकी यादें बसी थीं। उनके स्थान पर बुलन्द इमारतें खड़ी की जा रही थीं। शहर में जनसंख्या का दबाव बढ़ने लगा था। इसी कारण सड़कें गलियों में परिवर्तित होने लगी थीं और गलियाँ तो अब केवल नाममात्र की ही रह गयी थीं। उनमें बूचड़ख़ाने से लेकर कबाड़ख़ाने खुल गये थे जो गलियों की विरासत के विपरीत थे।

कभी शहर उन गलियों से ही धड़कता था। अब ये गलियाँ निस्तेज थीं और गलियों में रहने वाले जैसे कबूतरख़ानों में क़ैद होकर रह गये थे। कहाँ गयीं नाचने वाली अदाकाराएँ, कहाँ गये नवाबी नशे में चूर उनकी एक-एक अदा पर गजरे फेंकने वाले, उनके चाहने वाले, उन पर मर मिटने वाले, कहाँ गये सितारवादक, जिनकी लय पर वे थिरकती थीं, कहाँ गयी घुँघरूओं की ठुमकती आवाज़ें, ठुमरी, दादरा और ग़ज़ल की दिलकश आवाज़ें। कहाँ गये वे ढोलकिया, जिनकी थाप पर उनके क़दम बढ़ते थे, कहाँ गया वह हुजूम जो नवाबों, ज़मींदारों, काश्तकारों के पीछे बैठकर अपनी आँखें सेंकता था। कहाँ गये उनके उस्ताद, जो अपने फ़न से उन्हें ऊर्जा देते थे। कहाँ गये वे मीरासी जो घड़ी-घड़ी हुज़ूर कहते हुए चिलम भरते थे, कहाँ गयी उन अदाकारों की पायलों की गूँज, जिसे सुनकर सड़क पर चलते लोग ठिठक जाते थे, बहक जाते थे और वहीं से खड़े-खड़े फ़िक़रे करते थे। तालियाँ बजाते थे। ऐसा करना उनकी आदत में शुमार होता था। पर्दा हटाकर कोई अदाकारा, कोई दिलकश नाचने वाली, कोई मुँहलगी, नकचढ़ी बाँदी तक नीचे शोर करने वालों को अपनी एक झलक दिखाये या ना दिखाये, उन्हें यह सब करना ही होता था।

इधर चलें तो वैली बाज़ार से कबाड़ी बाज़ार, इन दोनों बाज़ारों में रंडियाँ सजधज बैठती थीं जिनमें नाचने वाली भी थीं और जिस्मफ़रोश का धन्धा करने वाली भी। वैली बाज़ार के नीचे पतली गली में मुर्दा गोश्त बिकता था और ऊपर जीवित शरीर। जैसे नीचे कसाई लकड़ी के थले पर बोटी-बोटी काटता था, वैसे ज़िन्दा मांस के ख़रीदार ऊपर सम्भोग करते हुए शरीर की नस-नस हिला देता था। माल दोनों को बेचना होता था। एक को दिखाकर, दूसरे को काटकर।

कहाँ गया गफ़ूरन जो चम्पा, चमेली तथा गुलाब के गजरे बनाया करता था। कहाँ गये वे इत्रसाज, जो आदमी की गन्ध को सुगन्ध में बदल दिया करते थे। शहर बदल रहा था, लोग बदल रहे थे। एक पूरी पीढ़ी लगभग ग़ायब हो गयी थी जिनमें रंगरेज़ थे और भिश्ती भी। लोबान बेचने वाले भी थे और बरेली का सुरमा आँखों में लगाने वाले भी। उनमें रंग-बिरंगी चूड़ी बेचने वाले भी थे और अत्तार भी। गलियों और बस्तियों में घूम-घूमकर आवाज़ लगाने वाले खटबुने भी थे और बर्तनों पर कलई करने वाले भी। उनमें जर्राह भी थे और पिण्डलियों में सिंघी लगाने वाले भी। उनमें हुक्कों पर नैचे बनाने वाले भी थे और कली बेचने वाले भी।

जिस शहर में अँगुली पकड़कर मैं बड़ा हुआ और जिस शहर के बाज़ारों को बा के कन्धों पर बैठकर देखा, वह शहर ग़ायब हो गया था। जिन बस्तियों में नाटक-मण्डली में रहा, अब न वो बस्तियाँ रहीं और न ही नाटक-मण्डलियाँ। जिन गलियों में बचपन में सौदा-सुलफ लेने जाता था, वे गलियाँ अब गुलज़ार नहीं। गलियाँ या तो अँधेरे में डूब गयीं या फिर वे दुकानें गोदामों में तब्दील हो गयीं।

मुझ पर इसी शहर यानी मेरठ में रहते हुए तब की परिस्थितियों और परिवेश को लेकर गलियों, बस्तियों, बाज़ारों, स्कूल, कालिजों, कलालखानों, सिनेमा हॉलों, पार्कों के दृश्यों को समेटते हुए फ़िल्म बनी थी। इस फ़िल्म का निर्माण सामाजिक न्याय और अधिकारिता मन्त्रालय (भारत सरकार) नयी दिल्ली के द्वारा हुआ था। टाइटल था 'द सक्सेस स्टोरी' यानी दलित समाज के ऐसे साथी जो अथाह ग़रीबी से जूझते और संघर्ष करते हुए आगे बढ़े। मेरे अलावा 12 शख़्सियतें ऐसी अन्य थीं जिनमें से भगवानदास, माता प्रसाद, डॉ. श्यामलाल जेदिया और डॉ. डी.आर. जाटव आदि थे। उन्हीं यादों को ताज़ा करने तथा पर्दे पर उतारने के लिए फ़िल्म डायरेक्टर ने उन जगहों का मुआयना भी किया था, जो मेरे बचपन के चश्मदीद गवाह बने थे।

कहीं-कहीं देखा जाये तो सिनेमा हॉल टूट-फूट गये हैं और कोई खँडहर में भी परिवर्तन हो गया है। एक-दो सिनेमा हॉल की ज़मीन पर मॉल खड़े हो गये हैं। आज कोई कह भी नहीं सकता कि इन्हीं 'मॉल' से पूर्व के सिनेमा हॉल में कभी

देवानन्द भी आये थे। अब ऐसे सिने तारिकाओं की सूची भी नहीं कि कौन कब और किस सिनेमा हॉल में आया था? मेरठ गजट में हो सकता है वह सब दर्ज हुआ हो, लेकिन 1950 तक ही। मेरी अपनी जानकारी में गज़ट लिखने और छापने का कार्य अंग्रेज़ों के जाने के बाद बन्द कर दिया होगा। उसकी चिन्ता आज़ाद भारत के नये हुक्मरानों को नहीं रही होगी। हाँ मेरे पिताजी ज़रूर बताया करते थे कि 1960 तक शहर की डायरी लिखने वाले चन्द लोग थे। अब वे कहाँ रहते थे, इस बारे में भी इतिहास मौन है। पिताजी 1946 से 1960 तक फ़ौजी लोगों को फ़िल्म दिखाने के लिए उनके प्रिण्ट रेलवे स्टेशन से लाते थे। इस काम में वे माहिर थे। कुछ अधिकारियों के साथ पहले स्वयं फ़िल्म देखते, फिर सरकारी सिनेमा हॉल में फ़िल्म दिखाने की व्यवस्था कराते। वे ई एम ई-150, मिलिट्री वर्कशॉप, मेरठ कैण्ट में बतौर स्टोर कीपर नियुक्त थे। 1944 में उन्होंने हाईस्कूल किया था। फ़िल्म देखते-दिखाते उन्हें नाटक में भूमिका अदा करने का शौक़ भी लगा था। यूँ बाप से बड़े बेटे में और बड़े भाई से मुझमें यह रुचि बख़ूबी जाग्रत हुई थी। कुल मिलाकर कहा जा सकता है कि हम इस मामले में ख़ानदानी रूप से जुड़े हुए थे। इसका दूसरा कारण यह भी था कि हम सभी सुन्दर थे और सजीले भी। ख़ुदा ने नूर बरसाने में कोई कंजूसी नहीं की थी। ऐसा मेरे मुस्लिम यार-दोस्त अकसर कहा करते थे। हालाँकि आर्थिक स्थिति उतनी अच्छी नहीं थी, पर बहुत बुरी भी नहीं थी। तब के पुराने ज़माने में चार आने का टिकट लेकर फ़िल्म देख ही लिया करते थे। घटे दामों पर यानी हाफ़ रेट पर हुई तो दो आने का टिकट लगता था। फ़िल्म देखने जाने के लिए रिक्शा या ताँगा लेने की पहल बहुत ही कम होती थी। घर से सिनेमा हॉल भले ही दो मील हो या तीन मील। पैदल आने-जाने में हम सभी पक्के हो गये थे।

वैसे पुराने सिनेमा हॉल को कहीं-कहीं अब नया रूप भी दे दिया गया था, जहाँ चार आने, छह आने और आठ आने वाली खिड़कियों का भी अब कहीं अता-पता नहीं है। उनकी जगह नये काउण्टर बन गये जो शीशे वाले और चमकदार हो गये थे। पहले तो छोटी-सी खिड़की हुआ करती थी, जिसमें एक हाथ भी मुश्किल से अन्दर जाता था। कभी-कभी घिसी हुई खुरदरी ईंटों से हथेली जब रगड़ खाती तो छिल भी जाती थी। ऐसा चार आने वाली खिड़की पर होता था। ख़ूब शोर-शराबा, ख़ूब धक्कम-धुक्का, ख़ूब माँ-बहन की गालियाँ। कभी-कभी पुलिस आ जाती थी। दो-तीन सिपाही आते, सीटियाँ बजाते, मुफ़्त में चाट-पकौड़ी खाते और पाँच-दस मिनट फ़िल्म के दृश्य देख वापस चले जाते।

सिनेमा हॉल में फ़िल्म देखने का तब अजीबोग़रीब जुनून होता था। टिकट लेने की धींगामुश्ती में कभी-कभी कपड़े भी फट जाते थे। घर में माँ डाँटे नहीं

इसलिए सूई-धागा लेकर ख़ुद ही सिलने की कोशिशें करते। अधिक क़मीज़ फट जाती तो दर्जी से मिन्नतें कर रफ़ू कराते थे। रफ़ू कराने का उन दिनों काफ़ी चलन था, जिसे हुनरबन्द दर्जी ही किया करते थे। सिनेमा, फ़िल्म, नाटक, सांग, ढोला, नौटंकी—इस मामले में मेरठ के लोग आगे रहे हैं। कभी-कभी तो गाँव से ट्रक में ट्रॉली लगाकर बीस-बीस लोग-लुगाई फ़िल्म देखने आते थे। वे आते ही हल्ला मचाते और अपनी उपस्थिति का अहसास करा देते थे। वे सभी चार आने वाला (यानी सबसे आगे की सीट वाला) टिकट ही लेते थे।

मेरठ नहर और नदियों से घिरा होने के कारण उपजाऊ शहर था। आरम्भ से ही बड़े-बड़े बाज़ार थे। अनाज की थोक दुकानें थीं। घी के साथ जलेबियों की दुकानों की भरमार थी। पुस्तकालय थे, जहाँ पाठकों की भी कमी न होती थी। नाट्यगृह थे, गोष्ठी और सभाओं के लिए हॉल थे। पान की दुकानों से लेकर शाहनवाज़ खाँ की कोठी तक राजनीतिक बहस हुआ करती थीं। मेरठ पश्चिमी उत्तर प्रदेश का प्रगतिशील शहर था, लेकिन जितना प्रगतिशील उतना ही साम्प्रदायिक दंगों में झुलसने वाला शहर भी था। कोई बरस ऐसा ख़ाली नहीं जाता जब छोटे-मोटे दंगे न होते हों। किसी मन्दिर या मस्जिद पर पत्थर न फेंके जाते हों, किसी हलवाई या नान-गोश्त बेचने वाले की दुकान न जलायी जाती हो, किसी रिक्शा या ताँगा चलाने वाले को चाक़ू घोंपकर न मारा जाता हो। जब हिन्दू बस्तियों से 'हर-हर महादेव' और मुस्लिम बस्तियों से 'अल्लाह-ओ-अकबर' के नारे न गूँजते हों।

दंगों के बाद दिल्ली दरबार से आग में हाथ तापने वाले नेता आते। नेहरू तब इम्पाला कार में आते थे। उनकी कार के आगे मोटरसाइकिल पर पायलट होता था। उन्हें देखकर औरतों की आँखों में आँसू छलक उठते, मुल्ला मस्जिद छोड़कर भागे-भागे आते, आसमान की ओर देख हाथ उठाते, जैसे ख़ुदा के ख़ास बन्दे शहर में आ गये हों। ऐसे ख़ुदा के ख़िदमतगारों के सामने शिकायतों की झड़ी लग जाती। यह सब दिल्ली दरवाज़े से लेकर सरकिट हाउस तक होता। वैसे सरकिट हाउस तक आते-आते उनके गले फूलों की मालाओं से भर जाते।

मेरठ में तब बड़े-बड़े बँगले हुआ करते थे जिनमें शहररईस भी रहते थे और आला अफ़सर भी। जनता पार्टी की सरकार आने के बाद से उन बँगलों पर हथौड़े चलाये गये। उन्हें छोटा करने हेतु फ़ाइल भी इधर-उधर भेजी गयीं। पर कुछ ख़ास तब्दीली हो न सकी। क्योंकि बड़े बँगलों में रहने वालों के हुक्कामों से क़रीबी रिश्ते थे। वे ख़ास थे और ख़ास लोगों को बड़े घरों, हवेलियों, बँगलों में रहने का हक़ था।

कहना न होगा कि जैसे-जैसे मेरठ छोटे नगर से महानगर तथा कमिश्नरी में तब्दील हुआ, वैसे-वैसे ही मेरठ के बाज़ार, गली, कूचे यहाँ तक कि तह बाज़ारी

भी बदलने लगे। पान की दुकान से खोमचा लगाने वालों पर भी फ़र्क़ पड़ा। मेरठ के भड़भूजे, सक्के, भटियारन, घड़ीसाज़, न जाने कहाँ गुम होते गये। न ही गाड़ीवान महिलाएँ सिर पर टोकरा रख तथा हाथों में छोटे इकतारे पर गीत-संगीत की लय निकालते हुए दिखलाई देतीं। वे बच्चां के लिए फिटफिटियाँ बेचती थीं जो सड़क पर चलते हुए तबला बजने जैसी आवाज़ करती थीं। उन्हें देखकर बच्चे अपनी माँओं से फिटफिटिया दिलाने की ज़िद किया करते थे। तब एक आने की एक फिटफिटिया होती थी, न ही गधों को लेकर कुम्हार आते। उनके गधों की कमर पर लटकी झूल होती जिसमें मिट्टी भरी होती थी। मिट्टी के कच्चे घरों की छतों से बरसात के दिनों में चूँकि मिट्टी बह जाती थी। ऐसी स्थिति में छतों पर फिर से मिट्टी डाली जाती थी। एक गधा मिट्टी उन दिनों ऐसा ही कहा जाता था। चार आने की आती थी। एक बार में कम-से-कम चार गधा मिट्टी डलवाई जाती थी। इस तरह एक रुपया खर्च कर लोग एक बरस निफ़राम हो जाते थे यानी बरसात में छत से पानी भी नहीं टपकता था और वह मज़बूत भी हो जाती थी। तब दलित बस्तियों में अधिकांश छतें मिट्टी की ही हुआ करती थीं। मिट्टी के बर्तन बनाने वाली कुम्हारनों ने भी बस्तियों, गलियों के फेरे लगाना छोड़ दिया था। मिट्टी के बर्तन इस्तेमाल करना तो लोगों ने लगभग छोड़ ही दिया था। घर-घर में काँच और स्टील के बर्तनों का प्रवेश होने लगा था। तेल-मालिश करने वालों से लेकर तोता बेचने वाले आज दिखायी नहीं देते। न ही बन्दर-भालू का नाच बच्चों को देखना नसीब होता। ढोढेबाज़ से लेकर कबूतरबाज़ का भी कोई अता-पता नहीं। लगता है सभी कुछ ग़ायब होता चला जा रहा है। हमारे हुनरमन्दों के साथ हमारा इतिहास, हमारी स्मृतियाँ, हमारी परम्परागत रौनक, छड़ी का मेला, फूलों का मेला, गोगापीर की इबादत—सभी कुछ जैसे गुम होने लगे थे।

वैसे मेरठ शहर के बीचोबीच देखा जाये तो आज भी ब्रिटिशकालीन घण्टाघर खड़ा है। पर अब घण्टाघर बोलता नहीं, वह मौन है, उसकी सूइयाँ बीमार हैं। इसलिए शहर के लोग बीमार होते जा रहे हैं। घण्टाघर की चार घड़ियाँ समय भी नहीं बतातीं। असल में वे समय बताना भूल गयी हैं। क्योंकि सबके पास अपने-अपने समय हैं। कोई किसी के समय का पाबन्द नहीं है। सब अपने-अपने कोतवाल हैं। तेज़ी के साथ बदलते, भागते ऐसे शहर को सलाम।

पहले मंगलवार, फिर मावस और बाद में नवरात्रे। पत्नी के भीतर धीरे-धीरे धार्मिक यात्रा करने की जैसे होड़ उगने लगी थी। कुछ माह पूर्व वह वैष्णो देवी (जम्मू) हो आयी थीं। जाते हुए मुझे बतलाया नहीं। जब लौटकर आयीं तो पता चला कि वह वैष्णो देवी के दर्शन करके आयी हैं। उनके पिता भी वैष्णो देवी

जाते रहे थे। पत्नी के पिता की बात मैं नहीं जानता। लेकिन अपने पिता के पिता की बात मुझे पता थी। बा अकसर मुझे बतलाते था कि दलितों के बीच कहाँ से यह धार्मिक यात्रा शुरू हुई होगी, कहाँ से विश्वास और अन्धविश्वास पैदा हुए होंगे, कहाँ से भक्ति भावना ने जन्म लिया होगा, आख़िर वह कौन-सा चौराहा था, जहाँ से मेरे समाज का आदमी भटककर ग़लत दिशा में चला होगा? पहले दस-बीस क़दम, फिर पचास-सौ क़दम और बाद में उसकी यात्रा अनवरत रही होगी। पीढ़ी-दर-पीढ़ी दलितों के बीच देवी-देवताओं की पूजा करने का मोह, धार्मिक रीति-रिवाजों के प्रति उसकी आसक्ति, परम्पराओं को निभाने की पहल होने लगी थी। बा के पास शिक्षा की डिग्रियाँ नहीं थीं पर सन्तों और साधुओं के द्वारा दिया गया ज्ञान ज़रूर था। बा के पास कबीर का भरा-पूरा दर्शन तथा रविदास की वाणी थी। मुझे याद आता है कि कभी-कभी बा इन सबकी चर्चा किया करते थे। बा ने कभी पूजा नहीं की थी और न ही कभी वह मन्दिर गये थे। जबकि मेरे श्वसुर अच्छे-ख़ासे पढ़े-लिखे थे। दिल्ली की अच्छी कालोनी में रहते थे। अख़बार भी पढ़ते थे और किताबें भी। बौद्ध धर्म की बातें भी ख़ूब करते थे। एक दशक पहले एक अख़बार भी शुरू किया था। समाज-सुधार की बड़ी-बड़ी बातें, सभी कुछ। यहाँ तक कि पश्चिम पुरी में बनने वाले बौद्ध विहार में आर्थिक मदद भी की थी। बावजूद इन सबके वही ढाक के तीन पात यानी पतनाला वहीं गिरेगा।

बात जहाँ से शुरू की थी, मैं फिर से वहीं आता हूँ। पाठक और शोधार्थी यह सवाल उठायेंगे कि नैमिशराय जैसे लेखक की पत्नी के भीतर धार्मिक यात्राओं के करने का मोह आख़िर क्यों और कैसे शुरू हो गया? यह पंक्तियाँ लिखते हुए यही बात मेरे भीतर भी खदाबदाने लगी है। ज़ाहिर है दो-चार को छोड़कर सभी पतियों के भीतर इस तरह के सवाल उभरते होंगे। वैसे सवाल उठने भी चाहिए, लेकिन उनके जवाब किसके पास हैं?

घर पर रात में रखे आटे में सुबह होते-होते खमीर उठने लगता, जब कभी पत्नी जल्दी में होती और ऐसे ही ऑफ़िस चली जाती। तब सारे आटे की मैं रोटियाँ बना डालता। यह सोचकर कि आटा तो ख़राब हो जायेगा, रोटियाँ नहीं। तब तक घर में फ्रिज नहीं था। शाम को जो रोटियाँ मुझे खानी होतीं, उसे चुपके से शकुन खा लेती और मुझे ताज़े गूँधे हुए आटे की रोटियाँ बनाकर देतीं। मेरे भीतर फिर सवाल उभरता। पत्नी ऐसा क्यों करती है, क्या सभी पत्नियाँ ऐसा करती हैं? क्या लड़कियों को ऐसा करने के लिए पाठ पढ़ाया और सिखाया जाता है? कभी-कभी रात में रोटियाँ बच जाती थीं तो वह ताज़ा बनायी गयी दो रोटियों के साथ बासी रोटियाँ भी ऑफ़िस ले जातीं। पर कभी उन बासी

रोटियों को हम मिल-बाँटकर खाते। सुबह चाय के साथ मैं एक रोटी खा लेता था। माँ भी अकसर ऐसा ही करती थीं। वह तो लगभग हर सुबह चाय में बासी रोटी भिगोकर खाती थीं। वह ही क्यों, मेरठ में बस्ती के अन्य लोग भी ऐसा ही करते थे। तब चाय के साथ बिस्किट लेने का रिवाज बहुत कम था। घर-घर में बासी रोटियाँ बच जातीं। उन्हें आजकल की तरह औरतें फेंकती नहीं थीं। बल्कि परिवार में मिल-बाँटकर वे रोटियाँ खायी जाती थीं। रोटियों के प्रति दलित समाज का व्यक्ति बहुत सजग रहता था। रोटी के हर टुकड़े में उनकी मेहनत से उभरे पसीने के कण मौजूद होते थे। स्वयं कांशीराम जी को करोल बाग, नयी दिल्ली के बामसेफ कार्यालय में मैंने बासी रोटियाँ खाते हुए कई बार देखा था।

नागपुर से शालिग्राम ढोरे का लिफ़ाफ़ा मिला। खोलकर देखा। उसमें एक पम्फलेट था। सबसे ऊपर लिखा था—महाराष्ट्र से सर्वाधिक पढ़ा जाने वाला साप्ताहिक पत्र 'माझी' जिसमें लखनऊ से प्रकाशित होने के बारे में छपा था। उत्तर प्रदेश में 'माझी जनता' के सम्पादक के लिए कँवल भारती का चुनाव उन्होंने किया था। शालिग्राम ढोरे मराठी दलित पत्रकार तथा सामाजिक कार्यकर्ता थे। साथी कँवल भारती का चुनाव कुछ सोचकर ही उन्होंने किया था। वे उत्तरी भारत की सामाजिक तथा राजनीतिक गतिविधियों में रुचि लेते थे। उनके लेखन में धार थी। पत्रकारिता जगत में सुन्दरलाल सागर और आर. कमल के बाद कंवल भारती ही जुझारू पत्रकार थे। कँवल भारती के साथ विशेष बात यह थी कि वे राष्ट्रीय अख़बारों के लिए भी लिखते थे। 'माझी जनता' की अभी शुरुआत होनी थी।

सफ़दर हाशमी की हत्या के बाद गोली मारकर शंकर गुहा नियोगी को जान से मार दिया गया था। छत्तीसगढ़ का शराब माफ़िया नियोगी के संघर्ष से तिलमिलाया हुआ था। उन दिनों राज्य में भाजपा सरकार थी। नियोगी की आत्मकथा मुझे डॉ. सुनीलम ने दी थी। और बाद में जिस पुस्तक में उनकी हत्या का विवरण छपा, उसके लेखक यानी राजेन्द्र यादव ने एक दिन मुझे अपनी पुस्तक दी थी। पुस्तक का नाम काँटे की बात-1 न लिखने का कारण था। पुस्तक देते हुए उन्होंने कहा था। नैमिशराय जी थोड़ा-बहुत हमारे बारे में भी पढ़ा करो।

बम्बई प्रवास में सम्भवतः सबसे पहले जिस दलित साहित्यकार से मुलाक़ात हुई थी, वे थे दया पवार। उनका ऑफ़िस चर्चगेट पर ही था। दूसरे नामदेव ढसाल, जिनसे सबसे अधिक मुलाक़ातें हुई थीं। वैसे तो राजा ढाले, जे.वी. पवार और वसन्त मून के साथ मीनाक्षी मून भी थे। पर नामदेव ढसाल का विद्रोही स्वभाव बार-बार मुझे याद आता था, जो मुझे रोमांचित भी करता था।

दूसरे शब्दों में कहूँ तो ढसाल का व्यक्तित्व और कृतित्व मेरी भावनाओं को

उद्वेलित करता था। जैसे वह कहना चाहते कि नैमिशराय इतिहास के बन्द तहख़ानों को खोलो और राजनीति के जीवन्त भड़वों, दलालों पर वार करो। हिन्दूशाही का नक़ाब हटाओ। उनकी अमानवीय परम्पराओं, प्रथाओं को ध्वस्त करो। उनके देवी-देवताओं को कूड़े में फेंको। बेबाक होकर लिखो। आत्मस्वाभिमान से रहो। निश्चित ही 'गोलपिठा' में दर्ज उनकी कविताएँ विषमता, जातिवाद के ख़िलाफ़ ज्वालामुखी के रूप में उभरकर आयी थीं।

महालक्ष्मी के छोटे-से घर से लेकर अँधेरी के बड़े घर में, बम्बई सेण्ट्रल के नज़दीक बार में, आमदार निवास की कैण्टीन में या फिर वडाला में हुई सभा में उनसे अनगिनत हुई मुलाक़ातों में अनगिनत सवाल, अनगिनत विश्लेषणों के बीच हम होते थे। उनसे मुलाक़ात के बाद जब मैं लौटता तो रात में नींद नहीं आती। उसका सबब था वे सवाल। मसलन देश भर के महानगरों, नगरों, क़स्बों और गाँवों तक की अँधेरी और बदनाम बस्तियों में पिघलती, सिसकती एक करोड़ वेश्याओं के साथ मन्दिरों में नाचती, शरीर बेचती पचास लाख देवदासियों, शहरों, गाँव से दूर रहते दो करोड़ अपराधी घोषित कर दिये गये परिवारों की सुध न थी देश के राष्ट्रपति को। कैसा राष्ट्रपति था? राष्ट्र की बेटियों से अलग-थलग।

बम्बई प्रवास में ही कभी-कभी मस्तान साहब से मुलाक़ात होती थी। मेरे एक फ़ोन करने पर ही वे कह उठते, "अरे आ जाइये, नैमिशराय जी यह तो इबादतख़ाना है।" मैं तुरन्त फुर्ती से बान्द्रा से बस पकड़कर पैडर रोड स्थित उनके निवास पर चला जाता। वहाँ पहुँचने पर उनके इबादतख़ाने को देखता। हर बार उनके पास कोई-न-कोई बैठा ही होता। कभी-कभी तो चार-पाँच लोग भी होते। कभी इससे अधिक भी। मुलाकातियों में सामाजिक कार्यकर्ताओं के साथ पत्रकार भी होते। कभी-कभी फ़िल्म से सम्बन्धित हस्तियाँ भी होतीं। उन्होंने मुफ़लिसों, विधवाओं तथा अन्य ज़रूरतमन्दों के लिए संस्था भी बनायी हुई थी। मुलाक़ातियों में चन्दा माँगने वाले अधिक होते थे। हाजी मस्तान उन सभी को उदारता से मदद किया करते थे। बम्बई के मदरसों तथा यतीमख़ानों को वे विशेष रूप से मदद करते थे। एक बार हाजी मस्तान ने मुझसे पूछा था, "नैमिशराय जी! बताओ तुम्हें क्या चाहिए?"

तब मैंने उन्हीं के बम्बई में तीन तल्ला बड़े मकान के सबसे ऊपर बने छोटे-से विशेष कमरे में कुर्सी पर बैठे सवाल किया था, "मस्तान साहब, आप नमाज़ पढ़ते हैं?"

तख़्त पर बैठे हुए उन्होंने जवाब दिया था, "हाँ-हाँ नमाज़ तो मैं पढ़ता हूँ।"

सुनकर मैंने अगला सवाल किया, "क्या माँगते हो ख़ुदा से?"

उनका संक्षिप्त जवाब उभरा था, "कुछ नहीं, बस ऐसे ही...।"

मैंने पुनः उनसे उनका जवाब चाहा था, मेरे मुँह से कुछ शब्द बाहर आये, ''बस ऐसे ही माने।''

कुछ पल उन्होंने मेरी ओर देखा, फिर बोले, ''भई ऊपर वाले से तो कुछ-न-कुछ... ।''

मैं उनके कहने का आशय समझ गया था।

''इसका मतलब ऊपर वाले से कुछ-न-कुछ माँगना पड़ता है।''

उनका स्वर उभरा, ''आप ठीक फ़रमाते हैं।''

तभी मैंने कहा, ''फिर नीचे वाले से मैं क्या माँगूँ?''

हाजी मस्तान के पास कोई जवाब न था। उनके पास बैठे दो-तीन भाई लोगों ने भी हमारे बीच हुई गुफ़्तगू को सुना था। मेरे अन्तिम वाक्य को सुनकर उन्होंने मेरी तरफ़ आश्चर्य से देखा था। उन्हें मालूम न था कि दिल्ली से बम्बई चलकर आने वाला कोई सिद्धान्तकार था, न कि मस्तान के सामने हाथ फैलाने वाला कोई व्हाइट कॉलर भिखारी।

नोएडा में जब से 'जनसत्ता' शिफ्ट हुआ, तब से मैं नये ऑफ़िस गया नहीं था। 'जनसत्ता' को कहाँ शिफ्ट किया जा सकता था, पर जनसत्ता को शिफ्ट होना पड़ा यानी एक अख़बारी दुनिया को दिल्ली गेट से उठाकर नोएडा में पटक देना। यह सरासर अन्याय था इसलिए नहीं कि नोएडा में 'जनसत्ता' खप गया, पर इसलिए कि अख़बारनवीसों से लेकर पत्रकारों तक की वह गहमा-गहमी ख़त्म हो गयी। न तो जनसत्ता कर्मियों से इस बाबत पूछा गया। अन्य लेखकों, स्तम्भकारों, सामाजिक कार्यकर्ताओं को तो इसकी भनक भी नहीं लगने दी गयी और न उनकी स्वीकृति ही ली गयी। पत्रकारिता के विराट स्तम्भ की ऐसी स्थिति भी हो सकती है भला। यह किसी ने सोचा नहीं था, मैंने भी नहीं। फिर किसी को सोचने की फ़ुर्सत ही कहाँ थी? असल में इस विषय पर सोचने या कुछ कहने का कोई सवाल ही न था। कारण था आर्थिक दबाव का। गोयनका या एक्सप्रेस ग्रुप पर आर्थिक दबाव था। एक्सप्रेस बिल्डिग के जितने हिस्से में अख़बार कर्मी बैठते थे, उतने हिस्से को तुरता-फुर्ती में कमर्शियल बना दिया गया यानी बड़ी-बड़ी कम्पनियों को किराये पर एक्सप्रेस ग्रुप की विशाल इमारत का अधिकांश भाग दे दिया गया जिससे एक्सप्रेस ग्रुप को प्रतिमाह बड़ी या मोटी आय होने लगी। वह आय लाखों में नहीं बल्कि करोड़ों रुपयों में थी। बम्बई के नरीमन पॉइण्ट स्थित एक्सप्रेस टावर का तो आधे से ज़्यादा भाग पहले से ही किराये पर उठा दिया गया था। कर्मचारियों की भी छँटनी कर दी गयी। जो बचे रह गये थे, उन्हें हार्बर लाइन की तरह फेंक दिया गया था। जहाँ सेण्ट्रल लाइन

की बनिस्बत सस्ते दामों पर ज़मीन उपलब्ध थी। उसे पुरानी बम्बई भी कहा जा सकता है। बम्बई द्वीप का जब विकास हुआ तो यहीं से शुरुआत हुई। दो-चार नहीं बल्कि लगभग चालीस छोटे-बड़े मिल यहाँ 1960 तक बन चुके थे जिनमें से आधे से अधिक 1990 आते-आते बीमार घोषित किये जा चुके थे। महानगर का कूड़ा-कबाड़ यहीं देखा जा सकता था।

नयी शताब्दी ने अभी दस्तक ही नहीं दी थी पर व्यावसायिक गलियारों में उसकी आहट की गूँज होने लगी थी। आगे-आगे देखते हैं होगा क्या? देखना क्या अख़बारी समूह के मालिक या तो अन्धाधुन्ध पैसा कमाने को दौड़ में शामिल हो गये थे या फिर सत्ता की मचान पर बैठे राजनीतिज्ञों से साँठ-गाँठ कर राज्यसभा में अपनी जगह बनाने की जुगत करने लगे थे। कुछ अख़बारों में भड़वे और दलाल सरीखे तथाकथित बुद्धिजीवी भी प्रवेश करने लगे थे। नैतिकता रही होगी कभी पत्रकारिता में, अब तो शुद्ध रूप से वह व्यवसाय बन गया था। काला धन सफ़ेद होने लगा था और सफ़ेदपोश वर्ग आम आदमी के ख़ून की एक-एक बूँद चूसने पर आमादा हो गया था।

जब सारी दुनिया सो जाती थी तो मैं जागता था। जब लोग अपनी-अपनी पत्नियों, प्रेमिकाओं, रखैलों को बाँहों में लेकर सम्भोग करने लगते थे तो मैं ख़ाली काग़ज़ों पर संघर्ष की इबारतें लिखने लगता था। जब ख़ून से रँगे राजनीतिज्ञों के हाथों से लेखक अपनी पुस्तकों का विमोचन कराते हुए इतराते थे, तब मैं उन पर थूकता था। जब कुछ साथी अपने-अपने ड्रॉइंग रूम में भ्रष्ट नेताओं की तस्वीरें लगाते थे तो मैं उन्हें कूड़े के ढेर पर फेंकता था। होली, दीवाली, दशहरा मेरे लिए झूठे और वाहियात त्योहार थे। मन्दिर, मस्जिद, गुरुद्वारे, गिरजों को मैंने कभी भाव नहीं दिया। क्योंकि उनमें से अधिकांश देवदासियों, ननों के साथ बलात्कारियों की एय्याशगाह थे।

विराट दुनिया के अनगिनत सवाल जिनका एक सिरा धर्म की अँधेरी गुफा की ओर जाता था तो दूसरा वेश्यालयों के कोठों और तीसरा मन्दिरों तक। उन्हीं सवालों के बीच से जवाब तलाश करने की कशमकश में एक अदद लेखक। जितना मैं बुनता, उतना ही उलझता। ऐसे ही एक लेखक की कोशिश से कशिश तक की जीवन-संघर्ष की यात्रा जारी थी।

बाबा साहेब डॉ. अम्बेडकर लिखते हैं, ''अस्पृश्यों का त्रास ही हिन्दुओं का अपराध है। हिन्दुओं की धार्मिक मनोवृत्ति में क्रान्ति के लिए अस्पृश्यों को कितना इन्तज़ार करना पड़ेगा? इसका उत्तर तो वही दें, जो भविष्यवाणी करने की योग्यता रखते हैं।'' पर आज दलित को इन्तज़ार करने की आवश्यकता नहीं है। क्योंकि

आधुनिक कही जाने वाली पूरी एक शताब्दी अपने अन्तिम पड़ाव पर है। अभी तक हिन्दू क्रान्ति नहीं कर सका है। हाँ दलित क्रान्ति पथ पर ज़रूर अग्रसर हुआ है। वह क्रान्ति उसने न शस्त्र से की और न शास्त्र से बल्कि साहित्य के बलबूते पर यहाँ तक पहुँचा है। यही दलित साहित्य की उपलब्धि भी है। 1920 में डॉ. अम्बेडकर ने जो मूकनायक की शुरुआत की थी, आज हर बस्ती, गाँव, क़स्बा, तहसील, शहर, महानगर में वही मूकनायक बोलने लगा है। अत्याचार भले ही उन पर होने लगे हों, पर अब वह चुप बैठने वाला नहीं है।

17 वर्षों में पहली बार किसी सवर्ण ने अपने बेटे के विवाह में शामिल होने का न्योता दिया था। बाद के तीन बरस में दो लोगों ने भी ऐसा किया। वे दोनों पंजाबी थे। दस बरस से अधिक पश्चिम विहार में रहते हुए हो गये थे, इससे पहले लगभग सात बरस पहाड़ गंज में रहना हुआ और उससे पहले दो बरस दिल्ली के हैदरपुर गाँव में। यूँ पश्चिम विहार को लोग पाश कालोनी भी कहते थे। लेकिन यहाँ रहने वाले सवर्ण कितने उज्जड्ड थे, यह तो कोई दलितों से ही पूछे। सवर्ण समाज के लोग अपने आपको तीसमारखाँ समझते थे। उस पर भी जिनके पास पैसा आ गया, उसकी तो कुछ पूछो मत। करेला और नीम चढ़ा। शवयात्रा में शामिल होने के लिए भी किसी गैर-जाति के व्यक्ति से नहीं कहा जाता था। मेरठ से उखड़कर दिल्ली में आने पर सोचता था कि जातिभेद की दीवारें यहाँ महानगर में गिर गयी होंगी, समाज में स्वस्थ मानसिकता ने जन्म ले लिया होगा। लेकिन वैसा बिल्कुल भी न था। जातियों की दीवारें भला कैसे गिरेंगी, जब जातिवादी लोग होंगे। कहने भर को अच्छे लोग, उनकी भाषा भी मलाईदार, उनके कपड़े भी अच्छे, लेकिन जब उनके भीतर से जातीयता की सड़ाँध उभरती तो बड़ा अजीब-सा लगता। उन पर थूकने को मन करता। कोई भी बात हो जाती, वे स्वयं नहीं बोलते बल्कि उनके भीतर से उनका जातिवाद बोलता। छोटी-छोटी बातों को वे बड़ा कर देते। उनके भीतर से सर्वश्रेष्ठ जाति का दम्भ उभर आता और वे उसी में डूब जाते। दूसरी तरफ़ पश्चिम विहार जैसी कालोनी में रहने वालों में कुछ दलित भी अपने आपको टन्ने शाह समझते थे। इनमें कुछ तो अपनी जाति ही छुपाकर रहते थे। पर जब उनकी जाति का भेद खुल जाता तो उनकी सारी शान मिट्टी में मिल जाती। कई बार इस विषय पर ऐसे एक-दो दलितों से चर्चा हुई थी। उनका कहना था कि सवर्णों के भीतर घुसकर (यानी जाति छुपाकर) वे बेहतर तरीक़े से दलित-सुधार कर सकते हैं। पर जब वे सवर्णों के भीतर सवर्ण बनकर घुस जाते तो बाद में उनका पता ही नहीं चलता। कहाँ कटारिया चले गये और कहाँ आहूजा या भण्डारी, कौल, रावत, कपूर, सुनैजा, भाटिया, रोहतगी

आदि-आदि। गाँव, क़स्बों, खेड़ों से निकलकर शहर आने वाले शिक्षित दलितों में से कुछ ऐसे ही सरनेम रख लेते थे। हालाँकि इसके विपरीत दलितों में ऐसे भी कुछ साथी थे जो जाटव, चमार, धुसिया, रैगर, भंगी, धानक, कोरी आदि सरनेम रखकर धड़धड़ाते रहते थे। पर बहुत ही कम दलितों को छोड़कर क़ीमत तो उन्हें चुकानी ही पड़ती थी। चाहे कोई अपनी जाति छुपाये या बताये। हिन्दू समाज में ऐसी ही स्थिति रही है। जहाँ जाति दिखाऊ से जाति बठाऊ का ही सिक्का चलता रहा है। हिन्दू समाज और जातियों की यह अजीबोग़रीब पहेली रही है। बाबा साहेब डॉ. अम्बेडकर ने इन पहेलियों को सुलझाने के भरसक प्रयास किये थे।

मेरे बड़े बेटे अमित के विवाह की बात चली थी। उससे पूर्व ही बेटे की कहीं किसी से प्रेमकथा भी चल रही थी। मुझे उसके याराना के बारे में पता नहीं था। सम्भवतः पत्नी को मालूम था। अचानक एक दिन उस लड़की की माँ हमारे घर आ गयी। तब पत्नी ने बतलाया कि उनकी लड़की और हमारे बेटे के बीच कुछ चल रहा है। मैं समझ गया। चाय के दौरान संक्षिप्त बातचीत हुई। लड़की की माँ अकेली ही आयी थीं। प्रेम-प्रसंग के इस सिलसिले को वे विवाह में बदलना चाहती थीं। इसलिए हमसे मिलकर कुछ निष्कर्ष पर पहुँचना चाहती थीं। निष्कर्ष तो हम भी चाहते थे। बातचीत के बाद जब वे चलने लगीं तो मैंने अपनी आत्मकथा 'अपने-अपने पिंजरे' का प्रथम भाग पढ़ने के लिए लड़की की माँ को दिया जो हमारे जीवन का आईना था। हम मेरठ से लेकर दिल्ली कैसे पहुँचे? आत्मकथा में हमारा संघर्ष था और आन्दोलन भी। हमारी जातीय अस्मिता और इतिहास था। अच्छाइयों और बुराइयों का दस्तावेज़ भी।

बेटे की प्रेयसी की माँ के जवाब का हमें इन्तज़ार का। पहला दिन बीता, फिर सप्ताह, आगे पखवाड़े और महीने। वहाँ से न कोई सन्देशा आया और न ही वे स्वयं आयीं। एक बरस भी बीत गया। रिश्ते की गाँठ तो बँधी नहीं लेकिन एक कसक हमारे भीतर आ गयी, जो कभी निकली नहीं। जातिवाद का यह कड़वा सच था जिसे हमें झेलना पड़ा। बड़े बेटे से मेरे सम्बन्ध और भी तल्ख़ हो गये। रिश्तों की प्रगाढ़ता तेज़ी के साथ ख़त्म होती चली गयी। बेटे के साथ मेरे सम्बन्ध पहले से ही अच्छे नहीं थे। अमूमन पिता और पुत्र के बीच मतभेद से अधिक मनभेद होता है। जो समय के हिसाब से और भी बढ़ता चला जाता है। मेरी आत्मकथा ने उसके भीतर जैसे ज़हर भर दिया और मैं पिता से उसका दुश्मन हो गया। ऐसा बेटे ने कहा था। पत्नी ने भी हवा दी। मेरी कोई भी बात नहीं सुनी गयी। उल्टे मुझ पर इल्ज़ाम लगाया गया कि मैं परिवार की ख़ुशियों में आग लगाना चाहता हूँ। आग तो मेरे भीतर भी थी मैं कहाँ परिवार की ख़ुशियों

को आग लगाना चाहता था। मैं कहाँ चाहता था कि बेटे का अन्तर्जातीय विवाह न हो? मैं तो बस जातियों की बढ़ती बेल को ध्वस्त करना चाहता था। उन पर वार किया था मैंने। अब जबकि मेरे अपने घर में ही ऐसा हो गया तो...।

दिन ऐसे ही बीतते गये और रातें सर्द होती गयीं। परिवार के सदस्यों के बीच मेरे लिए उदासीनता की बर्फ़ जमती गयी। मौसम आते और चले जाते। वह बर्फ़ नहीं पिघलती। पत्नी का व्यवहार ही ऐसा होता। यहाँ तक कि कई रिश्तेदार भी कहने लगते, "अरे भई नैमिशराय जी, जाति को हर समय माथे पर चिपकाए न घूमें।"

अब मैं दलित समाज के ऐसे लोगों को भला क्या जवाब देता। जिनके लिए न जाति की अस्मिता का कोई मूल्य है और न ही दलित इतिहास को वे जानना-समझना चाहते हैं। सच बात तो यह है कि उन पर हिन्दू दर्शन ही हावी रहा। वे अपने जीवन में हिन्दू परम्पराओं को ही ओढ़ना-बिछाना चाहते थे। अपने-अपने घरों में देवी-देवताओं की मूर्तियाँ रखते थे। सुबह-शाम अगरबत्ती, धूपबत्ती जलाकर पूजा करते थे। अपने घरों में कथा कराते थे।

एक दिन मेरे चश्मे की कमानी टूटकर नीचे गिर गयी। मेरे लिए यह दुखद अहसास था। ऐसे समय बा की याद हो आयी। बा के चश्मे की कमानी जब टूटती थी तो वह उसे धागा बाँधकर ठीक कर लेते थे। और उसे महीनों चलाते थे। मैंने बा से चश्मे के किनारे पर धागा बाँधना सीखा था। ऐसे समय पर वही मैं करता हूँ। यानी अपने चश्मे पर धागा बाँधकर तीन-चार दिन निकालता हूँ और उसी से काम चलाता हूँ। व्यक्ति अभाव में हो तो सब कुछ सीख ही जाता है। मैंने भी अपने जीवन के अभाव से बहुत कुछ सीखा था। मेरठ में रहा, वहाँ भी और अब दिल्ली में रह रहा हूँ, यहाँ भी। ग़रीबी के लिए कोई सीमा नहीं है। न गाँव की और न शहर की, न धर्म की और न जाति की। प्रदेशों की दीवारों को भी वह लाँघ जाती है और गाँव-क़स्बों से होकर महानगरों तक में पसरने लगती है। न ही ग़रीबी झेलने की कोई उम्र होती है और न ही फ़ाक़े-मस्ती की।

उत्तर प्रदेश में सम्भवतः आर.सी. बनोधा ने बाबा साहेब डॉ. अम्बेडकर के जीवन-चरित्र पर 1946 में हिन्दी में सबसे पहले पुस्तक लिखी थी। इसका नाम 'डॉ. अम्बेडकर का जीवन संघर्ष' था। वे ब्रिटिश शासनकाल में उप पुलिस कप्तान थे। वे धानुक (दलित) समाज से थे और उनका जन्म इलाहाबाद में हुआ था। उन्होंने एम.ए. और एल.एल.बी. की परीक्षाएँ उत्तीर्ण की थीं। बाबा साहेब से उनकी भेंट 1942 में हुई थी। इस तरह उनका सम्पर्क बढ़ा। 1942 में आर.सी. बनोधा को बाबा साहेब के साथ रेलयात्रा करने का अवसर मिला। उस यात्रा में डॉ. अम्बेडकर ने अपने जीवन की कठिनाइयों तथा संघर्षों का वर्णन किया था। यह बात उन्होंने

मुझे एक साक्षात्कार में बतलायी थी। मैं उन दिनों 'भारतीय दलित आन्दोलन का इतिहास' विषय पर शोध के लिए हर सप्ताह दिल्ली के बाहर जाता था। एक बार उनके घर इलाहाबाद भी जाना हुआ। मेरा वह शोध बाद में चार खण्डों में राजकमल प्रकाशन, नयी दिल्ली ने छापा था। जिसमें उनके जीवन के बारे में लिखा था।

व्यक्ति अपने घर से बाहर निकलता है तो बहुत-सी बातें सीखता है। मसलन, दूसरों की भाषा, संस्कृति, संस्कार और व्यवहार। मैं भी बहुत कुछ सीखता था। इसी दौर में मराठी भाषा सीखना शुरू किया। सीखनी तो उर्दू और बंगाली भाषा भी चाही थी, लेकिन अलिफ़, बे, पे से बात आगे नहीं बढ़ सकी। बावजूद इसके कि दो-चार किताबें भी ख़रीद लीं पर मराठी भाषा में रुचि बढ़ती गयी जो मेरे जीवन में महत्त्वपूर्ण निर्णय था। हालाँकि उस निर्णय के पीछे दया पवार, दादा साहब रूपवते, राजा ढाले, नामदेव ढसाल, वसन्त मून, कौशल्या बेसन्त्री, प्रो. योगेन्द्र कवाड़े, गंगाधर पानतावणे, गोडबोले आदि का सान्निध्य और प्रभाव था। इतिहास पुरुष बाबा साहेब डॉ. अम्बेडकर तो मेरे भीतर सूर्य बनकर उगे थे। उनके सम्पूर्ण दर्शन और चिन्तन को मैं हिन्दी तथा अंग्रेज़ी के साथ मराठी भाषा के द्वारा भी पढ़ना और समझना चाहता था। कहना न होगा कि घुमक्कड़ी स्वभाव से मेरे भीतर जीवन का नया दर्शन शुरू हुआ। जिसने मेरे व्यक्तित्व और कृतित्व को नये आयाम सुलभ कराये। मुझे नयी दिशा दी। मेरी रचनाधर्मिता को वे रंग दिये, जिनसे दलित समाज के लोग महरूम थे। मेरे भीतर जद्दोजहद आयी और हर मौसम का सामना करने की हिम्मत भी।

दंगों को भी साम्प्रदायिक लोगों ने राष्ट्रीय त्योहार बना लिया था। कभी मेरठ तो कभी ग़ाज़ियाबाद, कभी अलीगढ़ तो कभी लखनऊ, कभी हैदराबाद तो कभी बम्बई, कभी नासिक तो कभी कश्मीर, कभी भोपाल तो कभी आज़मगढ़। कहाँ-कहाँ के नाम गिनाये जायें? किस गाँव, किस क़स्बे, किस शहर, किस महानगर में कितने लोगों को क़त्ल किया गया, कितने लोगों को आग में झोंका गया, कितनी महिलाओं से बलात्कार किया गया, कितने घर जलाये गये, कितनी माँओं के गर्भ से बच्चे निकालकर कितनी यौनियों को क्षत-विक्षत कर बच्चों को मार डाला गया? कितने भाइयों से उनकी बहनों को अलग कर दिया गया? कितने सुहाग उजड़े, कितने घर उजड़े, कितनी बस्तियाँ वीरान हो गयीं, कितने लोगों को विस्थापित होकर दर-बदर होना पड़ा? कहाँ तक मैं गिनाऊँ? मैं आँकड़ेबाज तो था नहीं और न ही किसी राजनीतिक दल का बहरूपिया। फिर कैसे दंगों के आँकड़े प्रस्तुत करता, कैसे बतलाता कि हमारी सरकार में पिछली सरकार की बनिस्बत कम दंगे हुए। जिनमें कम लोग मारे गये, कम महिलाओं से बलात्कार हुए, कम

संख्या में मकानों को आग लगायी गयी? हाँ लिखना तो था ही इन सब पर। क्योंकि महिलाओं की कातर चीख़ें मुझे बर्दाश्त नहीं होतीं। स्वयं सरकारी कारिन्दे ही अगर मज़लूमों का, मुफ़लिसों का ख़ून बहायें तो देखा जाता नहीं। बिना लिखे चैन भी नहीं आता। बेचैनी बढ़ने लगती है। मेरे लिए तो लिखना किसी इबादत से कम नहीं। इबादत भी ऐसी जिसमें आन्दोलन की गूँज हो। संघर्ष का जज़्बा हो।

मेरे अपने ही शहर मेरठ के दंगों का कितनी बार मैं चश्मदीद गवाह रहा हूँ। कभी शाहघासा का, कभी जली कोठी का, कभी मलियाना का, कभी हाशिमपुरा का, कभी लाल कुर्ती का, कभी शोहराब गेट का, कभी ठठेड़वाड़ा का, कभी गुदड़ी बाज़ार का कभी इस्लामाबाद का, तो कभी पैड़ामल बाज़ार का, तो कभी तीरघरान का। मेरठ का चप्पा-चप्पा और ज़र्रा-ज़र्रा अभिशप्त था। दंगों का यह त्योहार कभी साल में आता था तो कभी छमाही में ही आकर लोगों के तन तथा मन दोनों को ही झुलसा देता। न तारीख़ निश्चित थी और न वर्ष।

'एक शव का बयान'

यह कविता उसी दौरान लिखी गयी। जब मेरा शहर झुलस रहा था। ऐसा नहीं था कि सिर्फ़ कविता लिखकर ही उन दिनों मैं तसल्ली कर लेता था। होमगार्ड्स से लेकर सिविल डिफेंस तक से मेरे रिश्ते अभी भी क़ायम थे। बरसों पहले मैं होमगार्ड्स में भर्ती हुआ था। सिविल डिफेंस की साप्ताहिक बैठकों मे भी शामिल होता था। कांशीराम जी के साथ तो दिल्ली और मेरठ में मस्जिदों में मीटिंग भी की थी। शान्ति मार्च में शामिल भी हुआ था। शहर जब जलता था तो उसकी लपटें तो मेरे जैसे आदमी को झुलसाती ही थीं। यह कविता मेरे द्वारा 1990 में लिखी गयी।

मेरी बस्ती में
जब गोली चली
नज़दीक के कच्चे मकान से
मैंने किसी के कराहने की आवाज़ सुनी थी
और पुलिस के ख़ौफ़नाक दस्ते के
पास आने की भी।
खिड़की, दरवाज़े
सब बन्द कर लिये थे मैंने
गोलियाँ चलने की आवाज़ें
नज़दीक आने लगी थीं।
मैंने भयभीत हो

लिहाफ़ में मुँह डाल लिया था
मेरा मकान,
किसी खँडहर की तरह
काँप रहा था।
पुलिस वैसे ही दरिन्दगी में थी
दहशत में डूबा हर व्यक्ति
बिना आँसुओं के रो रहा था।
महिलाएँ घर के कोनों में दुबकी थीं
बच्चे खेलने की सुध भूल चुके थे
जिनकी आँखों में विवशता थी
मुट्ठियों में बन्द आक्रोश था
दरवाज़े पर दस्तक नहीं हुई
उसे तोड़ा गया था।
मैं अभी भी बिना हिले-डुले
मौत का इन्तज़ार कर रहा था।
मौत जो आनी ही थी
मेरी ही नहीं
मेरी जाति और धर्म के हर व्यक्ति की।
महिलाओं को
बलात्कार का शिकार होना था
और बच्चों को अनाथ
अगले ही पल
मैं पुलिस की गिरफ़्त में था।
हममें से हर कोई
अपने ही ख़ून में डूबा था।
पुलिस की राइफल के कुन्दे
अभी भी मेरे ज़ख़्मों के भीतर
गड़ रहे थे।
धीरे-धीरे हम
लाशों में तब्दील होते जा रहे थे।
पुलिस की बन्द गाड़ियाँ
हमें नहर की ओर ले जाने लगी थीं।

मौत से जूझते हुए दर्दनाक पल
और पानी में डूबती-उतराती लाशें
हम सभी विवश थे
कुछ पल बाद
हम सब
ज़िन्दा आदमी से
शवों में बदल गये थे
और ज़िन्दा क़ौम का इतिहास
मुर्दों के बीच लिख रहे थे।

मेरठ में इस बार साम्प्रदायिक दंगे ने गहरे तक ज़ख़्म दिये। मुसलमानों को घरों से खींच-खींचकर बेदर्दी से मारा गया। हालाँकि पी.ए.सी. बटालियन का कहना था कि उग्र मुसलमानों ने कई स्थानों पर उन पर हथियारों से हमले किये। बात कुछ भी हो पुलिस फोर्स का वह निर्णय बहुत ही घातक था। मैं तब मेरठ में ही था। परिवेश में चप्पे-चप्पे पर आतंक पसरा था। किसका आतंक था? पुलिस का, सरकार का, हिन्दुओं का या फिर राजनीतिक गुण्डों का? दंगों के बाद बहुत कुछ लिखा गया। बहुत कुछ छपा भी। पर हल क्या निकला आख़िर? यह पंक्तियाँ लिखते हुए भी देश में कहीं किसी गाँव, किसी क़स्बा, किसी शहर महानगर में हमले बदस्तूर जारी थे। हाशिमपुरा मामले में मेरठ, ग़ाज़ियाबाद, सम्भल, अलीगढ़, रामपुर, दिल्ली आदि के नागरिकों ने अपनी-अपनी संस्थाओं के माध्यम से न्याय की अपील की थी। बाद में हैदराबाद की ऑल इण्डिया मजलिस-ए-इत्तेहादुल मुस्लिमीन ने भी हाशिमपुरा नरसंहार मामले पर दिल्ली की एक अदालत के फ़ैसले के ख़िलाफ़ उत्तर प्रदेश सरकार से अपील दायर करने की माँग की। इस मामले में सभी 16 आरोपी पुलिसकर्मी बरी कर दिये गये थे।

क्या मन्दिर और वेश्यालयों में कुछ अधिक अन्तर रहा है? तथाकथित राष्ट्रपिता मोहनदास करमचन्द गाँधी ने तो इस अन्तर को बहुत पहले रेखांकित किया था और मन्दिरों के औचित्य पर सख़्त टिप्पणी करते हुए लिखा भी है। मन्दिर किन्हीं वेश्यालयों से कम नहीं रहे हैं। वे अपनी पवित्रता ख़त्म कर चुके हैं। बाबा साहेब डॉ. अम्बेडकर भी दलितों के मन्दिर प्रवेश के आन्दोलन के अन्तिम दौर में मन्दिरों को भूल गये थे। उनके लिए मन्दिरों का कोई औचित्य ही नहीं रहा था। वैसे भी मन्दिर के रखवालों ने दलितों के साथ कितना निर्मम व्यवहार किया था, यह सब इतिहास में दर्ज हुआ है। आज़ादी के बाद जब रामजन्मभूमि और बाबरी मस्जिद का विवाद तेज़ी के साथ उठा था तो मान्यवर कांशीराम ने तो रामजन्मभूमि में

पेशाबघर बनवाने का सुझाव दिया था, जो अपने आप में क़ाबिले-तारीफ़ था। इसलिए कि आज लोगों को भी यह महसूस हुआ है कि उन्हें मन्दिर नहीं पेशाबघरों की अधिक ज़रूरत है। हल्का होने के चक्कर में गलियों तथा सड़कों पर चलते हुए कम-से-कम उन्हें अपने-अपने ...उठाये हुए तो भटकना न पड़ेगा। मैं भी आज उम्र के इस मोड़ पर आकर इसी नतीजे पर पहुँचा हूँ कि कुकुरमुत्तों की तरह अवैध रूप से उगे मन्दिरों को तोड़कर उन शहरों की डेवलपमेण्ट अथॉरिटी को पेशाबघर बनवाने चाहिए, जिनमें महिलाओं का आरक्षण होना ज़रूरी है।

वैसे भी मन्दिरों की पवित्रता ख़त्म हो चुकी है। कहना न होगा कि अधिकांश मन्दिर रंडियों, भड़वों, दलालों, भ्रष्टाचारियों, कमीनों, मुफ़्तख़ोरों, भिखारियों और व्यभिचारियों के अड्डे बन गये हैं। समझ नहीं आता कि इतना सब कुछ होने पर भी हिन्दूजन मन्दिरों के निर्माण में बढ़-चढ़कर भूमिका क्यों निभाता है? क्या सवर्ण बुद्धिजीवी इस पर विचार नहीं करते? बलात्कार की शिकार महिलाओं का भी आख़िर मन्दिरों से मोह ख़त्म क्यों नहीं होता है?

वैद जी जब-जब बम्बई से आते, तब-तब वे सुरेन्द्र मोहन जी के फ्लैट में ठहरते। वह उनका ठिकाना था। वैसे सुरेन्द्र मोहन जी के रफ़ी मार्ग स्थित वी.पी. हाउस के फ्लैट में सभी का स्वागत होता था। दो कमरों का सरकारी घर, जिसके एक कमरे में हमेशा कोई-न-कोई ठहरा होता था। दूसरे कमरे में मंजू मोहन यानी उनकी पत्नी, वे और बच्चे। समाजवादियों का कोई ऐसा गुण नहीं था, जो सुरेन्द्र मोहन के भीतर न हो। चाय से लेकर नाश्ता और कभी-कभी नाश्ते से लेकर भोजन तक। मेहमाननवाज़ी में स्वयं मंजू मोहन भी पीछे न रहतीं।

वैद जी वाल्मीकि जाति से थे। ख़ूब पढ़ते-लिखते थे। तर्क करने में सदा आगे रहते थे। वे उन दिनों ब्लिट्ज़ में लिखते थे और बातचीत के दौरान आर.के. करंजिया का उल्लेख करना नहीं भूलते थे। धोती-कुर्ता पहनते थे। ख़ूब बड़े-बड़े बाल जो कन्धे से भी नीचे आते थे। उत्तर प्रदेश के रहने वाले थे। इस बार आये तो मुझे फ़ोन किया। नैमिशराय जी सुरेन्द्र मोहन जी के यहाँ हूँ। दोपहर को आइये। वे अधिकार भाव से मुझे बुलाते थे। मुझे भी अच्छा लगता था। यह सोचकर कि चलो कोई तो मुझे अपना समझता है। गाँधीवाद से वे अम्बेडकरवाद की तरफ़ लौट रहे थे। समाजवादियों से भी उनका मोह भंग होने लगा था। पर उनसे अलग नहीं हो पाते थे। अम्बेडकर का समूह उन्हें पूछता नहीं था। उसका कारण यह भी था कि उनकी पहचान नहीं बन पायी थी। बहुत पहले अकसर उत्तर प्रदेश और दिल्ली के जाटवों के बारे में कभी-कभी महाराष्ट्र के महारों के सम्बन्ध में भी अंट-शेंट कह जाते थे। मैं उनकी बात बिना किसी प्रतिक्रिया,

धैर्य से सुनता था। कई बार वे यह भी कह चुके थे कि डॉ. अम्बेडकर तो भंगी जाति से था। (वे ऐसा ही बोलते थे) मुझे उनकी बात कुछ अटपटी-सी लगती थी। एक-दो बार बम्बई जाने पर मैंने साथियों से भी इस बारे में ज़िक्र किया। उन्होंने कोई जवाब नहीं दिया था। हाँ वसन्त मून बताते थे कि महार जाति साढ़े बारह जातियों-उपजातियों में रही है। दूसरी बात वैद जी यह भी बतलाते थे कि बम्बई में चांभार भी झाड़ू लगाते हैं। यह बात सुनकर भी मुझे अजीब लगता था। बावजूद इन सबके मैं उनका सम्मान करता था।

मुहम्मद खड़स कभी-कभी दिल्ली स्थित 'लोकायन' आते थे। उन्होंने भी एक बार बतलाया कि महाराष्ट्रीय भंगी व्यवसाय में मेघवाल, चांभार, खलप और वाल्मीकि आदि कई जातियाँ शामिल रही हैं। आगे उन्होंने बतलाया कि हो सकता है मजबूरी में उन्हें भंगी बनना पड़ा हो तो भी इससे निजात पाने की हर सम्भव कोशिश वे करते हैं। उनकी पुस्तक 'नरक सफ़ाई' (जिसे उन्होंने अरुण ठाकुर के साथ मिलकर मराठी में 'सफ़ाई गोष्ठ' नाम से लिखा था।) में भी यह दर्ज है, जो 1996 में हिन्दी में राजकमल प्रकाशन से छपी। गुजरात से जो अछूत रोज़ी-रोटी की तलाश में बम्बई गये। उनके हाथों में महानगरपालिका ने झाड़ू थमा दी। उसी व्यवसाय को उन्हें मजबूरी में करना पड़ा। नरक सफ़ाई पुस्तक इन सबका हवाला देती है। पुस्तक और भी कुछ हवाले देती हैं। उदाहरण के लिए, किसी सोनी नामक दलित की आत्मकथा के बारे में वर्णन है कि कैसे गुजरात से बम्बई जाने वाले दलितों को ट्रेन का टिकट लेने में जद्दोजहद करनी पड़ती थी। बुकिंग क्लर्क उनके द्वारा दिये गये पैसों को पहले नज़दीक रखे पानी के बर्तन में डालकर धोता था, फिर उनका टिकट दूर फेंकता था, जिससे उस सवर्ण कर्मचारी को छूत न लगे। गुजराती में एक कहावत है–

देव गया डुगरे, पीर गया मक्के,
अंगेरेजना राज मा, धेड़ मारी धक्के।

भगवानदास पर केन्द्रित अपेक्षा के विशेषताओं के सम्पादकीय में तेजसिंह ने लिखा था, "समाज पर उसी सामाजिक वर्ग का वर्चस्व होता है, जिसके पास तीन सत्ताएँ होती हैं–एक ज्ञानसत्ता, दूसरी राजसत्ता और तीसरी धर्मसत्ता।" पर देखा गया कि भगवानदास जी के पास सिर्फ़ ज्ञानसत्ता थी। राजसत्ता और धर्मसत्ता से वे कोसों दूर थे। यहाँ तक कि जातिसत्ता भी उनके पास नहीं थी। जिस जाति को सीढ़ी बनाकर अधिकांश दलित नेता भी सत्ता की मचान तक पहुँचने में कामयाब रहे हैं, वह जाति ही उनके साथ नहीं थी। यह भी एक विरोधाभास ही था कि जिस उपेक्षित जाति से वे थे उसी उपेक्षित जाति के लोगों के द्वारा भगवानदास उपेक्षित

रहे। इसलिए कि उन्होंने न तो उसी जाति की ठेकेदारी की और न ही उनकी दलाली। इसलिए कि वे ताउम्र 'वाल्मीकि' शब्द का ही विरोध करते रहे। इसलिए कि उन्होंने भंगी जाति में रहते हुए वाल्टेयर बनने की कोशिश की। इसलिए कि उन्होंने बाबा साहेब डॉ. अम्बेडकर के बनाये मार्ग पर चलकर सबसे पहले बौद्ध धर्म स्वीकार किया। जबकि अस्सी के दशक तक दिल्ली के वाल्मीकि जाति के लोगों में न डॉ. अम्बेडकर में श्रद्धा थी और न ही बौद्ध धर्म में आस्था थी। वाल्मीकि तो गाँधी को ही अपना सर्वेसर्वा मानते हुए हिन्दू धर्म में आस्था रखे हुए थे। जबकि भगवानदास न गाँधी में अस्था रखते थे और न ही हिन्दू धर्म में बल्कि वे दोनों को दुत्कारते थे। और वाल्मीकि जाति के अधिकांश लोग भगवानदास को दुत्कारते थे। यही नहीं वे उन्हें वाल्मीकि जयन्ती में नहीं बुलाते थे।

मैं इसे उनके जीवन की त्रासदी कहूँ या वाल्मीकि जाति के कुछ लोगों की बेवकूफ़ी जो उस समय के एम.ए. और एलएल.बी. (सम्भवतः दिल्ली के भंगी समुदाय के पहले विद्वान) के साथ सुप्रीम कोर्ट के वकील, लेखक, प्रवक्ता थे। बावजूद इसके वे हाशिए पर रहे। उनके जीवन में कितनी जातियों, धर्मों, उपजातियों, पन्थों के रंग थे। उनकी माँ मुसलमान थीं और पत्नी खटीक तथा वे वाल्मीकि और हिन्दुत्व को ठोकर मारकर बौद्ध हो गये थे।

अस्सी के दशक तक भगवानदास के साथ ओमप्रकाश वाल्मीकि, महेन्द्र बेनीवाल, डॉ. सुखबीर, सूरजपाल चौहान, के.एस. तूफ़ान तथा दुर्गादास (तब सेल्सटैक्स ऑफ़िसर) आदि से मेरा परिचय था। अन्य साथियों में से किसी से भी मुलाक़ात नहीं थी। वाल्मीकि समाज के साथियों के बीच अन्तर्द्वन्द्व चल रहे थे। कुछ उनसे बाहर निकलकर अम्बेडकरवादी बनकर प्रगतिशीलता से जुड़ गये थे। शेष वहीं सड़ रहे थे। मैं यह भी बतला दूँ कि तब तक इन्हीं दो जातियों से ही विशेष रूप से उत्तरी भारत में लेखक, पत्रकार तथा सामाजिक कार्यकर्ता आगे आने लगे थे। पहले नम्बर पर जाटव, दूसरे पर वाल्मीकि और तीसरे नम्बर पर खटीक जाति के लोग थे जो बाद तक भी हिन्दू धर्म के बाड़े में क़ैद रहे थे और अम्बेडकर विचार से दूर।

कहना न होगा कि दिल्ली तथा आसपास के राज्यों में बाबा साहेब डॉ. अम्बेडकर का आन्दोलन जाटव जाति के लोगों से इतर अन्य जातियों में भी प्रवेश होने लगा था, लेकिन रफ़्तार धीमी थी। 1990 तक वाल्मीकि जाति की हज़ारों बस्तियों की अगर हम बात करें तो आठ-दस बस्तियों में ही बाबा साहेब जयन्ती (14 अप्रैल) मनायी जाती होगी। 14 अप्रैल के दिन राष्ट्रीय अख़बारों में डॉ. अम्बेडकर को याद करते हुए किसी वाल्मीकि लेखक के द्वारा आलेख आदि लिखना तो दूर की बात थी। हाँ वाल्मीकि नेताओं के द्वारा सिर पर मैला ढोने

के विषय पर कभी-कभी चर्चा ज़रूर होती थी जिसमें उन्हीं की जमात के चन्द पढ़े-लिखे लोग उस चर्चा में शामिल हो जाते थे। पर अगले दिन वे भूल जाते थे और उनकी माँ, बहन तथा बेटियाँ टोकरा-झाड़ू उठाकर 'गू' उठाने चली जाती थीं। मेरी जानकारी में 'मलमूत्र' ढोने, साफ़ करने तथा मैला कमाने जैसे घृणित पेशे को छोड़ देने के विषय पर स्वयं वाल्मीकि सामाजिक कार्यकर्ताओं, लेखकों, राजनीतिज्ञों ने मिलकर ईमानदारी से कोई कार्यक्रम किया हो या मलमूत्र से मुक्ति के लिए कोई मुहिम चलाई हो, ऐसा मुझे याद नहीं आता। 17 अप्रैल, 1992 के सण्डे मेल के अंक में लगभग आधे पृष्ठ का गम्भीर आलेख 'सिर पर मैला ढोने से मुक्ति कब मिलेगी?' छपा था। जिसे मैंने कई लोगों के साक्षात्कार लेकर एक सप्ताह की मेहनत के बाद लिखकर तैयार किया था।

नब्बे के दशक के शुरुआती वर्षों में आर. कमल हमसे जुदा हो गये थे। जीवन के अन्तिम समय में वे कानपुर के ही अपने साथियों से अलग-थलग होते गये थे। फिर भी वे अन्तिम साँस तक बाबा साहेब डॉ. अम्बेडकर के आन्दोलन से अलग नहीं हुए। आज भी जब उनकी याद आती है तो आँखें नम हो जाती हैं।

इधर डॉ. धर्मवीर की रचनाधर्मिता में ज़बरदस्त तरह से विकास ही नहीं हुआ था बल्कि उन्होंने दलित इतिहास, अस्मिता, संस्कृति तथा साहित्य पर नये तरह से लिखकर विमर्श को आगे बढ़ाया था। जहाँ 'हिन्दी की आत्मा' उनकी पुस्तक पाठकों तथा शोधार्थियों के द्वारा पसन्द की गयी थी, वहीं कबीर और रैदास पर उनका विचारमन्थन चल रहा था। ऐसे में तब जे.एन.यू. की शोधार्थी प्रभा सुमन ने धर्मवीर के ख़िलाफ़ आवाज़ उठाई थी, जिसे बल और तूल दिया गया कुछ सवर्ण अध्यापकों, लेखकों, लेखिकाओं, चिन्तकों के द्वारा। त्रासदी तो यह भी कि एक दलित लेखक तथा चिन्तक के ख़िलाफ़ स्वयं दलित महिलाएँ जुड़ गयीं। उनमें अनिता भारती, रजनी तिलक और विमल थोरात मुख्य थीं। कारण चाहे कुछ भी रहा हो, बाद में चलकर इन महिलाओं के गुट के साथ धर्मवीर के खेमे से जुड़े साथियों के भीतर से उभरे मतभेदों के कारण दलित साहित्य और वैचारिकी में विभाजन की रेखाएँ स्पष्ट होने लगी थीं। यह सब दुखद ही था।

एक मित्र ने बतलाया था। इन्दौर से महेन्द्र भाई फ़ीचर चला रहे थे। विनोबा भावे के आग्रह पर यह सर्वोदय प्रेस वैकल्पिक मीडिया के रूप में शुरू हुई थी जिसमें जल, जंगल, ज़मीन, विस्थापन, सामाजिक परिवर्तन आदि विषयों पर लिखे गये आलेख लगभग 250 अख़बारों तथा पत्रिकाओं को प्रकाशनार्थ भेजे जाते थे। मैं तो पहले से ही इन मुद्दों पर लिखता रहा था। बाद में महेन्द्र भाई का फ़ोन नं. मिलने पर मैंने लिखना आरम्भ किया। इससे पारिश्रमिक में तो कुछ ख़ास इज़ाफ़ा नहीं

हुआ, लेकिन मेरे पाठकों का और अधिक विस्तार हुआ। जो सामाजिक दृष्टिकोण से अच्छा था। पत्र-पत्रिकाओं में प्रकाशित आलेखों का सन्देश भी दूर-दूर तक जाता था।

भारतीय राजनीति में जहाँ 1990 का दशक सामाजिक न्याय और परिवर्तन का दशक माना जायेगा, वहीं दलित आन्दोलन और साहित्य के लिए प्रेरक भी। इस पूरे दशक में बनती-बिगड़ती परिस्थितियों ने पूरे दलितों के भीतर उद्वेलन पैदा कर दिया। वे उत्तेजित हुए और संघर्ष-पथ पर आगे बढ़ चले। यही दशक उत्तर प्रदेश में दलित महिला को मुख्यमन्त्री और केन्द्र में पिछड़े वर्ग की सरकार बनाने वाला भी सिद्ध हुआ। वहीं राजनीति में उग्र हिन्दुत्व के आन्दोलन का भी दशक रहा। इसी में राम मन्दिर का धर्मोन्माद पैदा हुआ और रामरथ यात्राएँ निकलीं। इसी दशक में 6 दिसम्बर, 1992 को अयोध्या की बाबरी मस्जिद का ध्वंस हुआ।

इसी दशक में कुछ उग्रपन्थी मुसलमानों के द्वारा आतंकवाद का भी तेज़ी से प्रचार-प्रसार हुआ। वे ख़ुदा के ख़िदमतगार बनकर हमलावरों के रूप में हिन्दूजनों पर मार-काट करने लगे। कश्मीर में तो उन्होंने इन्तिहा ही कर दी। लूटमार, आगजनी से लेकर ब्राह्मण महिलाओं से बलात्कार की घटनाओं में तेज़ी से बढ़ोतरी हुई। कुछ को कलमा पढ़वाकर घरों में रख लिया गया तो कुछ को घाटी से धकेल दिया गया। उन्हीं श्रेष्ठ कही जाने वाली ब्राह्मण जाति से जो महिलाएँ बचीं, वे विस्थापन का शिकार हुईं। उनमें कुछ अँधेरी और बदनाम गलियों की सुरंगों में प्रवेश कर गयीं तो कुछ ने शहरों में आकर कॉलगर्ल का पेशा अपना लिया। ब्राह्मणत्व ख़ाक होता गया और उसी जाति के युवा धुआँ-धुआँ। सच कहा जाये तो कुछ उग्र हिन्दुओं ने जहाँ एक बाबरी मस्जिद को ख़ाक किया था, वहीं कई लाख हिन्दुओं का जीवन न केवल भारत में बल्कि पाकिस्तान में भी ख़ाक हो गया था। आतंकवाद का अन्तर्राष्ट्रीय स्तर पर राजनीतिक दोहन हुआ था जिसके कारण बहुत सारे बेकुसूर भी मरने-खपने लगे थे।

नब्बे के दशक के मध्य तक मेरा विश्वविद्यालयों में आना-जाना कम ही था। जे.एन.यू. में डॉ. नन्दूराम से दो-तीन बार मिलना हुआ था। जबकि गोबिन्द प्रसाद से मिलना नहीं हुआ। 1995 में प्रकाशित मेरी आत्मकथा 'अपने-अपने पिंजरे' का टाइटल उन्होंने ही बनाया था। दिल्ली विश्वविद्यालय में प्रो. संघ सेन तथा भन्ते सतपाल जी के पास भी मैं आता-जाता था। प्रो. संघ सेन उन दिनों रोहिणी में रहते थे तथा भन्ते सतपाल का डी.यू. कैम्पस में ही निवास था जबकि डॉ. सुखबीर सिंह, जो राजधानी कॉलिज में पढ़ाते थे, पहली बार उनसे डॉ. श्याम सिंह 'शशि' के ऑफ़िस प्रकाशन विभाग, पटियाला हाउस में मुलाक़ात हुई थी और दूसरी बार डॉ. महीप सिंह के पंजाबी बाग स्थित ऑफ़िस और घर पर हुई

थी। जबकि तीसरी बार डॉ. एन. सिंह से मण्डी हाउस में मिलना हुआ था। इन दोनों का स्वभाव गम्भीर था और वे पढ़ने-लिखने में अपना समय अधिक लगाते थे जबकि डॉ. सुखबीर सिंह गम्भीरता की परत कभी-कभी अपने चेहरे से उतार लेते थे। लेकिन उनकी आँखों पर हर समय काला चश्मा चढ़ा रहता था जिससे उनका व्यक्तित्व रहस्य से भर जाता था। वे शाहदरा में रहते थे और दलित समाज के लेखकों, कवियों तथा पत्रकारों से उनकी उठ-बैठ कम ही थी। यहाँ तक कि वाल्मीकि समाज के साथियों से भी उनके सम्बन्ध सीमित ही थे।

मैं अगर यह कहूँ कि 'बयान बाहर' कविता लिखना निश्चित ही उनके लिए चुनौती भरा रहा होगा। बावजूद इसके अकादमिक दुनिया में उनके मित्र अधिक थे बल्कि अगर यह भी कहा जाये तो वे अपनी जाति की पहचान को छुपाते थे तो ग़लत न होगा। बाबा साहेब डॉ. अम्बेडकर जयन्ती के साथ दलित साथियों के द्वारा आयोजित अन्य कार्यक्रमों में भी वे कम ही आते-जाते थे। बावजूद इन सबके वे अपनी जाति को भले ही माथे पर न चिपकाते थे, लेकिन कॉलिज में अध्यापकों तथा विद्यार्थियों के बीच उनकी जाति का प्रसंग मज़े लेने के लिए ख़ूब किया जाता था। डॉ. गोबिन्द प्रसाद जाति छुपाने के मामले में डॉ. सुखबीर सिंह से भी आगे थे। उनकी हिम्मत 'बयान बाहर' जैसी कविता लिखने की कभी नहीं हुई। यही कारण रहा कि उनके द्वारा लिखे गये कविता संग्रह 'कोई ऐसा शब्द दो' के बारे में बहुत ही कम साथी परिचित थे। यह कविता संग्रह हालाँकि 1976 में छपा था। पर उनमें से कुछ कविताएँ पहले छप गयी थीं या किसी अवसर पर अवश्य ही सुनाई गयी होंगी। उनकी कविताओं में मार्क्सवादी के द्वारा 'किसान मज़दूर' के बारे में नयी शब्दावली का समावेश रहा। उन्हीं की तरह डॉ. गोपाल गुरु (जे.एन.यू.) तथा डॉ. सिद्धू (डी.यू.) भी थे। जितना ये दोनों शख़्सियतें कम्युनिस्टों के नज़दीक थीं, उतना ही अम्बेडकरवादियों से दूर भी। वैसे डॉ. तेज सिंह (डी.यू.) मार्क्स और अम्बेडकर दोनों से ही रिश्ते बनाये हुए थे। लेकिन जाति के सवाल पर उतना मुखरता से नहीं बोलते, लिखते थे। लेकिन जब समीक्षा छपनी शुरू हुई तो उनकी मुखरता बढ़ी।

इसके आगे क्या लिखूँ और कितने दलित साथियों के नाम गिनाऊँ? मनोहर और अशोक भारती का सम्पूर्ण परिवार तो लाल झण्डे के रंग में रंगा हुआ ही था। रजनी का आनन्द के साथ प्रेम-विवाह इसी कारण हुआ। तब तक रजनी को भी लाल रंग ही भाता था, नीला नहीं और आनन्द स्वयं लाल झण्डे के रंग में रंगा हुआ और पक्का कम्युनिस्ट था। उसे अम्बेडकर तथा अम्बेडकरवादियों से एलर्जी भी थी। हालाँकि बाद के दौर में रजनी और उनका परिवार अम्बेडकरवाद की तरफ़ होने लगा था।

हिन्दी में पहली बार मेरी आत्मकथा 'अपने-अपने पिंजरे' का प्रकाशन होना ऐतिहासिक महत्त्व की बात थी। इण्डिया टुडे के साथ हिन्दी में हंस, वागर्थ, इन्द्रप्रस्थ भारती, युद्धरत आम आदमी, कथाक्रम, अपेक्षा, प्रतिमान, तीसरा पक्ष, अंगुत्तर, हम दलित, हाशिए की आवाज़, नयी धारा, संवेद, वसुधा आदि पत्रिकाओं के साथ जनसत्ता, नवभारत टाइम्स, राष्ट्रीय सहारा, हिन्दुस्तान दैनिक, अमर उजाला, दैनिक जागरण, राष्ट्रीय लोकमत समाचार आदि अख़बारों में भी समीक्षाएँ आयीं। हिन्दी के साथ अंग्रेज़ी, मराठी, गुजराती, तमिल, तेलुगु, उर्दू आदि भाषाओं के पाठकों तक हिन्दी की पहली दलित आत्मकथा की जानकारी पहुँची। अभी तक मराठी दलित आत्मकथाओं के बारे में ही पाठक और शोधार्थी जानते थे। उनके लिए साहित्य के नये आकाश खुले।

भागलपुर विश्वविद्यालय के हिन्दी विचार विभाग से रामजी सिंह का पत्र मिला। विश्वविद्यालय में 'अम्बेडकर एवं गाँधी' विषय पर मार्च में एक राष्ट्रीय परिसंवाद आयोजित करना चाहते थे वे। उनका कहना था कि डॉ. अम्बेडकर और गाँधी को एक-दूसरे के कट्टर विरोधी के रूप में पत्र-पत्रिकाओं में प्रस्तुत किया जाता रहा है। इस पर हमें विचार करने की आवश्यकता है। मैंने परिसंवाद में शामिल होने की अपनी स्वीकृति दे दी।

जिन दिनों वसन्त मून जी से मेरी अधिक मुलाक़ात हुई, उस समय देश में बाबा साहेब डॉ. भीमराव अम्बेडकर जन्मशताब्दी समारोह राष्ट्रीय स्तर पर मनाया जा रहा था। वसन्त मून साहब का नाम मैंने बम्बई प्रवास में कई बार सुना था, मुलाक़ात भी हुई थी। दिल्ली में जब-जब बाबा साहेब डॉ. अम्बेडकर जन्मशताब्दी समिति तथा लैण्ड्स रिफॉर्म समिति की बैठकें होतीं तो वसन्त मून का सन्दर्भ आता था। भारत सरकार की इन दोनों समितियों का मैं सदस्य था।

वसन्त मून उन दिनों चर्चगेट (बम्बई) के पास सचिवालय में बैठते थे। दादा साहब रूपवते जी यशवन्त चव्हाण मुफ्त विश्वविद्यालय के चेयरमैन थे। उन्होंने उनके बारे में मुझे बतलाया था। बाद में पूर्व जस्टिस आर.आर. भोले ने भी मून साहब का ज़िक्र किया था। बम्बई जाने पर मैं इन दोनों शख़्सियतों से मुलाक़ात करता था। आर.आर. भोले तो कुछ वर्षों के लिए दिल्ली में भी रहे थे। वे उन दिनों राज्यसभा में थे और जहाँ अब जनपथ पर डॉ. अम्बेडकर प्रतिष्ठान के भवन का निर्माण कार्य चल रहा है, वे वहीं रहते थे। तब मैं उनसे मिलने जाता था। वे मुझपर स्नेह करते थे और तसल्ली से बातें भी करते थे। दिल्ली के लेखकों के बारे में पूछते थे। सम्भवतः दलित समाज के सबसे पहले बनने वाले जस्टिस थे वे। जबकि दादा साहब की पहले से ही दलित नाटकों में रुचि थी। उन्हें अच्छा

लगता था जब मैं उन्हें मिलने के लिए फ़ोन करता था। वे तुरन्त कह देते थे, "नैमिशराय जी आ जाइए।"

वसन्त मून जी उन दिनों महाराष्ट्र सरकार के अन्तर्गत 'ऑफ़िसर ऑन स्पेशल ड्यूटी' (ओ.एस.डी.) के रूप में कार्य कर रहे थे। इससे पूर्व वे डिप्टी कलेक्टर थे। महाराष्ट्र सरकार ने 'डॉ. बाबा साहेब अम्बेडकर सोर्स मैटीरियल कमेटी' के सदस्यों की सहमति से उन्हें बाबा साहेब डॉ. अम्बेडकर सम्पूर्ण वाङ्मय के कार्य को पूरा करने की ज़िम्मेदारी सौंपी थी। मून साहब से सचिवालय में बहुत कम समय के लिए बातचीत हुई थी। लेकिन जितना समय भी मुलाक़ात रही, वह अच्छी ही रही। उनके भीतर मेरे लिए अपनत्व का भाव था। उत्तरी भारत के दलित साहित्य पर संक्षिप्त चर्चा हुई। वे उस समय ज़रूरी कार्य में व्यस्त थे। उसी दिन शाम को उन्हें मुख्यमन्त्री को बाबा साहेब सम्पूर्ण वाङ्मय की प्रगति रिपोर्ट प्रस्तुत करनी थी।

अगले दिन के बम्बई प्रवास में मराठी दलित कथाकार दया पवार, राजा ढाले और अरुण काम्बले से बम्बई विश्वविद्यालय में मुलाक़ात हुई। जहाँ मीनाक्षी मून भी आयी थी। उनसे भी बात हुई। तब तक उनकी पुस्तक 'आम्हीही इतिहास धड़वला' (अम्बेडकरी आन्दोलन में दलित महिलाओं की सहभागिता) आ गयी थी जिसका सम्पादन स्वयं मीनाक्षी और उर्मिला पवार ने किया था। यह दलित आन्दोलन पर एक महत्त्वपूर्ण दस्तावेज़ था। इसके बारे में कई साथियों से मैं सुन भी चुका था। पुस्तक मराठी भाषा में थी लेकिन बहुत कुछ समझ आता था। वैसे भी मराठी भाषा सीखने में मेरी रुचि थी।

90 के दशक में बहुत कुछ लिखा गया। देश और समाज के भीतर ही बवण्डर नहीं उठ रहे थे, मेरे भीतर भी ज्वार-भाटा उठ रहा था। कविता से लेकर कहानी और कहानी से लेकर उपन्यास, नाटक, संस्मरण, अनुवाद, आलेख भी ख़ूब लिखे, साक्षात्कार भी लिये और यायावरी जीवन भी जिया। सम्भवतः वर्ष 1993 में मेरे द्वारा सबसे अधिक कविताएँ लिखी गयीं। ईश्वर की मौत इसी वर्ष में लिखी कविता थी। ईश्वर के अस्तित्व पर ही सवाल था–

ईश्वर की मौत

ईश्वर की मौत
उस दिन होती है
जब बनता है कोई मन्दिर या मठ।
जहाँ बैठता है कोई

ठग-लुटेरा
और गुमराह करने वाला।
ईश्वर की मौत
उस दिन होती है
जब किसी महिला को बनना पड़ता है
देवदासी
जाना पड़ता है वेश्यालय
ईश्वर की मौत
उस पल होती है
जब मेरे भीतर उभरता है सवाल
ईश्वर का जन्म
किस माँ की कोख से हुआ था?
ईश्वर का बाप कौन?

इसी वर्ष मैंने 'आम्बेडकर आणि काश्मीर समस्या' पुस्तक का मराठी से हिन्दी में अनुवाद किया। इसके लेखक धनराज डाहाट हैं। 1993 में ही यह संकेत प्रकाशन, नागपुर से छपी थी। मैं तब तक काफ़ी मराठी भाषा सीख गया था, लेकिन अनुवाद में माहिर अपने आपको नहीं कह सकता था। अपने मित्र धनराज डाहाट और दिल्ली में शेखर की कभी-कभी मदद लेनी पड़ती थी।

प्रकाशन विभाग से मेरी 'समता की ओर' पुस्तक भी इसी वर्ष छपी। इसी दौरान मणिमाला बम्बई से दिल्ली आ गयी। बम्बई में नवभारत टाइम्स में अच्छी-ख़ासी नौकरी थी। पर उनकी जुझारूता ही शायद उनकी नौकरी ले बैठी। दिल्ली में उनका कोई ठिकाना नहीं था। ऐसा उन्होंने बतलाया। ख़ैर कोई बात नहीं। मैंने पत्नी से बात की। वह उन्हें घर में कुछ दिनों के लिए रखने को मान गयीं।

इसी तरह से रमणिका गुप्ता भी पश्चिम विहार के मेरे फ्लैट में लगभग एक सप्ताह रहीं। पत्नी ने उन्हें भी झेला। मैं उन दिनों डॉ. अम्बेडकर प्रतिष्ठान में बतौर सम्पादक कार्यरत था। तब मेरे पास टू व्हीलर था। रहने के लिए घर और दोस्त परिचितों से मिलाने के लिए मेरा स्कूटर और मैं। रमणिका गुप्ता को और क्या चाहिए था। उन्होंने स्वयं कहा था। मोहन जी चार-पाँच दिन रहूँगी आपके घर। इस बीच नया ठिकाना मिल ही जायेगा।

असल में बाबा साहेब डॉ. अम्बेडकर की जन्मशताब्दी मनाने के दौरान डॉ. अम्बेडकर के व्यक्तित्व और कृतित्व का तेज़ी से प्रचार-प्रसार ही हुआ था। कुछ राजनीतिज्ञ उनके नाम पर अवश्य ही धूल उड़ाने में लगे थे। साहित्य के क्षेत्र

में जहाँ कुछ सवर्ण लेखक, पत्रकार और सम्पादक दलित बुद्धिजीवियों को भ्रमित करने में लगे हुए थे, वहीं राजनीति के गुरु घंटाल गाँधी के नाम पर गुमराह कर रहे थे। इन दोनों मोर्चों पर जो सवर्ण मोर्चाबन्दी किये थे, उनकी भाषा लगभग एक जैसी ही थी यानी यह 1992 का दौर था और आरक्षण के ख़िलाफ़ सवर्ण लामबन्द हो रहे थे। जून 1992 में विश्वनाथ प्रताप सिंह ने दलित राष्ट्रपति का मुद्दा उठाया। पर वह मुद्दा ही रह गया। इस बीच शंकर दयाल शर्मा अवश्य ही देश के राष्ट्रपति बन गये। दलित राष्ट्रपति का मुद्दा हवा में विलीन हो गया।

सितम्बर 1992 में हाई कोर्ट इलाहाबाद का आरक्षण के विरोध में निर्णय आ गया, जो मई 1992 में दिये गये न्यायमूर्ति मार्कण्डेय काटजू के पहले फ़ैसले जैसा सवर्णों के पक्ष में था। बकौल कँवल भारती सितम्बर, अक्तूबर 1992 में हिन्दू कट्टरवाद चरम सीमा पर पहुँच गया। सवर्ण हिन्दुओं में एक बड़ा वर्ग आरक्षण के ख़िलाफ़ अपने बयान देकर भड़काने वाली स्थिति पैदा करने लगा।

15 नवम्बर 1992 को मण्डल रिपोर्ट पर सर्वोच्च न्यायालय का ऐतिहासिक फ़ैसला आया। उस फ़ैसले में पिछड़ी जातियों के लिए 27 प्रतिशत आरक्षण को तो स्वीकार किया, पर हवाई जहाज़ों में पायलट, परमाणु ऊर्जा, अन्तरिक्ष तथा रक्षा उत्पादन में लगे प्रतिष्ठानों में तकनीकी पदों पर आरक्षण अस्वीकार कर दिया। कहा जाये तो पिछड़ों के हक़ में यह एक सीमित निर्णय था। उसको भी नौकरशाही में बैठे सवर्ण उच्च अधिकारी देने को तैयार नहीं थे। पिछड़ों को आगे बढ़ने से ही पहले सरकारी घोषणाओं, योजनाओं को वे ध्वस्त करने में लगे थे।

परिवर्तन की हवा बहने लगी थी। जातियों की ज़ंजीरें टूटने लगी थीं। छुआछूत ख़त्म हो गया था। अन्तर्जातीय विवाह होने लगे थे। दलितों को मन्दिरों में प्रवेश मिलने लगा था। आरक्षण पूरा होने लगा था। रामराज फिर से लौट आया था। बकरी और भेड़िये एक साथ नदी, तालाबों, पोखरों में पानी पीने लगे थे। दलितों के लिए चाँद-सितारों की बरसात होने लगी थी। हर दिन अख़बारों में उनकी बेहतरी के लिए नयी-नयी घोषणाएँ होतीं, नयी-नयी योजनाएँ बनतीं। जहाँ सवर्ण नेता बाबा साहेब डॉ. अम्बेडकर का नाम तक लेना पसन्द नहीं करते थे। अब वे उन्हीं के चित्रों तथा प्रतिमाओं पर फूल-मालाएँ अपने उदार उद्‌गारों के साथ अर्पित करने लगे थे। कहने और लिखने का उद्देश्य यह कि विज्ञापन के द्वारा दलितों पर सोने-चाँदी की बरसात होने लगी थी।

हर वर्ष तैयार होने वाली मानवाधिकार की रिपोर्ट, गृह मन्त्रालय की रिपोर्ट, महिला आयोग की रिपोर्ट, रेणुका आयोग की रिपोर्ट, राज्य महिला आयोग की रिपोर्ट, दलित उत्पीड़न से सम्बन्धित स्पेशल सेल की रिपोर्ट आख़िर किसकी...में घुस जाती

हैं, क्या भारत सरकार, राज्य सरकार या अन्य सरकारी, अर्ध-सरकारी एजेंसियों की ...हज़ार पृष्ठों की रिपोर्ट उनके भीतर चली जाती है और पता ही नहीं चलता?

रिपोर्ट तैयार करने वालों से लेकर वह रिपोर्ट संसद पटल पर रखने वाले भाड़े के टट्टू आख़िर यह तमाशा हर वर्ष क्यों करते हैं? क्या उन्हें दलितों की चीख़ें सुनाई नहीं देतीं, क्या उन्हें महिलाओं के आँसू दिखाई नहीं देते या फिर वे फाइनल रिपोर्ट हो जाने के बाद गाँधी के बन्दर बन जाते हैं और वह भी इस उम्मीद में कि रामराज्य अब आने ही वाला है। पर इसमें बेशर्म और निकम्मे तो अधिकांश दलित नेता भी हैं जिन्हें सत्ता के अलावा और कुछ दिखाई नहीं देता था।

दिल्ली में न बनियापाड़ा था और न ठठेरवाड़ा। लगता था मराठे दिल्ली दरबार तक आते-आते जहाँ-तहाँ खपते गये थे या फिर हो सकता है पानीपत के मैदान से इस तरफ़ आये ही नहीं हों। पर जातियों के नाम पर गलियों, बस्तियों के नाम यहाँ भी थे। ब्राह्मण वाली गली से लेकर मोचीबाग (अब मोतीबाग) तक और तेलीवाड़ा से लेकर जटवाड़ा तक, गूजरवालान से लेकर कसाईवाड़ा तक! हींग की मण्डी से लेकर गुड़ की मण्डी तक। अंसारी रोड से लेकर सैयदवाड़ा तक। पत्तेवाली गली से लेकर बस्ती जुलाहा तक।

कहना न होगा कि मेहनतकश जातियों ने ही शहरों में जीवन का संचार किया था। देश के सिंहासन पर बैठने वाला कोई भी रहा हो। राजधानी में सत्ता के घोड़े दौड़ाने वालों में कोई भी हो, पसीना बहाने वालों को कैसे ख़ारिज किया जा सकता है। हालाँकि जैसे-जैसे दिल्ली को सजाया, सँवारा गया, वैसे-वैसे दलितों को उजाड़ा भी गया। उनके गाँवों को तहस-नहस कर अट्टालिकाएँ खड़ी कर दी गयीं। आज जिसे रायसीना कहा जाता है, वह कभी 'रासीना' नाम का गाँव था। एक गाँव या कबीला नहीं अनगिनत गाँव और कबीलों पर संसद भवन तथा राष्ट्रपति भवन बना दिये गये। एक बंजारा नहीं हज़ारों कहाँ खो गये, कहाँ चले गये? इतिहासकारों को ख़बर थी, पर वे चुप रहे। आज़ादी से पहले कलकत्ता से दिल्ली देश की राजधानी बनाने और आज़ादी के बाद शहरीकरण की प्रक्रिया तथा कल-कारख़ानों के निर्माण के कारण कितने दलित-आदिवासियों के सपने ध्वस्त हुए होंगे। उन्हें घर से बेघर होना पड़ा होगा। इसका अहसास तो उनकी अगली पीढ़ी को ही हुआ होगा।

उन दिनों उत्तरी भारत में दलित समस्याओं व सवालों पर खूब लिख रहे थे। उनकी पुस्तकें भी आ गयी थीं। लोकायन फ़ीचर सेवा के लिए मैंने उनसे आलेख के लिए पत्र लिखा था जिसका सकारात्मक उत्तर उन्होंने दिया था। उसके बाद

सण्डे मेल में प्रकाशित आलेखों, साक्षात्कारों, रिपोर्टों के सन्दर्भ में पत्र

पश्चिम विहार,
नई दिल्ली-110063.

7 फरवरी, 1995

मान्यवर महोदय,

कुछ वर्ष पूर्व तक मैं संडे मेल (हिंदी) में लिखता रहा था। इसी का विषय है कि मेरा पारिश्रमिक (सात हजार रुपये) अभी तक नहीं मिल पाया है। मरहूम श्री उदयन शर्मा जी ने भी एक बार पैसा दिलाने का आश्वासन दिया था। मुझे उम्मीद है कि आप इस संदर्भ में अवश्य ही ध्यान लेंगे और मुझे मेरा पारिश्रमिक दिलाने की कृपा करेंगे।

भवदीय,
मोहनदास नैमिशराय

संपादक
संडे मेल
नई दिल्ली.

Tel.: 2528930
231378

Bombay Tel.: 6424680

MOHANDASS NAMISHRAY

Writer & Journalist

Member: National Committee for Centenary Celebration of Baba Saheb Dr. B. R. Ambedkar, Govt. of India and Sub-Committee for Land Reforms.

B-G-5-A/30-B, Paschim Vihar,
New Delhi-110063

4/5, E.M. Estate, 291, S. V. Road,
Bandra, Bombay-400050

REF. No.............

DATED 3 जून, 94

सेवा में,

श्रीमान चेयरमेन महोदय,
प्रेस कौंसिल ऑफ इंडिया
फरीदकोट हाउस, कोपर निकस मार्ग
नई दिल्ली ।

मान्यवर महोदय,

निवेदन है कि संडे मेल [हिंदी साप्ताहिक] में 15 सित॰, 1991 से लेकर 13 फरवरी, 1993 के बीच मेरे कुछ लेख आदि प्रकाशित हुए थे । पारिश्रमिक संदर्भ में बहुत पहले से उन्हें लिखता रहा हूं । पर उनकी ओर से केवल आश्वासन मिले । पहले दिन बीते फिर सप्ताह/माह और अब साल/लेकिन आज तक पारिश्रमिक [सात हजार रुपयों के लगभग] नहीं मिला है । एक बार शम्सुलजमा [प्रकाशक] जी ने भी आश्वासन दिया था, पर वे अब नहीं है । मजबूर होकर मुझे यह पत्र आपको लिखना पड़ रहा है । इसलिए कि कई बार पत्र लिखे, व्यक्तिगत रूप से भी संडे मेल कार्यालय में जाकर नन्दन जी के साथ अन्य सम्बन्धित कर्मचारियों से भी मिला । लेकिन उन सभी से मदद मिलने के स्थान पर मानसिक आघात ही मिला है । जिससे मेरे स्वास्थ्य पर भी बुरा असर पड़ा है । परिणामस्वरूप आर्थिक नुकसान भी उठाना पड़ा है ।

2

इस संबंध में यह भी बताना जरूरी समझता हूं कि संडे मेल के लिए लेख/साक्षात्कार तैयार करने के लिए समय-समय पर दिल्ली से बाहर कलकत्ता नागपुर, पुणे, बंबई, औरंगाबाद तथा पूर्वी उत्तर प्रदेश के अनेक शहरों का दौरा भी करना पड़ा। वहां जाने में किराया आदि के लिए स्वयं मुझे ही पैसा खर्च करना पड़ा। वह खर्च भी नहीं मिला। जबकि लेख लिखने से पूर्व व्यक्तिगत स्तर पर स्वीकृति संडे मेल कार्यालय से मिली थी।

मुझे उम्मीद है कि आपके माध्यम से मुझे संडे मेल के द्वारा पारिश्रमिक मिल सकेगा। इसी आशय से यह पत्र मैं आपको लिख रहा हूं।

विशेषतौर पर दो बातें मैं ध्यान दिलाना चाहता हूं —पहला - पत्रव्यवहार दिल्ली के पते पर किया जाए। दूसरे पारिश्रमिक के लिए मुझे संडे मेल जाकर पुनः परेशान न होना पड़े। मुझे धनराशि का चेक घर पर (दिल्ली के पते पर) भेजा जाए।

पत्र के साथ संडे मेल में मेरे प्रकाशित लेखों का विवरण साथ है।

धन्यवाद।

भवदीय

(मोहनदास नैमिशराय)

बी-जी-5-ए/30-बी, पश्चिम विहार
नई दिल्ली-68

तो वे अशोक रोड, मुझसे मिलने को भी आये जब मैं डॉ. अम्बेडकर प्रतिष्ठान में सम्पादक था। इस तरह सम्पर्क सूत्र आगे बढ़े।

जनवरी-मार्च 1994 के युद्धरत आम आदमी के सम्पादकीय में रमणिका जी ने लिखा—“निलहा अंग्रेज़ी के दिन फिर लौटने को हैं। देश की जनता का पेट भरने के लिए खेती नहीं होगी, बल्कि मुनाफ़े का साधन होगी। छोटे किसान मज़दूर बनकर सड़कों पर आ जायेंगे। ...अब तो आम जनता से जुड़ी नीम, तुलसी, अदरक, हल्दी भी अमरीका में रजिस्टर्ड हो गयी है। जिस देश में नमक और नीम जैसी चीज़ों पर विदेशी ताक़तों का क़ब्ज़ा हो जाये, वहाँ आज़ादी की बात करना मज़ाक़-सा लगता है। अब यह समझ आने लगा है कि जिस संसद में बैठकर देश के तथाकथित प्रतिनिधियों के आचार-विचार के बारे में बाबा साहेब डॉ. अम्बेडकर ने संविधान बनाकर सौंपा था, उसी संसद में बैठकर कुछ

SUNDAY MAIL
INDIA'S PREMIER NEWSWEEKLY

2nd March, 95

Mr. Mohan Das Nemisharma,
B.G. 5-A/30-B, Pashchim Vihar,
New Delhi - 110 063.

Dear Sir,

Ref. : Your letter dated 07.02.95.

Enclosed please find a cheque No. 844554 dated 02.03.95 for Rs.3350/- drawn on State Bank of Mysore, Nehru Place, towards payment of contribution (Hindi Sunday Mail) as per details given below :-

Month	Amount/Rs.
April,92	500.00
May, 92	850.00
July, 92	900.00
August,92	150.00
Feb.,93	950.00
Total :	3350.00

Kind acknowledge receipt.

Thanking you,

Yours faithfully,
For LUSTRE PRINT MEDIA LTD.

N.K. JAIN
DGM (F & A).

Encl : a/a

CC : Mr. P. Sridhar

LUSTRE PRINT MEDIA LTD.
8, Balaji Estate, Guru Ravi Das Marg, Kalkaji, New Delhi-110 019; Ph : 6422127, 6435839, 6428868; Fax : 6435871

A DALMIA BROTHERS ENTERPRISE

कवँल भारती

सिरवारा रोड
सुलतानपुर-22800।

20·12·93

बड़े भाई नैमिशराय जी,

आपका 13·12·93 का पत्र आज मिला। आपसे मिलने की इच्छा तो मेरी भी बहुत है। कई बार दिल्ली गया, पर किसी ने आपका पता ही नही बताकर दिया। सो· आपका पत्र पाकर बहुत खुशी हुई। पिछला पत्र मुझे नहीं मिला, वरना जवाब जरूर देता। आप मेरे अग्रज हैं, वरिष्ठ हैं, आपके पत्र की उपेक्षा मैं कैसे कर सकता हूँ। फीचर सेवा लोकायन का आरम्भ करके वास्तव में आपने बहुत बड़ा काम किया है, एक अभाव को पूरा किया है, मैं अपना लेख भेज रहा हूँ। आगे भी भेजता रहूँगा। लोकायन से कितने अखबारो का अनुबन्ध हुआ है? क्या आप इस सेवा को दलित चिन्तन पर आधारित बनायेंगे ? मैं समझता हूँ कि इसी से इस सेवा की एक विशिष्ट पहचान बनेगी।

आशा है, आप सानन्द होंगे।

आपका अपना ही
कंवल भारती
20·12·93

प्रतिनिधियों को न देश की चिन्ता है और न समाज की बल्कि वे देसी और विदेशी इजारेदारों से हाथ मिलाते हुए भड़वागिरी और दलाली करने लगे हैं।''

हंस के नवम्बर-दिसम्बर 1994 के अंक में मलिका अमर शेख़ की आत्मकथा 'मैं खाक में मिल जाना चाहती हूँ' का अंश पढ़ा। बेहद मार्मिक और सुखद-दुखद अनुभूतियों से पूर्ण इसका अनुवाद प्रकाश भांतब्रेकर ने किया था।

उसके पिता अमर शेख बार्शी निवासी थे। मुसलमान परिवार में जन्मे थे। उनकी माँ का नाम मुनेरबी था। वह तलाक़शुदा थी। खेती में कामधाम कर अन्य माताओं की तरह दुख-दर्द झेलकर उन्होंने अपने बच्चों का पालन-पोषण किया था। कौन जानता था कि मुनेरबी की एक बच्ची को जवानी में क़दम रखते ही नामदेव जैसे अग्निपिण्ड तथा उसकी संघर्ष और आन्दोलन की कविताओं को पाल-पोसकर बड़ा करना होगा। पिता ने कलापथ की स्थापना की तो पति ने संघर्ष-पथ की। नामदेव अपने माँ-बाप का इकलौता बेटा था। बेहद खुरदरा, उद्दंड, पर ख़ुद्दार स्वयं मलिका के शब्दों में—

हक़ीक़त क्या थी? मेरे आसपास का विषम, असंगठित और अस्त-व्यस्त

समाज? बलात्कृत और पति के जुल्मों को सहते हुए, गृहस्थी में पैबन्द लगाकर जद्दोजहद में क़ुरबान हो रही औरतें? राजनेताओं की घिनौनी ख़रीद-फरोख़्त? क्रान्ति और विद्रोह की आड़ में बिकने वाले चवन्नी छाप नेता? कला को लेबल लगाकर पेट पालने वाले, अधभूखे उपेक्षित कलाकार? या कि ऐसे किसी भी चंगुल में न फँसने वाली मैं? मेरा अधूरा, उपेक्षित अस्तित्व? या निजी दुख-दर्द—एक दुश्चक्र...मैं अपने लिए क्या कर सकती हूँ? और इन सबके लिए क्या कर सकूँगी?

नामदेव कहता है, लुम्पेन क्लास ऐसा ही होती है, वह किसी भी भूमिका में नहीं होती, उनके बीच में काम करना टेढ़ी खीर है। ऐसा तो चलता ही है। धीरे-धीरे उनमें परिवर्तन आयेगा।

लेकिन मैं तो ऊब चुकी हूँ। कहाँ जाना है मुझे? किस दिशा में मेरी नैया हिचकोले खा रही है?

मेरे सपनों का घोंसला सँवारने वाला
एक भी वृक्ष नहीं रहा
एक अर्सा हुआ...
मेरा जीवन का चितवन ले उड़ा एक पंछी
मेरा दर्दे-जिगर तो कभी का बिछुड़ गया है।

विन्सेंट वॉन गॉग की आत्मकथा पढ़ने का सौभाग्य मिला। मैं सिहर उठी। क्या आदमी ऐसी ज़िन्दगी जी सकता है? ध्वस्तता की चरम सीमा तक? किसी मक़सद के पीछे पागल हो जाना, नीम बेहोशी में उसका पीछा करना, अलमस्त होकर आगे बढ़ना, सूरज के तप्त अग्निपिण्ड की तरह चुँधियाने वाली ज़िन्दगी...

अपनी प्रियतमा की फ़रमाइश पर कान कटवाने वाला जाँबाज़, दिलेर, कलन्दर व्यक्ति वॉन गॉग...चिलचिलाती, कड़ी धूप में झुलसा देने की सीमा तक सूरजमुखी को सँजोने वाला वॉन गॉग...उसने कहा है—मैं दुखों से निजात पाने का प्रयास कदापि नहीं करता। तभी तो अकसर कलाकार समग्र रूप से आत्माभिव्यक्ति कर पाता है, बिल्कुल ठीक कहा उसने वरना हम कीड़े-मकोड़ों की ज़िन्दगी जी रहे होते हैं।

हम सब अपनी-अपनी ज़िन्दगी के कलन्दर थे। फ़र्क़ सिर्फ़ इतना होता था कि कभी अपनी ज़िन्दगी दूसरों को सौंप देते थे तो कभी दूसरों की ज़िन्दगी में दबे पाँव या खुल्लम-खुल्ला प्रवेश कर जाते थे। हर लेखक से एक ही सवाल बार-बार पूछा जाता रहा है। मुझसे भी वही सवाल न जाने कितनी बार पूछा गया। जैसे हर लेखक के भीतर रहस्य की अनगिनत गुत्थियाँ हों। मसलन, आपके जीवन यानी मेरे जीवन में कितनी महिलाएँ आयीं? यह बात लाज़िमी भी है। लेखक के जीवन में महिलाएँ आती ही हैं। मेरे जीवन में भी आयीं। किसी को मुझसे प्रेरणा

मिली तो किसी को मुझसे सिला मिला। किसी ने मुझे अपनी मंज़िल मान लिया तो किसी ने मित्र। किसी ने पिता माना तो किसी ने भाई। किसी ने मुझे गुरु जी ही मान लिया। किसी ने मुझसे विवाह करने की भी पेशकश की। अब आप पूछेंगे कि नैमिशराय ने यह सब तो लिख दिया, पर जिज्ञासा भाव छोड़ दिया। आप महिलाओं के नाम जानना चाहते हैं। उससे क्या होगा? नया विवाद पैदा होगा। जाने भी दो। सम्भवतः देर सवेर लिख भी दूँ।

हर किसी का अपना स्वभाव था। उसकी अपनी उमंगें, उसके भीतर से उभरते इन्द्रधनुषी सपने। अपने आपको समर्पण करने की चाह। नदी होकर भी प्यासे रहने की नियति। तूफ़ान में अपनी-अपनी किश्ती पर सवार। कौन करता इनके सवाल हल? वे परेशान, स्वयं को मझधार में डुबाने को तत्पर। कोई संयम बरतती तो कोई उच्छृंखल हो जाती। उनमें से कुछ दरवाज़ों पर दस्तक देतीं तो कुछ मजबूर करतीं कि कोई आकर उनके बन्द दरवाज़े खोलें और भीतर प्रवेश करें।

दलित आन्दोलन हमारे लिए महान पर्व रहा है जिसके रिश्ते इतिहास और हमारी अस्मिता से रहे हैं। आन्दोलनरत साथियों में से चाहे वह रजनी हो या कृपा गौतम, सुमन प्रभा हो या कान्ता, मणिमाला हो या सुजाता, हेमलता महीश्वर हो या रंजना, मलिका अमर शेख़ हो या सुगन्धा शेंडे, सुलेखा कुंभारे या फिर छाया मुंब्रीसकर, सुभाषिनी अली हों या रमणिका गुप्ता, रमा पाण्डे हो या मैत्रेयी, सन्तोष हो या सत्या। जीवन के इस रणक्षेत्र में उनकी अपनी-अपनी जवाबदेही रही है। जीवन से मरण तक उनके उद्देश्य रहे हैं। इनसे जब भी बात होती दलित साहित्य और आन्दोलन पर विमर्श आगे बढ़ता। कुछ अपने बिखरते जीवन के बारे में बतलातीं और बिखराव को समेटने की बात भी करतीं।

कौसल्या बैसन्त्री ने एक बार कहा था प्यार करने की कोई उम्र नहीं होती और न ही कोई सीमा। अपनी आत्मकथा लिखने से पूर्व जितना उन्होंने वैवाहिक जीवन में झेला था, उससे कहीं अधिक आत्मकथा लिखते हुए औरत और वह भी अकेली हो चुकी औरत के रूप में यातनाओं को सहन किया था। इसलिए वे जीवन के अन्त तक प्यार चाहती रहीं, जो उन्हें नसीब नहीं हुआ। उनकी बेटी सुजाता का भी लगभग वही हाल हुआ। बावजूद इसके कि उन्होंने नयी किश्ती में सवार होने का प्रयोग भी किया। सत्या की बात कुछ और थी। उसने मुझसे कुछ चाहा था। पर क्या लेखक को जिस्मानी सम्बन्ध ही प्रेरणा देते हैं? लेखक के सम्बन्ध तो और भी रहे हैं। उन सम्बन्धों में माँ भी रही है, बेटी भी और बहन भी। वे भी किसी लेखक के लिए प्रेरक हो सकते हैं। रंजना एक सीधी-सादी मराठी लड़की। दिल्ली में नर्स की भूमिका निभाते हुए समाज में भी माँ, बहन, बेटी और मित्र की भूमिका

भी निभाती रही। कभी-कभी घर भी आती। पत्नी मुझसे कहती। देखो, नैमिशराय जी! कितनी मेहनत करती है। अकेली है। फिर भी जूझती है। सच कहूँ तो उसकी प्रतिबद्धता से मुझे प्रेरणा मिली। उसने मुझे सब कुछ मानकर जहाँ स्वयं को अर्पण करना चाहा, वहीं मैंने उन स्वस्थ सम्बन्धों को बनाये रखा। जबकि सत्या की बात अलग थी। पत्नी उसके बारे में तरह-तरह के सवाल करती थी मुझसे। जैसे थाह तक पहुँचना चाहती थी वह।

देखा जाये तो यह एक सनातनी नजरिया है जिसे सवर्ण कलाकारों ने ईजाद किया। हमें इसे ध्वस्त कर नये तरह से सोच-विचार करना चाहिए। वैसे भी मैं अपने जीवन में कोई आवरण नहीं रखना चाहता। न ज़ख़्म देने वालों के बहाने और न फोहा रखने वालों के बहाने। मैं उन सभी को सलाम करता हूँ जामा मस्जिद की सीढ़ियों की ऊँचाई से नहीं बल्कि उन्हीं के साथ ज़मीन पर खड़े होकर। इसलिए कि जब आप पाश, शंकर गुहा नियोगी, चारु मजूमदार, गोरख पाण्डे, कमला दास के साथ मोहनदास नैमिशराय के जीवन की गहराइयों में कुछ पाने को उतरेंगे तो एक समाजशास्त्री होने के नाते आप वहाँ ताप महसूस करेंगे और महसूस करेंगे आग के साथ आन्दोलन को भी।

अस्सी से नब्बे के तूफ़ानी दौर में अन्य आत्मकथाएँ भी आने लगी थीं जिनमें विशेष थीं कुमुद पावड़े की 'अन्तस्फोट' (1981), मुक्ता सर्वगोड़ की 'बन्द दरवाज़ा' (1982), रुस्तुम अचलखाँब की 'गावकी' (1983), पार्थ पोलके की 'आमरान' (1985), बेंबी काम्बले की 'हमारा जीवन', तलावरे की 'धुलपाटी' (1985) तथा शरणकुमार लिम्बाले की 'अक्करमाशी', लक्ष्मण गायकवाड की 'उचल्या', लक्ष्मण माने की 'उपरा', वसन्त मून की 'वस्ती', किशोर शान्ता भाई काले की 'छोरा कोल्हाटी का', अनिल अवचट की 'हम भी ज़िन्दा हैं' आदि। इनमें कुछ आत्मकथाएँ हिन्दी में अनुवाद होकर छप गयीं, कुछ अनुवाद होने से रह गयीं। पर ज़मीन के गर्भ से जैसे ज्वालामुखी फटकर विस्फोट करता है, वैसे ही हिन्दू धर्म और उसकी वर्ण-व्यवस्था के विषमता से भरे गर्भ से जब दलितों की आत्मकथाएँ बाहर आयीं तो उनकी गूँज ने निश्चित ही हिन्दू मठों तथा मठाधीशों को हिलाकर रख दिया था।

सण्डे मेल में बरसों तक लिखना हुआ। खूब वाहवाही मिली, पर जब रोकड़ा देने की बात आयी तो बनिया बेईमानी कर बैठा। बनिया यानी प्रकाशक, प्रकाशक यानी Luster Print Ltd. दुख की बात तो यह थी कन्हैयालाल नन्दन भी मालिक की हाँ-में-हाँ मिलाते। मेरी तरह फक्कड़ राइटर तो थे नहीं। तीस-चालीस बरस वे टाइम्स ऑफ़ इण्डिया ग्रुप में रहे। बाद में सण्डे मेल में आ गये। सवर्ण सम्पादकों,

लेखकों, पत्रकारों तथा बुद्धिजीवियों की अव्वल दर्जे की कारीगरी की वैसे दाद तो देनी ही पड़ेगी। एक जगह उनका कॉन्ट्रेक्ट ख़त्म होते-होते आगे के लिए नयी नौकरी की व्यवस्था वे एडवांस में ही कर लिया करते हैं। कन्हैयालाल नन्दन इस मामले में खिलाड़ी थे। उनसे कई बार मैं पारिश्रमिक के बारे में मिला भी। पत्र भी लिखे। आगे क्या हुआ पाठक स्वयं पढ़ लें।

उन दिनों खूब धूम-धड़ाका होता था। लिखने और पढ़ने, दोनों में ही प्रतिस्पर्धा थी। मेरे भीतर भी उत्साह था।

मुझे लिखे बिना तो चैन आता ही नहीं था। पढ़ता भी ख़ूब था। तीन मूर्ति की लाइब्रेरी तक में सदस्यता हेतु नाम भी दर्ज करा लिया था। घण्टों-घण्टों वहाँ बैठकर पढ़ना-लिखना, नयी किताबों के बारे में पुस्तकाध्यक्ष से पूछना। पुस्तक आने पर उसे पढ़ना।

ऐसा कौन-सा दैनिक, पाक्षिक या फिर साप्ताहिक बचा था, जिसमें उन दिनों मैं नहीं छपता था। कुछ तो मेरे मुरीद हो गये थे तो कुछ आलोचक। इतना अधिक लिखने और छपने के कारण कुछ साथी ईर्ष्या भी करने लगे थे। पर पैसा नहीं मिल पाता था। देखें–

सण्डे मेल हिन्दी में प्रकाशित मेरे लेख आदि का विवरण

क्र.	दिनांक	विषय
1.	15 सितम्बर 91	दलितों-मुस्लिमों की राजनीति कहाँ जा रही है?
2.	13 अक्तूबर 91	विकास की अवधारणा।
3.	24 नवम्बर 91	राजनीतिक रिश्तों के आसपास दलित साहित्य मेले की कहानी।
4.	9-15 फ़रवरी 92	हाजी मस्तान से साक्षात्कार।
5.	19-25 अप्रैल 92	आदमी को सिर पर मैला ढोने से मुक्ति कब मिलेगी?
6.	5-11 जुलाई 92	कथाकार-सम्पादक कमलेश्वर से साक्षात्कार।
7.	19-25 जुलाई 92	कलकत्ता : जहाँ आदमी भागते-भागते थक गया है।
8.	17-23 मई 92	समाज में बलात्कारी संस्कृति की घुसपैठ कब तक?
9.	24-30 मई 92	दूसरी किश्त।
10.	7-13 फ़रवरी 93	समाज के सामने एक नयी चुनौती का स्वर।

सरकार अपने हिसाब से चल रही थी। बाबा साहेब डॉ. अम्बेडकर जन्म शताब्दी को कारोबार बना दिया गया था।

राहुल सांकृत्यायन जी ने कहा था, "एक देश और एक ख़ून मनुष्य को भाई-भाई बनाते हैं। ख़ून का नाता तोड़ना अस्वाभाविक है, लेकिन हम हिन्दुस्तान

में क्या देखते हैं? हिन्दुओं की सभी जातियों में चाहे आरम्भ में कुछ भी क्यों न रहा हो, अब तो एक ही ख़ून दौड़ रहा है। क्या शक्ल देखकर किसी के बारे में आप बतला सकते हैं कि यह ब्राह्मण है या शूद्र।'' राहुल सांकृत्यायन जी ने यह बात आज़ादी से पूर्व कही थी। पर आज़ादी के बाद की अगर हम बात करें तो इस देश में तो शक्ल देखकर भी जातियाँ बतलाने लगे थे। यही नहीं जैसे किसी बस्ती का कोई कुत्ता उस बस्ती में रहने वाले की पहचान उसके शरीर को सूँघकर कर लेता है, ऐसे ही भारत में बसने वाले हिन्दू समाज में कुछ जातिवादी लोग अन्य व्यक्तियों की जातियों को सूँघने में माहिर हो गये थे। वे जल्द ही पहचान जाते थे कि कौन उनकी जाति का है और कौन परायी जाति से सम्बन्ध रखता है। अगर कहीं कुछ कमी रह जाती है तो दलितों की जातियों, उपजातियों की जन्मपत्रियाँ खोलने में भी सवर्ण पीछें नहीं रहते।

तरुणा शोधार्थी है। वह दिल्ली विश्वविद्यालय से पीएच.डी. कर रही थी। उसका विषय था–'मैं तथा मेरा साहित्य'। विशेष रूप से मेरी आत्मकथा **'अपने-अपने पिंजरे'**। कभी-कभी घर आने पर वह अलग-अलग सवाल करती है। अन्तरंग रिश्तों को जानने-समझने की उसकी कोशिश। सवाल-दर-सवाल...। ख़ूब-सारे सवाल। सवाल-पर-सवाल। मेरी माँ का नाम क्या है? मेरे पिता जी के पिता जी का आदि-आदि।

माँ का नाम क्या है? मैं अपने आपसे दोहराता हूँ। माँ तो माँ होती है। माँ का कोई नाम भी होता है। नाम कोई भी हो। उसके भीतर ममता होती है जो धूप में भी बेटे को छाँव देकर उसे तपिश से बचाती है। पर मेरी माँ तो मुझे बचपन में ही छोड़कर चली गयी थीं। धूप में आने तक की नियति ने मोहलत ही नहीं दी। फिर उसकी छाँव कैसे मिल पाती। छाँव मिली ताई की जिसे मैं माँ कहकर ही पुकारने लगा था। मैंने तरुणा को यह सब बतलाया। वह अपनी डायरी में लिखती है। अच्छी लड़की है और मिलनसार भी। इस तरह मेरे तथा साथियों के द्वारा लिखित पुस्तकों पर शोध होने में तेज़ी आने लगी थी। जिसका सीधा-सा अर्थ यही था कि दलित साहित्य पढ़ा जाने लगा था। उन पर गम्भीरता से विमर्श होता था।

मेरे भीतर क्या था? पत्नी कभी कह भी देती। तुम्हें कोई नहीं समझ सकता। मेरे भीतर से उभरता, ''कोई समझने का प्रयास करे तभी न...।''

''कौन करे? शादी के बाद से लेकर आज तक मैं ही नहीं समझ पायी तो और कौन समझ सकता है?''

यानी मैं उनके लिए एक अबूझ पहेली था। उसी पहेली को कभी उन्होंने बुझाने

का प्रयास नहीं किया था। न ही कभी मेरे भीतर की उलझनों को सुलझाने का।

मैं कभी पत्नी से मन की बात कह देता, "पत्नी के अलावा कभी तो मेरी दोस्त भी बन जाया करो।" वह तपाक से जवाब में कह देतीं, "मुझे पत्नी ही रहने दो। तुम्हारे जैसों की दोस्त न बनूँ तो ही ठीक रहेगा।" उनके द्वारा कहे गये शब्द तुम्हारे जैसों की...उनकी बात सुनकर बहुत कुछ होता। तब मैं अपने ही घर की छत को घण्टों-घण्टों ताकता रहता। दीवारों को देखता। मेरी रचनाधर्मिता के इनाम में मिले पुरस्कार और मेडल देखता, किताबें देखता, कोरे काग़ज़ देखता। उन पर लिखी गयी इबारत पढ़ता। घर से बाहर जब होता तो सड़क देखता। कभी तिराहे पर खड़ा होता तो कभी चौराहे पर। कुछ आगे चलकर इतराते हुए बाज़ारों को देखता। कभी सांसदों को अपना ईमान बेचते देखता तो कभी लाल बत्ती क्षेत्र में अपना जिस्म बेचते हुए महिलाओं को देखता, रिक्शा खींचते हुए सत्तर बरस के बूढ़े को देखता या बर्तन माँजने वाली बाइयों को देखता तो कभी धूल-मिट्टी में गरक होते उनके बच्चों का भविष्य देखता।

अपना भविष्य देखता भी तो क्या होता? किसी वातानुकूलित कमरे में गद्देदार कुर्सी में धँसा होता या फिर किसी रंगशाला में किसी कॉलगर्ल या वेश्या से मसाज करा रहा होता। तब दिल्ली के दलालों, भड़वों, व्यभिचारियों में एक अदद और जुड़ जाता।

राष्ट्रीय सहारा में दलित मुद्दों पर छापने की जैसे अति हो गयी। ऐसा सुनने में आया। एक दिन जब मैं नोएडा स्थित राष्ट्रीय सहारा गया और सम्पादकीय विभाग में एक-दो अख़बारनवीसों को मिला। उन्होंने मुझे इस बारे में कुछ कहा नहीं, हाँ अजीब-सी नज़रों से ज़रूर देखा। वहीं विभांशु दिव्याल से भी इस बारे में चर्चा हुई। उन्होंने पहले चाय मँगवाई, फिर खुलकर बतलाया। और मुझे समझाया भी। फ़िलहाल अख़बार में इन विषयों पर लेख आदि प्रकाशित करना बन्द कर दिया गया है। ऐसा आदेश ऊपर से है! मैंने तुरन्त अपनी ओर से कोई प्रतिक्रिया व्यक्त नहीं की और घर लौट आया। पर अगले दिन ही चतुरानन्द मिश्र का आलेख छपा। वह भी दलित विषय पर। मेरे साथ दिल्ली के अन्य दलित साथियों के लिए यह दुखद बात थी। लम्बे समय के बाद सुरेन्द्र मोहन जी से मुलाक़ात हुई। राष्ट्रीय पत्र-पत्रिकाओं में वे ख़ूब लिखते थे। जनता दल की कार्यकारिणी में थे। इस नाते मीटिंग में भी जाते थे। दिल्ली से बाहर भी अकसर सभा-सम्मेलनों में शामिल होते थे। वे इस उम्र में भी प्रतिबद्ध थे। कभी-कभी उनकी पत्नी मंजू से भी बातचीत हो जाती थी। उनका बेटा तथा बेटी भी बड़े होने लगे थे। हमारे बीच बातचीत में वे भी शामिल होते थे।

दिन कोई भी हो या फिर माह और वर्ष, जो सच मैं सुनना चाहता हूँ, वह कहीं सुनाई नहीं पड़ता और जो नहीं सुनना चाहता, वह शोर चारों तरफ़ होता है। उस शोर से जितना भागना चाहता हूँ, वह चारों ओर से घेर लेता है। झूठ का शोर शहरों में बढ़ रहा था। महानगर में तो अति थी। महानगर की गलियाँ, बस्तियाँ, बाज़ार, शायद ही कोई कोना बचा था। दिल्ली दरबार में झूठ के बिना काम चलता नहीं था। वहाँ तो एक-दूसरे की गर्दन काटकर ही आगे बढ़ा जाता था। कितने सिपहसालार आये और गये।

कभी-कभी किसी मन्त्री से चाहे-अनचाहे मुलाक़ात हो जाती थी। दिल्ली में रहते हुए मन्त्रियों से तो मुलाक़ात होती ही रहती थी। पर मुलाक़ात के बाद न तो मन्त्रियों को कुछ याद रहता है और न ही सन्त्रियों को। दिल्ली का जीवन पहेली जैसा है। दिल्ली दरबार की स्थिति तो और भी अजीबोग़रीब है। यहाँ किसी के हिस्से में ठसक होती है तो किसी के नसीब में कसक। उनके अपने-अपने रंग थे। जिसके पास जितने अधिक रंग हों, उतना ही रंगबाज़ वह माना जाता था। दिल्ली वास्तव में ही रंगबाज़ों का शहर बनता जा रहा था। पर मैं न तो रंगबाज़ों के गिरोह में शामिल हुआ था और न विरासत में मुझे कोई रंग-बिरंगी सौगात ही मिली थी। मेरी विरासत तो काग़ज़, कलम और दवात थी। अन्त में पाठकों, शोधार्थियों, शिक्षाविदों, सामाजिक कार्यकर्ताओं से विदा लेते हुए उन्हें भेंट संघर्ष की इबादत—

हर एक काग़ज़

हर एक काग़ज़
मेरे संघर्ष का चश्मदीद गवाह बनकर
दीवारों पर चिपक गया है
या किताबों में दर्ज हो गया है
बहुत-से काग़ज़
अभी दबे पड़े हैं।
डायरियों, फ़ाइलों या पत्रों के साथ
मेरी मृत्यु के बाद
हो सकता है उन पर शोध हो,
वे तलाशे जायें
कोई शोधार्थी किसी विश्वविद्यालय से
उन पर शोध का विषय स्वीकृत करा ले।

मैं फिर जीवित हो उठूँगा
अपने ही काग़ज़ों में
संघर्ष की इबारतों में
जिन्हें मैंने छोड़कर रख दिया था।
यह सोचकर कि फिर कभी देखूँगा
काग़ज़ कितने भी पुराने हों
उन पर छपे या लिखे हुए शब्द
कभी पुराने नहीं होते
वे हमें संघर्ष की
याद दिलाते हैं।

मुझे याद आ रहा है सम्भवतः वर्ष 1976 के आसपास की बात है। तब मेरे भीतर आई.ए.एस. बनने की चाह थी। इसलिए आई.ए.एस. के साथ पी.सी.एस. की प्रतियोगिता परीक्षा में भी शामिल होता था। एक बार नहीं दो या तीन बार लिखित परीक्षाएँ भी पास कीं। पी.सी.एस. की लिखित परीक्षा के बाद का वाक़या है। इलाहाबाद में साक्षात्कार था। तब उसमें से क्लियर कराने की एवज़ में दस हज़ार रुपयों की माँग मेरे सामने एक राजनीतिक दलाल ने रखी थी। इससे पहले कि घर वाले इधर-उधर से कर्ज का बन्दोबस्त करते, जैसा उन्होंने मन भी बना लिया था कि किसी भी सूरत में मुझे डिप्टी कलक्टर बनाना है। पर मैंने साफ़ मना कर दिया था। तब मैंने बड़े भाई मदन गोपाल से कहा भी था। भाई साहब लिखित परीक्षा तो मैंने पास कर ही ली है इस बार। साक्षात्कार में भी उम्मीद है। पर रिश्वत न देने के कारण मैं सफल नहीं हो सका था। एक बार नहीं कई बार ऐसा हुआ था।

दूसरा उदाहरण अस्सी के दशक का था जिन दिनों बम्बई प्रवास में मेरी मुलाक़ात हाजी मस्तान से हुआ करती थी। उस समय ज़रूरतमन्द की मदद करने के लिए वे थैली खोलकर रखते थे। और अगर कोई ज़रूरतमन्द उनके पैरों पर गिरकर उन्हें ख़ुदा या रसूल मानकर मदद की गुहार लगाता था तो वे थैली की जगह थैला ही खोल देते थे। ऐसा मैंने हाजी मस्तान को देखा भी था। उन दिनों वे बम्बई फ़िल्म उद्योग में पैसा भी लगाते थे। और तब मैं फ़िल्मों में प्रवेश के लिए संघर्ष भी किया करता था। पर न कभी मैंने उनसे कुछ पैसा माँगा और न फ़िल्मों में चांस दिलाने के लिए किसी डायरेक्टर या प्रोड्यूसर से सिफ़ारिश कराई।

तीसरा उदाहरण नब्बे के दशक का है। भारत सरकार के तहत दूरदर्शन में वरिष्ठ संवाददाता के पदों पर भर्ती होनी थी जिसके लिए मैंने भी एप्लाई किया

था। उस समय एच.के.एल. भगत केन्द्र में सूचना एवं प्रसारण मन्त्री थे। तब स्वयं मोहनलाल पिप्पल, सांसद जी ने मुझसे कहा था कि नैमिशराय जी कब तक काग़ज़ों पर कलम घिसते रहोगे। मेरे साथ भगत के घर चलो। टेलीविज़न की नौकरी तुम्हें दिलवाना मेरा काम होगा। पिप्पल साहब से मेरे अच्छे सम्बन्ध थे। वे मेरा सम्मान भी करते थे। लोगों से कहते भी थे। देखो, नैमिशराय जैसा धाकड़ पत्रकार बनकर दिखाओ। लक्ष्मी नगर स्थित अपने घर में जब भी कोई कार्यक्रम करते, मुझे ज़रूर फ़ोर कर बुलाते। मैं भी चला जाता था। उस समय मैंने उन्हें धन्यवाद देते हुए कहा था कि पिप्पल साहब नौकरी मिले या न मिले, मैं उनके पास नहीं जाऊँगा।

एक दिन साथी एन.के. सिंह से मुलाक़ात हुई और एच.के.एल. भगत के हाथों से पुरस्कार लेने की बात चली, उस समय मैंने उनसे कहा था कि जिस आदमी के हाथ सिखों के ख़ून से रंगे हों, उन हाथों से मैं भला कैसे पुरस्कार ले सकता हूँ। ध्यान रहे कि 1984 के दंगों में सज्जन कुमार, जगदीश टाइटलर के साथ भगत का नाम भी जुड़ा था। नाम ही नहीं जुड़ा था बल्कि इन तीनों की विशेष रूप से हिन्दू हमलावरों से सिखों पर क़ातिलाना हमला कराने से लेकर उनके घरों, दुकानों, स्कूलों तथा होटलों को आग लगाने के लिए उकसाने व उत्तेजित करने वालों में से अग्रिम दल के राजनीतिज्ञों की भूमिका थी। उस समय एन.के. सिंह ने मुझे दाद दी थी, लेकिन बाद में पता चला कि उन्होंने अपने काव्य-संग्रह 'सतह से उठते हुए' का विमोचन एच.के.एल. भगत के हाथों ही कराया था। सम्भवतः डॉ. सुमनाक्षर की दलित साहित्य अकादमी के कार्यक्रम में यह तमाशा हुआ था। सुमनाक्षर जी को भी भगत को आमन्त्रित करने से कोई गुरेज नहीं था। उनके 25 वर्षों का इतिहास यही बतलाता है। फिर वे स्वयं राजनीतिज्ञ भी थे। राजनीति के बाजार की स्थिति को भी जाँचते-परखते रहते थे। लेकिन एन. के. सिंह तो एक अच्छे लेखक, कवि और समीक्षक थे। फिर वे शैक्षिक जगत की सरकारी सेवा में भी थे। उन्हें अच्छी-ख़ासी पगार भी मिलती थी। उनका मान-सम्मान भी था। पर और अधिक मान-सम्मान पाने के लिए क्या यह सब करना पड़ता है? यानी हत्यारों, बलात्कारियों तथा भ्रष्टाचारियों से हाथ मिलाया जाये?

इसी बारे में एक दिन दिल्ली में उन्होंने मुझसे कहा था, "नैमिशराय जी! हर आदमी विद्रोह करने के लिए जन्म नहीं लेता।"

उनकी बात सुनकर मैंने आगे कुछ भी कहना मुनासिब नहीं समझा। वे सब कुछ तो कह चुके थे।

साथियो! मुझे किसी को सीढ़ियाँ चढ़कर सुविधाओं से सम्भोग करते देखकर ईर्ष्या नहीं होती है। पर मन के भीतर बेचैनी ज़रूर होती है। मन में सवाल सुलगने लगते हैं। संसद के भीतर, स्कूल कॉलिजों में, मन्दिरों, मठों, आश्रमों में, विद्यापीठों में, संस्थाओं में आख़िर यह सब क्या हो रहा है? हर व्यक्ति के जीवन में उसकी मुफ़लिसी दूर करने के लिए अवसर आते हैं। पर क्या आदमी संघर्ष से नाता तोड़ ले? क्या सिद्धान्तों को कूड़े में फेंक दे। क्या बाबा साहेब डॉ. अम्बेडकर को भूल जाये। क्या अपने जमीर को गिरवी रख दे। क्या धन-सम्पदा और सुविधाओं की कीचड़ में लथपथ होकर सूअर जैसा बन जाये?

❑❑

शेष पत्र

श्री मैकूराम
आरक्षी महानिरीक्षक (वि.बोर्ड)
पटना

प्रिय श्री मोहनदास,

आपका पत्र दिनांक 9/10/89 प्राप्त हुआ। आपके प्रयास और भावना की क़द्र करते हुए मैं आपसे यह कहना चाहूँगा कि अत्याचार की परिभाषा को ज़रा और गहराई से जानने का प्रयास करें। आर्थिक विपन्नता, सामाजिक दबाव एवं धार्मिक बहिष्कार हमारे शरीर पर हो रहे किसी भी अत्याचार से कहीं ज़्यादा है, चाहे वह हत्या ही क्यों न हो। हर एक दलित की हत्या से एक गुलाम की गुलामी का अन्त हो जाता है। आये दिन जो करोड़ों की रोज़ी-रोटी की हत्या, आर्थिक शोषण एवं समाज में कीड़े-मकोड़ों से भी बदतर ज़िन्दगी की जो मजबूरियाँ हैं, यह सर फट जाने, हाथ कट जाने एवं अन्य किसी प्रकार की चोट से कहीं ज़्यादा दुखदाई हैं।

आज़ादी के बाद हिन्दुस्तान में दलितों के प्रति अत्याचार की प्रमुख घटना इनका राजनीतिक शोषण है। करोड़ों दलितों की रोज़ी-रोटी की हत्या, बावजूद इसके कि संविधान में क़ानून के अनुसार इन्हें आरक्षण दिया गया है। सामाजिक दबाव, आर्थिक विपन्नता कहीं दण्डों की नहीं तैयार कर उपर्युक्त विषयों पर तैयार करें जो कि सिर्फ़ महत्त्वपूर्ण ही नहीं बल्कि समाधान भी है।

भवदीय,

मैकूराम

मोहनदास नैमिशराय
लेखक एवं पत्रकार

बी. जी. ५ ए/३० बी.,
पश्चिम विहार,
नई दिल्ली-११००६३.

1991

सेवा में,

माननीय गंगा दास
संयुक्त सचिव
बाबा साहेब डॉ. बी.आर. अम्बेडकर जन्म शताब्दी
समारोह समिति, कल्याण मंत्रालय, भारत सरकार
25, अशोक मार्ग, नई दिल्ली-1

मान्यवर महोदय,

मौजूदा कांग्रेस पार्टी की सरकार द्वारा बाबा साहेब डॉ. बी. आर. अम्बेडकर जन्म शताब्दी समारोह समिति के पुनर्गठन का समाचार पढ़ा। इससे पूर्व चन्द्रशेखर सरकार ने भी ऐसा ही किया था। पर उक्त समिति और उप-समितियों के मात्र गठन तथा पुनर्गठन का क्या कोई औचित्य है? बाबा साहेब डॉ. अम्बेडकर ज. श. स. समिति का कार्यकाल समाप्त होने को है और उपलब्धियों के नाम पर दलितों को मिला क्या.. उत्पीड़न और उपेक्षा का जीवन। न तो मराठवाड़ा विश्वविद्यालय का नाम बदल कर डॉ. अम्बेडकर विश्वविद्यालय हुआ और न ही बाबा साहेब पर कोई फिल्म या टी.वी. सीरियल बना। उनकी किताबों का कार्य अभी अधूरा है तथा प्रादेशिक भाषाओं में अनुवाद का कार्य भी आश्वासन पर है।

जैसा अक्सर होता है शताब्दी समारोह वर्ष के अन्तिम दिनों में कल्याण मंत्रालय प्रेस तथा दूरदर्शन के माध्यम से यह दिखा देगा कि उक्त शताब्दी समारोह में इतने करोड़ रुपये खर्च हो चुके। मैंने मीटिंग के दौरान दलितों की सामाजिक/आर्थिक स्थितियों पर अनेक सवाल उठाये, लेकिन उन सभी को रद्दी की टोकरी में फेंक दिया गया। अब मैं अपना यह नैतिक फर्ज समझता हूं कि जिस समिति में केवल विज्ञापनबाजी के अलावा कुछ नहीं हो पा रहा है वहां की सदस्यता से मैं अपना इस्तीफा दे दूं।

शेष अगले पृ....

मोहनदास नैमिशराय
लेखक एवं पत्रकार

बी. जी. ५ ए/३० बी.,
पश्चिम विहार,
नई दिल्ली-११००६३.

मैं इसके साथ ही भूमि सुधार समिति से भी अपना इस्तीफा दे रहा हूं। क्योंकि इन दो वर्षों में एक गज जमीन भी किसी दलित - आदिवासी को नहीं दी गई है।

कृपया मेरा इस्तीफा स्वीकार कर मुझे लिखित सूचना भिजवाएं।

धन्यवाद

भवदीय
मोहनदास नैमिशराय.
सदस्य : बाबा साहेब डॉ. बी. आर. अम्बेडकर जन्म शताब्दी समारोह समिति तथा भूमि सुधार समिति

प्रतिलिपि :

1. माननीय सीताराम केसरी
   कल्याण मंत्री (भारत सरकार)
   नई दिल्ली.
2. श्री सुरेन्द्र मोहन
   चेयरमैन : भूमि सुधार
   समिति, नई दिल्ली.
3. पी. टी. आई. यू. एन. आई.
   भाषा, यूनीवार्ता तथा प्रेस
   से संबन्धित सभी राष्ट्रीय और
   अंतराष्ट्रीय एजेंसी आदि।

(बाबा साहेब डॉ. बी. आर. अम्बेडकर जन्म शताब्दी समारोह समिति का मेरा सदस्य बनना बड़ी बात थी, पर असल में सब सरकारी कारोबार था। मेरे इस्तीफे से पाठकों को कुछ संकेत मिलेंगे।)

डॉ॰ रामजी सिंह पूर्व संसद-सदस्य, पी-एच॰ डी॰,
डी॰ लिट्॰ (दर्शन), डी॰ लिट्॰ (राजनीति).
प्राचार्य एवं विभागाध्यक्ष, गांधी-विचार विभाग
भागलपुर विश्वविद्यालय, भागलपुर-812 007
मंत्री : भारतीय गांधी विचार अध्ययन समिति
मंत्री : अफ्रो-एशियाई दर्शन परिषद्
पूर्व अध्यक्ष : अखिल भारतीय दर्शन परिषद्
सदस्य : भारतीय दार्शनिक अनुसंधान परिषद्

१८।१२।९१

आदरणीय बंधु [illegible] प्रणाम

बाबा साहेब अम्बेडकर एवं महात्मा गांधी भारत के दो महान् पुरुष हुए हैं। दोनों के बीच तुलना कठिन और अप्रिय कार्य भी है फिर भी बौद्धिक दृष्टि से कितना रोचक होगा, इसका आप अनुमान लगा सकते हैं।

दुर्भाग्य से स्वतंत्रता के पश्चात् बाबा साहेब एवं बापू को एक दूसरे के कट्टर प्रतिरोधी के रूप में चित्रित किया जाता है। यह संतोष की बात है कि कुछ विद्वान उन दोनों के विचारों को एक दूसरे के पूरक मानते हैं। सत्य क्या है, यह तो शोध एवं गवेषण का विषय है।

इसी विचार से बाबा साहब की जन्म-शताब्दी के अवसर पर विश्वविद्यालय अनुदान आयोग ने हमें "अम्बेडकर एवं गांधी" विषय पर एक राष्ट्रीय परिसंवाद आयोजित करने की स्वीकृति दी है, जिसे हम अपने विभाग में 22-23-24 मार्च 92 को आयोजित कर रहे हैं।

हम चाहते हैं कि दोनों महान आत्माओं के सम्बन्ध में केवल अस्पृश्यता की समस्या पर ही नहीं बल्कि दोनों के समस्त विचारों जैसे भारत एवं पाश्चात्य सभ्यता के बीच आदान-प्रदान, धर्म-समन्वय एवं राष्ट्रीय अखंडता, सामाजिक एवं आर्थिक न्याय, मानव अधिकार एवं मौलिक कर्त्तव्य, संवैधानिक ढांचा, शिक्षा, धर्म, एवं संस्कृति तथा राष्ट्र-निर्माण एवं विकास की अवधारणाओं आदि पर विचार करेंगे।

मेरी प्रार्थना है कि आप इनमें या अन्य कोई एक विषय चुनकर इस परिसंवाद को धन्य करें। आपका निबंध 31 जनवरी तक हर हालत में हमें अवश्य मिल जाना चाहिये। हमारा विश्वास है कि आप परिसंवाद में भाग लेने की कृपा स्वीकृति अवश्य देंगे। यह कहना नहीं होगा कि हम आपकी यात्रा के लिये प्रथम श्रेणी रेलवे किराया की व्यवस्था करेंगे एवं आपका आतिथ्य तो हमारा सौभाग्य होगा।

विनीत
रामजी सिंह
रामजी सिंह
विभागाध्यक्ष
गांधी-विचार विभाग
भागलपुर विश्वविद्यालय, [illegible]

[illegible]
द्वारा- लोकायन
एक्सचेंज स्टोर्स, 13 अलीपुर रोड
दिल्ली - 110054

|| रमेशचंद्र परमार ||

मनहरनगर, राजपुर,
अहमदाबाद, ३८००२१.
दिनांक : १९/८/८१.

भाईश्री मोहनदास

नागपुर-चंद्रपुरसे प्रसिद्ध होनेवाले रत्नाकर से पता चला कि दलित कविताओंका अेक संग्रह शीघ्र ही आप लोग प्रकाशित कर रहे हैं. धन्यवाद पहले ही दे देता हूँ.

गुजराती भाषामें 'आक्रोश' नामक कविता पहल दलित पैंथर-गुजरात के युवा कवियों द्वारा दो सालसे चलाया जा रहा है. हाल हीमें गुजरातकी सरकारने क्रिमीनल प्रोसीजर कोड 153, 153 A के मातहत केस दाखिल किया है और पत्रिकाऐं जब्त की गई हैं. केस चल रहा है.

आक्रोश का नया अंक हमलोग प्रसिद्ध करने जा रहे हैं आप और आपके साथियोंकी रचनाएं अगर हमें मिलती हैं तो गुजराती कविताओंके साथ हिन्दी दलित कविताओंको भी प्रतिनिधित्व मिलेगा.

अगर रचनाएं भेजेंगे तो आनंद होगा.

महाराष्ट्र के दलित युवाओंकी कविताओंको भी हमलोग शामिल कर रहे हैं.

शेष आपको और परिवारजनोंकी कुशलता चाहता हूँ.

पुनश्च जयभीम.

आपका

रमेशचंद्र परमार
अध्यक्ष दलित पैंथर-गुजरात.

To:
Shri Mohandas
Nemisharai
8380. Arya Nagar
Pahad Ganj.

दिनांक:- .23/7/94..

प्रिय भाई,

सादर नमस्कार ।

आपका पत्र पढ़ कर प्रोत्साहित हुआ कि लेख आपको पसंद आया है । "दैनिक नवज्योति, नाहरगढ़ अजमेर" के पते पर लेख भेजे । पारिश्रमिक देने की व्यवस्था है । हंस में मेरी चार लघुकथाएं स्वीकृत हैं, लेकिन पिछले 1½ साल से प्रकाशित नहीं कर रहे हैं । इस कारण मै उनको अन्यास भी नहीं भेज पा रहा हूं । आपके साथी हैं राजेन्द्र यादव, उनको याद दिला देना कि सांभरिया भी अपने ही मिशन के लेखक हैं । ~~लघु पत्रिकाओं में लघुकथाएं छप रही हैं । लोकमत समाचार में भी कुछ लघुकथाएं छपी हैं । आपकी फीचर सेवा से लघुकथाएं भी प्रेषित की जाती हैं । काव्य लिखना कुछ लघुकथाएं भेज दूंगा ।~~

आपका

रत्नकुमार (सांभरिया)

~~दिनांक: 23/7/94~~

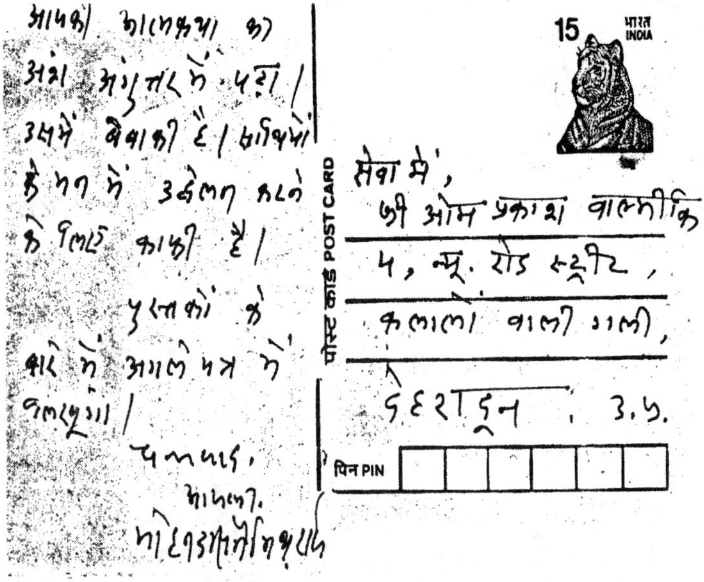

आपकी आत्मकथा का अंश अनुनाद में पढ़ा। उसमें बेबाकी है। व्यवस्था के मन में उद्वेलन करने के लिए काफी है।

पुस्तकों के बारे में अगले पत्र में लिखूँगा।

धन्यवाद।

आपका,

[illegible]

15 भारत INDIA

पोस्ट कार्ड POST CARD

सेवा में,

श्री ओम प्रकाश वाल्मीकि

4, न्यू रोड स्ट्रीट,

कलालों वाली गली,

देहरादून, उ.प्र.

पिन PIN

नई दिल्ली

25.10.95

प्रिय बंधु,

[illegible]

दी स्मार्ट (पंजी०)

पस्तुत करता है

राही-कला संगम का

एक राजनैतिक व्यंग्य

हैलो कामरेड

निर्देशक : दिनेश अहलावत

लेखक एवं सह निर्देशक :
मोहनदास नैमिशराय

मंच पर : देव कुमार सरिता चौहान
नरेश वर्मा, अमित ठाकुर, रवीन्द्र
शर्मा, सुबोध अग्रवाल, गोपाल
खण्डेलवाल, महेन्द्र सिंह जुनेजा,
श्रीमति कुमार, त्रिलोक रेवलिया, सुनीता, भरत सिंह

विशेष भूमिका में : पुष्प शर्मा और विरेन्द्र वर्मा

दिनांक : १६ जुलाई, १९८४ सोमवार, सायं: ६-३० बजे

स्थान : गांधी स्मारक भवन (प्यारे लाल भवन) निकट आई.टी.ओ.
बहादुर शाह जफर मार्ग, दिल्ली - २

टिकट दर : रू० ३/-, ५/-, १०/- एवं १५/-

टिकट प्राप्त करने के स्थान :

(१) गांधी स्मारक भवन, (प्यारे लाल भवन)
(२) अम्बेडकर भवन रानी झांसी मार्ग, नई दिल्ली
(३) एल्फा फोटो इलेक्ट्रोनिक्स, १६७ पालिका बाजार, नई दिल्ली
फोन-(३५३१२९)
(४) [illegible]प्रंगडेज स्कूल पटपड़ गंज [illegible]ल्ली-९२
(५) मेसर्स कंचनप्रेस र कार्टि[illegible], १७५८, कूचा लटटू शाह दरीबा
दिल्ली-६ फोन : २७५७८६

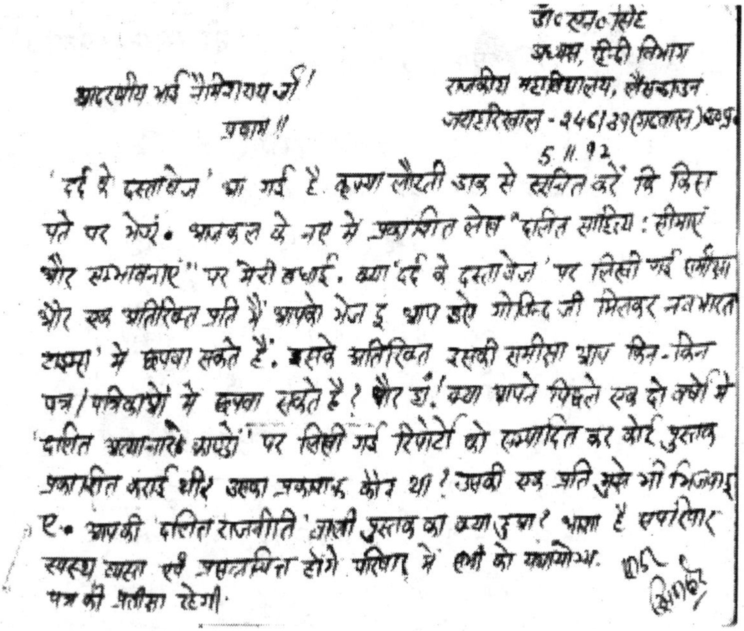

डॉ० एन० सिंह
अध्यक्ष, हिन्दी विभाग
राजकीय महाविद्यालय, लैंसडाउन
जयहरीखाल - 246139 (गढ़वाल) उ०प्र०
5.11.92

आदरणीय भाई नैमिशराय जी!
प्रणाम!!

'दर्द के दस्तावेज' आ गई है. कृपया लौटती डाक से सूचित करें कि किस पते पर भेजूं। आजकल के नए में प्रकाशित लेख "दलित साहित्य : सीमाएं और सम्भावनाएं" पर मेरी बधाई. क्या 'दर्द के दस्तावेज' पर लिखी गई समीक्षा और एक अतिरिक्त प्रति मैं आपको भेज दूं आप डा० गोविन्द जी मिलकर नवभारत टाइम्स' में छपवा सकते हैं. इसके अतिरिक्त इसकी समीक्षा आप किन-किन पत्र/पत्रिकाओं में छपवा सकते हैं? और हाँ! क्या आपने पिछले एक दो वर्षों में 'दलित अत्याचार के मामलों' पर लिखी गई रिपोर्टों को सम्पादित कर कोई पुस्तक प्रकाशित कराई थी? उसका प्रकाशक कौन था? उसकी एक प्रति मुझे भी भिजवाइए. आपकी 'दलित राजनीति' वाली पुस्तक का क्या हुआ? आशा है सपरिवार स्वस्थ, प्रसन्न एवं उल्लसित होंगे. परिवार में सभी को यथायोग्य.
पत्र की प्रतीक्षा रहेगी.

आपका
[illegible]

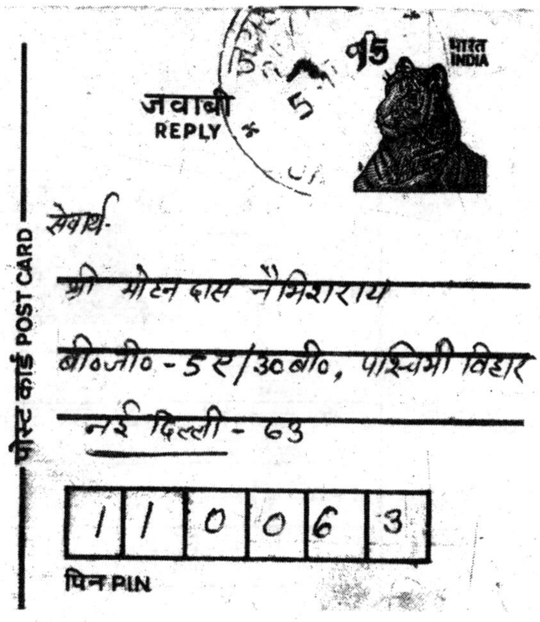

सेवार्थ
श्री मोहन दास नैमिशराय
बी०जी०-5ए/30बी०, पश्चिमी विहार
नई दिल्ली-63
110063

प्रिय अमित,

मुझे उम्मीद है कि तुम घर पर ठीक-ठाक होगे। बार-बार तुम्हारी याद इसलिए भी आती है कि घर में तुम मेरे बड़े बेटे हो। इसका बड़ा अर्थ होता है। पिता की गैर-मौजूदगी में बड़ा लड़का ही सब कुछ संभालता है। अब तुम धीरे-धीरे समझदार भी होते जा रहे हो।

मैं चाहता हूँ कि तुम इतनी पढ़ाई करो और पढ़-लिख कर इतने योग्य बनो कि इस दुनिया का मुकाबला कर सको। आगे-आगे समय और भी बदल रहा है। मैं जल्दी ही घर लौट रहा हूँ।

[illegible]

15 भारत INDIA

अमित कुमार
बी-जी-5-ए/30-बी
पश्चिम विहार
नई दिल्ली-
110063
पिन PIN

श्री मैकू राम,
आरक्षी महानिरीक्षक (वि0 बोर्ड)
पटना

प्रिय श्री मोहनदास,

आपका पत्र दिनांक 9/10/89 प्राप्त हुआ । आपके प्रयास और भावना का कद्र करते हुये मैं आपसे एक कहना चाहूँगा कि अत्याचार की परिभाषा को जरा और गहराई से जानने का प्रयास करें । आर्थिक विपन्नता, सामाजिक दबाव एवं धार्मिक बहिष्कार हमारे शरीर पर हो रही किसी भी अत्याचार से कहीं ज्यादा है चाहे वह हत्या ही क्यों न हो । हर एक दलित की हत्या से एक गुलाम की गुलामी का अन्त हो जाता है । आयेदिन जो करोड़ो की रोजीरोटी की हत्या, आर्थिक शोषण एवं समाज में कीड़े मकोड़ों से भी बदतर जिन्दगी की जो मजबूरियां हैं वह सर फट जाने ,हाथ पैर कट जाने एवं अन्य किसी प्रकार की चोट से कहीं ज्यादा दुखदाई है ।

आजादी के बाद हिन्दुस्तान में दलितो के प्रति अत्याचार की प्रमुख घटना इनका राजनैतिक शोषण है ।करोड़ो दलितों की रोजीरोटी की हत्या बावजूद इसके कि संविधान में कानून के अनुसार इन्हें आरक्षण दिया गया । सामाजिक दबाव,आर्थिक विपन्नता भी कहीं ज्यादा कष्टदायक है । यदि रिपोर्ट तैयार ही करना है तो शारीरिक हत्या कांड एवं अन्य शारीरिक दण्डो की नहीं तैयार कर उपरोक्त विषयों पर तैयार करें जो कि सिर्फ महत्वपूर्ण ही नहीं है बल्कि समाचीन भी है ।

भवदीय,
(मैकू राम) 17/10/89

सेवा में,
श्री मोहनदास नैमिशराय,
उपसंपादक,लोकायन समीक्षा

निष्पक्ष विचारों का प्रतीक, जनप्रिय हिन्दी साप्ताहिक

भीम सैनिक

गौरीपुरा, मेरठ शहर (उ० प्र०)

सम्पादक : पी० एस० मौर्य

दिनांक १५.१-९१

प्रतिष्ठा में,

श्रद्धेय श्री मोहन दास नैमिशराय

पश्चिमी विहार नई दिल्ली

महोदय,

हिन्दी साप्ताहिक "भीम सैनिक" प्रगतिशील विचारों उत्कृष्ट लेखों तथा समाज के वर्तमान की सामाजिक एवं राजनैतिक व धार्मिक स्थिति में परिचित करके उचित दिशा का निर्धारण करने के कारण गत 20 वर्षों से निरन्तर प्रकाशित हो रहा है। कलात्मक छपाई व आकर्षक विषय सामग्री के कारण भारतवर्ष में जन-जन में जनप्रिय है।

भीम सैनिक विगत 20 वर्षों की अपेक्षा इस वर्ष भी भारत के सच्चे सपूत, करोड़ों देशवासियों के मसीहा तथा भारतीय संविधान के रचियता 'भारत रत्न डॉ० बाबा साहेब अम्बेडकर' के ऐतिहासिक जन्म शताब्दी वर्ष 14 अप्रैल 1991 में सौ वर्ष पूर्ण होने के पावन पर्व पर उनसे सम्बंधित और अधिक विषय सामग्री देकर, रंग-बिरंगे पचास पृष्ठों का "बोधिसत्व विशेषांक" प्रकाशित करने जा रहा है। जिसकी दस हजार से अधिक प्रतियाँ प्रकाशित होंगी तथा वे भारत के सभी प्रान्तों में वितरित होंगी।

आपसे अनुरोध है कि उपरोक्त विशेषांक के लिए आप अपना मौलिक लेख (जो एक पृष्ठ से अधिक न हो) कविता 25 फरवरी 1991 तक अपने पास पोर्ट साईज का फोटो एवं संक्षिप्त जीवन परिचय के साथ भेज कर कृतार्थ करें।

आपका

पी.एस.मौर्य

(सम्पादक : पी० एस० मौर्य)

भारत सरकार व उत्तर प्रदेश सरकार द्वारा सरकारी विज्ञापनों के लिए मान्यता प्राप्त।

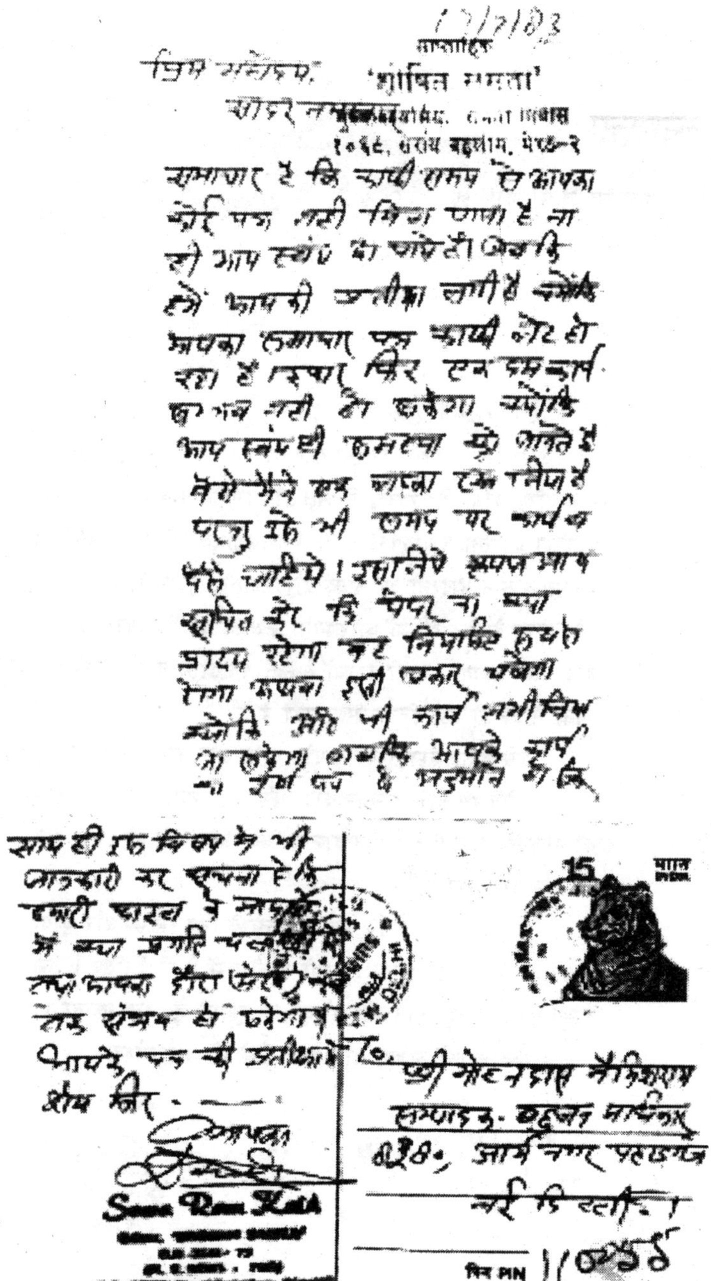

12/7/83

साप्ताहिक 'शोषित समता'

प्रिय मोहनदास,

समाचार है कि काफी समय से आपका
कोई पत्र नहीं मिल पाया है न
ही आप स्वयं भी पधारे हैं जबकि
हमें आपकी प्रतीक्षा लगी है क्योंकि
आपका समाचार पत्र काफी लेट हो
रहा है इसका फिर एक दम कार्य
आरम्भ नहीं हो सकेगा क्योंकि
आप स्वयं ही समस्या को जानते हैं
वैसे मैंने सब आपका [illegible] है
परन्तु इसे भी समय पर कार्य
होने चाहिये। इसलिये अवश्य आप
सूचित करें कि पेपर का क्या
प्रारूप रहेगा कब निकालें इसके
[illegible] आपका ही [illegible]
क्योंकि और भी कार्य अभी [illegible]
जा सकेगा जबकि आपके कार्य
[illegible]

साथ ही इस विषय में भी
जानकारी कर सकना है कि
इसकी [illegible] के माध्यम
में क्या प्रगति चल रही है
तथा आपका [illegible]
[illegible] संभव हो सकेगा
आपके पत्र की प्रतीक्षा में
शेष फिर —

आपका
[signature]

To,
श्री मोहनदास नैमिशराय
सम्पादक, बहुजन नायक
[illegible], आर्य नगर पहाड़गंज
नई दिल्ली-1
पिन PIN 110055

टेलीफोन : २७३६३१-
७७७६८५

जनसत्ता

एक्सप्रेस बिल्डिंग
६-१०, बहादुरशाह ज़फ़र मार्ग, नई दिल्ली ११०००२

टेलेक्स : २२०८-२५०३

दि: 7-9-1983

प्रिय नेमिशरणजी,

जनसत्ता- इंडियन एक्सप्रेस समूह का हिन्दी दैनिक- 2 अक्टूबर, 1983 से प्रकाशित होगा। स्वतंत्र, निष्पक्ष और निर्भीक पत्रकारिता की एक्सप्रेस परम्परा जनसत्ता की धरोहर होगी। एक्सप्रेस के दस और फाइनेंशियल एक्सप्रेस के तीन संस्करणों का नेटवर्क और मराठी, गुजराती, तमिल, तेलुगु और कन्नड़ के आठ दैनिकों का सहयोग जनसत्ता को विरासत में मिल रहा है। इसके अलावा हिन्दी राज्यों से खबरें इकट्ठी करने और भेजने का उस अपना नेटवर्क भी खड़ा किया जा रहा है।

जनसत्ता कम्प्यूटरों पर कम्पोज होगा और आफसेट पर छपेगा। लेकिन इस सारे तामझाम और सरंजाम का सार्थक उपयोगी हिन्दी की अस्मिता और प्रतिभा से तादात्म्य किये बिना नहीं हो सकता और यह आप करा सकते हैं।

यह पत्र निमंत्रण है कि आप जनसत्ता के लिए लिखिए और कृपया 2 अक्टूबर के पहले ही भेजिए। अभी अपनी मर्जी से ही लिखिए। जब सम्पर्क-सूत्र और साफ होने लगेंगे तो कुछ हम सुझाएँगे कुछ आप सुझाना।

शुभकामनाओं सहित, और आपके लिखे की बाट जोहता-

आपका,

प्रभाष जोशी
सम्पादक

श्री मोहनदास नेमिशराय
नई दिल्ली।

चन्द्रपुर
18-2-84

मेरी प्राण-प्रिय,

मैं सकुशल यहाँ पहुँच गया हूँ। रास्ते में कोई विशेष तकलीफ़ नहीं हुई। नई दिल्ली स्टेशन से ही रिज़र्वेशन मिल गया था। गाड़ी समय से चली। रात में ट्रेन में अच्छी तरह से सोया। सुबह, 7 बजे तो, इटारसी स्टेशन से दूध और अण्डा लेकर नाश्ता किया। उसके दो घंटे बाद नागपुर स्टेशन पर खाना लिया। बीच में सन्तरों का भाव पूछा। काफी सस्ते थे। एक रुपये के पाँच और छः अच्छे और ताजे। कुछ सन्तरे लेकर खाये। इसी बीच मन्नू की याद आती रही फिर आपकी, (पूरी में नमक भी न मिलाया था) खाते हुए उसकी याद आती रही। और आपकी तो, हर समय रही अभी भी याद आ रही है। आते हुए एक पेटी सन्तरे लेता आऊँगा।

सच हम एक दूसरे को कितना प्यार करते हैं यह एक दूसरे से कुछ समय के लिये अलग होते समय ही महसूस किया जाता है। [illegible] भाषा बतलाई नहीं जाती है। महसूस की और कराई जाती है। [illegible] विशेष कीमती वस्तुओं में नहीं होता वह एक दूसरे की परवाह में छुपा होता है। प्यार की पहचान भौतिकता में नहीं बल्कि एक दूसरे की चाहत में होती है। मेरे लिये तुम्हारा प्यार अंधकार में उजाले की किरण जैसा है। मेरा प्यार तुम्हारे लिये कैसा है नहीं जानता।

यहाँ आकर मुझे अपनापन मिला है। भाईसाहब तथा भाभीजी, दोनों का ही व्यवहार एक जैसा है मेरे प्रति। रात देर तक दोनों परिवार से बातें की। खाना खा कर सो गये, करीब

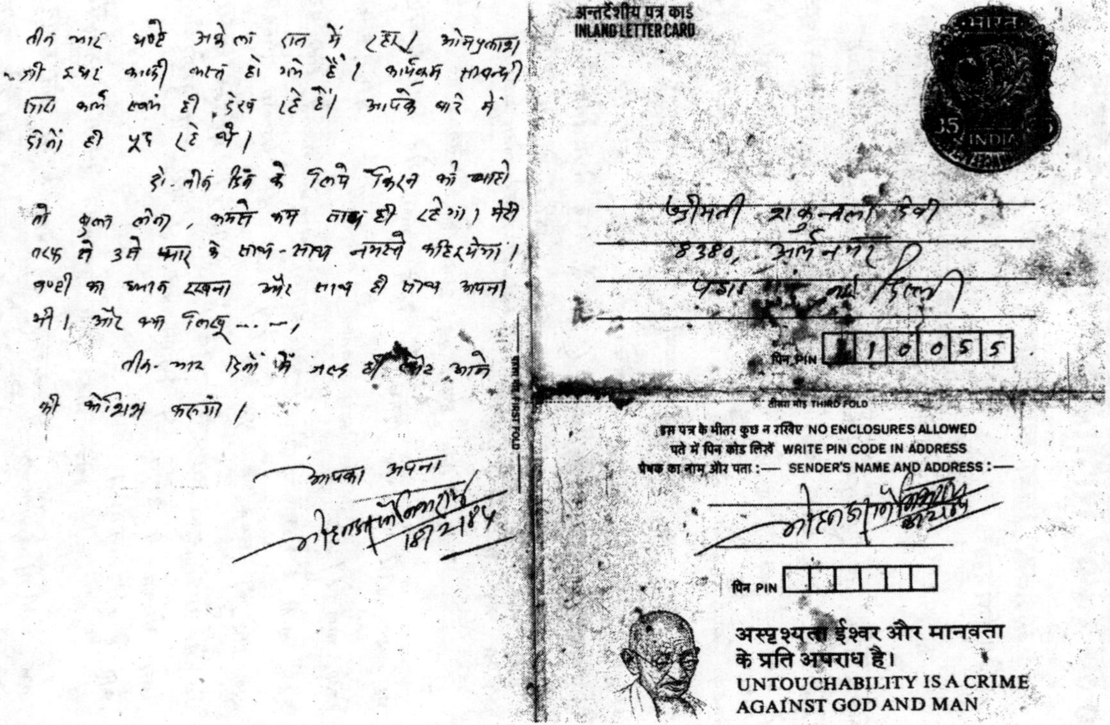

अन्तर्देशीय पत्र कार्ड
INLAND LETTER CARD

तीन चार घण्टे अकेला रात में रहा। ओमप्रकाश जी इधर काफी व्यस्त हो गये हैं। कार्यक्रम सम्बन्धी सारा काम स्वयं ही देख रहे हैं। आपके बारे में दोनों ही पूछ रहे थे।

डॉ. नीना किंग के लिये किरन को चाहो तो बुला लेना, उससे काम ताजा ही रहेगा। मेरी तरफ से उसे प्यार के साथ-साथ नमस्ते कहियेगा। बच्ची का ध्यान रखना और साथ ही साथ अपना भी। और क्या लिखूं......,

तीन-चार दिनों में जल्द ही लौट आने की कोशिश करूंगा।

आपका अपना

[illegible]

18/7/84

श्रीमती शकुन्तला देवी
8380, आर्य नगर
पहाड़ गंज, नई दिल्ली

पिन PIN 110055

दूसरा मोड़ FIRST FOLD

तीसरा मोड़ THIRD FOLD

इस पत्र के भीतर कुछ न रखिए NO ENCLOSURES ALLOWED
पते में पिन कोड लिखें WRITE PIN CODE IN ADDRESS
प्रेषक का नाम और पता :— SENDER'S NAME AND ADDRESS :—

[illegible]

पिन PIN

अस्पृश्यता ईश्वर और मानवता के प्रति अपराध है।
UNTOUCHABILITY IS A CRIME AGAINST GOD AND MAN

डा० अम्बेदकर शिक्षा प्रचार एवं प्रसार संस्थान

मोदीनगर, जिला गाजियाबाद (उ० प्र०)

कार्यालय :
12/544 एफ, भूपेन्द्रपुरी
(पानी की टंकी के पास) मोदीनगर, गाजियाबाद

क्रमांक

दिनांक 19-11-88

प्रिय नैमिशराय,
उपसम्पादक,
मासिक मैगज़ीन संचेतना,
दिल्ली ।

आपका पत्र दिनांक 1-11-88 को मिला जिसे पढ़कर और यह जानकर अत्यन्त प्रसन्नता हुई कि आप हिन्दी मासिक मैगज़ीन संचेतना में उप सम्पादक के रूप में कार्यरत होकर देश व समाज की सेवा कर रहे हैं। मुझे पूर्ण आशा है कि आप उक्त मासिक मैगज़ीन संचेतना के लिये कार्य करते हुये अपने पूर्ण दायित्व का निर्वाह करते रहेगें।

प्रिय साथी दलित समाज में शैक्षिक चेतना जागृत करने हेतु उक्त संस्था द्वारा जो आन्दोलन चलाया जा रहा है इसके लिये वास्तव में प्रसन्नता का पात्र मैं नहीं हूँ, बल्कि इस संस्था के एक सक्रिय कार्यकर्ता स्व० जगबीर निमेश थे जो अब इस दुनियां में नहीं रहे। मुझे आपको यह अवगत कराते हुए बड़ा दुख हो रहा है कि जगबीर निमेश का गत दिनांक 8-11-88 को एक टैम्पो व रोडवेज बस की भीषण टक्कर में इस संस्था के दो अन्य साथियों। श्री रूपचन्द व भोपाल। के साथ मृत्यु हो गयी। जगबीर निमेश उक्त संस्था के सचिव पद पर कार्यरत थे। श्री जगबीर निमेश की असामयिक मृत्यु से संस्था को ही नहीं बल्कि दलित समाज में शैक्षिक चेतना जागृत हेतु जो आन्दोलन चलाया जा रहा था, को बहुत गहरा आघात पहुंचा है तथा इनके निधन से मोदीनगर व उसके आस पास के दलित वर्ग की अपूर्णीय क्षति हुई है।

अन्त में आपसे [illegible] करते हुये यह निवेदन करता हूँ कि कृपया अगले पत्र में मुझे आप अपना पत्र व्यवहार तथा मिलने हेतु स्थाई पता भेजने की कृपा करें। इसके लिये मैं आपका आभारी रहूँगा। अगर आपको समय मिलें तो कुछ समय के लिए मोदीनगर मिल जाना तथा आने से पूर्व मुझे अवश्य अवगत कराना।

सादर प्रेषित।

। देशराज भारती ।
उपाध्यक्ष

अ०शा० पत्र सं० 8/7/88-मंत्रि०/अ०जा/अ०ज०जा०

आर० वेंकटेसन
सचिव,

मंत्रिमंडल सचिवालय
राष्ट्रपति भवन, नई दिल्ली
CABINET SECRETARIAT
RASHTRAPATI BHAVAN
NEW DELHI

दिनांक: 1 दिसम्बर, 1988

प्रिय श्री नैमिशराय,

मंत्रिमण्डल सचिव को सम्बोधित आपके पत्र दिनांक 20.11.88 के संबंध में आपसे कहना चाहूंगा कि अनुसूचित जातियों एवं अनुसूचित जनजातियों को विभिन्न प्रकार से कहां तक लाभ पहुंचाया गया है और इस दिशा में और क्या कार्यवाही हो रही है इन सारे विषयों का सम्बन्ध भारत सरकार के कल्याण मंत्रालय से है। अत: आपका पत्र मंत्रालय के सचिव श्री एस०एस० वर्मा को उचित कार्यवाही हेतु भेज दिया गया है। कृपया आप उनसे इस विषय में सीधा सम्पर्क करें।

भवदीय,

आर. वेंकटेश।

(आर० वेंकटेसन)

श्री मोहनदास नैमिशराय,
उप सम्पादक,
"संचेतना"
एच-109, शिवाजी पार्क,
पंजाबी बाग, नई दिल्ली-110026.

दिनांक :

मान्यवर, [illegible]

पिछले दिनों स्वामी अग्निवेश से मुलाकात से कुछ समय पूर्व कनाट सरकस से धर्मयुग का अंक खरीदा। पन्ने पलटने के बाद देखा, मेरा अपना लेख उसमें छपा था। वहीं रीगल बस स्टैण्ड पर दया पवार से भी मुलाकात हुई। मैं उन्हें धर्मयुग दिखलाता इससे पूर्व उन्होंने स्वयं मुझे इस बारे में बतलाया।

दिल्ली में मेरे लेख और परिचर्चा की अच्छी खासी चर्चा रही। दिल्ली से बाहर रह रहे मेरे मित्रों एवं पाठकों ने घर पर मुझे पत्र भी लिखे।

लोकायन समीक्षा के बारे में संदर्भ के रूप में धर्मयुग में पढ़ा। आपका विश्लेषण निश्चित ही बेबाक है। साहित्यिक पत्र पत्रिकाओं में इस तरह के अच्छे लेख आदि का अभाव खलता है। मैं धर्मयुग के लिये "दलितोद्धार में सामाजिक संगठनों की भूमिका" पर एक लेख लिख रहा हूं। जिसमें हरिजन सेवक की निर्मला देशपाण्डे से लेकर चार - छः संस्थाओं के अध्यक्षों (समाज सुधारकों) से साक्षात्कार लिए जायेगा। अगर इस बारे में आप कोई जरूरी दिशा दें तो पत्र द्वारा सूचित करें। कभी दिल्ली आयें तो अवश्य ही दर्शन दें।

धन्यवाद,

आपका

[illegible] 26.2.89

(मोहनदास नैमिशराय)

Dharmayug P.O. BOX NO. 213. DR. D.N. ROAD, BOMBAY 1. TELE: 4150271. GRAM: INDIANA

धर्मयुग पो. बा. नं. २१३. डॉ. डी. एन. रोड, बंबई, टेलीफोन ४१५०२७१ ग्राम . इंडियाना

6 अक्तूबर, 89

प्रिय मोहनदास जी,

आपका बिना तारीख का पत्र कल-परसों प्राप्त हुआ. यह जानकर आश्चर्य हुआ कि आपको धर्मयुग में छपे आपके लेख की सूचना नहीं मिली. जिस अंक में आपका लेख प्रकाशित हुआ है, उसकी प्रति आपको अब तक मिल गयी होगी. दलितोद्धार में सामाजिक संगठनों की भूमिका पर अपना उक्त लेख विचारार्थ भेज दीजिए. इतना जरूर ध्यान रखिए कि पदाधिकारियों के दावे तो उसमें शामिल करेंगे ही लेकिन साथ-साथ उन्हें वास्तविकताओं के साथ भी जांचते-परखते रहें.

आशा है स्वस्थ-सानंद होंगे.

शुभकामनाओं सहित,

आपका,

(गणेश मंत्री)
संपादक

श्री मोहनदास नैमिशराय,
नयी दिल्ली.

सप्रेम जयभीम

आशा है आपका स्वास्थ्य का दूर ठीक चल रहा होगा। आपके पुत्र को काफी अच्छा लगा होगा। आप मेरी पुस्तक पढे होंगे कैसी लगी क्या कमी रही आप मुझे लिखकर भेजिये गा, प्रतीक्षा मे हूं मेरा यह प्रथम प्रयास है। आप लेखक है. मै लेखिका नही हूं छुटपुट सामाजिक विषयों पर मेरे कुछ लेख है बस इतनाही मेरा योगदान है. दुसरी बात की मै हिन्दी नही पढी. सिर्फ हिन्दी पुस्तके, समाचार पत्र वगैरे से ही मेरा हिन्दी का थोडा ज्ञान बना फिर भी मुझे लिखने मे (हिन्दी) काफी प्रयास करना पडता है. आप हंस वगैरे या कोई अच्छी पत्र पत्रिकामे मेरे पुस्तक के बारेमे लिखेंगे तो बडी मेहरबानी होगी. आशा है पत्र का उत्तर देंगे, आपके परिवार को मेरी ओर से शुभकामनायें दिजिये

आपकी नम्र
कौसल्या बैसंत्री

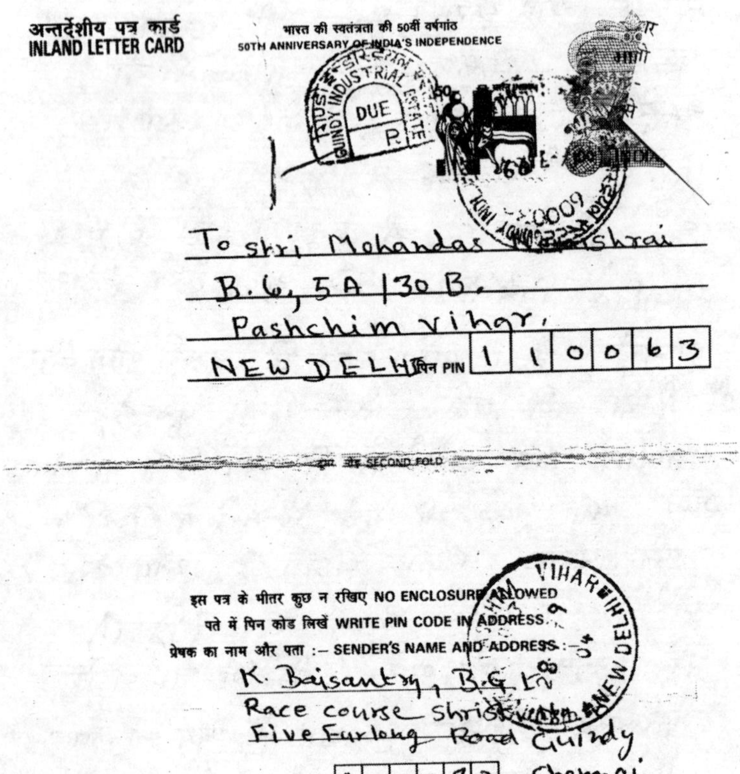

अन्तर्देशीय पत्र कार्ड
INLAND LETTER CARD

भारत की स्वतंत्रता की 50वीं वर्षगांठ
50TH ANNIVERSARY OF INDIA'S INDEPENDENCE

GUINDY INDUSTRIAL ESTATE
DUE
P.

To shri Mohandas [illegible]shrai
B.6, 5A/30B.
Pashchim vihar.
NEW DELHI पिन PIN 110063

दूसरा मोड़ SECOND FOLD

इस पत्र के भीतर कुछ न रखिए NO ENCLOSURE ALLOWED
पते में पिन कोड लिखें WRITE PIN CODE IN ADDRESS
प्रेषक का नाम और पता :– SENDER'S NAME AND ADDRESS :–
K. Baisantry, B.G. [illegible]
Race course [illegible]
Five Furlong Road Guindy
Chennai
पिन PIN 600032

7 March 1990

9/60, खिचड़ीपुर

दिल्ली 110091

आशा है आप स्वस्थ होंगे।

आपका पत्र 6 मार्च 90 को लिखा पढ़कर इस बात की प्रसन्नता हुई कि एक भाई को दूसरे भाई की एक लम्बे समय के पश्चात ही सही, याद तो आयी। आपको मेरी बात पसन्द आयी धन्यवाद। जब से आपका समाचार पत्र बन्द हुआ है तब से आपने मेरी तरफ मुड़ कर देखना भी उचित नहीं समझा। बेशक चूँकि आपका पता नहीं था इसलिए मैं लिखना भूल गया था

आपने मुझे बहुत दिनों के बाद याद किया यह संयोग की बात है। मैं तो आपको न० भा० टा० की मासिका, साप्ताहिक समाचार 'चौथी दुनिया' में भी पढ़ता रहता हूँ। वैसे मैंने अपना पेशा बदल लिया है मैं आजकल फिल्मी दुनिया तथा टी.वी. कलाकारों पर लिख रहा हूँ। इसलिए अब मेरे लेख 'तीसरा पन्ना' (न० भा० टा०) हिन्दुस्तान के 'मनोरंजन' स्तम्भ तथा 'फिल्मी दुनिया' में 'जगमगाती दुनिया' के छपते हैं। जयभीम प्रकाशन से आपका क्या तात्पर्य है? क्या कोई अखबार निकाल रहे हैं?

आप आज कल किन-किन पत्र पत्रिकाओं से जुड़े हुए हैं? अगर जुड़े हुए हैं तो क्या आप उन से कोई संतोष देख रहे हैं?

नवभारत टाइम्स
टाइम्स हाउस
डा० डी० एन० रोड
बम्बई – 400 001

फोन. 2620382.
1 मार्च, 1990.

आदरणीय मोहनदास जी,

आज ही बिहार से लौटने के बाद आपका पत्र मिला। साथ ही लोकायन की प्रति भी। इससे पहले रजनी ने पिछला एक अंक दिया था। वह पूरा पढ़ चुकी हूँ। इसे आज पढ़ूंगी। फिर इकट्ठे अपनी प्रतिक्रिया लिखूंगी।

आरक्षण के मसले पर आपका एक लेख 'असली भारत' में पढ़ने को मिला। बहुत ही अच्छा लगा। आपके द्वारा उठाए गए लगभग सभी मुद्दों से मैं सहमत हूँ। लेकिन, मुझे लगता है कि और भी कई बिन्दु हैं, जिसपर चर्चा होनी चाहिए।

मैं जब कभी दिल्ली जाती हूँ तो एक बार लोकायन की ओर जरूर जाती हूँ। मालूम नहीं क्यों आपसे मुलाकात नहीं हो सकी। जब तक मार्च या अप्रैल में मैं दिल्ली आऊंगी तब आपसे मिलने की कोशिश करूंगी। लोकायन दफ्तर के अलावे कोई दूसरा ठिकाना भी है, जहां आप आसानी से मिल सकें?

आप मेरे लेख पढ़ते रहे हैं, यह जानकर खुशी हुई। कभी-कभी तो ऐसा लगने लगता है कि हम आत्मसंतुष्टि के लिए कागज ~~के पन्ने~~ रंगते जा रहे हैं। कहीं कोई प्रतिक्रिया नहीं, कोई सुगबुगाहट नहीं, कोई समर्थन नहीं, कोई प्रतिवाद नहीं...। ठीक ही तो है, समाज की इस संवेदनशून्यता के लिए भी तो हम ही दोषी हैं।

मैं आपके पत्र की प्रतीक्षा करूंगी। मेरे योग्य कोई काम हो तो बेहिचक मुझे सौंपें। अब मैं कुछ कर सकने की स्थिति में हूँ।

विजय प्रताप व अन्य मित्रों को नमस्कार कहें।

अभिवादन सहित,

आपकी

(मणिमाला)

20 CAMBRIDGE ROAD
ALDERSHOT. HANTS. England
14-10-90

प्रिय मोहनदास नैमिशराय जी,

आपका पत्र मिला। धन्यवाद। आपकी सेवा में 'अम्बेडकर महान' भेज रहा हूँ। इस पुस्तक का दूसरा भाग चाहते हुए भी तैयार न कर सका। मैं दूसरी पुस्तकों में व्यस्त रहा। अब इस पर काम करना शुरू करूँगा। 'लोकायन समीक्षा' पब्लिश करके आपने भारत के करोड़ों बेसहारा लोगों को जगाने की भरपूर कोशिश की है। कौमों को जगाने के लिए धोबी की तरह काम करना पड़ता है। हौसले और हिम्मत से काम करना क्योंकि हमारी मंज़िल बहुत दूर है। "युग पुरुष अम्बेडकर" में से आप जो भी घटनाएं अपनी पुस्तक में देना चाहते हैं ले लें। मेरी अंग्रेजी पुस्तक "Ambedkar - Messiah of Untouchables" का मसौदा Mr. K.C. Sulekh 503/15A Chandigarh के पास भेज दिया है। क्या हिन्दी में ऐसी पुस्तक मिल सकती जिस में श्रीलंका में बौद्धधम्म की हिस्ट्री हो। आप पता करें। यदि पुस्तक मिल जाए तो खरीद कर मुझे भेज दें। कीमत की परवाह मत करना। मैं भेज दूंगा। इन्गलैंड में 'Dr. Ambedkar Memorial Committee of Great Britain Buddha Vihara 146 REA ROAD. Wolverhampton Staffs. WV3 0LQ. England बहुत शानदार काम कर रही है। आप उन्हें पत्र लिख कर पता कर लेना। अन्त में आपको 'लोकायन समीक्षा' छापने पर मुबारकबाद देता हूं। पत्र का इन्तज़ार रहेगा।

धन्यवाद आपका बी. आर. साधू

पंजाबी में मेरी पुस्तक 'रगड़ा' प्रेस में छपने के लिए चली गई है।

लोकायन

समीक्षा 13, अलीपुर रोड, दिल्ली–110054 फोन : 2523930

दिनांक : 18·05·90

मान्यवर साँपला जी,

आपके द्वारा लिखी पुस्तक "बौद्धधम्म का परिचय" पढ़ी। उक्त पुस्तक में हिंदू धर्म के मठाधीशों तथा इस देश की राजनीति पर काले नाग की तरह कुण्डली जमाये बैठे सवर्ण राजनीतिज्ञों को आपने जो खरी-खरी बातें सुनाई हैं, उसके लिए धन्यवाद। यह देश किसी की बपौती नहीं, ऐसा हमारा मानना है। इस देश की धन संपदा पर सभी का हक है। लेकिन आज़ादी के बाद भी 15 प्रतिशत सवर्ण जातियां 85 प्रतिशत दलित तथा पिछड़ों का हक मार कर बैठी हुई हैं। बौद्ध धर्म तथा भदन्त सद्धातिस्स के बारे में जो आपने जानकारी दी मेरे लिए वह अमूल्य धरोहर बन गई है। विदेशों में चल रहे बाबा साहेब डा० अम्बेडकर के आन्दोलन के बारे में जानने-समझने की आरंभ से ही मेरी बड़ी प्यास रही है। आशा है आप उसे अवश्य ही शान्त करेंगे।

दिल्ली में श्रद्धेय सोहनलाल शास्त्री जी के सान्निध्य में बहुत कुछ सीखने-जानने को मिलता है। उन्होंने आपकी बहुत प्रशंसा की है जो इस किताब को पढ़ने के बाद साबित भी हुई।

दिल्ली में रहते हुए मैं पिछले आठ-दस वर्षों से दलित समस्याओं पर राष्ट्रीय पत्र-पत्रिकाओं, नवभारत टाइम्स, जनसत्ता, धर्मयुग, सरिता आदि तथा साथ ही दलित समाज के द्वारा प्रकाशित की जा रही पत्र-पत्रिकाओं में लेख, कहानी, कविता, व्यंग्य, नाटक आदि लिखता रहा हूं। कुछ किताबें भी लिखी हैं। जो प्रकाशित होकर बाजार में आई हैं। मूलत: मैं मेरठ का रहने वाला हूं। वहां पहले लेक्चरार था, नौकरी छोड़ कर समाज सेवा में आया। तब से लेकर आज तक सरकारी नौकरी नहीं की और दलित आन्दोलन विशेष रूप से दलित साहित्य से ही जुड़ा हूं। "उत्तरी भारत में दलित साहित्य और जन जागरण" विषय पर शोध भी कर रहा हूं।

मैं आजकल मैं लोकायन संस्था से जुड़ा हूं। जिसके संस्थापक विख्यात समाजशास्त्री रजनी कोठारी जी (जो अब योजना आयोग के सदस्य भी हैं) हैं। यहां से लोकायन समीक्षा और लोकायन बुलेटिन हिन्दी/अंग्रेजी में पत्रिका भी

····2

निकाली जाती है। जिसमें दलित और पिछड़े वर्गों की समस्याओं को विशेषरूप से उठाया जाता है। पिछले वर्ष देशभर में हुए दलितों पर अत्याचार की रपट प्रेस में है। जल्दी ही छप कर आएगी।

पत्र बहुत लम्बा हो गया है। अब लिखना समाप्त करता हूँ। कृपया कार्यालय के पते पर मुझे पत्र अवश्य ही लिखें।

धन्यवाद।

भवदीय,

(मोहनदास नैमिशराय)
सह-संपादक

To,
S. B. R. Sample.
20, Cambridge Road
Aldershot, (Hants)
England.

गया.
8.30. P.M.

प्रिय शकुन,

रेलवे स्टेशन पर बैठ कर यह पत्र लिख रहा हूँ। 9-बजे की ट्रेन से कलकत्ता जा रहा हूँ। एक पत्र दिन में अनु के नाम भी लिखा था। दो दिन पूर्व बंटी को एक पत्र और तीन दिन पूर्व आपके नाम पहला पत्र लिखा था।

आज सारा दिन बहुत लोगों से मिलना पड़ा। काफी थकान महसूस कर रहा हूँ। गया शहर जितना पवित्र माना जाता है, उतना ही गंदा भी है। मैंने इससे गंदा शहर आज तक नहीं देखा। गया में पिण्डदान होता है। पंडों के इसी व्यवसाय पर नवभारत टाइम्स के लिए लेख लिखना था। दोनों दिन फोटोग्राफर साथ में रहा। यहीं से एंगेज किया था।

यहां भी नवभारत टाइम्स का आफिस है। काफी सहयोग मिला। मेरे लिए डी.एम. को फोन कर गेस्ट हाउस बुक कराया। फोटोग्राफर बुलाया। गया में ही अच्छा परिवार से एक व्यक्ति मिल गये। पहले टूरिस्ट आफिसर रहे हैं। बहुत सहयोग दिया। कई बार घर पर ले गये। जबरदस्ती नाश्ता, खाना,, कहीं-कहीं किराया भी स्वयं उन्होंने ही दिया।

कई स्थानों पर अच्छे लोग मिले। नया अनुभव हुआ। मैंने ~~[illegible]~~ 10 मार्च से ही न सिगरेट को छुआ है न शराब। वैसे भी मुझे इसकी आवश्यकता अनुभव न हुई। और सोचता हूँ भविष्य में भी इसके बिना आसानी से रह सकता हूँ।

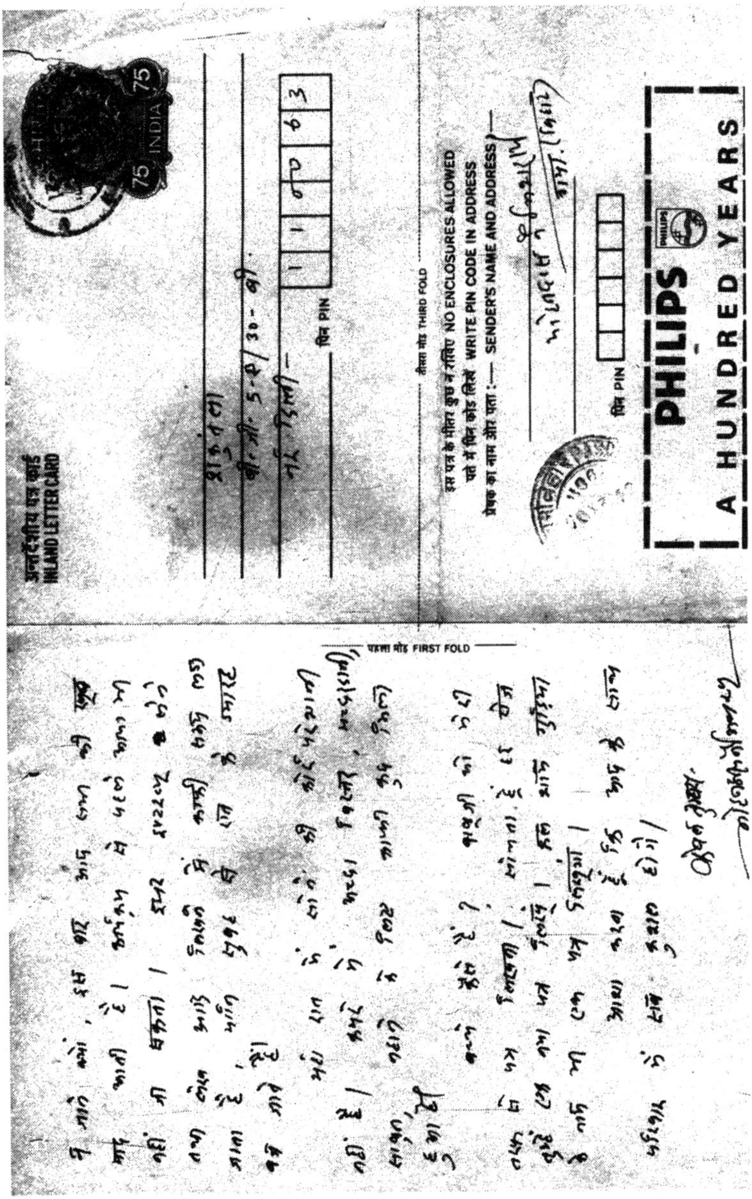
अन्तर्देशीय पत्र कार्ड
INLAND LETTER CARD
INDIA
75
पिन PIN
तीसरा मोड़ THIRD FOLD
इस पत्र के भीतर कुछ न रखिए NO ENCLOSURES ALLOWED
पते में पिन कोड लिखें WRITE PIN CODE IN ADDRESS
प्रेषक का नाम और पता :— SENDER'S NAME AND ADDRESS :—
पिन PIN
PHILIPS
A HUNDRED YEARS
पहला मोड़ FIRST FOLD

7 March 1990

9/60 खिचड़ीपुर

दिल्ली 110091

आशा है आप स्वस्थ होंगे।

आपका पत्र '6 मार्च 90' को लिखा पढ़ कर इस बात की प्रसन्नता हुई कि एक भाई को दूसरे भाई की एक लम्बे समय के पश्चात ही सही याद तो आयी। आपको मेरी बात पसन्द आयी धन्यवाद। जब से आपका समाचार पत्र बन्द हुआ है तब से आपने मेरी तरफ मुड़ कर देखना ही उचित नहीं समझा। मेरे पास चूँकि आपका पता नहीं था इसलिए मैं निश्चिंत सा हो गया था।

आपने मुझे बहुत दिनों के बाद पढ़ा यह संयोग की बात है। मैं तो आपको न०भा०टा० की [illegible] 'चौथी दुनिया' में भी पढ़ता रहता हूँ। वैसे मैंने अपना क्षेत्र बदल लिया है मैं आजकल फिल्मी दुनिया तथा टी.वी. कलाकारों पर लिख रहा हूँ। आजकल मेरे लेख 'तीसरा चैनल (न०भा०टा०) हिन्दुस्तान के 'मनोरंजन' स्तम्भ तथा 'चौथी दुनिया' में 'जागरण दुनिया' में छपते हैं। उपयोगी प्रकाशन से आपका क्या तात्पर्य है? क्या कोई अखबार निकाल रहे हैं?

आप आजकल किन-किन पत्र पत्रिकाओं से जुड़े हुए हैं? अगर जुड़े हुए हैं तो क्या आप उन के कोई संस्करण देख रहे हैं?

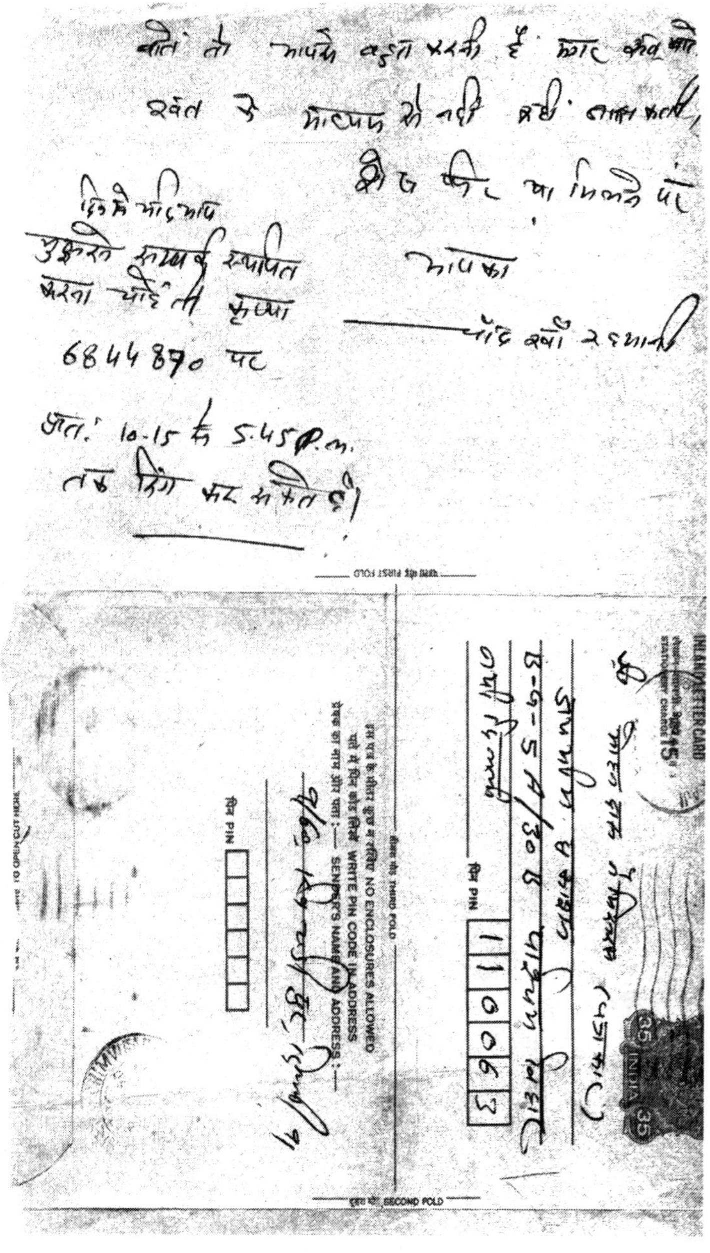

आपका

—— चाँद खाँ रहमानी

6844870 पर

प्रातः 10.15 से 5.45 P.m.

INLAND LETTER CARD

पिन PIN

NO ENCLOSURES ALLOWED

WRITE PIN CODE IN ADDRESS

SENDER'S NAME AND ADDRESS :—

पिन PIN

INDIA 35

ओमप्रकाश वाल्मीकि
4-न्यू रोड स्ट्रीट
कलालों वाली गली
देहरादून (उ॰प्र॰)
22.8.90

प्रिय भाई मोहनदास जी,

आपका पत्र 17-8.90 एवं 'डा॰ अम्बेडकर : एक चिंतन' पुस्तक की एक प्रति डाक से मिली। लोकायन समीक्षा (उत्पीड़न विशेषांक) एवं उपरोक्त पुस्तक, दोनों की राशि रु॰ साठ मैं मनिआर्डर कर रहा हूं। मिलते ही पत्र दें।

दलित उत्पीड़न अंक निःसंदेह एक दस्तावेज है उन यातनाओं, उत्पीड़न से भरी चीखों का, जिनमें मात्र सन् 1989 की दास्तानें अंकित नहीं हैं, बल्कि युगों युगों की बर्बरता की नग्न तस्वीर है। जिसे पढ़कर भी वे शर्मिंदा न होंगे। आपके रिपोर्ताज तथ्यपूर्ण हैं। घटनाओं के पीछे छिपे सवालों को एक-एक कर उघाड़ते प्रतीत होते हैं। यह अंक संग्रहणीय है। इसलिए नहीं कि इसमें दलितों पर हुए अत्याचारों की फेहरिस्त है, बल्कि इसलिए कि इतनी घटनाएं पूरे भारत भर में हो रही हैं, फिर भी कहीं कोई सामूहिक आवाज नहीं उठती। न ही विरोध का वह स्वर पनपता है, जिसका आगाज डा॰ अंबेडकर कर गये हैं। उदासीनता का एक गहरा सैलाब हमारी चेतना पर छाया हुआ है। जिसे तोड़ना होगा। यदि इसे न तोड़ा गया तो अभी और न जाने कितनी पीढ़ियों तक जलालत की जिंदगी भोगनी होगी। 'जाति' नामक महारोग का विष इतना ज्यादा फैल गया है कि उसके इलाज के लिए किसी चमत्कार की उम्मीद लगा बैठे हैं लोग। जबकि सब जानते हैं कि चमत्कार से कुछ नहीं होगा। डा॰ अम्बेडकर किसी चमत्कार का नाम नहीं—जीवन और उससे जूझते उस महान नायक का नाम है, जिसने अपनी शक्ति को एक बिन्दु पर एकत्र कर संघर्ष का रास्ता अपनाया।

इसी तरह भारतीय जनमानस के बीच पिसते, दमन सहते उन करोड़ों नर-नारियों को संघर्ष की राह पर आना होगा। प्रलोभन देकर फुसलाने वाले शक्तिशाली लोग इस संघर्ष यात्रा के हर मोड़ पर तैनात हैं। जो रूप बदलकर आते हैं।

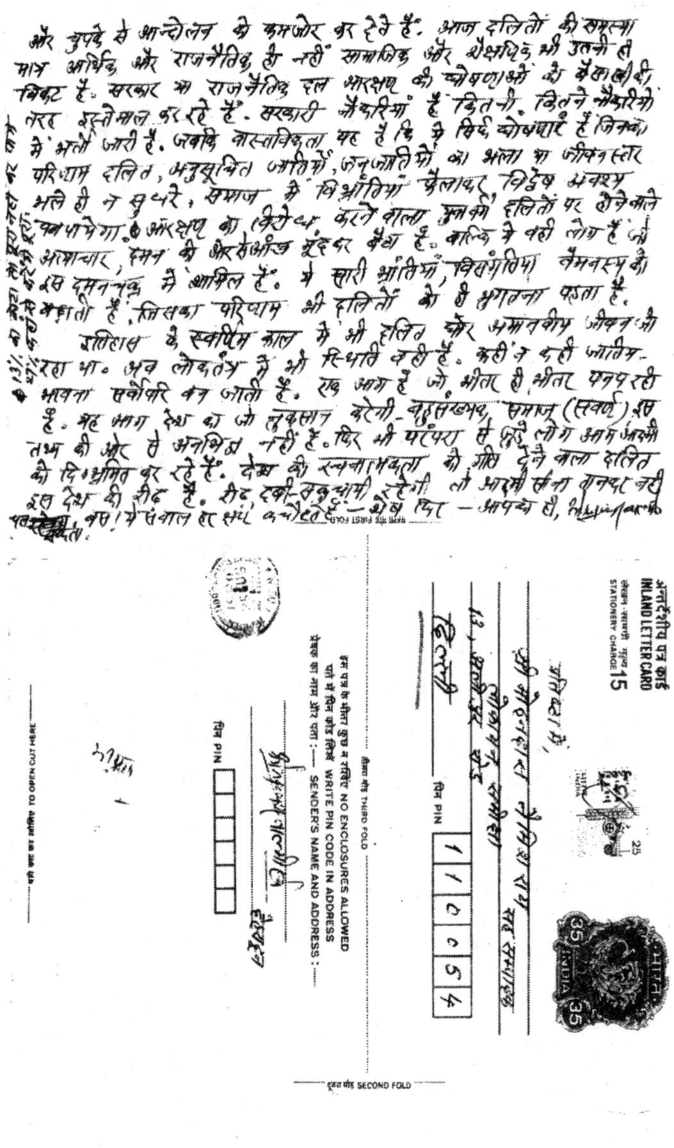

और चुपके से आन्दोलन को कमजोर कर देते हैं. आज दलितों की समस्या
मात्र आर्थिक और राजनैतिक ही नहीं सामाजिक और शैक्षणिक भी उतनी ही
विकट है. सरकार या राजनैतिक दल आरक्षण की घोषणाओं को बैसाखी की
तरह इस्तेमाल कर रहे हैं. सरकारी नौकरियां हैं कितनी. कितने नौकरियों
में भर्ती जारी है. जबकि वास्तविकता यह है कि ये सिर्फ घोषणाएं हैं जिनका
परिणाम दलित, अनुसूचित जातियों, जनजातियों का भला या जीवन स्तर
भले ही न सुधरे, समाज में भ्रांतियां फैलाकर, विद्वेष अवश्य
पनपायेगा. आरक्षण का विरोध करने वाला मुल्क दलितों पर होने वाले
अत्याचार, दमन की ओर से आंख मूंदकर बैठा है. बल्कि ये वही लोग हैं जो
इस दमनचक्र में शामिल हैं. ये सारी भ्रांतियां, विसंगतियां वैमनस्य को
बढ़ाती हैं, जिसका परिणाम भी दलितों को ही भुगतना पड़ता है.
इतिहास के स्वर्णिम काल में भी दलित घोर अमानवीय जीवन जी
रहा था. अब लोकतंत्र में भी स्थिति वही है. कहीं न कहीं जातीय-
भावना सर्वोपरि बन जाती है. यह आग है जो भीतर ही भीतर पनप रही
है. यह आग देश का जो नुकसान करेगी- बहुसंख्यक समाज (सवर्ण) इस
तथ्य की ओर से अनभिज्ञ नहीं है. फिर भी परंपरा से जुड़े लोग आम आदमी
को दिग्भ्रमित कर रहे हैं. देश की रचनात्मकता को गति देने वाला दलित
इस देश की रीढ़ है. रीढ़ दबी-सकुचायी रहेगी तो आदमी सीना तानकर नहीं
चल सकेगा. बस! ये सवाल हर समय कचोटते हैं- शेष फिर - आपका ही, [signature]

पहला मोड़ FIRST FOLD

अन्तर्देशीय पत्र कार्ड
INLAND LETTER CARD
लेखन-सामग्री शुल्क 15
STATIONERY CHARGE

प्रतिष्ठा में,
श्री मोहनदास नैमिशराय
[illegible]
दिल्ली
पिन PIN 110054

तीसरा मोड़ THIRD FOLD

इस पत्र के भीतर कुछ न रखिए NO ENCLOSURES ALLOWED
पते में पिन कोड लिखें WRITE PIN CODE IN ADDRESS
प्रेषक का नाम और पता :— SENDER'S NAME AND ADDRESS :—
ओमप्रकाश वाल्मीकि
देहरादून
पिन PIN

यहाँ काट कर खोलिए TO OPEN CUT HERE

दूसरा मोड़ SECOND FOLD

आत्माराम
ई-२२७, दिवान अपार्टमेन्ट्स II
वसईरोड (पूर्व), जिला-ठाणे,
महाराष्ट्र-४०१२०२.

८/११/९०
12 बजे दुपहर

प्रिय नैमिशराय

सलाम!

मैंने कल लोकायन में फोन किया था कि मैं ९.११.९१ को दोपहर १२ बजे दिल्ली आ रहा हूँ।
समाचार यह है कि किसी अत्यंत महत्वपूर्ण कारण से मैं दिल्ली नहीं आ नहीं सका.
आपको समाचार मिला होगा और आप स्टेशन आये होंगे तो जो कष्ट आपको हुआ उसके लिए मैं बहुत बहुत माफी चाहता हूँ. और अगर नहीं आये तो ठीक है तकलीफ से बच गये.

बहरहाल, और सुनाइये क्या हाल है. पिछले दिनों जनसत्ता में आपका लेख पढ़ा. इधर और क्या गतिविधियाँ चल रही हैं.

डा. गंगाधर पानतावणे से आपकी दिल्ली में भेंट हुई, वे बता रहे थे.

पत्र लिखें. 'सत्या' का क्या हाल है. अन्य समाचारों सहित लिखें.

आपका

आत्मा...

AMBEDKAR CENTENARY
CELEBRATION COMMITTEE UK

(Associated with the Committees in India, USA, Canada)

1891 - 1956

MILAN HOUSE 8 KINGSLAND ROAD SHOREDITCH LONDON E2 8DA
TEL: (071) 729 6341 734 5764 FAX: 071 256 0739 TELEX: 8951182 GECOMS G

14 November 1990

Mr Mohan Das Namishray
B-G-5-A/30-A
Paschim Vihar
New Delhi 110063

Dear Mr Namishray,

Many thanks for your article on Dr Ambedkar and the Press, which is to be published in our Birth Centenary Souvenir Vol III. However, could you please also send us a black & white professional passport-size photograph of yourself, as soon as possible. All articles published are to be accompanied by such a photograph.

With best wishes,

Yours sincerely,

C. Gautam
General Secretary

Jai Bheem!

PATRONS:

Lord Home of the Hirsel
Lord Callaghan of Cardiff
Lord Bottomley
Lord Grimond
Countess of Mountbatten of Burma
Dr Swraj Paul
Mr Prakash Ambedkar
Mr Sharad Pawer
Chief Minister of Maharashtra

HON. PRESIDENTS:

Dr I. G. Patel
Dr B. Parekh

EXE. COMMITTEE:

CHAIR: C. Chahal
DY. CHAIR: Dr C. L. Maman
GEN. SECY: C. Gautam
PUBLI. SECY: M. S. Bahal
TREASURER: S. L. Gindha

UNDER AUSPICES OF THE FEDERATION
OF AMBEDKARITE AND BUDDHIST ORGANISATIONS UK
(THE COMMITTEE WAS LAUNCHED AT THE HOUSE OF COMMONS ON THE 14th OF APRIL 1989)

राम विलास पासवान

श्रम एवं कल्याण मंत्री
नई दिल्ली-110 001
भारत
MINISTER OF
LABOUR AND WELFARE
NEW DELHI-110 001
INDIA

11 फरवरी, 1990

प्रिय

आपका दिनांक 11·2·90 का पत्र मिला ।

हार्दिक धन्यवाद।

अचानक उस दिन मुझे कलकत्ता जाना पड़ा । आपको जो असुविधा हुई, उसके लिए मुझे अफसोस है।

दिल्ली प्रशासन में लम्बित मामले को मैं कल्याण विभाग में दिखवा रहा हूं । पुनः सूचित करूंगा ।

आशा है, आप स्वस्थ एवं प्रसन्न होंगे ।

आपका,

(राम विलास पासवान)

श्री मोहनदास नैमिशराय,
पत्रकार
बी·जी·5ए/30-बी, पश्चिम विहार
नई दिल्ली-110063·

बाबासाहब डॉ. अम्बेडकर इनके खुले पत्रपर घठीत

PH. 574073

रिपब्लिकन पार्टी ऑफ इंडिया
REPUBLICAN PARTY OF INDIA

राष्ट्रीय नेता : प्रो. जोगेन्द्र कवाडे

कार्यालय : जयभीम साप्ताहिक, सितावर्डी, नागपुर-४४००१२
Office : Jai Bheem Weekly. Sitabuldi, Nagpur-440012

Ref..............

Date..१२. नवम्बर

प्रियवर्ती आयुष्मान अशोक भा० कानखेडे इन्हे,
क्रान्तीकारी जयभीम।

आप सपरिवार समस्त भीमसैनिकों के साथ स्वस्थ सानन्द होंगे ऐसी आशा है।

नागपुर के अध्यक्ष भाई घनश्याम फुसे दिल्ली सफर के लिये आये थे. तब उनकी आपसे टेलीफोन पर बातचित हुयी. आपके सूचना के अनुसार 'भीमसैनिक रैली' के कुछ फोटोग्राफ भेज रहा हूं।

भाई मोहनदास नैमिशराय से कहकर अखबार/मेगजीन (इंडिया टुडे / दिनमान / संडे आदी पत्रिकाऍ) मे अपने इस रैली को हायलाईट करने को कहे।

इधर मैं 25 अक्तु. 97 को बम्बई गया था. [illegible] ([illegible] रोड) मे RPI शहर अधिवेशन था. तब आप दिल्ली रवाना हो चुके थे

5 नवम्बर को सूरत तथा 6 नवम्बर को अहमदाबाद मे था. जहां कार्यकर्ता मिटिंग हुयी. अहमदाबाद से

गाँधीनगर तक 'दलित अत्याचार विरोधी संघर्ष मार्च' (पैदल मोर्चा) निकालना निश्चित हुआ है। तारीख अभी निश्चित नहीं हुई है। आरक्षण अध्यापकों ने बहुत सेवा की, बाद [illegible] उनको यह भी खबर उन्होंने दी।

दिल्ली प्रदेश को फिर से मोबिलाइज करने का प्रयास करें। दिल्ली प्रदेश कार्यकारिणी गठित करके उनपर जिम्मेदारी सौंपें। यह बहुत जरूरी। दिल्ली शहर की सभी दलित बस्तियों में DLA / RPI की शाखाएँ बनेगी तो आंदोलन को ताकत भी बनेगी। संगठन भी मजबूत होगा।

जनवरी या फरवरी 1992 को संसद भवन पर मोर्चे का आयोजन करने का विचार है। लेकिन उसके लिये उपरोक्त कार्य को प्राथमिकता देनी पड़ेगी।

शेष कुशल है। आप सभी के कुशल मंगल की कामना करता हूँ। भाई मोहनदास, चन्द्रसेन, राजकिशोर, दयानंद, सुनील, माताजी, [illegible] ममताई घर के सभी को जयभीम और मेरा सलाम।

सबका मंगल।

आपका,

जोगेन्द्र Chaide

(प्रो. जोगेन्द्र कवाडे)

पु. नाना रामधन / चंद्रजित यादव / शरद यादव और [illegible] इनसे लगातार संपर्क बनाये रखें।

जोगेन्द्र Chaide.

बंबई
10 मई. 92

प्रिय मोहन,

बंबई आने के एक दिन बाद (शहर में) यहाँ बंद हो गया। सारा दिन घर में ही रहना पड़ा. खैर लगातार हादसा और इसलिए बंबई से निकलने वाले रह पड़ता रहा। 8 मई को एक मित्र ने खाने पर बुलाया। काफ़ी देर यहाँ कुछ आयोजन थे। उनमें मुझे भी सम्मिलित होना पड़ा। रात में करीब तीन बजे घर लौटा। एक व्यक्ति छोड़ने के लिए आया।

मैं यहाँ ठहरा हुआ हूँ, मेरे एक मित्र हैं जो नौपाड़ा में रहते हैं उनका फ़ोन नं. 84 29778 है। तथा एक अन्य डॉक्टर मोहन राजपूत जी, जिनके यहाँ खाना लेने जाता हूँ। उनका नम्बर है 55 28980। कभी आवश्यकता में ज़रूरत पड़े तो फ़ोन कर सकती हैं। दोनों फ़ोन पर होते हैं।

फ़ोन पुकारा भी है पर अभी नहीं गया हूँ। समय ही नहीं मिला। बंबई के लिए भी कुछ लिख रहा हूँ। साथ ही दिल्ली भी. यहाँ से लिख कर भेजता हूँ।

बच्चे कैसे हैं। तुम्हारी तबीयत ठीक है। ऑफ़िस भी रही तो क्या। दिल्ली से शायद घर पर कोई फ़ोन करे। मेरे एक मित्र जो अभी बंबई में हैं, वे दिल्ली आएँगे। शेष सब ठीक है शायद मैं कहीं रुके हो रहा हूँ। कुछ लिखने को मन नहीं कर रहा

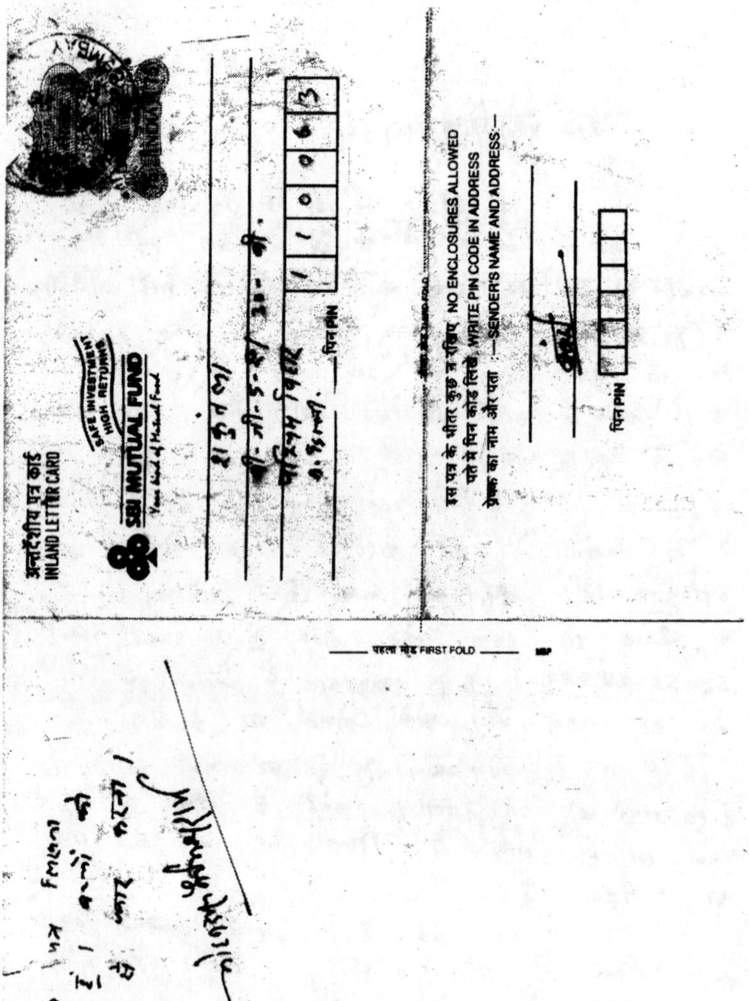
अन्तर्देशीय पत्र कार्ड
INLAND LETTER CARD
SBI MUTUAL FUND
SAFE INVESTMENT HIGH RETURNS
पिन PIN
इस पत्र के भीतर कुछ न रखिए NO ENCLOSURES ALLOWED
पते में पिन कोड लिखें WRITE PIN CODE IN ADDRESS
प्रेषक का नाम और पता —SENDER'S NAME AND ADDRESS:—
पिन PIN
पहला मोड़ FIRST FOLD

पुणे, 20.11.93

प्रिय नौशेराबाबजी,

स.न.

मैं ठीकठाक हूँ और मैं आपसे माफी चाहता हूँ के आपके पत्र का जवाब मैं बहोत देरी से भेज रहा हूँ।

असल में आपकी और मेरी मुलाकात दीक्षाभूमि पर होनी चाहिये थी। मैं प्रतीक्षा करते हुये सुगावा स्टॉल पे ही बैठा था। शायद आपको पता नहीं होगा।

मैं दिल्ली में 26 से 29 नोवें. तक दिल्ली में महा-सदन में होने वाला हूँ। शायद मेरठको भी आऊँगा।

आपका

[signature]

अन्तर्देशीय पत्र कार्ड
INLAND LETTER CARD

श्री मोहनदास नैमिशराय
बी.जी.-5ए/30बी पश्चिम विहार
नई दिल्ली

पिन PIN 1 1 0 0 6 3

तीसरा मोड़ THIRD FOLD

इस पत्र के भीतर कुछ न रखिए NO ENCLOSURES ALLOWED
पते में पिन कोड लिखें WRITE PIN CODE IN ADDRESS
प्रेषक का नाम और पता :— SENDER'S NAME AND ADDRESS :—

भाई वैद्य फोन– ४२५०७०
१८, जलधारा,
राजेंद्रनगर, पुणे ४११०३०.

ओमप्रकाश वाल्मीकि

पत्र व्यवहार :
4-न्यू रोड स्ट्रीट
कलालों वाली गली,
देहरादून-248001
(उत्तर प्रदेश)

दिनांक 30 मार्च, 1994

प्रिय भाई नैमिश राय जी,

आपका पत्र दिनांक 24.3.94 मिला.
आप आ रहे हैं जानकर खुशी हुई.
9 अप्रैल को दोपहर बाद आप आ रहे हैं। बस अड्डे पर कितने बजे पहुँचेंगे यदि पता चल जाता तो बस अड्डे पर हम लोग आ जाते, आपको लेने.

बस अड्डे से 'करनपुर' के लिए ऑटो कर लेना। 10-15 रुपये लेते हैं। करनपुर बाजार में मस्जिद के सामने गली में डॉ॰ छिब्बवानी (प्रोफेसर, डी॰बी॰एस॰ कालेज) का घर है. मैं उन्हीं के मकान में रहता हूँ। गली में घुसते ही पहला ही मकान है।— 135 बी, करनपुर।

25 मार्च को मिले पुरस्कार के लिए बधाई।

आते समय प्रकाशन विभाग द्वारा प्रकाशित 'डॉ॰ अम्बेडकर सम्पूर्ण वाङ्मय – I' की एक प्रति मेरे लिए लेते आइयेगा. मेरी कुछ पुस्तकें (जो नागपुर में छूट गयी थी) यदि ला सको तो अच्छा रहेगा.

'अस्मिता अध्ययन केन्द्र' ने एक पुस्तकालय शुरू किया है। यदि कुछ पुस्तकें आप अपनी ओर से इस पुस्तकालय को भेंट करना चाहें तो हमें खुशी होगी. दलित साहित्य से संबंधित तमाम पुस्तकें हम इस पुस्तकालय में रखना चाहते हैं.

बस शेष फिर.
कार्यक्रम - साथ में संलग्न है.

आपका,
[illegible]

'कहानी' का अंक देहरादून तक नहीं पहुँचा है। एक प्रति लेते आना।

निवास : 135 बी, करनपुर, देहरादून।

अस्मिता अध्ययन केन्द्र

रायपुर, देहरादून (उत्तरप्रदेश)

पत्रांक............ दिनांक............

आमन्त्रण-पत्र

मान्यवर श्री मोहनदास नैमिश राय जी,

"अस्मिता अध्ययन केन्द्र" रायपुर, देहरादून द्वारा आयोजित संगोष्ठी में आप सादर आमंत्रित है।

विषयः- दलित चेतना: संदर्भ: सामाजिक न्याय।

आलेख-1. श्री मोहन दास नैमिशराय,
प्रख्यात लेखक, पत्रकार, नई दिल्ली।
2. श्री नवीन कुमार नैथानी
कथाकार, व्याख्याता डी०ए०वी० [पी०जी०] कॉलेज दे०दून।

कथाकथन :- श्री विजय गौड द्वारा कहानी की प्रस्तुति

विशिष्ट अतिथिः डॉ ललिता प्रसाद,
वरिष्ठ चिकित्सा अधिकारी, वन अनुसंधान संस्थान, दे०दून।
संगोष्ठी स्थलः जूनियर क्लब, आयुद्ध निर्माणी, देहरादून।
दिनांक : 10 अप्रैल 1994, रविवार
समयः 11 बजे अपरान्ह

[ओमप्रकाश वाल्मीकि]
संयोजक

पत्र व्यवहार : ओमप्रकाश वाल्मीकि, 4 न्यू रोड, कलालोंवाली गली, देहरादून-248001.

Dr. CHHEDI LAL SATHI,
M.A., Ph.D., LL.B.
ADVOCATE, HIGH COURT
Ex. M.L.C.

PRESIDENT, Bharat Ratna B.S. Dr. B.R. Ambedkar Mahasabha.
MEMBER, Legal Aid & Advice Board, U. P. Govt.
EX. CHAIRMAN, Most Backward Classes Commission Govt. of U. P.
Ex. MEMBER, Backward Classes (MANDAL) Commission Govt. of India.
Ex. MEMBER, Central Board of Fisheries Govt. of India.

Ph. Nos. 380805 Cham.
Advocate's Chamber No. 3
High Court, Lucknow-1.
Chamber/Residence.
A-1579, INDIRA NAGAR
(NEAR SHALIMAR CROSSING),
LUCKNOW-16.
(U.P., INDIA)

Date ४ सितम्बर ९४

प्रिय मोहनदास जी,

सादर अभिवादन।

आपका स्नेह व आदर भरा पत्र मिला। पत्र पाकर प्रसन्नता हुई। आपके साथ कुछ क्षणों का सत्संग अच्छा रहा। विचार विमर्श हुये। विचारों का आदान प्रदान हुआ। कभी लखनऊ आने का प्रोग्राम बने तो पूर्व सूचना देंगे तो प्रसन्नता होगी।

"दलित टुडे" दारापुरी जी मासिक निकाल रहे हैं। उनका प्रयत्न है, उत्साह है। कुछ अच्छा है। उनका प्रयत्न सराहनीय है। हर आदमी अपने स्थान पर अनुभवशील है। यह अनुभव, आपने बहुत कुछ खो कर व बहुत सी चोटें खाकर हासिल किया है। दूसरे ने अभी वह चोटें नहीं खाई हैं, और बिना चोटें खाये या नुकसान हुये उठाये आदमी खुद नहीं सुधरता है। श्री दारापुरी अनुभवी और साधन सम्पन्न उच्च अधिकारी हैं। वह उच्च अधिकारी और उस ओहदे पर पहुंचकर समाज के बारे में कुछ सोचते रहते हैं और कुछ करना चाहते हैं, यह बहुत बड़ी बात है। हम सब को उनके इस कार्य में यथा सामर्थ्य सहयोग देना चाहिये।

अपनी अक्ल और दूसरे का धन सब को बहुत भाता है। जिन सज्जन के बारे में आपने कहा उनकी अपनी सोच है। उस तरह का उनका सोचना अपने दायरे का है। चाहे हम सब सहयोगी के रूप में उस कारवां को आगे बढ़ाते रहें, यही हमारी नियत और दृष्टिकोण रहना चाहिये। आशा है आप सपरिवार अच्छी तरह हैं। आप साहित्य सृजन में लगे हैं, यह अच्छी बात है। मैंने आपको अपनी लिखी दो किताबें [illegible] पेपर की और अच्छे गेट अप में भेजी। उनको पढ़ें पढ़ कर जो महसूस करें, उस पर समीक्षात्मक लेख लिख देंगे, तो उसके जन जन तक पहुंचने में कुछ सहयोग ही हो जायगा। यह जानकर प्रसन्नता हुई अपने समाज में आप चिन्तन, मननशील और अच्छी पकड़ के साहित्य जगत के व्यक्ति हैं, नव जवान हैं। सब बच्चों को स्नेहाशीष और आपकी पत्नी को भी आपके साथ बहुत सा आशीष। सस्नेह।

आपका

(छेदी लाल साथी)

नई दिल्ली
22 फरवरी, 1994

प्रिय ए. आर. अकेला जी (अलीगढ़)

सादर जय भीम

'बाबा साहब ने कहा था' पुस्तक का दूसरा संस्करण आपने प्रकाशित किया, इसके लिए धन्यवाद। पर दूसरे संस्करण में आपने मेरे नाम के साथ अपना नाम भी छाप दिया, यह कहां से आपने सीखा? जैसा आपने प्रकाशकीय टिप्पणी में लिखा कि इस पर आपने मेहनत की थी। लेकिन लेखक से पहले बात तो करनी चाहिए थी। दूसरे आपने स्वयं ही लिखा कि मेरी इस पुस्तक का पहला संस्करण इतना लोकप्रिय हुआ कि 10 माह में ही 2000 प्रतियां बिक गईं। आपने इसको पारिश्रमिक भी नहीं भिजवाया।

प्रिय बंधु, हम बाबा साहब डॉ. अम्बेडकर के साहित्य के प्रचार-प्रसार में अपनी-अपनी तरह से लगे हैं। लेकिन इस तरह की बात नहीं होनी चाहिए। आप मेरे पुराने साथी हैं। अब मैं आपको और क्या लिखूं। समझदार को इशारा ही काफी होता है।

मोहनदास नैमिशराय

फुले-आंबेडकरवादी लेखक संघ

हिन्दी दलित लेखक-साहित्य सम्मेलन, नागपुर

३० सितम्बर और १ अक्तुबर १९९५

दिनांक : 10/9/95

प्रिय मोहनदास नैमिशराय जी,
सादर जयभीम.

आपने दलित लेखक-साहित्य सम्मेलन की अध्यक्षता स्वीकार कर हमें बड़ा साहस दिया है. इस सम्मेलन को सफल करने के लिये पूरी कोशिश कर रहे हैं.

सम्मेलन का उद्घाटन समारम्भ दि. ३०/९ को दोपहर ४.०० बजे होगा, इसलिये आप लोगों को ३०/९/९५ को सुबह तक नागपुर में पहुंच जाना चाहिये. डॉ. गंगाधर पानतावणे, औरंगाबादने सम्मेलन के उद्घाटन का निमंत्रण स्वीकार कर लिया है. वे भी सुबह तक ३०/९ को नागपुर पहुंच रहे हैं.

आप लोगों के ठहरने की व्यवस्था नये विधायक निवास (New M.L.A. होस्टल) मे की गयी है. सम्मेलन का स्थल नागपुर विश्वविद्यालय के ग्रंथालय भवन के बुटी हॉल तथा परिसर में रखा गया है.

इस सम्मेलन में पिछले साल से ज्यादा

सम्पर्क पत्ता :– डॉ. विमलकीर्ति, २१, सुभाषनगर, हिंगणा रोड, नागपुर-४४० ०२२ (महाराष्ट्र)

लोग, लेखक, साहित्यकार, पत्रकार लोग आने की सम्भावना है. पंजाब से डॉ. बिरदी की स्वीकृति प्राप्त हुयी है. राजस्थान से मेघवाल आदि की स्वीकृति आयी है. बिहार से डॉ. बरोही, पटना से. बुध्द शरण हंस आदि की स्वीकृति आयी है. उत्तर प्रदेश, मध्यप्रदेश से भी लोग आ रहे हैं. जो स्वीकृतिपत्र आ रहे हैं उनको पढ़ने के बाद काम की थकान दूर हो जाती है और लगता है कि कुछ भी क्यों न हो अच्छे काम के लिये इस तरह की दौड़धूप बर्दाश्त की जा सकती है.

यहां स्थानिय लोगों का भी अच्छा सहयोग मिल रहा है. सम्मेलन में मराठी के लेखकों, साहित्यकारों पत्रकारों को भी निमंत्रित किया गया है. एक तरह से यह सम्मेलन हिन्दी और मराठी तथा अन्य भाषाओं के दलित लेखकों, फुले-आम्बेडकरवादी लेखकों का संवाद सम्मेलन होगा.

आपके दोनों पत्र प्राप्त हो गये हैं. देहरादून से अभियंता ओमप्रकाश वाल्मीकि, रामभरत पासी, और अस्मिता अध्ययन केंद्रवालों को कोई जवाब नहीं आया है. आप वाल्मीकि जी से सम्पर्क करें तो ठीक रहेगा. डॉ. एन. सिंह से भी संपर्क कीजिये.

आप इस कार्यक्रम के T.V. रेकार्डिंग के लिये मण्डी हाउस, नई दिल्ली से बात कीजिये. हम भी प्रयास कर रहे हैं. नागपुर के दूरदर्शनवालों से सम्पर्क किया गया है. आप अपना अध्यक्षीय भाषण भेजिये. अपना रिसेन्ट फोटो भी भेजिये. पत्रोत्तर दीजिये. धन्यवाद.

आपका नम्र

[signature]

Telephone : 312311 ~~311658~~ 3341658

DR. AMBEDKAR FOUNDATION

(MINISTRY OF WELFARE, GOVERNMENT OF INDIA)

25, Ashoka Road,
New Delhi - 110 001

Letter No..................

Dated 22. अगस्त, 1995

प्रिय गणेशमंत्री जी,

नमस्कार,

आपके लेख पढ़ना मेरे लिए ऊर्जा और प्रेरणा लेने की बात है। जो रचनाधर्मिता आपमें गहरे तक है, उसकी मेरे भीतर शुरुआत है। फिर रचनाओं के माध्यम से भी तो हम किसी के बहुत नजदीक हो सकते हैं। यही मेरा भी प्रयास है।

पत्रिका के विषय सामाजिक न्याय, समता आंदोलन को चुनौती, डा. अम्बेडकर की आर्थिक सोच, ज्योतिबा फुले एवं सत्य शोधक समाज आदि-आदि हैं। इण्डिया टुडे साइज की पत्रिका होगी। उसके छपे हुए ढाई-तीन पृष्ठ के लगभग प्रकाशनार्थ सामग्री आपको भेजनी होगी। केसरी जी से मिलने पर अवश्य ही आपका नमस्कार कहूंगा। आशा है आप हमें सहयोग करेंगे।

सादर

मोहनदास नैमिशराय

संख्या- /वी.आई.पी./क.मं./९५

सीताराम केसरी

कल्याण मंत्री
शास्त्री भवन
नई दिल्ली-110 001
भारत
MINISTER OF WELFARE
SHASTRI BHAVAN
NEW DELHI-110 001
INDIA

२१ दिसम्बर, १९९५

संदेश

'उजाले की ओर बढ़ते कदम' मंदबुद्धि बच्चों की देखरेख और सुरक्षा की दृष्टि से उपयोगी पुस्तक है । यह पुस्तक समाज में स्वस्थ नागरिकों के निर्माण के लिए जितनी सूचनाप्रद है, उतनी ही विचारणीय भी है । मंदबुद्धि समस्या पर यह एक स्वस्थ और शोधपरक ग्रंथ है, जिसमें मानसिक वधिता के कारणों तथा निवारणों पर रोचक जानकारी है । पुस्तक में जहां इस समस्या के निवारण के लिए विश्व स्तर पर इतिहास में हुए हस्तक्षेप का लेखा-जोखा है, वहीं वैज्ञानिक कारण प्रस्तुत कर समाज में मानसिक मंदता से जुड़े अंधविश्वासों की पोल खोली गई है । आशा है मंदबुद्धि बच्चों की समस्या के समाधान की दृष्टि से इस पुस्तक का स्वागत होगा ।

सीताराम केसरी

।सीताराम केसरी।

श्री मोहनदास नैमिशराय
लेखक

दिनांक : 19 अप्रैल 1989
अध्यक्ष/संयोजक
लोकायन
13, अलीपुर रोड,
दिल्ली-110054

मान्यवर,

लोकायन बुलेटिन के लिए सम्पादकीय सहयोगी की तलाश में एक सफलता मिली है, श्री मोहन नैमिशराय कल से लोकायन के लिए काम शुरू करने को तैयार हैं।

नैमिशराय जी लोकायन हिन्दी पत्रिका से जुड़े सभी कामों में सह-सम्पादक के बतौर हाथ बँटायेंगे। सामान्यतया वह सप्ताह में तीन दिन आयेंगे और इस अंशकालीन योगदान के लिए लोकायन उन्हें 1000/- (एक हज़ार) प्रतिमाह की दर से मानधन देगा। वह अपने काम के लिए सम्पादक के प्रति ज़िम्मेवार होंगे।

सधन्यवाद।
भवदीय,
विजय प्रताप
सम्पादक—लोकायन समीक्षा
संलग्न :
श्री मोहनदास नैमिशराय के बारे में जानकारी पत्र।

दिनांक : 20 अप्रैल 1989

अध्यक्ष/संयोजक
लोकायन
13, अलीपुर रोड,
दिल्ली-110054

मान्यवर,

कल दिये गये ख़त के अनुसार आज से काम शुरू कर रहा हूँ, और मुझे ख़त में दी गयी शर्तें मंजूर हैं।

सधन्यवाद,

आपका,

मोहनदास नैमिशराय
बी जी 5 ए/30 बी
पश्चिम विहार
नयी दिल्ली - 110063